■ 国家幼儿园教师资格考试专用教材 ■

综合素质

主　编◎李慧梅

副主编◎贾学书　韩学兵　李宏伟

编　委◎李风林　刘海燕　李国栋　刘东立

华东师范大学出版社

目录

第一章

教师职业理念与职业道德

命题分析

该模块知识点常以单项选择题和材料分析题形式考查，既考查考生对于"教师职业理念与职业道德规范"内容的理解，同时考查运用理论分析现象和解决实际问题的能力。因此，考生不但要牢固掌握知识点，还要树立正确的教育观、儿童观和教师观，自觉遵守教师职业道德规范，具有指导幼儿教育实践的能力。

第一节 教育观

一、素质教育的内涵

国家教委在《关于当前积极推进中小学实施素质教育的若干意见》中作了明确解释："素质教育是以提高民族素质为宗旨的教育。它是依据《教育法》规定的国家教育方针，着眼于受教育者及社会长远发展的要求，以面向全体学生、全面提高学生的基本素质为根本宗旨，以注重培养受教育者的态度、能力，促进他们在德智体等方面生动、活泼、主动地发展为基本特征的教育。"

对素质教育内涵的理解：

第一，素质教育是面向全体学生的教育。

第二，素质教育是促进学生全面发展的教育。

第三，素质教育是促进学生个性健康发展的教育。

第四，素质教育是以培养创新精神和实践能力为重点的教育。

二、国家实施素质教育的基本要求

第一，面向全体。《教育法》规定：公民依法享有平等的受教育的机会。受教育机会平等是国家法律规定的一项基本教育方针。习近平同志在多次讲话中强调"努力让每个孩子享有受教育的机会，努力让 13 亿人民享有更好更公平的教育”。实施素质教育要求面向全体儿童少年，促进每个学生的发展，与这一根本宗旨是一致的。

第二，促进学生全面发展。马克思“关于人的全面发展学说”是制定社会主义教育方针、确立社会主义教育目的的理论基础。促进学生德、智、体、美等方面全面发展，一直是我们党和国家的教育方针，我们需要在实践中把这个方针贯彻好、落实好，在这方面不能有任何放松。

第三，促进学生创新精神和实践能力的培养。创新是一个民族进步的灵魂，创新教育是一种理念与机制，是使整个教育过程被赋予人类创新活动为特征，以培养创新人才和实现人的全面发展为目的，以提高创新能力为核心，带动学生整体素质的自主构建和协调发展，培养学生的创新意识、创新能力及实践能力的教育。以培养学生的创新精神和实践能力为重点全面实施素质教育，是当前基础教育改革的重点，也是教育变革的根本任务之一。

第四，促进学生生动、活泼、主动、富有个性地发展。教育要尊重学生的主动精神，唤起学生的主体意识，承认个体之间的差异，满足学生的个性需求，挖掘学生的个性潜能，实现学生的个性成长与全面发展的和谐统一，是对学生作为教育主体的充分尊重，也是对教育本质的深刻认识。《国家中长期教育改革和发展规划纲要(2010—2020 年)》指出：关心每个学生，促进每个学生主动地、生动活泼地发展，尊重教育规律和学生身心发展规律，为每个学生提供适合的教育。

第五，着眼于学生的终身可持续发展。可持续发展是一个动态的、不断发展的理念。教育是可持续发展变革、提高人们将社会理想转变成现实的能力的主要力量。人类进入 21 世纪，知识门类激增，大量的边缘学科涌现，知识更新周期不断缩短，信息化特征明显。这是一个终身学习的时代，一个更注重开发人类自身资源、潜力与价值的时代。在这样一个时代，教育要着眼于培养学生的终身可持续发展的能力，这既是个人可持续发展的需要，也是社会发展的必然要求。

真题汇总

材料分析(2014 年下半年·综合素质)

东东有一双系鞋带的鞋子，他非常喜欢，但是他自己不会系。午睡起床时，他怎么也系不好鞋带，又着急又难过。华老师安慰他：“别着急！老师教你，你一定能学会的。”华老师边讲解，边示范，教了几遍，但是东东还是没学会。华老师知道这是因为东东性子急，观察不仔细。为了让东东掌握好系鞋带的步骤，于是华老师自编儿歌，将系鞋带的动作进行分解。第一步让东东把鞋带的两个头拉得一样齐，边念儿歌边做动作：“两个线儿一样长，两个线头儿交个叉，后面线头儿往下钻。”第二步打活结时按照“一个圈，两个圈。缓一缓，钻一钻，一只蝴蝶飞起来”的动作做。这种具体形象的方法，让东东很快地学会了系鞋带。华老师怕东东忘记步骤，还用图将这些步骤画了出来。

问题：请从教育观的角度，评价华老师的教育行为。

参考答案

素质教育要求教育要面向全体幼儿，注重幼儿的全面发展、个性健康发展，尤其是创新精神和实践能力的培养，并且着眼于幼儿的终身可持续发展。华老师的教育行为体现了素质教育的理念，具体表现为：

1. 华老师尊重东东的个性发展和主动精神，在了解幼儿性格特点的基础上，耐心示范讲解，鼓励他独立操作，体现了对幼儿实践能力的培养。

2. 为了让东东掌握好系鞋带的步骤，华老师采用儿歌与动作相结合的方式，调动了幼儿学习的积极性和主动性，并最终让东东学会了系鞋带，体现了教育中的创新意识，促进了幼儿生动、活泼、主动地发展。

3. 素质教育要求教育要着眼于幼儿的终身可持续发展。幼儿在实践操作中所获得的独立意识和生活自理能力，将为其今后发展奠定良好的基础。

华老师的行为符合素质教育的基本要求，是值得幼儿教师学习和借鉴的。

第二节　儿童观

一、幼儿教育的全面发展观

关于“人的全面发展”的思想是我国确立教育目的的理论依据。“对幼儿实施德、智、体、美诸方面全面发展的教育，促进其身心和谐发展”是幼儿教育的根本任务。幼儿教育的全面发展观应从以下几个方面理解：

(一) 幼儿的发展是全面的整体的发展，而不是片面的发展，这就意味着教育必须提高幼儿德、智、体、美诸方面的水平，不能忽视任何一个方面的发展。

(二) 全面发展并不等同于平均发展，并不意味着德、智、体、美诸方面要齐头并进地同一水平地发展。

(三) 全面发展是协调的发展，德、智、体、美诸方面并不是孤立地发展，而是统一于幼儿身心各方面的发展，相互促进，不可分割。

二、科学儿童观的内涵

“育人为本”是教育的生命和灵魂，是教育的本质要求和价值诉求。“育人为本”教育思想的实质，就是坚持以人的全面进步和发展为本，把人作为社会主体和中心，在社会发展中以满足人的需要、提高人的品质、实现人的全面发展为终极目标；就是重视人本身的发展，将个体的全面发展与个性发展统一起来，将个体的人文精神与科学精神的养成统一起来，使之在复杂多元、快速变化的社会环境中作出正确选择和创新。

科学儿童观体现了“育人为本”的基本精神，其内涵可以从以下几个方面来理解：

（一）儿童是人。儿童是独立的人，具有和成人一样的人格和尊严。

（二）儿童是发展中的人。儿童身心正处于发展之中，不能把他们等同于成人，或把成人的一套标准强加于他们；儿童需要科学合理的照顾与保护，享有快乐的童年；成人要以发展的眼光来看待儿童，相信每个儿童都有发展的潜能；儿童需要与他们身心发展水平相适应的教育，使潜能得到充分、自由的发展。

（三）儿童是权利的主体。法律赋予儿童与成人平等的权利。1959 年，联合国大会通过《儿童权利宣言》，肯定儿童和成人一样，享有生存、生活和学习的权利，成人和社会应当保障儿童的这些权利。1989 年，联合国大会通过《儿童权利公约》，为保护儿童和保障其权利制定了一套全面的国际法律准则。《儿童权利公约》的基本精神是：儿童最佳利益原则；尊重儿童尊严的原则；尊重儿童的观点和意见的原则；无歧视原则。

（四）儿童期有自身独特的价值。儿童期不只是为成人期作准备，它具有自身存在的价值。每个健康的儿童都拥有巨大的发展潜力，儿童的本质是积极的，他们本能地喜欢和需要探索学习，他们在各种丰富的活动中不断建构他们的认知结构和精神世界。

三、幼儿的权利与保护

《儿童权利公约》中列出了儿童拥有的最基本的权利：生存权、受保护权、发展权、参与权。

我国《宪法》与《未成年人保护法》规定儿童的合法权利：生存的权利、受教育的权利、受尊重的权利。

（一）幼儿的权利

幼儿的权利是指幼儿依据国家法律法规规定而拥有的一切正当权利。幼儿的权利包括两个方面：一是作为一个人所拥有的基本的人权；二是因为幼儿这个特殊的身份而拥有的特殊权利。

1. 生存权

幼儿的生存权包括生命权、健康权和医疗保健获得权，是保障幼儿生命存活、身体健康以及作为生命外围屏障的人格尊严的权利。

2. 受保护权

幼儿正处于身心发展的关键时期，他们还比较弱小，不懂得保护自身的权利，因此公民、社会和国家都有责任保护并帮助幼儿实现自己的权利。尤其是一些特殊儿童，如残疾儿童、流浪儿童、受歧视儿童、问题儿童、受刑罚处罚儿童等，都需要特殊的保护。

3. 发展权

发展权是指幼儿拥有充分发展其全部体能和智能的权利。其主旨是要保证幼儿在身体、智力、精神、道德、个性和社会性等诸方面均得到充分的发展。

4. 参与权

参与权指幼儿具有参与家庭、文化和社会生活的权利，并拥有发言权。教师和家长应给予他们适当的支持和尊重，幼儿将可能作出合理的、负责任的决定。

（二）幼儿的权利保护

1. 尊重幼儿的受教育权

受教育权是公民的一项基本权利。幼儿教师要增强法律意识，不要随意剥夺幼儿的受教育权。

2. 尊重幼儿的身体健康权

身体健康权是公民依法享有的身体健康不受侵害的权利，它是幼儿人身权的重要内容。教师不得对未成年人实施体罚、变相体罚或者唆使他人侵害幼儿的身体安全。

3. 尊重幼儿的人格尊严权

有些教师往往不重视幼儿的人格尊严权，侵犯幼儿人格权的行为时有发生，这种行为会给幼儿的心灵造成巨大的伤害。

真题汇总

材料分析（2014 年上半年·综合素质）

亮亮喜欢打人，经常有小朋友因此找王老师告状。今天，小朋友们坐在餐厅等待吃饭时，明明经过亮亮身边时，顺手戳了亮亮一下，亮亮还手打了明明一下。这时，王老师经过，看见亮亮打人，一把抓住他，用力狠狠地戳他的头，推得他直摇晃，并生气地说："看你还打人！"见到此情景，小朋友们纷纷数落亮亮曾经打了自己，王老师听后更生气了，她用力地拍打亮亮的肩膀，同时生气地大声吼道："你真是讨人嫌！长得人不像人！"

问题：请从儿童观的角度，评价王老师的教育行为。

参考答案

1. 王老师的教育行为是不恰当的，没有体现"以儿童为本"的理念。

2. 合格的幼儿教师应"以幼儿为本"，具备正确的、科学的儿童观，认识到：儿童是人；儿童是发展中的人；儿童是权利的主体；儿童期有独特价值。

3. 材料中王老师违背了科学儿童观的精神，具体表现在：

(1) 没有用发展的眼光看待亮亮的行为，只是看到亮亮动手打人，就用亮亮之前的行为来解释，而没有考虑这次事出有因。

(2) 王老师没有尊重儿童的独立性，没有把亮亮看成是具有独立人格的人和权利的主体。王老师"戳亮亮的头""大声吼"以及说亮亮"讨人嫌""长得人不像人"等侮辱性的言行都侵犯了儿童的权利和尊严。

4. 王老师应该考虑到儿童的独特性，应该意识到亮亮经常打人的行为背后一定有其原因，作为老师应该因材施教，找出亮亮行为背后的原因，帮助亮亮取得进步。

第三节 教师观

一、幼儿园教师的角色

幼儿园教师的角色是指幼儿园教师在学前教育过程中所扮演的社会身份，反映出自身的儿童观、教育观。幼儿园教师最大的特点是角色的多样性：

（一）幼儿学习活动的支持者、合作者和引导者。

（二）幼儿成长中的榜样者和示范者。

（三）学习者和研究者的角色。

依据《幼儿园教育指导纲要（试行）》，幼儿园教师应成为幼儿学习活动的支持者、合作者、引导者。

（一）以关怀、接纳、尊重的态度与幼儿交往。耐心倾听、努力理解幼儿的想法与感受，支持、鼓励他们大胆探索与表达。

（二）善于发现幼儿感兴趣的事物、游戏和偶发事件中所隐含的教育价值，把握时机，积极引导。

（三）关注幼儿在活动中的表现和反应，敏感地察觉他们的需要，及时以适当的方式应答，形成合作探究式的师幼互动。

（四）尊重幼儿在发展水平、能力、经验、学习方式等方面的个体差异，因人施教，努力使每一个幼儿都能获得满足和成功。

（五）关注幼儿的特殊需要，包括各种发展潜能和不同发展障碍，与家庭密切配合，共同促进幼儿健康成长。

二、幼儿园教师职责

《幼儿园工作规程》第四十一条规定：幼儿园教师对本班工作全面负责。具体职责如下：

（一）观察了解幼儿，依据国家有关规定，结合本班幼儿的发展水平和兴趣需要，制订和执行教育工作计划，合理安排幼儿一日生活。

（二）创设良好的教育环境，合理组织教育内容，提供丰富的玩具和游戏材料，开展适宜的教育活动。

（三）严格执行幼儿园安全、卫生保健制度，指导并配合保育员管理本班幼儿生活，做好卫生保健工作。

（四）与家长保持经常联系，了解幼儿家庭的教育环境，商讨符合幼儿特点的教育措施，相互配合共同完成教育任务。

（五）参加业务学习和保育教育研究活动。

（六）定期总结评估保教工作实效，接受园长的指导和检查。

三、幼儿园教师应具备的基本理念

（一）师德为先

热爱学前教育事业，具有职业理想，践行社会主义核心价值体系，履行教师职业道德规范，依法执教。关爱幼儿，尊重幼儿人格，富有爱心、责任心、耐心和细心；为人师表，教书育人，自尊自律，做幼儿健康成长的启蒙者和引路人。

（二）幼儿为本

尊重幼儿权益，以幼儿为主体，充分调动和发挥幼儿的主动性；遵循幼儿身心发展特点和保教活动规律，提供适合的教育，保障幼儿快乐健康成长。

（三）能力为重

把学前教育理论与保教实践相结合，突出保教实践能力；研究幼儿，遵循幼儿成长规律，提升保教工作专业化水平；坚持实践、反思、再实践、再反思，不断提高专业能力。

（四）终身学习

学习先进学前教育理论，了解国内外学前教育改革与发展的经验和做法；优化知识结构，提高文化素养；具有终身学习与持续发展的意识和能力，做终身学习的典范。

四、幼儿园教师应具备的专业理念与师德

《幼儿园教师专业标准（试行）》中《基本内容》规定：

（一）职业理解与认识

1. 贯彻党和国家教育方针政策，遵守教育法律法规。

2. 理解幼儿保教工作的意义，热爱学前教育事业，具有职业理想和敬业精神。

3. 认同幼儿园教师的专业性和独特性，注重自身专业发展。

4. 具有良好职业道德修养，为人师表。

5. 具有团队合作精神，积极开展协作与交流。

（二）对幼儿的态度与行为

1. 关爱幼儿，重视幼儿身心健康，将保护幼儿生命安全放在首位。

2. 尊重幼儿人格，维护幼儿合法权益，平等对待每一个幼儿。不讽刺、挖苦、歧视幼儿，不体罚或变相体罚幼儿。

3. 信任幼儿，尊重个体差异，主动了解和满足有益于幼儿身心发展的不同需求。

4. 重视生活对幼儿健康成长的重要价值，积极创造条件，让幼儿拥有快乐的幼儿园生活。

（三）幼儿保育和教育的态度与行为

1. 注重保教结合，培育幼儿良好的意志品质，帮助幼儿养成良好的行为习惯。

2. 注重保护幼儿的好奇心，培养幼儿的想象力，发掘幼儿的兴趣爱好。

3. 重视环境和游戏对幼儿发展的独特作用，创设富有教育意义的环境氛围，将游戏作为幼儿的主要活动。

4. 重视丰富幼儿多方面的直接经验，将探索、交往等实践活动作为幼儿最重要的学习方式。

5. 重视自身日常态度言行对幼儿发展的重要影响与作用。
6. 重视幼儿园、家庭和社区的合作，综合利用各种资源。

(四) 个人修养与行为

1. 富有爱心、责任心、耐心和细心。
2. 乐观向上、热情开朗，有亲和力。
3. 善于自我调节情绪，保持平和心态。
4. 勤于学习，不断进取。
5. 衣着整洁得体，语言规范健康，举止文明礼貌。

思考练习

材料分析

幼儿园八点正常上课，大班的陈老师八点零五分才来到班上。这时，小明走进来，陈老师大声说："小明，你为什么又迟到？把手放下站好……"忽然，陈老师听到有人嘀咕："自己也迟到了……"一个孩子正在向旁边的孩子使眼色，脸上露出不服气的神情。陈老师心头一惊，正要发作的火一下子就熄灭了。陈老师陷入了深思：平时，一些看起来很细小、很微不足道的事情，由于自己没有重视，结果给孩子造成了潜移默化、耳濡目染的影响。比如，课上，小班长用教鞭敲击讲台面要其他孩子安静下来……这不都是教师的行为在孩子身上的再现吗？陈老师突然意识到，在孩子面前，教师的一举一动都要谨慎。数十双眼睛好像数十面明澈的镜子，照得教师毫发毕现，不容有丝毫的懈怠。

问题：

1. 材料中，教师扮演的是什么角色？为什么？
2. 这一材料给了我们哪些启示？

参考答案

1. 幼儿园教师角色具有多样性。如：幼儿学习活动的支持者、合作者和指导者；幼儿的榜样者和示范者；幼儿生活中"母亲"的角色；学习者和研究者的角色。

材料中，教师扮演的是幼儿的榜样者和示范者。因为材料中小明和小班长的行为正是教师行为在孩子身上的再现，教师在潜移默化中做出了不良示范，影响了幼儿的行为。

2. 这一材料给我们的启示：

(1) 教师是人类灵魂的工程师，承担着教书育人、提高民族素质的重任，教师要充分认识到自己的言行举止对幼儿产生着重要的影响作用。

(2) 为人师表是教师职业的内在要求。孔子说："其身正，不令而行，其身不正，虽令不从。”要使学生的品德高尚，教师自己首先应该是一个品德高尚的人；要使学生遵守纪律，热爱集体，团结友爱，教师首先要身体力行，做出表率，用言传身教去感染、影响每一位幼儿。教师要严于律己，以身作则，语言规范，举止文明。

(3) 模仿是孩子的天性，教师与幼儿朝夕相处，无疑是他们学习和模仿的对象。教师的一言一行、一举一动对幼儿来说具有明显的示范作用。“孩子的眼睛是照相机，孩子的耳朵是录音机，孩子的嘴巴是复读机”，教师要时刻谨慎自己的言行举止，时时处处为幼儿做出良好的榜样和示范。

(4) 反思是教师提高专业化水平的一种有效手段，教师要善于从教育实践中来反观自己的行为，总结经验教训，及时发现、纠正自身的错误与不足，不断提高自身修养和教育教学水平，促进幼儿身心和谐发展，提高幼儿园保教质量。

第四节　教师职业道德规范

一、教师职业道德概述

(一) 概念

道德是用以调整人们相互之间以及个人与社会集体之间利益关系的行为规范和品质的总和。教师职业道德是指教师在从事教育教学过程中形成的比较稳定的道德观念、行为规范和道德品质的总和，它是调节教师与他人、教师与集体及社会相互关系的行为准则，是一定社会或阶级对教师职业行为的基本要求。

(二) 教师职业道德的基本特征

1. 从教师的社会责任来看，师德具有全局性

从中央到地方各部门高度重视教育，以及全党、全社会对教师素质的要求，使师德远远地超出了本部门职业道德的范围，上升到全社会各行各业职业道德之前，从而具有全局性。

2. 从社会地位来看，师德具有超前性

要使我国立于世界民族之林，教育必须首先为之提供高素质人才。党和国家把教育放在优先发展的战略地位，这就决定了教师的师德修养必须超越一般的职业道德，“教育者必先受教育”，为此教师必须先行提高自身素质。

3. 从教师职业及个人素质来看，师德具有导向性

师德是教育的灵魂，在培养人才的质量标准上，教师的职业道德具有导向作用。师德纯正崇高是学校方向正确的政治保证。因此，教师要率先遵守教师职业道德规范，不断提高个人思想政治素质和业务素质。

4. 从教师的人格评价来看，师德具有超越一般职业道德的示范性

“为人师表”是教师职业的内在要求。职业的特殊性决定了教师在各个方面须率先垂范，做学生的榜样。因此，师德具有超越一般职业道德的示范性。

二、《中小学教师职业道德规范》解读

中华人民共和国成立以来，我国于1985年、1991年、1997年先后三次颁布和修改了《中小学教师职业道德规范》。2008年，教育部和中国教科文卫体工会全国委员会联合颁发了新修订的《中小学教师职业道德规范》。

中小学教师职业道德规范

为进一步加强教师队伍建设，全面提高中小学教师队伍的师德素质和专业水平，在广泛征求意见的基础上，对1997年国家教委和全国教育工会联合印发的《中小学教师职业道德规范》进行了修订，于2008年9月1日由中华人民共和国教育部颁布实施。共计六条。内容如下：

一、爱国守法。热爱祖国，热爱人民，拥护中国共产党领导，拥护社会主义。全面贯彻国家教育方针，自觉遵守教育法律法规，依法履行教师职责权利。不得有违背党和国家方针政策的言行。

二、爱岗敬业。忠诚于人民教育事业，志存高远，勤恳敬业，甘为人梯，乐于奉献。对工作高度负责，认真备课上课，认真批改作业，认真辅导学生。不得敷衍塞责。

三、关爱学生。关心爱护全体学生，尊重学生人格，平等公正对待学生。对学生严慈相济，做学生良师益友。保护学生安全，关心学生健康，维护学生权益。不讽刺、挖苦、歧视学生，不体罚或变相体罚学生。

四、教书育人。遵循教育规律，实施素质教育。循循善诱，诲人不倦，因材施教。培养学生良好品行，激发学生创新精神，促进学生全面发展。不以分数作为评价学生的唯一标准。

五、为人师表。坚守高尚情操，知荣明耻，严于律己，以身作则。衣着得体，语言规范，举止文明。关心集体，团结协作，尊重同事，尊重家长。作风正派，廉洁奉公。自觉抵制有偿家教，不利用职务之便谋取私利。

六、终身学习。崇尚科学精神，树立终身学习理念，拓宽知识视野，更新知识结构。潜心钻研业务，勇于探索创新，不断提高专业素养和教育教学水平。

（一）《规范》修订的意义

教育的改革发展，要求我们积极推进观念创新和制度创新，不断探索适应新时期师德建设的新内容、方式、手段等。2008年修订的《中小学教师职业道德规范》在吸取以往师德规范的基础上，又体现了新的时代精神，使师德建设更加贴近实际、贴近教师，把师德规范的主要内容具体化、规范化，使之成为全体教师普遍认同的行为准则。同时，修订颁发《规范》，也是动员社会各方面积极参与师德建设的有效措施。

（二）《规范》修订遵循的基本原则

一是坚持“以人为本”。在新《规范》中充分体现“教育以育人为本，以学生为主体”“办学以人才为本，以教师为主体”的理念，强调尊重教师，强调教师责任与权利的统一，充分调动广大教师的主动性、积极性和创造性。

二是坚持继承与创新相结合。此次修订汲取了原《规范》中反映教师职业道德本质的基本要求，又充分考虑经济、社会和教育发展对师德提出的新要求，将优秀师德传统与时代要求有机结合。

三是坚持广泛性与先进性相结合。《规范》修订从教师队伍现状和实际出发，面向全体教师，对教师职业道德提出了基本要求。同时，又提出了体现时代精神的新的倡导性要求。

四是坚持倡导性要求与禁行性规定相结合。针对当前师德建设中的共性问题和突出问题，作出了若干禁行性规定。《规范》提出的要求尽量体现针对性和可操作性。

五是坚持他律与自律相结合。教师职业道德建设重“他律”，贵“自律”。新《规范》在注重“他律”的同时，强调“自律”，倡导广大教师自觉践行师德规范，把规范要求内化为自觉行为。从“他律”走向“自律”是师德建设的最终目的。

（三）《规范》包括哪些主要内容

新《规范》有 6 条基本内容，体现了教师职业特点对师德的本质要求和时代特征，“爱”和“责任”是贯穿其中的核心和灵魂。

第一条是“爱国守法”，是教师职业的基本要求。热爱祖国是每个公民，也是每个教师的神圣职责和义务。要实现建设社会主义法制国家的目标，需要每个社会成员知法守法，用法律来规范自己的行为，不做法律禁止的事情。

第二条是“爱岗敬业”，是教师职业的本质要求。没有责任就办不好教育，没有感情就做不好教育工作。教师要始终牢记自己的神圣职责，志存高远，把个人的成长进步同社会主义伟大事业、同祖国的繁荣富强紧密联系在一起，并在深刻的社会变革和丰富的教育实践中履行自己的光荣职责。

第三条是“关爱学生”，是师德的灵魂。没有爱就没有教育。教师必须关心爱护全体学生，尊重学生人格，平等公正对待学生。对学生严慈相济，做学生的良师益友。保护学生安全，关心学生健康，维护学生权益。

第四条是“教书育人”，是教师的天职。教师必须遵循教育规律，实施素质教育。循循善诱，诲人不倦，因材施教。培养学生良好品行，激发学生创新精神，促进学生全面发展。

第五条是“为人师表”，是教师职业的内在要求。“为人师表”对教师工作具有特殊重要的意义。教师要坚守高尚情操，知荣明耻，严于律己，以身作则，在各个方面率先垂范，做学生的榜样，以自己的人格魅力和学识魅力教育影响学生。要关心集体，团结协作，尊重同事，尊重家长。作风正派，廉洁奉公。

第六条是“终身学习”，是教师专业发展不竭的动力。终身学习是时代发展的要求，也是教师职业特点所决定的。教师必须树立终身学习理念，拓宽知识视野，更新知识结构。潜心钻研业务，勇于探索创新，不断提高专业素养和教育教学水平。

（四）如何全面准确地理解《规范》

《规范》的许多内容是《教师法》等法律法规相关条文的具体化。但《规范》不是强制性的法律，而是教师行业性的纪律，是倡导性的要求，同时具有广泛性、针对性和现实性。如新《规范》中写入了“保护学生安全”，这是由中小学教师职业特点所决定的。中小学教师面对的是自我保护能力较弱的儿童和少年。对于未成年人群体，教师应当负有保护的必要责任。《教师法》在教师义务有关条款中规定：关心爱护全体学生，制止有害于学生的行为或者其他侵犯学生合法权益的行为。“保护学生安全”是教师职责和义务的应有之义。对此，世界各国也有类似规定。但“保护学生安全”也并不意味着教师承担无限责任，需要根据具体情境和实际情况，依法作出具体界定。

《规范》中的禁行性规定，是针对当前教师职业行为中存在的共性问题和突出问题，也是社会反映比较集中的问题而提出的，如“不以分数作为评价学生的唯一标准”“自觉抵制有偿家教”等，但禁行性规定也并非包括了教师职业行为中存在的所有问题。一个阶段提出一些阶段性的、可操作的、具体化的要求，能够使学校和教师在教育教学过程中，明确要求，有规可依，有章可循，规范教师职业行为，不断提高师德水平。

（五）《规范》在贯彻落实过程中要注意哪些问题

第一，要与教师队伍整体建设相结合。加强师德建设的根本目的是造就一支高素质的教师队伍。

第二，要多方共同努力，互相配合。师德建设是一项社会系统工程，需要多方整体参与，形成教育行政部门和学校齐抓共管、有关方面大力支持、社会有效监督的良好工作局面。

第三，要在“实”字上下工夫。贯彻落实《规范》要讲究实际效果，克服形式主义，杜绝走过场。各地相关部门要结合实际，制定实实在在的实施办法和落实措施。

第四，要强调自律。学习贯彻《规范》重在实践，重在自律，重在行动。广大中小学教师要加强自身道德修养，严于律己，从自己做起，从现在做起，自觉履行教师的权利和义务，把良好的师德风尚内化为自觉行为。

三、教师职业道德评价

（一）概念

教师职业道德评价是指教师自己、他人或社会，根据社会主义的教师职业道德准则、规范和科学的标准，在系统广泛地搜集各方面信息、充分占有资料的基础上，运用现代技术手段，对教师的职业道德意识、道德情感、道德意志和道德行为进行考察和价值判断。

（二）教师职业道德评价的原则

教师职业道德评价的原则是在进行教师职业道德评价的过程中必须遵循的基本要求。只有严格遵守评价原则，才能发挥评价的积极作用。

1. 方向性原则

评价的方向性原则是指教师职业道德评价要体现社会主义的性质，坚持社会主义方向，体现社会主义的教育价值取向。

2. 客观性原则

评价的客观性原则是指在进行教师职业道德评价的过程中，必须采取实事求是的态度，真实、客观地反映教师职业道德的实际情况。

3. 科学性原则

评价的科学性原则是指在教师职业道德评价的过程中，评价者要以客观事实为基础，严格遵守评价科学和教育科学的客观规律，恰当运用现代科学技术手段去设计评价标准、评价方法以及处理评价结果。只有遵循科学的评价原则，才能得出科学的评价结果，这样的结果才有意义和价值。

4. 教育性原则

评价的教育性原则是指教师职业道德评价要符合教育的要求，充分发挥评价的教育作用，充分体现“教育是评价的基础，评价过程是教育过程”这一宗旨，通过评价使广大教师在评价中发扬优点，改正缺点，不断地提升自身的职业道德修养。

5. 民主性原则

评价的民主性原则是指教师职业道德评价要坚持走群众路线，要相信、尊重、依靠教育行政部门、学校领导、教职员工和社会各界，调动各方面的积极性，充分发扬民主，共同搞好教师职业道德评价工作。

思考练习

材料分析 1

某重点大学毕业生小李，在公开招聘中以优异的成绩被聘为某幼儿园老师，然而在给幼儿园孩子上课时，她不重视备课，不注意对教学环节的把控，显得很浮躁。她认为：“教师上课就那么回事，我备好一遍课，就可以用好多年！”园长找她谈话，她还不以为然：“我是重点大学毕业生，难道还教不了一群小孩子？”之后，她把对园长的批评的不满都撒到孩子身上，上课时对打闹的孩子或挖苦讽刺或罚站，甚至将孩子赶出教室。

问题：请试从教师职业道德的角度，分析小李老师的行为。

材料分析 2

寒寒 6 岁，非常喜欢问问题，然而每次提问，都被老师用否定的语气回答。有一次，老师在教古诗《春晓》时，她有疑惑，就问老师：“老师，‘春晓’这个词是什么意思？”这位老师不以为意地说：“怎么这么笨？春晓就是春天的早晨。”寒寒又问：“为什么是春天的早晨呢？”老师没回答，只是环视一下全班同学，问：“大家都明白了吗？”小朋友们毫不犹豫地答道：“明白了！”于是，老师说：“寒寒，你真笨。”从此以后，寒寒就很少提问了。

问题：

1. 请根据教师职业道德规范中“关爱学生”这一内容所蕴含的思想观念，分析说明上述材料中教师的表现会产生哪些危害。

2. 教师应该怎样正确对待这样的事情？

参考答案

材料分析1

《中小学教师职业道德规范》要求教师应具备的基本的道德规范是：爱国守法；爱岗敬业；关爱学生；教书育人；为人师表；终身学习。材料中小李老师的行为违背了上述中的一些要求，具体表现为：

1. “爱岗敬业”是教师职业的本质要求。教师应该热爱教育事业，对工作高度负责，勤恳敬业，淡泊名利，乐于奉献。材料中小李老师工作浮躁，不负责任，违背了“爱岗敬业”的要求。

2. “终身学习”是教师专业发展不竭的动力。教师应该树立终身学习的理念，不断提高专业素养和教育教学水平。材料中小李老师自认为是重点大学毕业生，园长找她谈话还不以为然，说明她缺乏“终身学习”的意识。

3. “爱国守法”是教师职业的基本要求，“关爱学生”是师德的灵魂。材料中小李老师把不满发泄到幼儿身上，对幼儿讽刺、挖苦、体罚，损害了幼儿的人格和尊严，侵害了幼儿基本的权益，违背了法律法规的相关规定，没有做到“爱国守法”和“关爱幼儿”。

4. 材料中的小李老师应该意识到自己的错误，以教师职业道德规范来严格要求自己，努力提高自身素质和专业化水平。

材料分析2

1. “关爱学生”是师德的灵魂。《中小学教师职业道德规范》中要求教师“关爱学生”，关心爱护幼儿，平等公正地对待每一个幼儿，不讽刺、挖苦、歧视幼儿，不体罚或变相体罚幼儿。材料中的教师没有做到尊重和关爱幼儿，教师多次否定幼儿提问，甚至羞辱、歧视幼儿，这样会对幼儿产生严重危害：伤害幼儿的人格和自尊；打消幼儿思考提问的积极性和主动性，挫伤幼儿的自信心，压抑幼儿的个性，不仅严重危害幼儿的身心健康，不利于幼儿潜能的发挥，而且会影响师幼关系和同伴关系的发展。

2. 教师应该自觉遵守教师职业道德规范的要求，提高自身专业素养和个人修养，自觉做到：

爱国守法，即要自觉遵守教育法律法规，尊重幼儿的人格和尊严。

爱岗敬业，即要热爱教育事业，勤恳敬业，乐于奉献。

关爱学生，即要关心爱护幼儿，平等公正地对待每一个幼儿，不讽刺、挖苦、歧视幼儿，不体罚或变相体罚幼儿。

教书育人，即要遵循规律，因材施教，激发幼儿的创新精神，促进其全面发展。

为人师表，即要举止文明，以身作则，富有爱心、耐心和责任心。

终身学习，即要树立终身学习理念，不断提高专业素养和教育教学水平。

真题汇总

阅读材料,并回答问题。

材料分析 1(2013 年上半年·综合素质)

今天的午点是香蕉。拿到香蕉后,王浩马上双手握住香蕉,眯着眼,"啪"地向吴老师开了一"枪",小朋友们都笑了起来。吴老师没有生气,而是问小朋友们:"王浩觉得香蕉像一把枪,你们觉得像什么呢?"小朋友们低头看看手里的香蕉,纷纷说:"像小船""像月亮""像香肠"……

吃香蕉的时候,吴老师问:"香蕉吃到嘴里是什么感觉啊?"小朋友们纷纷回答:"很甜""很软""粘牙""和橙子不一样,它没核"……

吃完香蕉,吴老师问:"香蕉皮像什么?""降落伞""一朵花""一只大章鱼"……

以往,老师会要求小朋友们把香蕉皮丢到垃圾筒里,可是今天,吴老师却要求小朋友们把香蕉皮留在桌面上,并给小朋友们提供了绳子、透明胶、剪刀等工具,兴趣盎然地带领大家玩起香蕉皮来。

问题:请从教师职业理念的角度分析吴老师的保教行为。

材料分析 2(2013 年上半年·综合素质)

视频题:《爱心照顾每个孩子——幼儿教师张美花》

张老师是小托班的带班老师,她在幼儿园工作了十几年,始终如一地对待每一个孩子,关心爱护每一个孩子,送走了一批又一批的孩子。张老师连续十年被评为"优秀教师"。

问题:请结合视频内容,从教师职业道德的角度,评析张老师的保教行为。

材料分析 3(2013 年下半年·综合素质)

一天,一位老师给学生上科学课,主题是"寻找有生命的物体"。老师安排学生去校园里甚至校外的大自然里寻找有生命的物体,并做记录。走出课堂的孩子们显得很兴奋,不久,一位同学跑过来说:"老师,我捉到一只蚂蚱。"其他同学也围过来看,突然,一个同学说:"这是只公的。"围观的同学纷纷大笑。老师问道:"你怎么知道的?""我观察的,公蚂蚱有劲,跳得高。"他自信地说。这是孩子最直接的推理,确实是难能可贵的!老师及时表扬道:"你真是一位小生物学家,科学就是提出问题、研究问题、解决问题,希望你能认真研究一番。"这个同学认真地点点头。就在这时,一位同学跑过来告状:"一个同学把蚂蚱踩死了。"老师很快意识到这是一个绝好的教育机会。他走过去,几个同学正在气呼呼地责备那个同学。这位老师说:"蚂蚱也是有生命的物体。我们应该爱护每一个有生命的物体。我相信,这位同学一定是无意踩死的。这样吧,老师提一个建议:不如挖一个坑,把它安葬了吧!"于是,在学校的草地上,举行了一场特殊的"葬礼"。可以说在这潜移默化中,学生对生命的理解和珍惜,会比多少遍说教都来得有效!

问题：试从教师职业理念的角度，评析老师的教学行为。

材料分析 4(2013 年下半年·综合素质)

何老师班上的小龙，经常迟到、旷课、不完成作业，还欺负同学。在多次批评教育无效后，何老师决定到他家去一趟，向他父母告状。到小龙家时，何老师惊奇地发现他正在做家务。见到何老师，小龙吃了一惊，但还是喊了一声“老师好”后跑回房里。同小龙父母交谈后，何老师了解到小龙家庭贫困，父母每天早出晚归，疏于教导，让孩子养成了一些坏习惯。但这孩子在家还挺懂事，也能帮忙干活。于是，何老师把本来告状的话收了回来。第二天，何老师在班上表扬了小龙懂礼貌，见到老师主动问好，在家能做家务，希望同学们能向小龙学习。接下来，老师安排他负责班级卫生工作，并对他的尽职尽责及时予以表扬。没过多久，小龙在课堂上认真多了，同学关系也融洽了，还成为了老师的得力助手。

问题：请从教师职业道德的角度，评析何老师的教育行为。

材料分析 5(2014 年上半年·综合素质)

活动开始了，教师请幼儿们轻轻搬椅子到老师身旁来。这时，有的幼儿抱着椅子，有的幼儿推着椅子，有的幼儿拖着椅子，都往老师身边挤，活动室一片混乱。

看到这幅情景，教师轻轻走到一位推着椅子的幼儿跟前，抱起他的椅子，说：“哎呀，小椅子，对不起，你的腿很疼，是吗？我帮你揉揉。”教师充满关爱的神情和言语引起幼儿的注意，活动室里一下子静了下来。“老师，我不推椅子了”“老师，我会抱起椅子的”……推着椅子和拖着椅子的幼儿小心翼翼地抱起椅子，轻轻将椅子放下。教师做出询问小椅子的样子，说：“现在椅子很高兴，它说谢谢大家爱护它。”

问题：请从教师职业道德素质角度，评价教师的保教行为。

材料分析 6(2014 年下半年·综合素质)

小班的丹丹有个很奇怪的表现，每次午睡都不愿意脱袜子，夏天也是如此。一天午睡，丹丹依旧不肯脱袜子。李老师决心帮助她改掉这个毛病，就对她说：“丹丹，天气热了，脱了袜子睡觉，好吗?”边说边帮丹丹脱袜子。令李老师惊讶的是，丹丹的右脚有 6 个趾头。看着丹丹蜷曲着双脚，眼里含着泪水，李老师心里责备自己的莽撞，迅速地帮丹丹穿好袜子，并安慰她：“对不起，宝贝！不愿意脱就不脱吧。没关系！”

班上的乐乐是一个留守儿童，长期和性格孤僻、不善言辞的爷爷一起生活，3 岁了还不怎么会说话。在与乐乐相处的过程中，李老师仔细观察，做好记录，发现他要玩具就会说“咿呀”，要上厕所，就会说“哦哦”。李老师不厌其烦地放慢语速，嘴形夸张地教他正确的发音。在游戏活动中，李老师积极引导乐乐和小伙伴进行交流，李老师还给乐乐的父母打电话，希望他们能在繁忙的工作之余，每天抽固定的时间，利用电话与乐乐进行交流，尽量多回来看孩子。在家园共同努力下，乐乐的语言能力获得了发展，能主动和小伙伴玩耍，性格也开朗多了。

问题：请从教师职业道德的角度，评价李老师的教育行为。

材料分析 7(2015 年上半年·综合素质)

十一长假结束后，楠楠一进教室，就马上走到“自然角”去探望小金鱼和蝌蚪。“小金鱼没有了!”楠楠大叫起来。邓老师很吃惊地走过去看，以前游来游去的小金鱼不见了，只剩下两个小鱼头躺在缸底的水草下，几只蝌蚪竟然正在啃鱼头。蝌蚪吃金鱼的事立刻引起了孩子们的注意。早餐结束后，邓老师决定利用这次机会，组织孩子们讨论小金鱼的死因。

孩子们分小组进行了热烈讨论。他们列出了几种可能的原因：

(1)天气闷热致死。因为放假期间，天气一直有些闷热。(2)水污染致死。因为涵涵曾经将肥皂泡吹到鱼缸里。大家觉得水污染可能会导致金鱼死亡。(3)金鱼吃得太饱，胀死了。因为小杰家的金鱼就是这样死的。(4)金鱼是饿死的。因为放假期间没人给金鱼喂食，它们就饿死了。

邓老师继续组织幼儿讨论怎样的喂养方式是正确的。大家纷纷发表意见。

随后，邓老师指导孩子们把金鱼的尸体从鱼缸里捞出来。有的孩子还提出要把金鱼埋葬到草丛里，邓老师答应了，给孩子们借来铲子，孩子们很认真地把他们心爱的金鱼埋好。

问题：请从儿童观的角度，评析邓老师的保教行为。

材料分析 8(2015 年上半年·综合素质)

徐老师的班上新来了一个男孩，不爱说话，更没有笑声。徐老师问他叫什么名字，他只会摇头。通过和家长交谈，徐老师知道这个名叫晓天的幼儿从小失去母亲，爸爸忙于生计也无暇顾及他，所以晓天性格孤僻，语言表达能力很差，动作发育迟缓。

了解到晓天的身世后，徐老师更加关心晓天，在教室里为他专门准备了开发智力的玩具，还亲手为他编织毛衣。徐老师经常亲切地跟晓天说话，教他练习发音，以提高其语言表达能力；利用图片和图书为他讲故事，以提高其理解能力；跟他一起堆积木、折纸，以提高其动手能力。徐老师还指导晓天的爸爸在家里如何对孩子进行早期智力训练。时间一天天过去，渐渐地，晓天的眼睛有神了，能与人进行简单的交谈了，脸上也常挂着微笑。

问题：请从教师职业道德的角度，评价徐老师的保教行为。

材料分析 9(2015 年下半年·综合素质)

班上的幼儿总记不住饭后漱口，一天早上，刘老师找了两个透明的塑料杯放在桌上，其中一个杯子里面装满了干净的水。早饭后，刘老师让小朋友接水漱口，并让他们把漱口水吐在空杯子里，让全班小朋友来观察。孩子们议论纷纷：“这两杯水不一样，一个很干净，一个很脏”“那个杯子里的水里有东西了”……刘老师问：“这些脏东西原来藏在哪儿呀?”他们纷纷说道：“藏在小朋友的嘴里”“藏在舌头底下”“粘在牙上的”

“藏在牙缝里的”……刘老师把装着漱口水的杯子放进盥洗室。

午睡后，孩子们去盥洗室解便洗手，都捂着鼻子说：“房间里是什么味？真难闻。”这时，放杯子的地方围着几个小朋友，正在议论着。孩子们指着杯子问：“这是什么呀？真臭！”原来漱口水已经变臭了。这时刘老师走过来，看见孩子们一脸的惊讶，问道：“大家想一想，这些东西在嘴里会怎么样？”有的孩子说：“也会变得这么臭，生出许多细菌来。”还有的孩子说：“原来我们的牙齿就是这样坏的！那吃完饭得把嘴漱干净。”有一位小朋友说：“我回家告诉爸爸妈妈，让他们吃完饭后也一定要漱口。”自那次观察活动后，孩子们漱口再也不用老师提醒了。

问题：请从教育观的角度，评价刘老师的教育行为。

材料分析 10(2015 年下半年・综合素质)

性格文静的馨馨午睡时总是睡不着。为解决这个问题，黄老师耐心地告诉她天天午睡的好处。黄老师还联系家长，请家长配合，让馨馨在家里早睡早起，以帮助她养成良好的午睡习惯，可总是收效不大。

经观察，黄老师发现馨馨不好好躺着，到午睡时仍然精神饱满，不觉疲意。于是，黄老师调整策略。首先，增加馨馨的运动量。如：户外运动后引导她跑几圈，跑完后发给她金牌；让她和运动量大的小朋友一起游戏、玩耍。其次，舒缓馨馨的情绪。午睡时不催她，还在她耳边轻轻地说：“没关系，如果睡不着，就闭上眼睛躺一会儿吧！”等她睡着后，在她枕头下藏一朵小红花，等她醒来，给她一个惊喜……慢慢地，馨馨每天都能睡得很香了！

问题：请从教师职业道德的角度，评析黄老师的教育行为。

参考答案

（略）

第二章

教育法律法规

命题分析

该模块知识点常以单项选择题形式考查，既考查考生对于教育法律法规条款的记忆和重要内容的理解，同时也考查考生运用法律法规分析现象和解决实际问题的能力。

第一节　教育法律法规概述

一、教育政策

教育政策是一个政党和国家为实现一定历史时期的教育发展目标和任务，依据党和国家在一定历史时期的基本任务、基本方针而制定的关于教育的行动准则。

教育政策的类型：

（一）根据制定政策主体的不同，可分为政党的教育政策、国家的教育政策和社会团体的教育政策；

（二）根据政策内容与层次的不同，可分为总政策、基本政策和具体政策；

（三）根据政策效力范围的角度，可分为全局性政策和区域性政策；

（四）根据政策所起作用的角度，可分为鼓励性政策和限制性政策。

二、教育法律规范

教育法律规范是一切调整教育关系法律规范的总称，即有关教育方面的法律、条例、规章等规范性文件的总和，是现代国家管理教育的基础和基本依据。

教育法律规范的类型：

（一）根据教育法律规范的创制方式和表达方式不同，可分为成文法和不成文法。

（二）依据教育法律规范的效力等级和内容重要程度不同，可分为根本法和普通法。在我国教育法规中，《中华人民共和国教育法》是我国教育的根本法、基本法，而《中华人民共和国义务教育法》《中华人民共和国教师法》等为普通法、单行法。

(三) 根据教育法律规范规定的内容不同,可分为实体法和程序法。

(四) 根据教育法律规范的适用范围不同,可分为一般法和特殊法。

三、教育法律关系

(一) 教育法律关系的含义

教育法律规范主要调整教育社会关系中所形成的人们之间的权利和义务。教育法律关系是指教育法律规范在调整教育社会关系中所形成的人们之间的权利与义务关系。由教育法律关系的主体、客体和内容三个要素组成。在教育活动中,教育主体之间也可以结成各种关系,如教师与学生、学校与社会等主体之间的法律关系。

【难点突破 1】教育法律关系案例解析:学校教师有贯彻国家的教育方针、遵守规章制度、执行学校的教学计划、履行教师聘约、完成教育教学工作任务的义务。教师有按时获取工资报酬、享受国家规定的福利待遇以及寒暑假期带薪休假的权利。教师的这种权利和义务就构成了教育法律关系的一种。

(二) 教育法律关系的特殊属性

教育法律关系与一般法律关系相比具有特殊的属性。教育法律关系的设定要体现教育的特点,必须遵循教育规律,遵循教育发展的需要,在教育活动中主要表现于管理与被管理、教育与被教育的权利和义务的关系设定之中。具体包括以下几个方面:(1)政府与学校的关系;(2)学校与教师的关系;(3)学校与学生的关系;(4)教师与学生的关系;(5)学校与家庭的关系;(6)学校与社会的关系。

【提示】考生答题时可以先分析题目中的关系是否包含在以上列举的范围之内,进而判断是否是教育法律关系,如果是教育法律关系再判定是属于哪些教育法律法规调整的范围。

(三) 教育法律关系的构成要素

教育法律关系由教育法律关系的主体、客体和内容三个要素构成。

教育法律关系:
- 主体:公民(自然人)、机构和组织(法人)、国家
- 客体:物、行为、人身利益
- 内容:教育法律权利、教育法律义务

1. 教育法律关系的主体

教育法律关系主体是指教育法律关系的参加者,即在教育法律关系中享有权利或承担义务的人。法律上所称的“人”主要包括自然人和法人。自然人是指有生命并具有法律人格的个人,包括公民、外国人和无国籍的人。法人是与自然人相对称的概念,指具有法律人格,能够以自己的名义独立享有权利或承担义务的组织。

教育法律关系主体的种类主要有三种：一是公民(自然人)；二是机构和组织(法人)；三是国家。法律对教育法律关系主体的确认是通过对其能力的确认来实现的。这种能力的确认表现为权利能力和行为能力。

2. 教育法律关系的客体

教育法律关系客体是指教育法律关系主体的权利和义务所共同指向的对象。教育法律关系客体是将教育法律关系主体之间的权利与义务联系在一起的中介。没有教育法律关系的客体作为中介，权利和义务也就失去了目标，就不可能形成教育法律关系。因此，客体是构成任何教育法律关系都必须具备的一个要素。

教育法律关系客体主要包括如下几类：物、行为、人身利益。

3. 教育法律关系的内容

教育法律关系的内容是指教育法律关系的主体在一定条件下依照法律规定所享有的权利和承担的义务，也就是教育法律关系的主体依法享有的权益和依法应当履行的责任，它是教育法律关系的核心内容。

(1) 教育法律权利

教育法律权利是指教育法律关系主体依法享有的某种利益。它通常有以下表现形式：行为权、要求权、请求权。

行为权是指教育法律关系的主体为或不为一定行为的权利。教育法律关系主体的行为权是自己以作出或不作出某种行为的方式来满足其利益要求的权利。这种权利的形式可以以作为的方式进行，也可以以不作为的方式来实现。比如家长送适龄子女入学的行为就是一种作为，而学生家长拒绝学校违反国家规定向其子女收取费用的行为，可以视为对其利益维护的一种不作为。

要求权是指教育法律关系主体要求义务人作出或者不作出某种行为的权利。这种权利设置的意义在于，保证权利人要求义务人停止侵害，维护自己的利益，或者要求负有积极义务的义务人作出积极行为以满足权利人的利益要求。比如学校有维护教育教学正常秩序的权利，其中包括要求义务人停止侵害教育教学正常秩序，维护自己利益的权利；也包括可以要求负有积极义务的义务人作出这种积极行为的权利。

请求权是指教育法律关系主体在法律权利受到侵害时诉请国家提供保护的权利。这一权利直接体现国家的强制力。这种权利主要体现在诉讼教育法律关系之中，表现为对受侵害权利的一种法律救济，可以通过申诉、控告等不同途径来实现。

(2) 教育法律义务

教育法律义务是指教育法律关系主体依法所应承担的某种责任。它通常有以下与教育法律权利相对应的形式：不作为、积极作为、接受国家强制。

不作为即义务人不为一定的行为。这一义务与权利人的行为权利相对应。如我国《义务教育法》第十六条第一款规定：任何组织或者个人不得侵占、克扣、挪用义务教育经费，不得扰乱教学秩序，不得侵占、破坏学校的场地、房屋和设备。在这里，只要义务人不作为就构成了权利人权利实现的条件。

积极作为即义务人应该按照法律的规定或权利人的要求，作出积极的行为以满足权利人的利益要求。这一义务与权利人的要求权利相对应。如我国《义务教育法》第九条第一款规定:地方各级人民政府合理设置小学、初级中等学校,使适龄儿童、少年就近入学。在这里,地方各级人民政府在义务教育学校的设置上属于积极义务的承担者,这种义务的任何不履行或者不完全履行都可以引起权利人要求权的行使。

接受国家强制即义务人不履行义务时,必须接受国家的强制。这一义务与权利人的请求权利相对应。权利人的请求权的行使引起国家强制力的发挥。

【难点突破 2】在难点突破 1 的案例中教育法律关系的主体就是学校教师,客体就是"贯彻国家的教育方针,遵守规章制度,执行学校的教学计划,履行教师聘约,完成教育教学工作任务的义务"当中的贯彻、遵守、执行和履行等这些行为,而内容就是案例中具体列出的权利和义务。

【提示】考生千万不要把教育法律关系的客体局限于物,这通常是大家答题的误区。记住:教育法律关系的客体除了物,还包含行为和人身利益。

(3) 教育法律权利和义务的相互关系

从本质上看,权利是指法律保护的某种利益,表现为要求权利相对人可以怎样行为。义务指人们必须履行的某种责任,表现为必须怎样行为和不得怎样行为。权利和义务是法律调整的特有机制,也是教育法律关系内容的核心。

教育法律权利和义务是相互联系、相互制约、不可分割的统一体,二者存在着结构相关、数量相当、功能互补和价值主从关系。

1) 结构相关

结构相关是指任何一项教育法律权利的获得都必须有相对应的教育法律义务,二者是相互关联、对立统一的。

2) 数量相当(不是相等)

数量相当主要表现在教育法律权利和义务在总量上是大体相等的。

如果教育法律权利总量大于义务的总量,有的权利就是虚设的;如果教育法律义务总量大于权利的总量,就会出现特权。我国《宪法》第三十三条第三款规定:"任何公民享有宪法和法律规定的权利,同时必须履行宪法和法律规定的义务。"

3) 功能互补

教育法律规范调整教育社会关系是通过教育法律权利和义务双向机制来调整人们行为的,二者在总体上呈现出相互补充的功能。教育法律权利表征利益,教育法律义务表征负担。

因此,我们不能只强调自己的权利而忽视履行义务,也不能只强调履行义务而忽视权利的行使。在教育法律关系中,主体之间只有在这种教育法律权利和义务的互动关系中,才能形成良好的教育秩序。

4) 价值主从

教育法律权利与义务在价值选择上并不是绝对平衡的,而是有主要与次要、主导与非主导之分的。

【提示】权利通常可以放弃，但是义务必须履行。没有无义务的权利，也没有无权利的义务。二者是相互依存，互为存在的前提，不能单独存在。

四、教育法的渊源

教育法的渊源，就是指国家根据法定的职权和程序制定的关于教育方面的规范性的文件。

【提示】在大家通常的理解中，渊源是指源流、本原。在此大家一定要摒弃这种理解。教育法渊源通俗地讲就是哪些法律法规性的文件规定了教育方面的内容，就可将此文件称为教育法渊源。因此，教育法渊源主要有：宪法、教育法律、教育行政法规、地方性教育法规、教育规章等。

五、教育法律责任

法律责任是权利行使和义务履行的重要保障。如果没有法律责任，权利的行使就得不到约束，义务就得不到履行。规则的制定中，必然要有责任的规定。充分使违法者承担起与其行为相应的法律责任，违法行为受到应有的惩罚，才能真正树立起法律的尊严。依法追究违法主体的法律责任是教育法律法规实施的重要保证。

（一）什么是法律责任

法律责任具有广义和狭义两种解释。就广义而言，它又具有两方面的含义：一是指根据法律的规定，人们所应当履行的义务。它要求人们主动、自觉地履行。如赡养父母、抚养子女、尊敬老人等。二是指行为人所实施的行为违反了有关法律规定而必须承担的法律后果。它是具有强制性的责任。例如，殴打致人受伤，必须承担赔偿损失等相应的民事责任，情节严重的依法接受刑事处罚。狭义上所讲的法律责任仅指后一种含义。人们通常也是从狭义上理解和使用法律责任这一概念的。

所以我们通常把法律责任定义为：法律责任是由法律关系主体的违法行为引起的，应当由其依法承担的惩罚性的法律后果。

教育法律责任是指行为人违反教育法律规范的行为所引起的，应当由其依法承担的惩罚性的法律后果。

（二）教育法律责任的归责要件

所谓归责，是指法律责任的归结。它要解决的是法律责任在何种情况下，应该由谁来承担的问题。教育法规既然设定了法律责任，就必须要解决好一个归责的问题。根据什么来确定教育法律责任主体呢？这就是教育法律责任主体的归责要件问题。

教育法律关系主体只有具备以下四个教育法律责任的归责要件，才被认定为教育法律责任主体应该承担相应的法律后果。

1. 有损害事实，即行为人有侵害教育管理、教学秩序及从事教育教学活动的公民、法人和其他组织的合法权益的客观事实存在。这是构成教育法律责任的前提条件。

违法对社会所造成的损害，有两种情况：一种是违法行为造成了实际的损害，如体罚学生致学生身体受到伤害(结果型的损害，即出现某种实际损害后果)；另一种是违法行为虽未造成实际损害，但已存在这种可能性，如有关部门明知学校房屋有倒塌的危险，却拒不拨款维修(行为型的后果，即虽然还没有出现某种实际损害后果，但是由于没有履行某种行为，导致出现损害后果的风险)。违法行为造成的损害后果，表现为物质性的后果和非物质性的后果。物质性的后果具体、有形、能够计量。如挪用学校建设经费，其数额可以计算。非物质性的后果抽象、无形、难以计量。如教师侮辱学生，造成学生精神上、心理上长期的伤害，则无法计量。

2. 有违法行为，即行为人实施的行为是违反教育法律、法规的。

假若行为人的行为没有违法，他就不承担法律责任。行为违法也是构成教育法律责任的前提条件。这个条件也包括了两个方面的含义：一方面是指行为的违法性。只有行为违反了现行法律的规定才是违法行为。这种违法行为可以是积极的作为，如考试作弊、殴打或侮辱教师、侵占学校财产等；也可以是消极不作为，如不及时维修危房、拖欠教师的工资等。另一方面，违法必须是一种实际行为。如果仅仅是具有某种违法的想法，而这种想法并没有通过人的行为付诸实施，则不构成违法。社会主义法制原则不承认思想违法。

3. 行为人主观上有过错。

所谓过错，是指行为人在实施行为时，具有主观上的故意或过失的心理状态。

所谓故意的心理状态，是指行为人明知自己的行为会发生危害社会的结果，但希望或放任这种结果的发生。例如，某体育老师明知学生甲有先天性心脏病特异体质，仍然让其与其他同学一样参加剧烈的体育运动，导致学生甲当场昏倒。

所谓过失的心理状态，是指行为人在本应避免危害结果发生时，但由于疏忽大意或者过于自信而没有避免，以致发生危害结果。例如，某教师在课堂上当众披露某学生的隐私，学生认为受到了侮辱而自杀。该教师的行为即有过失的因素。

4. 违法行为与损害事实之间有因果关系，即违法行为是导致损害事实发生的原因，损害事实是违法行为造成的必然结果，二者之间存在着内在的必然的联系。前者决定后者的发生，后者是前者的必然结果。因果关系是承担法律责任的重要条件之一。

(三) 教育法律责任的承担方式

一个人或者组织如果需要承担法律责任，那么，其承担的方式就是接受法律制裁。法律制裁的类型与方式有：行政制裁、民事制裁和刑事制裁。

(四) 教育法律责任的分类

对法律责任进行分类，往往可以从不同的角度，或者按照不同的分类依据，将其区分为各种不同的类型。在这里，我们主要根据违法主体的法律地位、违法行为的性质和危害程度的不同，将教育法律责任分为行政法律责任、民事法律责任和刑事法律责任三种。

1. 行政法律责任

行政法律责任是指行为人因实施行政违法行为而应承担的法律责任，简称行政责任。

行政责任是基于违反行政法律义务而产生的法律责任，主要包括四个方面：

其一，是行政机关的行政责任。国家的行政机关应依照法定的授权，履行行政管理的职责。国家机关有进行管理的权力，但同时也有保障相对人合法权益的义务。滥用职权和不履行义务将导致承担相应的法律责任。

其二，是国家行政机关工作人员的行政责任。国家行政机关工作人员滥用职权和违反职责的行为，表明他们的行为已超出法定的限度，为此他们将承担个人责任。

其三，是行政受托人的行政责任。公民和组织受行政机关委托进行一定的行政活动，必须在规定的授权范围内行使权利和承担义务，如果超出这个范围将承担一定的行政责任。

其四，是相对人的行政责任。行政机关在依法对相对人进行管理时，相对人应服从行政机关的命令和决定。否则，行政管理机关可以追究其行政责任。

行政责任应由国家机关依照相关行政法规定的条件和程序予以追究。人民法院或有关行政机关依法拥有此项权力。

2. 民事法律责任

民事法律责任是指由于人们实施民事违法行为所导致的赔偿或补偿的法律责任，简称民事责任。

民事责任基于民事违法行为而产生，这主要包括违反合同的民事责任和侵权的民事责任。民事责任主要是财产责任。民法主要是调整平等主体之间财产关系和人身关系。其中，即使是因人身关系而导致的纠纷，如侵犯姓名权、名誉权等，其承担责任方式也可以是财产责任。

民事责任既有个人责任，也有连带责任或由相关人负替代责任。在一定条件下，民事责任可以由当事人协商解决。违法者一般应主动承担责任，拒不履行责任时，才由受害人请求人民法院裁决。

3. 刑事法律责任

刑事法律责任是指由于实施刑事违法行为所导致的受刑罚处罚的法律责任，简称刑事责任。刑事责任是一种惩罚最为严厉的法律责任。

刑事责任的特点表现为：

第一，承担刑事责任的依据是严重违法行为，即由犯罪行为引起，其社会危害性大。一般的违法行为，不触犯刑法的行为，不承担刑事责任。

第二，认定和追究刑事责任的是审判机关，即只有人民法院按照刑事诉讼程序才能决定行为人是否应承担刑事责任。其他机关没有这项权力。

需要指出的是，很多人知道和理解违反教育法律法规要承担行政的、民事的法律责任，对于教育中的违法违规需要承担刑事法律责任的情况则感受不深。其实，在《教育法》《义务教育法》《义务教育法实施细则》《教师法》等教育法律法规当中，对需要承担刑事法律责任的情况都有十分明确的规定。

一般说来，在教育活动中需要承担刑事法律责任的情况包括：(1)侵占、克扣、挪用教育经费或义务教育经费的；(2)扰乱学校教学秩序，情节严重的；(3)破坏学校校舍、场地和设备情节严重的；(4)侮辱、殴打教师、学生情节严重的；(5)体罚学生情节严重的；(6)玩忽职守致使校舍倒塌，造成师生伤亡事故情节严重的；(7)招生中徇私舞弊的。

当然，对以上的各种违法行为，大部分都以情节严重作为追究刑事责任的必要条件。不过，不同行为中"情节严重"的含义是有所不同的。比如，体罚学生情节严重是指体罚学生的手段恶劣，或者致学生重伤等情况。又如，玩忽职守致使校舍倒塌，造成师生伤亡事故的"情节严重"，是指明知是危险校舍而不向上级报告或不采取措施处理而致使校舍倒塌，造成死亡 1 人以上或者重伤 3 人以上等情节。

我们注意到，在最新修订的《刑法》第 138 条和第 418 条中，专门针对教育犯罪的特点，设置了"教育设施重大安全事故罪"和"招收公务员、学生徇私舞弊罪"这两个罪名。这就说明，国家是十分重视打击那些违反教育法律法规中的犯罪对象的。

【提示 1】法律责任的产生可以从权利和义务两个方面来理解：1. 法律主体违法侵犯了其他主体的法定权利(权益)。2. 法律主体不履行教育法律规范规定的法律作为的义务或者实施了教育法律规范规定的不作为义务的行为。实际上第 1 条的说法也可以归纳到第 2 条中，即违法侵犯其他主体的权利就是违反了法律中不得违法侵犯其他主体权利的禁止性的义务。

【提示 2】考生应掌握三种责任当中刑事责任是最为严厉的责任。同时考生应能够通过案例来区分各种法律责任。

六、教育法律救济

(一) 教育法律救济的含义

教育法律救济是指教育法律关系主体的合法权益受到侵犯并造成损害时，通过裁决纠纷，纠正、制止或矫正侵权行为，使受害者的权利得以恢复、利益得到补救的法律制度。

现从以下几个方面进一步理解教育法律救济的含义：

第一，法律救济是以保障合法权益的实现为基础的。立法的根本目的在于规范人们的社会行为，保障人们的合法权益。在社会活动中，存在着许多权利纠纷或权利冲突，并伴随着权益受到侵害的现象。当公民的合法权益受到侵害时，只有通过一定方式来恢复受损害的权利或给予补救，这些权利才能真正地实现。

第二，法律救济是在合法权益受到侵犯并造成损害时得以启动的。在法律救济中，无论采用何种救济手段和程序，都必须有侵权行为的存在。相对人只有在合法权益受到侵害的基础上才可提出救济请求。

第三，法律救济是对受侵害合法权益的恢复和补救。对合法权益受到损害的法律关系主体进行补救可以采取多种方式，不仅包括司法救济方式、行政救济方式，而且还包括其他通过组织内部或民间渠道进行救济的方式。

（二）法律救济的途径

法律救济的途径是指在社会活动中，侵权行为的相对人认为其合法权益受到侵害后，请求法律救济的渠道。法律救济一般通过司法救济、行政救济、仲裁救济等渠道来实现。

司法救济渠道是指通过法定诉讼制度寻求法律救济的途径。依据法律规定，法律责任包括行政责任、民事责任、刑事责任。那么，受害人则可通过现行的行政诉讼、民事诉讼、刑事诉讼的司法制度求得司法裁决，获得法律救济。

行政救济渠道，是指法律关系主体，尤其是公民、法人或其他组织认为具体行政行为直接侵害其合法权益，请求有权的国家机关依法对行政违法或行政不当行为实行纠正，并追究其行政责任，以保护行政相对人的合法权益的法律救济途径。我国有明确的行政申诉、行政复议和行政赔偿等形式的行政救济方式。《教育法》和《教师法》也进一步规定了受教育者申诉和教师申诉两种行政救济方式。

（三）教育申诉制度

教育申诉制度是非诉讼意义上的申诉制度。教育申诉制度是指作为教育法律关系主体的个体及教育行政相对人，在其合法权益受到侵害时，向相应的国家行政机关申诉理由，请求处理或重新处理的制度。

1. 教师申诉制度

教师申诉制度是指教师对学校或者其他教育机构以及政府有关行政部门的处理不服，或认为侵犯了其合法权益，依法向主管的行政机关申诉，请求处理的制度。教师申诉制度具有法律性、特定性和非诉讼性。

根据《教师法》的规定，教师申诉的范围包括：

第一，教师认为学校或其他教育机构侵犯其《教师法》规定的合法权益的，可以提出申诉。这里的合法权益，包括《教师法》规定的教师在职务聘任、教学科研、工作条件、民主管理、培训进修、考核奖惩、工资福利待遇、退休等各方面的合法权益。但只要教师认为学校或其他教育机构侵犯了其合法权益，就可以提出申诉。

第二，教师对学校或其他教育机构作出的处理决定不服的，可以提出申诉。

第三，教师认为当地人民政府的有关行政部门侵犯其《教师法》规定的合法权益的，可以提出申诉。这表明，作为被申诉人，仅限于当地人民政府有关行政部门，可能是教育行政部门，也可能是其他行政主管部门，但不能以政府为被申诉对象。其他企业、事业单位或个人侵犯教师合法权益的，不列入教师申诉制度的范围。

【提示】对教师提出的申诉,主管教育的行政部门应当在收到申诉书的次日起30日内进行处理。

2. 学生申诉制度

学生申诉制度是指学生对学校给予的处分不服,或认为学校、教师侵犯了其合法权益,依法向有关部门提出申诉,请求处理的制度。学生申诉制度具有与教师申诉制度相同的法律性、特定性和非诉讼性。

根据《教育法》的规定,学生申诉的范围包括:

第一,对学校作出的各种处分不服,如警告、严重警告、记过、留校察看、勒令退学、开除学籍等,可以申诉。

第二,对学校或教师侵犯其人身权,如在教育活动中对其进行体罚或变相体罚,限制其人身自由权等合法权益,可以申诉。

第三,对学校或教师侵犯其财产权,如非法乱收费、乱摊派、乱罚款、非法没收其财物、强迫其购买非必需教学物品或无必需物品等权益,可以申诉。

【提示1】通常情况下申诉适用于申诉人和被申诉对象存在直接的权利义务关系,当被申诉对象侵犯了申诉人的合法权益或者违反法定义务时,申诉人可以向有关部门提起申诉。"有关部门"通常情况下是指直接管理被申诉对象的部门。

【提示2】不能以政府作为被申诉对象。其他企业、事业单位或个人侵犯教师合法权益的,不列入教师申诉制度的范围。

【提示3】教师、学生均可以提起申诉。

(四)教育行政复议

教育行政复议是指公民、法人或其他组织认为教育行政机关的具体行为侵犯其合法权益,依法向上级机关或法律法规规定的其他政府机关提出重新处理的申请,由行政复议机关依法对该教育行政行为的合法性和适当性进行审查并作出处理决定的法律制度。

【提示】教育行政复议的被复议对象仅为教育行政机关。向与该教育行政机关存在直接隶属关系的上一级机关提起。例如:教师张三认为某县教育局对其作出的"记过"具体行政行为不合法,可以向与某县教育局存在直接隶属关系的上一级教育局或者某县政府提起行政复议。

（五）教育行政诉讼

教育行政诉讼是指教育行政管理相对人认为教育行政机关或教育法律、法规授权的组织的具体行政行为侵犯其合法权益，依法向人民法院起诉，请求给予法律补救；人民法院对教育行政机关或教育法律、法规授权的组织的具体行政行为的合法性进行审查，维护和监督行政职权的依法行使，矫正或撤销违法侵权的具体行政行为，给予相对人的合法权益以保护的法律救济活动。

七、幼儿的权利

幼儿的权利是指幼儿依照国家法律法规规定而拥有的正当权利。幼儿的权利包括两个方面：一是作为一个人所拥有的基本的人权；二是因为幼儿这个特殊的身份而拥有的特殊权利。

（一）幼儿的基本权利

1. 生存权

幼儿的生存权包括生命权、健康权和医疗保健获得权，是保障幼儿生命存活、身体健康以及作为生命外围屏障的人格尊严的权利。

2. 获得保护权

幼儿正处于身心发展的关键时期，他们还比较弱小，不懂得保护自身的权利，因此公民、社会和国家都有责任保护并帮助幼儿实现自己的权利。

3. 发展权

发展权是指幼儿拥有充分发展其全部体能和智能的权利。其主旨是要保证幼儿在身体、智力、精神、道德、个性和社会性等诸方面均得到充分的发展。

4. 参与权

参与权指幼儿具有参与家庭、文化和社会生活的权利。

（二）幼儿的特殊权利

1. 受教育权

受教育权是公民的一项基本权利。幼儿教师要增强法律意识，不能随意剥夺幼儿的受教育权。

2. 身体健康权

身体健康权是公民依法享有的身体健康不受侵害的权利，它是幼儿人身权的重要内容。教师不得对幼儿实施体罚、变相体罚或者唆使他人侵害幼儿的身体安全。

3. 人格尊严权

有些教师往往不重视幼儿的人格尊严权，侵犯幼儿人格权的行为时有发生，这种行为会给幼儿的心灵造成巨大的伤害。

4. 人身自由权

人身自由不受侵犯，是公民最起码、最基本的权利，是公民参加各种社会活动和享受其他权利的先决条件。教师应当保护幼儿的人身自由权。

【提示】考生对幼儿的受教育权、身体健康权、人格尊严权、人身自由权应当重点掌握，并能够正确地分析案例中涉及的幼儿的权利。

八、幼儿教师的权利和义务

(一) 幼儿教师的一般权利

1. 幼儿教师的人身权利包括生命权、健康权、人身自由权。

2. 幼儿教师的人格权利包括姓名权、名誉权、荣誉权、肖像权、隐私权等与人格尊严有关的权利。

(二) 幼儿教师的职业权利

根据《教师法》的内容，可以把幼儿教师的权利概括为以下几个方面：

1. 进行保育教育活动，开展保育教育改革和实验的权利。

2. 从事科学研究、学术交流，参加专业的学术团体，在学术活动中充分发表意见的权利。

3. 指导幼儿的学习和发展，评定幼儿成长发展的权利。

4. 按时获取工资报酬，享受国家规定的福利待遇以及寒、暑假带薪休假的权利。

5. 参与幼儿园民主管理的权利。

6. 参加进修或者其他方式的培训的权利。

(三) 幼儿教师的义务

根据《教师法》的内容，可以把幼儿教师的义务概括为以下几个方面：

1. 遵守宪法、法律和职业道德，为人师表。

2. 贯彻国家教育方针，遵守规章制度，执行幼儿园保教计划，履行聘约，完成工作任务。

3. 按国家规定的保教目标，组织、带领幼儿开展有目的、有计划的教育活动。

4. 关心、爱护全体幼儿，尊重幼儿人格，促进幼儿的全面发展。

5. 制止有害于幼儿的行为或其他侵犯幼儿合法权益的行为，批评和抵制有害于幼儿健康成长的现象。

6. 不断提高思想政治觉悟和教育教学业务水平。

【提示】幼儿教师的权利义务是考生必须掌握的内容。

思考练习

一、选择题

1. 教育法律关系中两个最重要的主体是(　　)。

A. 教育部门和下属学校　　B. 教育机构和非教育机构

C．教师和学生　　　　D．教育领导和教师

2. 下列关于教育法律关系客体的说法中错误的是(　　)。

A．只能是有形的物　　　　B．包含行为

C．行为有作为和不作为之分　　　　D．包含智力成果

3. 下列不属于教育法渊源的有(　　)。

A．《上海市普及义务教育条例》　　　　B．《职业教育法》

C．《学位暂行实施办法》　　　　D．《行政复议法》

4. 教师违法行为的主要法律责任不包括(　　)。

A．行政责任　　B．民事责任　　C．刑事责任　　D．社会责任

5. 王某是某县中心小学教师，想在职参加大学本科学习，但校长认为王某刚到学校参加工作，所以以王某工作时间短为由不予批准王某在职学习。王某如果以剥夺其参加进修权利为由提出申诉，受理申诉的机构应当是(　　)。

A．当地县教育局　　　　B．当地县人民政府

C．当地市教育局　　　　D．省教育厅

6. 教师张某对学校给予的处分不服，根据相关法律，他可采用的法律救济途径是(　　)。

A．教师申诉　　B．刑事诉讼　　C．行政复议　　D．民事诉讼

7. 某县中学教师李某对学校给予他的处分不服，李某可以提出申诉的机构是(　　)。

A．学校教工代表大会　　　　B．当地县级人民政府

C．当地县教育行政主管部门　　　　D．所在省教育行政主管部门

8. 学生甲上课玩手机，被班主任没收，之后学生甲多次找班主任索要未果。对此，他可以采取的法律救济途径是(　　)。

A．复议和诉讼　　　　B．申诉和诉讼

C．申诉和仲裁　　　　D．复议和仲裁

9. 教师张某对当地教育行政机关的处罚不服，根据相关法律，他可采用的法律救济途径是(　　)。

A．教师申诉　　B．刑事诉讼　　C．行政复议　　D．民事诉讼

10. 教育行政管理相对人认为教育行政机关的具体行政行为侵犯其合法权益，依法向人民法院起诉，请求给予法律救济，并由人民法院对行政行为进行审查和裁判的诉讼救济活动是(　　)。

A．教育行政诉讼　　　　B．教育行政复议

C．教育申诉　　　　D．教育法律救济

11. 教师可以采用的行政救济途径主要有(　　)。

A．行政复议　　　　B．民事诉讼

C．仲裁　　　　D．教师申诉

二、材料分析

某小学教师杨某很喜欢搞科研。因此，杨某在新学期开始后，就一心扑在了科学研究上，他所任教的班级学生经常是上自习课。学期末，虽然学校安排的课程没有上完，学生考试成绩不及格率很高，但是经过杨某的努力终于搞出一项科研成果，并在全省获奖。杨某所在学校的校长在大会上，对杨某提出了批评，认为杨某严重地违反了学校的规定，导致学期课程计划没有完成。杨某不服校长的批评，认为自己是在根据《教师法》的规定行使自己从事科学研究的权利。

问题：试依据相关法律法规分析教师杨某的做法。

参考答案

一、选择题

1. A、C、D 虽然都可以作为教育法律关系当中的主体，但是教师和学生是这些教育法律关系当中最重要的，所以正确答案是 C。

2. 正确答案是 A。

3. 四个选项都属于法律规范的范畴，但是《行政复议法》并未涉及教育方面的内容，因此正确答案是 D。

4. 教育法律责任分为行政法律责任、民事法律责任和刑事法律责任三种，不存在社会责任，因此正确答案是 D。

5. 教师申诉的受理机构通常是学校或者其他教育机构的主管教育行政机关，而不是任何一个教育行政机关都可以，因此正确答案是 A。

6. 首先可以排除的是 B 和 D，行政复议通常情况下是对行政机关的处罚不服才使用的救济途径，本题当中是对学校的处分不服，因此正确答案是 A。

7. 正确答案是 C，解析同题 5。

8.《教育法》第四十三条规定：受教育者享有下列权利：（四）对学校给予的处分不服向有关部门提出申诉，对学校、教师侵犯其人身权、财产权等合法权益，提出申诉或者依法提起诉讼。因此正确答案是 B。

9. 教师认为教育行政机关的具体行为侵犯其合法权益的，可以向上级教育行政机关或同级人民政府提出重新处理，因此正确答案是 C。

10.（1）考生需要理解三种不同的救济途径，能够判断案例中是何种救济途径，并能够通过案例正确区分在何种情况下采用哪种救济途径。

（2）当事人通过法院获取救济的，通常为司法救济。通过其他行政部门获取救济的为申诉或者行政复议，因此正确答案是 A。

11. 该题可以采用排除法，首先答案 B 民事诉讼可以排除，该项属于司法救济途径；C 仲裁也可以排除，仲裁属于双方在自愿的基础上通过第三方仲裁机构解决纠纷的一种方式；而行政复议和申诉都需要向相关的行政部门提起，属于行政救济途径；因此正确的答案是A、D。

二、材料分析

杨某的这种做法是极其错误的。《教师法》第七条第二项是规定了教师享有从事科学研究的权利，但是《教师法》第八条第二项也同时规定了教师必须执行学校的教学计划，完成教育教学工作任务的义务。教育法律权利和义务是相互联系、相互制约、不可分割的统一体，每一项权利的行使，必定有一项义务的履行与之相对应，二者是相互依存、互为存在的前提，不能单独存在。没有无义务的权利，杨某行使《教师法》规定的权利本身没有问题，但是前提是必须以履行相应的义务，即按时完成教学工作任务为前提。因此，杨某的做法和说法是错误的、片面的。

第二节　我国主要教育法律法规选读

一、《中华人民共和国教育法》

《中华人民共和国教育法》是我国教育工作的根本大法，是教育法律体系中的“母法”，在教育法体系中具有最高法律效力。《教育法》的颁布，标志着我国教育工作进入全面依法治教的新阶段，是关系我国教育改革与发展和社会主义现代化建设全局的一件大事，对落实教育优先发展的战略地位，促进教育的改革与发展，建立具有中国特色的社会主义现代化教育制度，维护教育关系主体的合法权益，加速教育法制建设，提供了根本的法律保障。

【提示】考生应当掌握考题中提到的“教育宪法”“教育母法”“教育根本法”“第一部教育大法”均为《教育法》。

中华人民共和国教育法

（1995年3月18日第八届全国人民代表大会第三次会议通过。根据2009年8月27日第十一届全国人民代表大会常务委员会第十次会议《关于修改部分法律的决定》第一次修正。根据2015年12月27日第十二届全国人民代表大会常务委员会第十八次会议《关于修改〈中华人民共和国教育法〉的决定》第二次修正）

第一章　总则

第一条　为了发展教育事业，提高全民族的素质，促进社会主义物质文明和精神文明建设，根据宪法，制定本法。

第二条　在中华人民共和国境内的各级各类教育，适用本法。

第三条　国家坚持以马克思列宁主义、毛泽东思想和建设有中国特色社会主义理论为指导，遵循宪法确定的基本原则，发展社会主义的教育事业。

第四条　教育是社会主义现代化建设的基础，国家保障教育事业优先发展。

全社会应当关心和支持教育事业的发展。

全社会应当尊重教师。

第五条　教育必须为社会主义现代化建设服务、为人民服务，必须与生产劳动和社会实践相结合，培养德、智、体、美等方面全面发展的社会主义建设者和接班人。

第六条　教育应当坚持立德树人，对受教育者加强社会主义核心价值观教育，增强受教育者的社会责任感、创新精神和实践能力。

国家在受教育者中进行爱国主义、集体主义、中国特色社会主义的教育，进行理想、道德、纪律、法治、国防和民族团结的教育。

第七条　教育应当继承和弘扬中华民族优秀的历史文化传统，吸收人类文明发展的一切优秀成果。

第八条　教育活动必须符合国家和社会公共利益。

国家实行教育与宗教相分离。任何组织和个人不得利用宗教进行妨碍国家教育制度的活动。

第九条　中华人民共和国公民有受教育的权利和义务。

公民不分民族、种族、性别、职业、财产状况、宗教信仰等，依法享有平等的受教育机会。

第十条　国家根据各少数民族的特点和需要，帮助各少数民族地区发展教育事业。

国家扶持边远贫困地区发展教育事业。

国家扶持和发展残疾人教育事业。

第十一条　国家适应社会主义市场经济发展和社会进步的需要，推进教育改革，推动各级各类教育协调发展、衔接融通，完善现代国民教育体系，健全终身教育体系，提高教育现代化水平。

国家采取措施促进教育公平，推动教育均衡发展。

国家支持、鼓励和组织教育科学研究，推广教育科学研究成果，促进教育质量提高。

第十二条　国家通用语言文字为学校及其他教育机构的基本教育教学语言文字，学校及其他教育机构应当使用国家通用语言文字进行教育教学。

民族自治地方以少数民族学生为主的学校及其他教育机构，从实际出发，使用国家通用语言文字和本民族或者当地民族通用的语言文字实施双语教育。

国家采取措施，为少数民族学生为主的学校及其他教育机构实施双语教育提供条件和支持。

第十三条　国家对发展教育事业做出突出贡献的组织和个人，给予奖励。

第十四条　国务院和地方各级人民政府根据分级管理、分工负责的原则，领导和管理教育工作。

中等及中等以下教育在国务院领导下，由地方人民政府管理。

高等教育由国务院和省、自治区、直辖市人民政府管理。

第十五条 国务院教育行政部门主管全国教育工作，统筹规划、协调管理全国的教育事业。

县级以上地方各级人民政府教育行政部门主管本行政区域内的教育工作。

县级以上各级人民政府其他有关部门在各自的职责范围内，负责有关的教育工作。

第十六条 国务院和县级以上地方各级人民政府应当向本级人民代表大会或者其常务委员会报告教育工作和教育经费预算、决算情况，接受监督。

第二章 教育基本制度

第十七条 国家实行学前教育、初等教育、中等教育、高等教育的学校教育制度。

国家建立科学的学制系统。学制系统内的学校和其他教育机构的设置、教育形式、修业年限、招生对象、培养目标等，由国务院或者由国务院授权教育行政部门规定。

第十八条 国家制定学前教育标准，加快普及学前教育，构建覆盖城乡，特别是农村的学前教育公共服务体系。

各级人民政府应当采取措施，为适龄儿童接受学前教育提供条件和支持。

第十九条 国家实行九年制义务教育制度。

各级人民政府采取各种措施保障适龄儿童、少年就学。

适龄儿童、少年的父母或者其他监护人以及有关社会组织和个人有义务使适龄儿童、少年接受并完成规定年限的义务教育。

第二十条 国家实行职业教育制度和继续教育制度。

各级人民政府、有关行政部门和行业组织以及企业事业组织应当采取措施，发展并保障公民接受职业学校教育或者各种形式的职业培训。

国家鼓励发展多种形式的继续教育，使公民接受适当形式的政治、经济、文化、科学、技术、业务等方面的教育，促进不同类型学习成果的互认和衔接，推动全民终身学习。

第二十一条 国家实行国家教育考试制度。

国家教育考试由国务院教育行政部门确定种类，并由国家批准的实施教育考试的机构承办。

第二十二条 国家实行学业证书制度。

经国家批准设立或者认可的学校及其他教育机构按照国家有关规定，颁发学历证书或者其他学业证书。

第二十三条 国家实行学位制度。

学位授予单位依法对达到一定学术水平或者专业技术水平的人员授予相应的学位，颁发学位证书。

第二十四条 各级人民政府、基层群众性自治组织和企业事业组织应当采取各种措施，开展扫除文盲的教育工作。

按照国家规定具有接受扫除文盲教育能力的公民，应当接受扫除文盲的教育。

第二十五条　国家实行教育督导制度和学校及其他教育机构教育评估制度。

第三章　学校及其他教育机构

第二十六条　国家制定教育发展规划，并举办学校及其他教育机构。

国家鼓励企业事业组织、社会团体、其他社会组织及公民个人依法举办学校及其他教育机构。

国家举办学校及其他教育机构，应当坚持勤俭节约的原则。

以财政性经费、捐赠资产举办或者参与举办的学校及其他教育机构不得设立为营利性组织。

第二十七条　设立学校及其他教育机构，必须具备下列基本条件：

（一）有组织机构和章程；

（二）有合格的教师；

（三）有符合规定标准的教学场所及设施、设备等；

（四）有必备的办学资金和稳定的经费来源。

第二十八条　学校及其他教育机构的设立、变更和终止，应当按照国家有关规定办理审核、批准、注册或者备案手续。

第二十九条　学校及其他教育机构行使下列权利：

（一）按照章程自主管理；

（二）组织实施教育教学活动；

（三）招收学生或者其他受教育者；

（四）对受教育者进行学籍管理，实施奖励或者处分；

（五）对受教育者颁发相应的学业证书；

（六）聘任教师及其他职工，实施奖励或者处分；

（七）管理、使用本单位的设施和经费；

（八）拒绝任何组织和个人对教育教学活动的非法干涉；

（九）法律、法规规定的其他权利。

国家保护学校及其他教育机构的合法权益不受侵犯。

第三十条　学校及其他教育机构应当履行下列义务：

（一）遵守法律、法规；

（二）贯彻国家的教育方针，执行国家教育教学标准，保证教育教学质量；

（三）维护受教育者、教师及其他职工的合法权益；

（四）以适当方式为受教育者及其监护人了解受教育者的学业成绩及其他有关情况提供便利；

（五）遵照国家有关规定收取费用并公开收费项目；

（六）依法接受监督。

第三十一条　学校及其他教育机构的举办者按照国家有关规定，确定其所举办的学校或者其他教育机构的管理体制。

学校及其他教育机构的校长或者主要行政负责人必须由具有中华人民共和国国籍、在中国境内定居、并具备国家规定任职条件的公民担任，其任免按照国家有关规定办理。学校的教学及其他行政管理，由校长负责。

学校及其他教育机构应当按照国家有关规定，通过以教师为主体的教职工代表大会等组织形式，保障教职工参与民主管理和监督。

第三十二条　学校及其他教育机构具备法人条件的，自批准设立或者登记注册之日起取得法人资格。

学校及其他教育机构在民事活动中依法享有民事权利，承担民事责任。

学校及其他教育机构中的国有资产属于国家所有。

学校及其他教育机构兴办的校办产业独立承担民事责任。

第四章　教师和其他教育工作者

第三十三条　教师享有法律规定的权利，履行法律规定的义务，忠诚于人民的教育事业。

第三十四条　国家保护教师的合法权益，改善教师的工作条件和生活条件，提高教师的社会地位。

教师的工资报酬、福利待遇，依照法律、法规的规定办理。

第三十五条　国家实行教师资格、职务、聘任制度，通过考核、奖励、培养和培训，提高教师素质，加强教师队伍建设。

第三十六条　学校及其他教育机构中的管理人员，实行教育职员制度。

学校及其他教育机构中的教学辅助人员和其他专业技术人员，实行专业技术职务聘任制度。

第五章　受教育者

第三十七条　受教育者在入学、升学、就业等方面依法享有平等权利。

学校和有关行政部门应当按照国家有关规定，保障女子在入学、升学、就业、授予学位、派出留学等方面享有同男子平等的权利。

第三十八条　国家、社会对符合入学条件、家庭经济困难的儿童、少年、青年，提供各种形式的资助。

第三十九条　国家、社会、学校及其他教育机构应当根据残疾人身心特性和需要实施教育，并为其提供帮助和便利。

第四十条　国家、社会、家庭、学校及其他教育机构应当为有违法犯罪行为的未成年人接受教育创造条件。

第四十一条　从业人员有依法接受职业培训和继续教育的权利和义务。

国家机关、企业事业组织和其他社会组织，应当为本单位职工的学习和培训提供条件和便利。

第四十二条　国家鼓励学校及其他教育机构、社会组织采取措施，为公民接受终身教育创造条件。

第四十三条　受教育者享有下列权利：

（一）参加教育教学计划安排的各种活动，使用教育教学设施、设备、图书资料；

（二）按照国家有关规定获得奖学金、贷学金、助学金；

（三）在学业成绩和品行上获得公正评价，完成规定的学业后获得相应的学业证书、学位证书；

（四）对学校给予的处分不服向有关部门提出申诉，对学校、教师侵犯其人身权、财产权等合法权益，提出申诉或者依法提起诉讼；

（五）法律、法规规定的其他权利。

第四十四条　受教育者应当履行下列义务：

（一）遵守法律、法规；

（二）遵守学生行为规范，尊敬师长，养成良好的思想品德和行为习惯；

（三）努力学习，完成规定的学习任务；

（四）遵守所在学校或者其他教育机构的管理制度。

第四十五条　教育、体育、卫生行政部门和学校及其他教育机构应当完善体育、卫生保健设施，保护学生的身心健康。

第六章　教育与社会

第四十六条　国家机关、军队、企业事业组织、社会团体及其他社会组织和个人，应当依法为儿童、少年、青年学生的身心健康成长创造良好的社会环境。

第四十七条　国家鼓励企业事业组织、社会团体及其他社会组织同高等学校、中等职业学校在教学、科研、技术开发和推广等方面进行多种形式的合作。

企业事业组织、社会团体及其他社会组织和个人，可以通过适当形式，支持学校的建设，参与学校管理。

第四十八条　国家机关、军队、企业事业组织及其他社会组织应当为学校组织的学生实习、社会实践活动提供帮助和便利。

第四十九条　学校及其他教育机构在不影响正常教育教学活动的前提下，应当积极参加当地的社会公益活动。

第五十条　未成年人的父母或者其他监护人应当为其未成年子女或者其他被监护人受教育提供必要条件。

未成年人的父母或者其他监护人应当配合学校及其他教育机构，对其未成年子女或者其他被监护人进行教育。

学校、教师可以对学生家长提供家庭教育指导。

第五十一条　图书馆、博物馆、科技馆、文化馆、美术馆、体育馆（场）等社会公共文化体育设施，以及历史文化古迹和革命纪念馆（地），应当对教师、学生实行优待，为受教育者接受教育提供便利。

广播、电视台（站）应当开设教育节目，促进受教育者思想品德、文化和科学技术素质的提高。

第五十二条　国家、社会建立和发展对未成年人进行校外教育的设施。

学校及其他教育机构应当同基层群众性自治组织、企业事业组织、社会团体相互配合，加强对未成年人的校外教育工作。

第五十三条　国家鼓励社会团体、社会文化机构及其他社会组织和个人开展有益于受教育者身心健康的社会文化教育活动。

第七章　教育投入与条件保障

第五十四条　国家建立以财政拨款为主、其他多种渠道筹措教育经费为辅的体制，逐步增加对教育的投入，保证国家举办的学校教育经费的稳定来源。

企业事业组织、社会团体及其他社会组织和个人依法举办的学校及其他教育机构，办学经费由举办者负责筹措，各级人民政府可以给予适当支持。

第五十五条　国家财政性教育经费支出占国民生产总值的比例应当随着国民经济的发展和财政收入的增长逐步提高。具体比例和实施步骤由国务院规定。

全国各级财政支出总额中教育经费所占比例应当随着国民经济的发展逐步提高。

第五十六条　各级人民政府的教育经费支出，按照事权和财权相统一的原则，在财政预算中单独列项。

各级人民政府教育财政拨款的增长应当高于财政经常性收入的增长，并使按在校学生人数平均的教育费用逐步增长，保证教师工资和学生人均公用经费逐步增长。

第五十七条　国务院及县级以上地方各级人民政府应当设立教育专项资金，重点扶持边远贫困地区、少数民族地区实施义务教育。

第五十八条　税务机关依法足额征收教育费附加，由教育行政部门统筹管理，主要用于实施义务教育。

省、自治区、直辖市人民政府根据国务院的有关规定，可以决定开征用于教育的地方附加费，专款专用。

第五十九条　国家采取优惠措施，鼓励和扶持学校在不影响正常教育教学的前提下开展勤工俭学和社会服务，兴办校办产业。

第六十条　国家鼓励境内、境外社会组织和个人捐资助学。

第六十一条　国家财政性教育经费、社会组织和个人对教育的捐赠，必须用于教育，不得挪用、克扣。

第六十二条　国家鼓励运用金融、信贷手段，支持教育事业的发展。

第六十三条　各级人民政府及其教育行政部门应当加强对学校及其他教育机构教育经费的监督管理，提高教育投资效益。

第六十四条　地方各级人民政府及其有关行政部门必须把学校的基本建设纳入城乡建设规划，统筹安排学校的基本建设用地及所需物资，按照国家有关规定实行优先、优惠政策。

第六十五条　各级人民政府对教科书及教学用图书资料的出版发行，对教学仪器、设备的生产和供应，对用于学校教育教学和科学研究的图书资料、教学仪器、设备的进口，按照国家有关规定实行优先、优惠政策。

第六十六条　国家推进教育信息化，加快教育信息基础设施建设，利用信息技术促进优质教育资源普及共享，提高教育教学水平和教育管理水平。

县级以上人民政府及其有关部门应当发展教育信息技术和其他现代化教学方式，有关行政部门应当优先安排，给予扶持。

国家鼓励学校及其他教育机构推广运用现代化教学方式。

第八章　教育对外交流与合作

第六十七条　国家鼓励开展教育对外交流与合作，支持学校及其他教育机构引进优质教育资源，依法开展中外合作办学，发展国际教育服务，培养国际化人才。

教育对外交流与合作坚持独立自主、平等互利、相互尊重的原则，不得违反中国法律，不得损害国家主权、安全和社会公共利益。

第六十八条　中国境内公民出国留学、研究、进行学术交流或者任教，依照国家有关规定办理。

第六十九条　中国境外个人符合国家规定的条件并办理有关手续后，可以进入中国境内学校及其他教育机构学习、研究、进行学术交流或者任教，其合法权益受国家保护。

第七十条　中国对境外教育机构颁发的学位证书、学历证书及其他学业证书的承认，依照中华人民共和国缔结或者加入的国际条约办理，或者按照国家有关规定办理。

第九章　法律责任

第七十一条　违反国家有关规定，不按照预算核拨教育经费的，由同级人民政府限期核拨；情节严重的，对直接负责的主管人员和其他直接责任人员，依法给予处分。

违反国家财政制度、财务制度，挪用、克扣教育经费的，由上级机关责令限期归还被挪用、克扣的经费，并对直接负责的主管人员和其他直接责任人员，依法给予处分；构成犯罪的，依法追究刑事责任。

第七十二条　结伙斗殴、寻衅滋事，扰乱学校及其他教育机构教育教学秩序或者破坏校舍、场地及其他财产的，由公安机关给予治安管理处罚；构成犯罪的，依法追究刑事责任。

侵占学校及其他教育机构的校舍、场地及其他财产的，依法承担民事责任。

第七十三条　明知校舍或者教育教学设施有危险，而不采取措施，造成人员伤亡或者重大财产损失的，对直接负责的主管人员和其他直接责任人员，依法追究刑事责任。

第七十四条　违反国家有关规定，向学校或者其他教育机构收取费用的，由政府责令退还所收费用；对直接负责的主管人员和其他直接责任人员，依法给予处分。

第七十五条　违反国家有关规定，举办学校或者其他教育机构的，由教育行政部门或者其他有关行政部门予以撤销；有违法所得的，没收违法所得；对直接负责的主管人员和其他直接责任人员，依法给予处分。

第七十六条　学校或者其他教育机构违反国家有关规定招收学生的，由教育行政部门或者其他有关行政部门责令退回招收的学生，退还所收费用；对学校、其他教育机构给予警告，可以处违法所得五倍以下罚款；情节严重的，责令停止相关招生资格一年以上三年以下，直至撤销招生资格、吊销办学许可证；对直接负责的主管人员和其他直接责任人员，依法给予处分；构成犯罪的，依法追究刑事责任。

第七十七条　在招收学生工作中徇私舞弊的，由教育行政部门或者其他有关行政部门责令退回招收的人员；对直接负责的主管人员和其他直接责任人员，依法给予处分；构成犯罪的，依法追究刑事责任。

第七十八条　学校及其他教育机构违反国家有关规定向受教育者收取费用的，由教育行政部门或者其他有关行政部门责令退还所收费用；对直接负责的主管人员和其他直接责任人员，依法给予处分。

第七十九条　考生在国家教育考试中有下列行为之一的，由组织考试的教育考试机构工作人员在考试现场采取必要措施予以制止并终止其继续参加考试；组织考试的教育考试机构可以取消其相关考试资格或者考试成绩；情节严重的，由教育行政部门责令停止参加相关国家教育考试一年以上三年以下；构成违反治安管理行为的，由公安机关依法给予治安管理处罚；构成犯罪的，依法追究刑事责任：

（一）非法获取考试试题或者答案的；

（二）携带或者使用考试作弊器材、资料的；

（三）抄袭他人答案的；

（四）让他人代替自己参加考试的；

（五）其他以不正当手段获得考试成绩的作弊行为。

第八十条　任何组织或者个人在国家教育考试中有下列行为之一，有违法所得的，由公安机关没收违法所得，并处违法所得一倍以上五倍以下罚款；情节严重的，处五日以上十五日以下拘留；构成犯罪的，依法追究刑事责任；属于国家机关工作人员的，还应当依法给予处分：

（一）组织作弊的；

（二）通过提供考试作弊器材等方式为作弊提供帮助或者便利的；

（三）代替他人参加考试的；

（四）在考试结束前泄露、传播考试试题或者答案的；

（五）其他扰乱考试秩序的行为。

第八十一条　举办国家教育考试，教育行政部门、教育考试机构疏于管理，造成考场秩序混乱、作弊情况严重的，对直接负责的主管人员和其他直接责任人员，依法给予处分；构成犯罪的，依法追究刑事责任。

第八十二条　学校或者其他教育机构违反本法规定，颁发学位证书、学历证书或者其他学业证书的，由教育行政部门或者其他有关行政部门宣布证书无效，责令收回或者予以没收；有违法所得的，没收违法所得；情节严重的，责令停止相关招生资格一年以上三年以下，直至撤销招生资格、颁发证书资格；对直接负责的主管人员和其他直接责任人员，依法给予处分。

前款规定以外的任何组织或者个人制造、销售、颁发假冒学位证书、学历证书或者其他学业证书，构成违反治安管理行为的，由公安机关依法给予治安管理处罚；构成犯罪的，依法追究刑事责任。

以作弊、剽窃、抄袭等欺诈行为或者其他不正当手段获得学位证书、学历证书或者其他学业证书的，由颁发机构撤销相关证书。购买、使用假冒学位证书、学历证书或者其他学业证书，构成违反治安管理行为的，由公安机关依法给予治安管理处罚。

第八十三条 违反本法规定，侵犯教师、受教育者、学校或者其他教育机构的合法权益，造成损失、损害的，应当依法承担民事责任。

第十章 附则

第八十四条 军事学校教育由中央军事委员会根据本法的原则规定。

宗教学校教育由国务院另行规定。

第八十五条 境外的组织和个人在中国境内办学和合作办学的办法，由国务院规定。

第八十六条 本法自1995年9月1日起施行。

【内容提炼】

一、我国教育的平等性

《教育法》第九条明确规定“公民不分民族、种族、性别、职业、财产状况、宗教信仰等，依法享有平等的受教育机会”，充分地体现了我国教育的平等性。

二、我国教育的教学语言文字

《教育法》规定：“国家通用语言文字为学校及其他教育机构的基本教育教学语言文字，学校及其他教育机构应当使用国家通用语言文字进行教育教学。”对于民族自治地方以少数民族学生为主的学校及其他教学机构的教学语言，2015年《教育法》修改时也作出了新的调整，《教育法》规定：“民族自治地方以少数民族学生为主的学校及其他教育机构，从实际出发，使用国家通用语言文字和本民族或者当地民族通用的语言文字实施双语教育。”

三、我国教育的管理体制

《教育法》对于我国教育工作的领导和管理，明确规定由国务院和地方各级人民政府根据分级管理、分工负责的原则进行。

《教育法》对我国教育工作的分级管理、分工负责体制作了如下具体划分：一是中等及中等以下教育在国务院领导下，由地方人民政府管理；二是高等教育由国务院和省、自治区、直辖市人民政府管理；三是全国的教育工作由国务院教育行政部门，即国家教育部主管，县级以上地方各级人民政府教育行政部门主管本行政区域内的教育工作。

四、我国教育的基本制度

学校教育制度、义务教育制度、职业教育制度、继续教育制度、教育考试制度、学业证书制度、学位制度、扫除文盲制度、教育督导制度、教育评估制度。

五、教育投入与条件保障

《教育法》第五十四条规定：“国家建立以财政拨款为主、其他多种渠道筹措教育经费为辅的体制，逐步增加对教育的投入，保证国家举办的学校教育经费的稳定来源。”

第五十七条规定：“国务院及县级以上地方各级人民政府应当设立教育专项资金，重点扶持边远贫困地区、少数民族地区实施义务教育。”

第六十一条规定：“国家财政性教育经费、社会组织和个人对教育的捐赠，必须用于教育，不得挪用、克扣。”

二、《中华人民共和国义务教育法》

《中华人民共和国义务教育法》依据《宪法》和《教育法》制定，是国家实行九年义务教育制度的根本大法。

1986年4月12日由第六届全国人民代表大会第四次会议通过，1986年7月1日起施行。1986年《义务教育法》的起草，是根据中共中央《关于教育体制改革的决定》提出来的。由于时间仓促，再加上立法经验不足，只有原则性的18条法律条文。2006年6月29日第十届全国人民代表大会常务委员会第二十二次会议修订通过新的《义务教育法》，从1986年的18条增加到2006年的63条，体现了我国教育立法水平、立法技术和立法质量质的飞跃。

中华人民共和国义务教育法

第一章 总则

第一条 为了保障适龄儿童、少年接受义务教育的权利，保证义务教育的实施，提高全民族素质，根据宪法和教育法，制定本法。

第二条 国家实行九年义务教育制度。义务教育是国家统一实施的所有适龄儿童、少年必须接受的教育，是国家必须予以保障的公益性事业。实施义务教育，不收学费、杂费。国家建立义务教育经费保障机制，保证义务教育制度实施。

第三条 义务教育必须贯彻国家的教育方针，实施素质教育，提高教育质量，使适龄儿童、少年在品德、智力、体质等方面全面发展，为培养有理想、有道德、有文化、有纪律的社会主义建设者和接班人奠定基础。

第四条 凡具有中华人民共和国国籍的适龄儿童、少年，不分性别、民族、种族、家庭财产状况、宗教信仰等，依法享有平等接受义务教育的权利，并履行接受义务教育的义务。

第五条 各级人民政府及其有关部门应当履行本法规定的各项职责，保障适龄儿童、少年接受义务教育的权利。适龄儿童、少年的父母或者其他法定监护人应当依法保证其按时入学接受并完成义务教育。依法实施义务教育的学校应当按照规定标准完成教育教学任务，保证教育教学质量。社会组织和个人应当为适龄儿童、少年接受义务教育创造良好的环境。

第六条 国务院和县级以上地方人民政府应当合理配置教育资源，促进义务教育均衡发展，改善薄弱学校的办学条件，并采取措施，保障农村地区、民族地区实施义务教育，保障家庭经济困难的和残疾的适龄儿童、少年接受义务教育。国家组织和鼓励经济发达地区支援经济欠发达地区实施义务教育。

第七条 义务教育实行国务院领导，省、自治区、直辖市人民政府统筹规划实施，县级人民政府为主管理的体制。县级以上人民政府教育行政部门具体负责义务教育实施工作；县级以上人民政府的其他有关部门在各自的职责范围内负责义务教育实施工作。

第八条 人民政府教育督导机构对义务教育工作执行法律法规情况、教育教学质量以及义务教育均衡发展状况等进行督导，督导报告向社会公布。

第九条 任何社会组织或者个人有权对违反本法的行为向有关国家机关提出检举或

者控告。发生违反本法的重大事件，妨碍义务教育实施，造成重大社会影响的，负有领导责任的人民政府或者人民政府教育行政部门负责人应当引咎辞职。

第十条　对在义务教育实施工作中做出突出贡献的社会组织和个人，各级人民政府及其有关部门按照有关规定给予表彰、奖励。

第二章　学生

第十一条　凡年满六周岁的儿童，其父母或者其他法定监护人应当送其入学接受并完成义务教育；条件不具备的地区的儿童，可以推迟到七周岁。

适龄儿童、少年因身体状况需要延缓入学或者休学的，其父母或者其他法定监护人应当提出申请，由当地乡镇人民政府或者县级人民政府教育行政部门批准。

第十二条　适龄儿童、少年免试入学。地方各级人民政府应当保障适龄儿童、少年在户籍所在地学校就近入学。父母或者其他法定监护人在非户籍所在地工作或者居住的适龄儿童、少年，在其父母或者其他法定监护人工作或者居住地接受义务教育的，当地人民政府应当为其提供平等接受义务教育的条件。具体办法由省、自治区、直辖市规定。县级人民政府教育行政部门对本行政区域内的军人子女接受义务教育予以保障。

第十三条　县级人民政府教育行政部门和乡镇人民政府组织和督促适龄儿童、少年入学，帮助解决适龄儿童、少年接受义务教育的困难，采取措施防止适龄儿童、少年辍学。

居民委员会和村民委员会协助政府做好工作，督促适龄儿童、少年入学。

第十四条　禁止用人单位招用应当接受义务教育的适龄儿童、少年。

根据国家有关规定经批准招收适龄儿童、少年进行文艺、体育等专业训练的社会组织，应当保证所招收的适龄儿童、少年接受义务教育；自行实施义务教育的，应当经县级人民政府教育行政部门批准。

第三章　学校

第十五条　县级以上地方人民政府根据本行政区域内居住的适龄儿童、少年的数量和分布状况等因素，按照国家有关规定，制定、调整学校设置规划。新建居民区需要设置学校的，应当与居民区的建设同步进行。

第十六条　学校建设，应当符合国家规定的办学标准，适应教育教学需要；应当符合国家规定的选址要求和建设标准，确保学生和教职工安全。

第十七条　县级人民政府根据需要设置寄宿制学校，保障居住分散的适龄儿童、少年入学接受义务教育。

第十八条　国务院教育行政部门和省、自治区、直辖市人民政府根据需要，在经济发达地区设置接收少数民族适龄儿童、少年的学校（班）。

第十九条　县级以上地方人民政府根据需要设置相应的实施特殊教育的学校（班），对视力残疾、听力语言残疾和智力残疾的适龄儿童、少年实施义务教育。特殊教育学校（班）应当具备适应残疾儿童、少年学习、康复、生活特点的场所和设施。

普通学校应当接收具有接受普通教育能力的残疾适龄儿童、少年随班就读，并为其学习、康复提供帮助。

第二十条　县级以上地方人民政府根据需要，为具有预防未成年人犯罪法规定的严重不良行为的适龄少年设置专门的学校实施义务教育。

第二十一条　对未完成义务教育的未成年犯和被采取强制性教育措施的未成年人应当进行义务教育，所需经费由人民政府予以保障。

第二十二条　县级以上人民政府及其教育行政部门应当促进学校均衡发展，缩小学校之间办学条件的差距，不得将学校分为重点学校和非重点学校。学校不得分设重点班和非重点班。

县级以上人民政府及其教育行政部门不得以任何名义改变或者变相改变公办学校的性质。

第二十三条　各级人民政府及其有关部门依法维护学校周边秩序，保护学生、教师、学校的合法权益，为学校提供安全保障。

第二十四条　学校应当建立、健全安全制度和应急机制，对学生进行安全教育，加强管理，及时消除隐患，预防发生事故。

县级以上地方人民政府定期对学校校舍安全进行检查；对需要维修、改造的，及时予以维修、改造。学校不得聘用曾经因故意犯罪被依法剥夺政治权利或者其他不适合从事义务教育工作的人担任工作人员。

第二十五条　学校不得违反国家规定收取费用，不得以向学生推销或者变相推销商品、服务等方式谋取利益。

第二十六条　学校实行校长负责制。校长应当符合国家规定的任职条件。校长由县级人民政府教育行政部门依法聘任。

第二十七条　对违反学校管理制度的学生，学校应当予以批评教育，不得开除。

第四章　教师

第二十八条　教师享有法律规定的权利，履行法律规定的义务，应当为人师表，忠诚于人民的教育事业。全社会应当尊重教师。

第二十九条　教师在教育教学中应当平等对待学生，关注学生的个体差异，因材施教，促进学生的充分发展。教师应当尊重学生的人格，不得歧视学生，不得对学生实施体罚、变相体罚或者其他侮辱人格尊严的行为，不得侵犯学生合法权益。

第三十条　教师应当取得国家规定的教师资格。

国家建立统一的义务教育教师职务制度。教师职务分为初级职务、中级职务和高级职务。

第三十一条　各级人民政府保障教师工资福利和社会保险待遇，改善教师工作和生活条件；完善农村教师工资经费保障机制。教师的平均工资水平应当不低于当地公务员的平均工资水平。特殊教育教师享有特殊岗位补助津贴。在民族地区和边远贫困地区工作的教师享有艰苦贫困地区补助津贴。

第三十二条　县级以上人民政府应当加强教师培养工作，采取措施发展教师教育。

县级人民政府教育行政部门应当均衡配置本行政区域内学校师资力量，组织校长、教师的培训和流动，加强对薄弱学校的建设。

第三十三条　国务院和地方各级人民政府鼓励和支持城市学校教师和高等学校毕业生到农村地区、民族地区从事义务教育工作。国家鼓励高等学校毕业生以志愿者的方式到农村地区、民族地区缺乏教师的学校任教。县级人民政府教育行政部门依法认定其教师资格，其任教时间计入工龄。

第五章　教育教学

第三十四条　教育教学工作应当符合教育规律和学生身心发展特点，面向全体学生，教书育人，将德育、智育、体育、美育等有机统一在教育教学活动中，注重培养学生独立思考能力、创新能力和实践能力，促进学生全面发展。

第三十五条　国务院教育行政部门根据适龄儿童、少年身心发展的状况和实际情况，确定教学制度、教育教学内容和课程设置，改革考试制度，并改进高级中等学校招生办法，推进实施素质教育。学校和教师按照确定的教育教学内容和课程设置开展教育教学活动，保证达到国家规定的基本质量要求。国家鼓励学校和教师采用启发式教育等教育教学方法，提高教育教学质量。

第三十六条　学校应当把德育放在首位，寓德育于教育教学之中，开展与学生年龄相适应的社会实践活动，形成学校、家庭、社会相互配合的思想道德教育体系，促进学生养成良好的思想品德和行为习惯。

第三十七条　学校应当保证学生的课外活动时间，组织开展文化娱乐等课外活动。社会公共文化体育设施应当为学校开展课外活动提供便利。

第三十八条　教科书根据国家教育方针和课程标准编写，内容力求精简，精选必备的基础知识、基本技能，经济实用，保证质量。国家机关工作人员和教科书审查人员，不得参与或者变相参与教科书的编写工作。

第三十九条　国家实行教科书审定制度。教科书的审定办法由国务院教育行政部门规定。未经审定的教科书，不得出版、选用。

第四十条　教科书由国务院价格行政部门会同出版行政部门按照微利原则确定基准价。省、自治区、直辖市人民政府价格行政部门会同出版行政部门按照基准价确定零售价。

第四十一条　国家鼓励教科书循环使用。

第六章　经费保障

第四十二条　国家将义务教育全面纳入财政保障范围，义务教育经费由国务院和地方各级人民政府依照本法规定予以保障。国务院和地方各级人民政府将义务教育经费纳入财政预算，按照教职工编制标准、工资标准和学校建设标准、学生人均公用经费标准等，及时足额拨付义务教育经费，确保学校的正常运转和校舍安全，确保教职工工资按照规定发放。国务院和地方各级人民政府用于实施义务教育财政拨款的增长比例应当高于财政经常性收入的增长比例，保证按照在校学生人数平均的义务教育费用逐步增长，保证教职工工资和学生人均公用经费逐步增长。

第四十三条　学校的学生人均公用经费基本标准由国务院财政部门会同教育行政部门制定，并根据经济和社会发展状况适时调整。制定、调整学生人均公用经费基本标准，应当满足教育教学基本需要。省、自治区、直辖市人民政府可以根据本行政区域的实际情况,制定不低于国家标准的学校学生人均公用经费标准。特殊教育学校(班)学生人均公用经费标准应当高于普通学校学生人均公用经费标准。

第四十四条 义务教育经费投入实行国务院和地方各级人民政府根据职责共同负担,省、自治区、直辖市人民政府负责统筹落实的体制。农村义务教育所需经费,由各级人民政府根据国务院的规定分项目、按比例分担。各级人民政府对家庭经济困难的适龄儿童、少年免费提供教科书并补助寄宿生生活费。义务教育经费保障的具体办法由国务院规定。

第四十五条 地方各级人民政府在财政预算中将义务教育经费单列。

县级人民政府编制预算,除向农村地区学校和薄弱学校倾斜外,应当均衡安排义务教育经费。

第四十六条 国务院和省、自治区、直辖市人民政府规范财政转移支付制度,加大一般性转移支付规模和规范义务教育专项转移支付,支持和引导地方各级人民政府增加对义务教育的投入。地方各级人民政府确保将上级人民政府的义务教育转移支付资金按照规定用于义务教育。

第四十七条 国务院和县级以上地方人民政府根据实际需要,设立专项资金,扶持农村地区、民族地区实施义务教育。

第四十八条 国家鼓励社会组织和个人向义务教育捐赠,鼓励按照国家有关基金会管理的规定设立义务教育基金。

第四十九条 义务教育经费严格按照预算规定用于义务教育;任何组织和个人不得侵占、挪用义务教育经费,不得向学校非法收取或者摊派费用。

第五十条 县级以上人民政府建立健全义务教育经费的审计监督和统计公告制度。

第七章 法律责任

第五十一条 国务院有关部门和地方各级人民政府违反本法第六章的规定,未履行对义务教育经费保障职责的,由国务院或者上级地方人民政府责令限期改正;情节严重的,对直接负责的主管人员和其他直接责任人员依法给予行政处分。

第五十二条 县级以上地方人民政府有下列情形之一的,由上级人民政府责令限期改正;情节严重的,对直接负责的主管人员和其他直接责任人员依法给予行政处分:

(一) 未按照国家有关规定制定、调整学校的设置规划的;

(二) 学校建设不符合国家规定的办学标准、选址要求和建设标准的;

(三) 未定期对学校校舍安全进行检查,并及时维修、改造的;

(四) 未依照本法规定均衡安排义务教育经费的。

第五十三条 县级以上人民政府或者其教育行政部门有下列情形之一的,由上级人民政府或者其教育行政部门责令限期改正、通报批评;情节严重的,对直接负责的主管人员和其他直接责任人员依法给予行政处分:

(一) 将学校分为重点学校和非重点学校的;

(二) 改变或者变相改变公办学校性质的。

县级人民政府教育行政部门或者乡镇人民政府未采取措施组织适龄儿童、少年入学或者防止辍学的，依照前款规定追究法律责任。

第五十四条　有下列情形之一的，由上级人民政府或者上级人民政府教育行政部门、财政部门、价格行政部门和审计机关根据职责分工责令限期改正；情节严重的，对直接负责的主管人员和其他直接责任人员依法给予处分：

（一）侵占、挪用义务教育经费的；

（二）向学校非法收取或者摊派费用的。

第五十五条　学校或者教师在义务教育工作中违反教育法、教师法规定的，依照教育法、教师法的有关规定处罚。

第五十六条　学校违反国家规定收取费用的，由县级人民政府教育行政部门责令退还所收费用；对直接负责的主管人员和其他直接责任人员依法给予处分。

学校以向学生推销或者变相推销商品、服务等方式谋取利益的，由县级人民政府教育行政部门给予通报批评；有违法所得的，没收违法所得；对直接负责的主管人员和其他直接责任人员依法给予处分。

国家机关工作人员和教科书审查人员参与或者变相参与教科书编写的，由县级以上人民政府或者其教育行政部门根据职责权限责令限期改正，依法给予行政处分；有违法所得的，没收违法所得。

第五十七条　学校有下列情形之一的，由县级人民政府教育行政部门责令限期改正；情节严重的，对直接负责的主管人员和其他直接责任人员依法给予处分：

（一）拒绝接收具有接受普通教育能力的残疾适龄儿童、少年随班就读的；

（二）分设重点班和非重点班的；

（三）违反本法规定开除学生的；

（四）选用未经审定的教科书的。

第五十八条　适龄儿童、少年的父母或者其他法定监护人无正当理由未依照本法规定送适龄儿童、少年入学接受义务教育的，由当地乡镇人民政府或者县级人民政府教育行政部门给予批评教育，责令限期改正。

第五十九条　有下列情形之一的，依照有关法律、行政法规的规定予以处罚：

（一）胁迫或者诱骗应当接受义务教育的适龄儿童、少年失学、辍学的；

（二）非法招用应当接受义务教育的适龄儿童、少年的；

（三）出版未经依法审定的教科书的。

第六十条　违反本法规定，构成犯罪的，依法追究刑事责任。

第八章　附则

第六十一条　对接受义务教育的适龄儿童、少年不收杂费的实施步骤，由国务院规定。

第六十二条　社会组织或者个人依法举办的民办学校实施义务教育的，依照民办教育促进法有关规定执行；民办教育促进法未作规定的，适用本法。

第六十三条　本法自2006年9月1日起施行。

三、《国家中长期教育改革和发展规划纲要(2010—2020年)》节选

国家中长期教育改革和发展规划纲要(2010—2020年)

根据党的十七大关于"优先发展教育,建设人力资源强国"的战略部署,为促进教育事业科学发展,全面提高国民素质,加快社会主义现代化进程,制定本《教育规划纲要》。

序言

百年大计,教育为本。教育是民族振兴、社会进步的基石,是提高国民素质、促进人的全面发展的根本途径,寄托着亿万家庭对美好生活的期盼。强国必先强教。优先发展教育、提高教育现代化水平,对实现全面建设小康社会奋斗目标、建设富强民主文明和谐的社会主义现代化国家具有决定性意义。

党和国家历来高度重视教育。新中国成立以来,在以毛泽东同志、邓小平同志、江泽民同志为核心的党的三代中央领导集体和以胡锦涛同志为总书记的党中央领导下,全党全社会同心同德,艰苦奋斗,开辟了中国特色社会主义教育发展道路,建成了世界最大规模的教育体系,保障了亿万人民群众受教育的权利。教育投入大幅增长,办学条件显著改善,教育改革逐步深化,办学水平不断提高。进入本世纪以来,城乡免费义务教育全面实现,职业教育快速发展,高等教育进入大众化阶段,农村教育得到加强,教育公平迈出重大步伐。教育的发展极大地提高了全民族素质,推进了科技创新、文化繁荣,为经济发展、社会进步和民生改善作出了不可替代的重大贡献。我国实现了从人口大国向人力资源大国的转变。

当今世界正处在大发展大变革大调整时期。世界多极化、经济全球化深入发展,科技进步日新月异,人才竞争日趋激烈。我国正处在改革发展的关键阶段,经济建设、政治建设、文化建设、社会建设以及生态文明建设全面推进,工业化、信息化、城镇化、市场化、国际化深入发展,人口、资源、环境压力日益加大,经济发展方式加快转变,都凸显了提高国民素质、培养创新人才的重要性和紧迫性。中国未来发展、中华民族伟大复兴,关键靠人才,基础在教育。

面对前所未有的机遇和挑战,必须清醒认识到,我国教育还不完全适应国家经济社会发展和人民群众接受良好教育的要求。教育观念相对落后,内容方法比较陈旧,中小学生课业负担过重,素质教育推进困难;学生适应社会和就业创业能力不强,创新型、实用型、复合型人才紧缺;教育体制机制不完善,学校办学活力不足;教育结构和布局不尽合理,城乡、区域教育发展不平衡,贫困地区、民族地区教育发展滞后;教育投入不足,教育优先发展的战略地位尚未得到完全落实。接受良好教育成为人民群众强烈期盼,深化教育改革成为全社会共同心声。

国运兴衰,系于教育;教育振兴,全民有责。在党和国家工作全局中,必须始终坚持把教育摆在优先发展的位置。按照面向现代化、面向世界、面向未来的要求,适应全面建设小康社会、建设创新型国家的需要,坚持育人为本,以改革创新为动力,以促进公平为重点,以提高质量为核心,全面实施素质教育,推动教育事业在新的历史起点上科学发展,加

快从教育大国向教育强国、从人力资源大国向人力资源强国迈进,为中华民族伟大复兴和人类文明进步作出更大贡献。

第一部分 总体战略

第一章 指导思想和工作方针

(一)指导思想。高举中国特色社会主义伟大旗帜,以邓小平理论和“三个代表”重要思想为指导,深入贯彻落实科学发展观,实施科教兴国战略和人才强国战略,优先发展教育,完善中国特色社会主义现代教育体系,办好人民满意的教育,建设人力资源强国。

全面贯彻党的教育方针,坚持教育为社会主义现代化建设服务,为人民服务,与生产劳动和社会实践相结合,培养德智体美全面发展的社会主义建设者和接班人。

全面推进教育事业科学发展,立足社会主义初级阶段基本国情,把握教育发展阶段性特征,坚持以人为本,遵循教育规律,面向社会需求,优化结构布局,提高教育现代化水平。

(二)工作方针。优先发展、育人为本、改革创新、促进公平、提高质量。

把教育摆在优先发展的战略地位。教育优先发展是党和国家提出并长期坚持的一项重大方针。各级党委和政府要把优先发展教育作为贯彻落实科学发展观的一项基本要求,切实保证经济社会发展规划优先安排教育发展,财政资金优先保障教育投入,公共资源优先满足教育和人力资源开发需要。充分调动全社会关心支持教育的积极性,共同担负起培育下一代的责任,为青少年健康成长创造良好环境。完善体制和政策,鼓励社会力量兴办教育,不断扩大社会资源对教育的投入。

把育人为本作为教育工作的根本要求。人力资源是我国经济社会发展的第一资源,教育是开发人力资源的主要途径。要以学生为主体,以教师为主导,充分发挥学生的主动性,把促进学生健康成长作为学校一切工作的出发点和落脚点。关心每个学生,促进每个学生主动地、生动活泼地发展,尊重教育规律和学生身心发展规律,为每个学生提供适合的教育。努力培养造就数以亿计的高素质劳动者、数以千万计的专门人才和一大批拔尖创新人才。

把改革创新作为教育发展的强大动力。教育要发展,根本靠改革。要以体制机制改革为重点,鼓励地方和学校大胆探索和试验,加快重要领域和关键环节改革步伐。创新人才培养体制、办学体制、教育管理体制,改革质量评价和考试招生制度,改革教学内容、方法、手段,建设现代学校制度。加快解决经济社会发展对高质量多样化人才需要与教育培养能力不足的矛盾、人民群众期盼良好教育与资源相对短缺的矛盾、增强教育活力与体制机制约束的矛盾,为教育事业持续健康发展提供强大动力。

把促进公平作为国家基本教育政策。教育公平是社会公平的重要基础。教育公平的关键是机会公平,基本要求是保障公民依法享有受教育的权利,重点是促进义务教育均衡发展和扶持困难群体,根本措施是合理配置教育资源,向农村地区、边远贫困地区和民族地区倾斜,加快缩小教育差距。教育公平的主要责任在政府,全社会要共同促进教育公平。

把提高质量作为教育改革发展的核心任务。树立科学的质量观,把促进人的全面发展、适应社会需要作为衡量教育质量的根本标准。树立以提高质量为核心的教育发展观，注重教育内涵发展，鼓励学校办出特色、办出水平，出名师，育英才。建立以提高教育质量为导向的管理制度和工作机制，把教育资源配置和学校工作重点集中到强化教学环节、提高教育质量上来。制定教育质量国家标准，建立健全教育质量保障体系。加强教师队伍建设，提高教师整体素质。

第二章　战略目标和战略主题

（三）战略目标。到2020年，基本实现教育现代化，基本形成学习型社会，进入人力资源强国行列。

实现更高水平的普及教育。基本普及学前教育；巩固提高九年义务教育水平；普及高中阶段教育，毛入学率达到90%；高等教育大众化水平进一步提高，毛入学率达到40%；扫除青壮年文盲。新增劳动力平均受教育年限从12.4年提高到13.5年；主要劳动年龄人口平均受教育年限从9.5年提高到11.2年，其中受过高等教育的比例达到20%，具有高等教育文化程度的人数比2009年翻一番。

形成惠及全民的公平教育。坚持教育的公益性和普惠性，保障公民依法享有接受良好教育的机会。建成覆盖城乡的基本公共教育服务体系，逐步实现基本公共教育服务均等化，缩小区域差距。努力办好每一所学校，教好每一个学生，不让一个学生因家庭经济困难而失学。切实解决进城务工人员子女平等接受义务教育问题。保障残疾人受教育权利。

提供更加丰富的优质教育。教育质量整体提升，教育现代化水平明显提高。优质教育资源总量不断扩大，更好满足人民群众接受高质量教育的需求。学生思想道德素质、科学文化素质和健康素质明显提高。各类人才服务国家、服务人民和参与国际竞争能力显著增强。

构建体系完备的终身教育。学历教育和非学历教育协调发展，职业教育和普通教育相互沟通，职前教育和职后教育有效衔接。继续教育参与率大幅提升，从业人员继续教育年参与率达到50%。现代国民教育体系更加完善，终身教育体系基本形成，促进全体人民学有所教、学有所成、学有所用。

健全充满活力的教育体制。进一步解放思想，更新观念，深化改革，提高教育开放水平，全面形成与社会主义市场经济体制和全面建设小康社会目标相适应的充满活力、富有效率、更加开放、有利于科学发展的教育体制机制，办出具有中国特色、世界水平的现代教育。

（四）战略主题。坚持以人为本、全面实施素质教育是教育改革发展的战略主题，是贯彻党的教育方针的时代要求，其核心是解决好培养什么人、怎样培养人的重大问题，重点是面向全体学生、促进学生全面发展，着力提高学生服务国家服务人民的社会责任感、勇于探索的创新精神和善于解决问题的实践能力。

坚持德育为先。立德树人，把社会主义核心价值体系融入国民教育全过程。加强马克思主义中国化最新成果教育，引导学生形成正确的世界观、人生观、价值观；加强理想信念教育和道德教育，坚定学生对中国共产党领导、社会主义制度的信念和信心；加强以爱国主义为核心的民族精神和以改革创新为核心的时代精神教育；加强社会主义荣辱观教育，培养学生团结互助、诚实守信、遵纪守法、艰苦奋斗的良好品质。加强公民意识教育，树立社会主义民主法治、自由平等、公平正义理念，培养社会主义合格公民。加强中华民族优秀文化传统教育和革命传统教育。把德育渗透于教育教学的各个环节，贯穿于学校教育、家庭教育和社会教育的各个方面。切实加强和改进未成年人思想道德建设和大学生思想政治教育工作。构建大中小学有效衔接的德育体系，创新德育形式，丰富德育内容，不断提高德育工作的吸引力和感染力，增强德育工作的针对性和实效性。加强辅导员、班主任队伍建设。

坚持能力为重。优化知识结构，丰富社会实践，强化能力培养。着力提高学生的学习能力、实践能力、创新能力，教育学生学会知识技能，学会动手动脑，学会生存生活，学会做人做事，促进学生主动适应社会，开创美好未来。

坚持全面发展。全面加强和改进德育、智育、体育、美育。坚持文化知识学习与思想品德修养的统一、理论学习与社会实践的统一、全面发展与个性发展的统一。加强体育，牢固树立健康第一的思想，确保学生体育课程和课余活动时间，提高体育教学质量，加强心理健康教育，促进学生身心健康、体魄强健、意志坚强；加强美育，培养学生良好的审美情趣和人文素养。加强劳动教育，培养学生热爱劳动、热爱劳动人民的情感。重视安全教育、生命教育、国防教育、可持续发展教育。促进德育、智育、体育、美育有机融合，提高学生综合素质，使学生成为德智体美全面发展的社会主义建设者和接班人。

专栏 1：教育事业发展主要目标

指标	单位	2009 年	2015 年	2020 年
学前教育				
幼儿在园人数	万人	2658	3400	4000
学前一年毛入园率	%	74.0	85.0	95.0
学前两年毛入园率	%	65.0	70.0	80.0
学前三年毛入园率	%	50.9	60.0	70.0
九年义务教育				
在校生	万人	15772	16100	16500
巩固率	%	90.8	93.0	95.0
高中阶段教育*				
在校生	万人	4624	4500	4700
毛入学率	%	79.2	87.0	90.0
职业教育				
中等职业教育在校生	万人	2179	2250	2350
高等职业教育在校生	万人	1280	1390	1480

续 表

指标	单位	2009 年	2015 年	2020 年
高等教育				
在学总规模	万人	2979	3350	3550
在校生	万人	2826	3080	3300
其中：研究生	万人	140	170	200
毛入学率	%	24.2	36.0	40.0
继续教育				
从业人员继续教育	万人次	16600	29000	35000

注：* 含中等职业教育学生数；* * 含高等职业教育学生数。

专栏 2：人力资源开发主要目标

指标	单位	2009 年	2015 年	2020 年
具有高等教育文化程度的人数	万人	9830	14500	19500
主要劳动年龄人口平均受教育年限	年	9.5	10.5	11.2
其中：受过高等教育的比例	%	9.9	15.0	20.0
新增劳动力平均受教育年限	年	12.4	13.3	13.5
其中：受过高中阶段及以上教育的比例	%	67.0	87.0	90.0

第二部分 发展任务

第三章 学前教育

（五）基本普及学前教育。学前教育对幼儿身心健康、习惯养成、智力发展具有重要意义。遵循幼儿身心发展规律，坚持科学保教方法，保障幼儿快乐健康成长。积极发展学前教育，到 2020 年，普及学前一年教育，基本普及学前两年教育，有条件的地区普及学前三年教育。重视 0 至 3 岁婴幼儿教育。

（六）明确政府职责。把发展学前教育纳入城镇、社会主义新农村建设规划。建立政府主导、社会参与、公办民办并举的办园体制。大力发展公办幼儿园，积极扶持民办幼儿园。加大政府投入，完善成本合理分担机制，对家庭经济困难幼儿入园给予补助。加强学前教育管理，规范办园行为。制定学前教育办园标准，建立幼儿园准入制度。完善幼儿园收费管理办法。严格执行幼儿教师资格标准，切实加强幼儿教师培养培训，提高幼儿教师队伍整体素质，依法落实幼儿教师地位和待遇。教育行政部门加强对学前教育的宏观指导和管理，相关部门履行各自职责，充分调动各方面力量发展学前教育。

（七）重点发展农村学前教育。努力提高农村学前教育普及程度。着力保证留守儿童入园。采取多种形式扩大农村学前教育资源，改扩建、新建幼儿园，充分利用中小学布局调整富余的校舍和教师举办幼儿园（班）。发挥乡镇中心幼儿园对村幼儿园的示范指导作用。支持贫困地区发展学前教育。

第四章　义务教育

（八）巩固提高九年义务教育水平。义务教育是国家依法统一实施、所有适龄儿童少年必须接受的教育，具有强制性、免费性和普及性，是教育工作的重中之重。注重品行培养，激发学习兴趣，培育健康体魄，养成良好习惯。到2020年，全面提高普及水平，全面提高教育质量，基本实现区域内均衡发展，确保适龄儿童少年接受良好义务教育。

巩固义务教育普及成果。适应城乡发展需要，合理规划学校布局，办好必要的教学点，方便学生就近入学。坚持以输入地政府管理为主、以全日制公办中小学为主，确保进城务工人员随迁子女平等接受义务教育，研究制定进城务工人员随迁子女接受义务教育后在当地参加升学考试的办法。建立健全政府主导、社会参与的农村留守儿童关爱服务体系和动态监测机制。加快农村寄宿制学校建设，优先满足留守儿童住宿需求。采取必要措施，确保适龄儿童少年不因家庭经济困难、就学困难、学习困难等原因而失学，努力消除辍学现象。

提高义务教育质量。建立国家义务教育质量基本标准和监测制度。严格执行义务教育国家课程标准、教师资格标准。深化课程与教学方法改革，推行小班教学。配齐音乐、体育、美术等学科教师，开足开好规定课程。大力推广普通话教学，使用规范汉字。

增强学生体质。科学安排学习、生活、锻炼，保证学生睡眠时间。大力开展"阳光体育"运动，保证学生每天锻炼一小时，不断提高学生体质健康水平。提倡合理膳食，改善学生营养状况，提高贫困地区农村学生营养水平。保护学生视力。

（九）推进义务教育均衡发展。均衡发展是义务教育的战略性任务。建立健全义务教育均衡发展保障机制。推进义务教育学校标准化建设，均衡配置教师、设备、图书、校舍等资源。

切实缩小校际差距，着力解决择校问题。加快薄弱学校改造，着力提高师资水平。实行县（区）域内教师、校长交流制度。实行优质普通高中和优质中等职业学校招生名额合理分配到区域内初中的办法。义务教育阶段不得设置重点学校和重点班。在保障适龄儿童少年就近进入公办学校的前提下，发展民办教育，提供选择机会。

加快缩小城乡差距。建立城乡一体化义务教育发展机制，在财政拨款、学校建设、教师配置等方面向农村倾斜。率先在县（区）域内实现城乡均衡发展，逐步在更大范围内推进。

努力缩小区域差距。加大对革命老区、民族地区、边疆地区、贫困地区义务教育的转移支付力度。鼓励发达地区支援欠发达地区。

（十）减轻中小学生课业负担。过重的课业负担严重损害儿童少年身心健康。减轻学生课业负担是全社会的共同责任，政府、学校、家庭、社会必须共同努力，标本兼治，综合治理。把减负落实到中小学教育全过程，促进学生生动活泼学习、健康快乐成长。率先实现小学生减负。

各级政府要把减负作为教育工作的重要任务，统筹规划，整体推进。调整教材内容，科学设计课程难度。改革考试评价制度和学校考核办法。规范办学行为，建立学生课业负担监测和公告制度。不得以升学率对地区和学校进行排名，不得下达升学指标。规范各种社会补习机构和教辅市场。加强校外活动场所建设和管理，丰富学生课外及校外活动。

学校要把减负落实到教育教学各个环节，给学生留下了解社会、深入思考、动手实践、健身娱乐的时间。提高教师业务素质，改进教学方法，增强课堂教学效果，减少作业量和考试次数。培养学生学习兴趣和爱好。严格执行课程方案，不得增加课时和提高难度。各种等级考试和竞赛成绩不得作为义务教育阶段入学与升学的依据。

充分发挥家庭教育在儿童少年成长过程中的重要作用。家长要树立正确的教育观念，掌握科学的教育方法，尊重子女的健康情趣，培养子女的良好习惯，加强与学校的沟通配合，共同减轻学生课业负担。

第五章　高中阶段教育

（十一）加快普及高中阶段教育。

（十二）全面提高普通高中学生综合素质。

（十三）推动普通高中多样化发展。

第六章　职业教育

（十四）大力发展职业教育。

（十五）调动行业企业的积极性。

（十六）加快发展面向农村的职业教育。

（十七）增强职业教育吸引力。

第七章　高等教育

（十八）全面提高高等教育质量。

（十九）提高人才培养质量。

（二十）提升科学研究水平。

（二十一）增强社会服务能力。

（二十二）优化结构办出特色。

第八章　继续教育

（二十三）加快发展继续教育。

（二十四）建立健全继续教育体制机制。

（二十五）构建灵活开放的终身教育体系。

第九章　民族教育

（二十六）重视和支持民族教育事业。

（二十七）全面提高少数民族和民族地区教育发展水平。

第十章 特殊教育

（二十八）关心和支持特殊教育。

（二十九）完善特殊教育体系。

（三十）健全特殊教育保障机制。

第三部分 体制改革

第十一章 人才培养体制改革

（三十一）更新人才培养观念。深化教育体制改革，关键是更新教育观念，核心是改革人才培养体制，目的是提高人才培养水平。树立全面发展观念，努力造就德智体美全面发展的高素质人才。树立人人成才观念，面向全体学生，促进学生成长成才。树立多样化人才观念，尊重个人选择，鼓励个性发展，不拘一格培养人才。树立终身学习观念，为持续发展奠定基础。树立系统培养观念，推进小学、中学、大学有机衔接，教学、科研、实践紧密结合，学校、家庭、社会密切配合，加强学校之间、校企之间、学校与科研机构之间合作以及中外合作等多种联合培养方式，形成体系开放、机制灵活、渠道互通、选择多样的人才培养体制。

（三十二）创新人才培养模式。适应国家和社会发展需要，遵循教育规律和人才成长规律，深化教育教学改革，创新教育教学方法，探索多种培养方式，形成各类人才辈出、拔尖创新人才不断涌现的局面。

注重学思结合。倡导启发式、探究式、讨论式、参与式教学，帮助学生学会学习。激发学生的好奇心，培养学生的兴趣爱好，营造独立思考、自由探索、勇于创新的良好环境。适应经济社会发展和科技进步的要求，推进课程改革，加强教材建设，建立健全教材质量监管制度。深入研究、确定不同教育阶段学生必须掌握的核心内容，形成教学内容更新机制。充分发挥现代信息技术作用，促进优质教学资源共享。

注重知行统一。坚持教育教学与生产劳动、社会实践相结合。开发实践课程和活动课程，增强学生科学实验、生产实习和技能实训的成效。充分利用社会教育资源，开展各种课外及校外活动。加强中小学校外活动场所建设。加强学生社团组织指导，鼓励学生积极参与志愿服务和公益事业。

注重因材施教。关注学生不同特点和个性差异，发展每一个学生的优势潜能。推进分层教学、走班制、学分制、导师制等教学管理制度改革。建立学习困难学生的帮助机制。改进优异学生培养方式，在跳级、转学、转换专业以及选修更高学段课程等方面给予支持和指导。健全公开、平等、竞争、择优的选拔方式，改进中学生升学推荐办法，创新研究生培养方法。探索高中阶段、高等学校拔尖学生培养模式。

（三十三）改革教育质量评价和人才评价制度。改进教育教学评价。根据培养目标和人才理念，建立科学、多样的评价标准。开展由政府、学校、家长及社会各方面参与的教育质量评价活动。做好学生成长记录，完善综合素质评价。探索促进学生发展的多种评价方式，激励学生乐观向上、自主自立、努力成才。

改进人才评价及选用制度，为人才培养创造良好环境。树立科学人才观，建立以岗位职责为基础，以品德、能力和业绩为导向的科学化、社会化人才评价发现机制。强化人才选拔使用中对实践能力的考查，克服社会用人单纯追求学历的倾向。

第十二章 考试招生制度改革

（三十四）推进考试招生制度改革。

（三十五）完善中等学校考试招生制度。

（三十六）完善高等学校考试招生制度。

（三十七）加强信息公开和社会监督。

第十三章 建设现代学校制度

（三十八）推进政校分开、管办分离。

（三十九）落实和扩大学校办学自主权。

（四十）完善中国特色现代大学制度。

（四十一）完善中小学学校管理制度。

第十四章 办学体制改革

（四十二）深化办学体制改革。坚持教育公益性原则，健全政府主导、社会参与、办学主体多元、办学形式多样、充满生机活力的办学体制，形成以政府办学为主体、全社会积极参与、公办教育和民办教育共同发展的格局。调动全社会参与的积极性，进一步激发教育活力，满足人民群众多层次、多样化的教育需求。

（四十三）大力支持民办教育。

（四十四）依法管理民办教育。

第十五章 管理体制改革

（四十五）健全统筹有力、权责明确的教育管理体制。

（四十六）加强省级政府教育统筹。

（四十七）转变政府教育管理职能。

第十六章 扩大教育开放

（四十八）加强国际交流与合作。

（四十九）引进优质教育资源。

（五十）提高交流合作水平。

第四部分 保障措施

第十七章 加强教师队伍建设

（五十一）建设高素质教师队伍。教育大计，教师为本。有好的教师，才有好的教育。提高教师地位，维护教师权益，改善教师待遇，使教师成为受人尊重的职业。严格教师资质，提升教师素质，努力造就一支师德高尚、业务精湛、结构合理、充满活力的高素质专业化教师队伍。

（五十二）加强师德建设。加强教师职业理想和职业道德教育，增强广大教师教书育人的责任感和使命感。教师要关爱学生，严谨笃学，淡泊名利，自尊自律，以人格魅力和学识魅力教育感染学生，做学生健康成长的指导者和引路人。将师德表现作为教师考核、聘任（聘用）和评价的首要内容。采取综合措施，建立长效机制，形成良好学术道德和学术风气，克服学术浮躁，查处学术不端行为。

（五十三）提高教师业务水平。完善培养培训体系，做好培养培训规划，优化队伍结构，提高教师专业水平和教学能力。通过研修培训、学术交流、项目资助等方式，培养教育教学骨干、"双师型"教师、学术带头人和校长，造就一批教学名师和学科领军人才。

以农村教师为重点，提高中小学教师队伍整体素质。创新农村教师补充机制，完善制度政策，吸引更多优秀人才从教。积极推进师范生免费教育，实施农村义务教育学校教师特设岗位计划，完善代偿机制，鼓励高校毕业生到艰苦边远地区当教师。完善教师培训制度，将教师培训经费列入政府预算，对教师实行每五年一周期的全员培训。加大民族地区双语教师培养培训力度。加强校长培训，重视辅导员和班主任培训。加强教师教育，构建以师范院校为主体、综合大学参与、开放灵活的教师教育体系。深化教师教育改革，创新培养模式，增强实习实践环节，强化师德修养和教学能力训练，提高教师培养质量。

以"双师型"教师为重点，加强职业院校教师队伍建设。加大职业院校教师培养培训力度。依托相关高等学校和大中型企业，共建"双师型"教师培养培训基地。完善教师定期到企业实践制度。完善相关人事制度，聘任（聘用）具有实践经验的专业技术人员和高技能人才担任专兼职教师，提高持有专业技术资格证书和职业资格证书教师比例。

以中青年教师和创新团队为重点，建设高素质的高校教师队伍。大力提高高校教师教学水平、科研创新和社会服务能力。促进跨学科、跨单位合作，形成高水平教学和科研创新团队。创新人事管理和薪酬分配方式，引导教师潜心教学科研，鼓励中青年优秀教师脱颖而出。实施海外高层次人才引进计划、"长江学者奖励计划"和"国家杰出青年科学基金"等人才项目，为高校集聚具有国际影响的学科领军人才。

（五十四）提高教师地位待遇。不断改善教师的工作、学习和生活条件，吸引优秀人才长期从教、终身从教。依法保证教师平均工资水平不低于或者高于国家公务员的平均工资水平，并逐步提高。落实教师绩效工资。对长期在农村基层和艰苦边远地区工作的教师，在工资、职务（职称）等方面实行倾斜政策，完善津贴补贴标准。建设农村艰苦边远地区学校教师周转宿舍。研究制定优惠政策，改善教师工作和生活条件。关心教师身心健康。落实和完善教师医疗养老等社会保障政策。国家对在农村地区长期从教、贡献突出的教师给予奖励。

（五十五）健全教师管理制度。完善并严格实施教师准入制度，严把教师入口关。国家制定教师资格标准，提高教师任职学历标准和品行要求。建立教师资格证书定期登记制度。省级教育行政部门统一组织中小学教师资格考试和资格认定，县级教育行政部门按规定履行中小学教师的招聘录用、职务（职称）评聘、培养培训和考核等管理职能。

逐步实行城乡统一的中小学编制标准，对农村边远地区实行倾斜政策。制定幼儿园教师配备标准。建立统一的中小学教师职务(职称)系列,在中小学设置正高级教师职务(职称)。探索在职业学校设置正高级教师职务(职称)。制定高等学校编制标准。加强学校岗位管理,创新聘用方式,规范用人行为,完善激励机制,激发教师积极性和创造性。建立健全义务教育学校教师和校长流动机制。城镇中小学教师在评聘高级职务(职称)时,原则上要有一年以上在农村学校或薄弱学校任教经历。加强教师管理,完善教师退出机制。制定校长任职资格标准,促进校长专业化,提高校长管理水平。推行校长职级制。

创造有利条件,鼓励教师和校长在实践中大胆探索,创新教育思想、教育模式和教育方法,形成教学特色和办学风格,造就一批教育家,倡导教育家办学。大力表彰和宣传模范教师的先进事迹。国家对作出突出贡献的教师和教育工作者设立荣誉称号。

第十八章　保障经费投入

(五十六)加大教育投入。

(五十七)完善投入机制。

(五十八)加强经费管理。

第十九章　加快教育信息化进程

(五十九)加快教育信息基础设施建设。

(六十)加强优质教育资源开发与应用。

(六十一)构建国家教育管理信息系统。

第二十章　推进依法治教

(六十二)完善教育法律法规。

(六十三)全面推进依法行政。

(六十四)大力推进依法治校。

(六十五)完善督导制度和监督问责机制。

第二十一章　重大项目和改革试点

(六十六)组织实施重大项目。

(六十七)组织开展改革试点。

第二十二章　加强组织领导

(六十八)加强和改善对教育工作的领导。

(六十九)加强和改进教育系统党的建设。

(七十)切实维护教育系统和谐稳定。

实施

《教育规划纲要》是21世纪我国第一个中长期教育规划纲要,涉及面广、时间跨度大、任务重、要求高,必须周密部署、精心组织、认真实施,确保各项任务落到实处。

明确目标任务,落实责任分工。贯彻实施《教育规划纲要》,是各级党委和政府的重要职责。各地区各部门要在中央统一领导下,按照《教育规划纲要》的部署和要求,对目标任务进行分解,明确责任分工。国务院教育行政部门负责《教育规划纲要》的组织协调与实施,各有关部门积极配合,密切协作,共同抓好贯彻落实。

提出实施方案,制定配套政策。各地要围绕《教育规划纲要》确定的战略目标、主要任务、体制改革、重大措施和项目等,提出本地区实施的具体方案和措施,分阶段、分步骤组织实施。各有关部门要抓紧研究制定切实可行、操作性强的配套政策,尽快出台实施。

鼓励探索创新,加强督促检查。充分尊重人民群众的首创精神,鼓励各地积极探索,勇于创新,创造性地实施《教育规划纲要》。对各地在实施《教育规划纲要》中好的做法和有效经验,要及时总结,积极推广。对《教育规划纲要》实施情况进行监测评估和跟踪检查。

广泛宣传动员,营造良好环境。广泛宣传党的教育方针政策,广泛宣传优先发展教育、建设人力资源强国的重要性和紧迫性,广泛宣传《教育规划纲要》的重大意义和主要内容,动员全党全社会进一步关心支持教育事业的改革和发展,为《教育规划纲要》的实施创造良好社会环境和舆论氛围。

四、《国务院关于当前发展学前教育的若干意见》

《国家中长期教育改革和发展规划纲要(2010—2020年)》提出到2020年基本普及学前教育的发展目标,这是国家在2000年基本普及义务教育之后,为实现更高水平的普及教育而作出的又一重大决策。中央、国务院领导多次批示,要求把积极发展学前教育、着力解决“入园难”作为贯彻落实《规划纲要》的突破口和紧迫任务,充分体现了新时期新阶段党和国家对推动学前教育改革和发展的高度重视。

2010年11月21日,国务院以国发〔2010〕41号印发《关于当前发展学前教育的若干意见》。《意见》提出了十项意见,着力解决“入园难”问题,满足适龄儿童入园需求,促进学前教育事业科学发展。

国务院关于当前发展学前教育的若干意见

国发〔2010〕41号

各省、自治区、直辖市人民政府,国务院各部委、各直属机构:

为贯彻落实党的十七届五中全会、全国教育工作会议精神和《国家中长期教育改革和发展规划纲要(2010—2020年)》,积极发展学前教育,着力解决当前存在的“入园难”问题,满足适龄儿童入园需求,促进学前教育事业科学发展,现提出如下意见:

一、把发展学前教育摆在更加重要的位置。学前教育是终身学习的开端,是国民教育体系的重要组成部分,是重要的社会公益事业。改革开放特别是新世纪以来,我国学前教育取得长足发展,普及程度逐步提高。但总体上看,学前教育仍是各级各类教育中的薄弱环节,主要表现为教育资源短缺、投入不足,师资队伍不健全,体制机制不完善,城乡区域发展不平衡,一些地方“入园难”问题突出。办好学前教育,关系亿万儿童的健康成长,关系千家万户的切身利益,关系国家和民族的未来。

发展学前教育,必须坚持公益性和普惠性,努力构建覆盖城乡、布局合理的学前教育公共服务体系，保障适龄儿童接受基本的、有质量的学前教育；必须坚持政府主导，社会参与，公办民办并举，落实各级政府责任，充分调动各方面积极性；必须坚持改革创新，着力破除制约学前教育科学发展的体制机制障碍；必须坚持因地制宜，从实际出发，为幼儿和家长提供方便就近、灵活多样、多种层次的学前教育服务；必须坚持科学育儿，遵循幼儿身心发展规律，促进幼儿健康快乐成长。

各级政府要充分认识发展学前教育的重要性和紧迫性，将大力发展学前教育作为贯彻落实教育规划纲要的突破口，作为推动教育事业科学发展的重要任务，作为建设社会主义和谐社会的重大民生工程，纳入政府工作重要议事日程，切实抓紧抓好。

二、多种形式扩大学前教育资源。大力发展公办幼儿园，提供“广覆盖、保基本”的学前教育公共服务。加大政府投入，新建、改建、扩建一批安全、适用的幼儿园。不得用政府投入建设超标准、高收费的幼儿园。中小学布局调整后的富余教育资源和其他富余公共资源，优先改建成幼儿园。鼓励优质公办幼儿园举办分园或合作办园。制定优惠政策，支持街道、农村集体举办幼儿园。

鼓励社会力量以多种形式举办幼儿园。通过保证合理用地、减免税费等方式，支持社会力量办园。积极扶持民办幼儿园特别是面向大众、收费较低的普惠性民办幼儿园发展。采取政府购买服务、减免租金、以奖代补、派驻公办教师等方式，引导和支持民办幼儿园提供普惠性服务。民办幼儿园在审批登记、分类定级、评估指导、教师培训、职称评定、资格认定、表彰奖励等方面与公办幼儿园具有同等地位。

城镇小区没有配套幼儿园的，应根据居住区规划和居住人口规模，按照国家有关规定配套建设幼儿园。新建小区配套幼儿园要与小区同步规划、同步建设、同步交付使用。建设用地按国家有关规定予以保障。未按规定安排配套幼儿园建设的小区规划不予审批。城镇小区配套幼儿园作为公共教育资源由当地政府统筹安排，举办公办幼儿园或委托办成普惠性民办幼儿园。城镇幼儿园建设要充分考虑进城务工人员随迁子女接受学前教育的需求。

努力扩大农村学前教育资源。各地要把发展学前教育作为社会主义新农村建设的重要内容，将幼儿园作为新农村公共服务设施统一规划，优先建设，加快发展。各级政府要加大对农村学前教育的投入，从今年开始，国家实施推进农村学前教育项目，重点支持中西部地区；地方各级政府要安排专门资金，重点建设农村幼儿园。乡镇和大村独立建园，小村设分园或联合办园，人口分散地区举办流动幼儿园、季节班等，配备专职巡回指导教师，逐步完善县、乡、村学前教育网络。改善农村幼儿园保教条件，配备基本的保教设施、玩教具、幼儿读物等。创造更多条件，着力保障留守儿童入园。发展农村学前教育要充分考虑农村人口分布和流动趋势，合理布局，有效使用资源。

三、多种途径加强幼儿教师队伍建设。加快建设一支师德高尚、热爱儿童、业务精良、结构合理的幼儿教师队伍。各地根据国家要求，结合本地实际，合理确定生师比，核定公办幼儿园教职工编制，逐步配齐幼儿园教职工。健全幼儿教师资格准入制度，严把入口关。2010 年国家颁布幼儿教师专业标准。公开招聘具备条件的毕业生充实幼儿教师队伍。中小学富余教师经培训合格后可转入学前教育。

依法落实幼儿教师地位和待遇。切实维护幼儿教师权益，完善落实幼儿园教职工工资保障办法、专业技术职称（职务）评聘机制和社会保障政策。对长期在农村基层和艰苦边远地区工作的公办幼儿教师，按国家规定实行工资倾斜政策。对优秀幼儿园园长、教师进行表彰。

完善学前教育师资培养培训体系。办好中等幼儿师范学校。办好高等师范院校学前教育专业。建设一批幼儿师范专科学校。加大面向农村的幼儿教师培养力度，扩大免费师范生学前教育专业招生规模。积极探索初中毕业起点五年制学前教育专科学历教师培养模式。重视对幼儿特教师资的培养。建立幼儿园园长和教师培训体系，满足幼儿教师多样化的学习和发展需求。创新培训模式，为有志于从事学前教育的非师范专业毕业生提供培训。三年内对1万名幼儿园园长和骨干教师进行国家级培训。各地五年内对幼儿园园长和教师进行一轮全员专业培训。

四、多种渠道加大学前教育投入。各级政府要将学前教育经费列入财政预算。新增教育经费要向学前教育倾斜。财政性学前教育经费在同级财政性教育经费中要占合理比例，未来三年要有明显提高。各地根据实际研究制定公办幼儿园生均经费标准和生均财政拨款标准。制定优惠政策，鼓励社会力量办园和捐资助园。家庭合理分担学前教育成本。建立学前教育资助制度，资助家庭经济困难儿童、孤儿和残疾儿童接受普惠性学前教育。发展残疾儿童学前康复教育。中央财政设立专项经费，支持中西部农村地区、少数民族地区和边疆地区发展学前教育和学前双语教育。地方政府要加大投入，重点支持边远贫困地区和少数民族地区发展学前教育。规范学前教育经费的使用和管理。

五、加强幼儿园准入管理。完善法律法规，规范学前教育管理。严格执行幼儿园准入制度。各地根据国家基本标准和社会对幼儿保教的不同需求，制定各种类型幼儿园的办园标准，实行分类管理、分类指导。县级教育行政部门负责审批各类幼儿园，建立幼儿园信息管理系统，对幼儿园实行动态监管。完善和落实幼儿园年检制度。未取得办园许可证和未办理登记注册手续，任何单位和个人不得举办幼儿园。对社会各类幼儿培训机构和早期教育指导机构，审批主管部门要加强监督管理。

分类治理、妥善解决无证办园问题。各地要对目前存在的无证办园进行全面排查，加强指导，督促整改。整改期间，要保证幼儿正常接受学前教育。经整改达到相应标准的，颁发办园许可证。整改后仍未达到保障幼儿安全、健康等基本要求的，当地政府要依法予以取缔，妥善分流和安置幼儿。

六、强化幼儿园安全监管。各地要高度重视幼儿园安全保障工作，加强安全设施建设，配备保安人员，健全各项安全管理制度和安全责任制，落实各项措施，严防事故发生。相关部门按职能分工，建立全覆盖的幼儿园安全防护体系，切实加大工作力度，加强监督指导。幼儿园要提高安全防范意识，加强内部安全管理。幼儿园所在街道、社区和村民委员会要共同做好幼儿园安全管理工作。

七、规范幼儿园收费管理。国家有关部门2011年出台幼儿园收费管理办法。省级有关部门根据城乡经济社会发展水平、办园成本和群众承受能力，按照非义务教育阶段家庭合理分担教育成本的原则，制定公办幼儿园收费标准。加强民办幼儿园收费管理，完善备案程序，加强分类指导。幼儿园实行收费公示制度，接受社会监督。加强收费监管，坚决查处乱收费。

八、坚持科学保教，促进幼儿身心健康发展。加强对幼儿园保教工作的指导，2010 年国家颁布幼儿学习与发展指南。遵循幼儿身心发展规律，面向全体幼儿，关注个体差异，坚持以游戏为基本活动，保教结合，寓教于乐，促进幼儿健康成长。加强对幼儿园玩教具、幼儿图书的配备与指导，为儿童创设丰富多彩的教育环境，防止和纠正幼儿园教育"小学化"倾向。研究制定幼儿园教师指导用书审定办法。建立幼儿园保教质量评估监管体系。健全学前教育教研指导网络。要把幼儿园教育和家庭教育紧密结合，共同为幼儿的健康成长创造良好环境。

九、完善工作机制，加强组织领导。各级政府要加强对学前教育的统筹协调，健全教育部门主管、有关部门分工负责的工作机制，形成推动学前教育发展的合力。教育部门要完善政策，制定标准，充实管理、教研力量，加强学前教育的监督管理和科学指导。机构编制部门要结合实际合理确定公办幼儿园教职工编制。发展改革部门要把学前教育纳入当地经济社会发展规划，支持幼儿园建设发展。财政部门要加大投入，制定支持学前教育的优惠政策。城乡建设和国土资源部门要落实城镇小区和新农村配套幼儿园的规划、用地。人力资源和社会保障部门要制定幼儿园教职工的人事（劳动）、工资待遇、社会保障和技术职称（职务）评聘政策。价格、财政、教育部门要根据职责分工，加强幼儿园收费管理。综治、公安部门要加强对幼儿园安全保卫工作的监督指导，整治、净化周边环境。卫生部门要监督指导幼儿园卫生保健工作。民政、工商、质检、安全生产监管、食品药品监管等部门要根据职能分工，加强对幼儿园的指导和管理。妇联、残联等单位要积极开展对家庭教育、残疾儿童早期教育的宣传指导。充分发挥城市社区居委会和农村村民自治组织的作用，建立社区和家长参与幼儿园管理和监督的机制。

十、统筹规划，实施学前教育三年行动计划。各省（区、市）政府要深入调查，准确掌握当地学前教育基本状况和存在的突出问题，结合本区域经济社会发展状况和适龄人口分布、变化趋势，科学测算入园需求和供需缺口，确定发展目标，分解年度任务，落实经费，以县为单位编制学前教育三年行动计划，有效缓解"入园难"。2011 年 3 月底前，各省（区、市）行动计划报国家教育体制改革领导小组办公室备案。

地方政府是发展学前教育、解决"入园难"问题的责任主体。各省（区、市）要建立督促检查、考核奖惩和问责机制，确保大力发展学前教育的各项举措落到实处，取得实效。各级教育督导部门要把学前教育作为督导重点，加强对政府责任落实、教师队伍建设、经费投入、安全管理等方面的督导检查，并将结果向社会公示。教育部会同有关部门对各地学前教育三年行动计划进展情况进行专项督查，组织宣传和推广先进经验，对发展学前教育成绩突出的地区予以表彰奖励，营造全社会关心支持学前教育的良好氛围。

五、《儿童权利公约》

《儿童权利公约》是第一部有关保障儿童权利且具有法律约束力的国际性约定。《儿童权利公约》是联合国历史上加入国家最多的国际公约，是有史以来得到最广泛接受的国际人权条约。

儿童权利公约

(1989年11月20日第44届联合国大会第25号决议)通过

序言

本公约缔约国:

考虑到按照《联合国宪章》所宣布的原则,对人类家庭所有成员的固有尊严及其平等和不移的权利的承认,乃是世界自由、正义与和平的基础,铭记联合国人民在《宪章》中重申对基本人权和人格尊严与价值的信念,并决心促成更广泛自由中的社会进步及更高的生活水平,认识到联合国在《世界人权宣言》和关于人权的两项国际公约中宣布和同意。

人人有资格享受这些文书中所载的一切权利和自由,不因种族、肤色、性别、语言、宗教、政治或其他见解、国籍或社会出身、财产、出生或其他身份等而有任何区别。回顾联合国在《世界人权宣言》中宣布:儿童有权享受特别照料和协助,深信家庭作为社会的基本单元,作为家庭的所有成员、特别是儿童的成长和幸福的自然环境,应获得必要的保护和协助,以充分负起它在社会上的责任,确认为了充分而和谐地发展其个性,应让儿童在家庭环境里,在幸福、亲爱和谅解的气氛中成长,考虑到应充分培养儿童可在社会上独立生活,并在《联合国宪章》宣布的理想的精神下,特别是在和平、尊严、宽容、自由、平等和团结的精神下,抚养他们成长。

铭记给予儿童特殊照料的需要已在1924年《日内瓦儿童权利宣言》和在大会1959年11月20日通过的《儿童权利宣言》中予以申明,并在《世界人权宣言》《公民权利和政治权利国际公约》(特别是第23和24条)《经济、社会及文化权利国际公约》(特别是第10条)以及关心儿童福利的各专门结构和国际组织的章程及有关文书中得到确认。

铭记如《儿童权利宣言》所示:"儿童因身心尚未成熟,在其出生以前和以后均需要特殊的保护和照料,包括法律上的适当保护。"

回顾《关于儿童保护和儿童福利、特别是国内和国际寄养和收养办法的社会和法律原则宣言》《联合国少年司法最低限度标准规则》(北京规则),以及《在非常状态和武装冲突中保护妇女和儿童宣言》。

确认世界各国都有生活在极端困难下的儿童,对这些儿童需要给予特别的照顾。

适当考虑到每一民族的传统及文化价值对儿童的保护及和谐发展的重要性。

确认国际合作对于改善每一国家、特别是发展中国家儿童的生活条件的重要性。

兹协议如下:

第一部分

第一条

为本公约之目的,儿童系指18岁以下的任何人,除非对其适用之法律规定成年年龄少于18岁。

第二条

1. 缔约国应遵守本公约所载列的权利,并确保其管辖范围内的每一儿童均享受此种权利，不因儿童或其父母或法定监护人的种族、肤色、性别、语言、宗教、政治或其他见解、民族、族裔或社会出身、财产、伤残、出生或其他身份而有任何差别。

2. 缔约国应采取一切适当措施确保儿童得到保护，不受基于儿童父母、法定监护人或家庭成员的身份、活动、所表达的观点或信仰而加诸的一切形式的歧视或惩罚。

第三条

1. 关于儿童的一切行为，不论是由公私社会福利机构、法院、行政当局或立法机构执行，均应以儿童的最大利益为一种首要考虑。

2. 缔约国承担确保儿童享有其幸福所必需的保护和照料，考虑到其父母、法定监护人，或任何对其负有法律责任的个人的权利和义务，并为此采取一切适当的立法和行政措施。

3. 缔约国应确保负责照料或保护儿童的机构、服务部门及设施符合主管当局规定的标准，尤其是安全、卫生、工作人员数目和资格以及有效监督方面的标准。

第四条

缔约国应采取一切适当的立法、行政和其他以实现本公约所确认的权利。关于经济、社会及文化权利，缔约国应根据其现有资源所允许的最大限度并视需要在国际合作范围内采取此类措施。

第五条

缔约国应尊重父母或于适用时尊重当地习俗认定的大家庭或社会成员、法定监护人或其他对儿童负有法律责任的人，以符合儿童不同阶段接受能力的方式适当指导和指引儿童行使本公约所确认的权利。

第六条

1. 缔约国确认每个儿童均有固有的生命权。

2. 缔约国应最大限度地确保儿童的存活与发展。

第七条

1. 儿童出生后应立即登记，并有自出生起获得姓名的权利，有获得国籍的权利，以及尽可能知道谁是其父母并受其父母照料的权利。

2. 缔约国应确保这些权利按照本国法律及其根据有关国际文书在这一领域承担的义务予以实施，尤应注意不如此儿童即无国籍之情形。

第八条

1. 缔约国承担尊重儿童维护其身份包括法律所承认的国籍、姓名及家庭关系而不受非法干扰的权利。

2. 如有儿童被非法剥夺其身份方面的部分或全部要素，缔约国应提供适当协助和保护，以便迅速重新确立其身份。

第九条

1. 缔约国应确保不违背儿童父母的意愿使儿童与父母分离，除非主管当局按照适用的法律和程序，经法院的审查，判定这样的分离符合儿童的最大利益而确有必要。在诸如由于父母的虐待或忽视或父母分居而必须确定儿童居住地点的特殊情况下，这种裁决可能有必要。

2. 凡按本条第1款进行诉讼，均应给予所有有关方面以参加诉讼并阐明自己意见的机会。

3. 缔约国应尊重与父母一方或双方分离的儿童同父母经常保持个人关系及直接联系的权利，但违反儿童最大利益者除外。

4. 如果这种分离是因缔约国对父母一方或双方或对儿童所采取的任何行动，诸如拘留、监禁、流放、驱逐或死亡（包括该人在该国拘禁中因任何原因而死亡所致），该缔约国应按请求将该家庭成员下落的基本情况告知父母、儿童或适当时告知另一家庭成员，除非提供这类情况会有损儿童的福祉，缔约国还应确保有关人员不致因提出这种请求而承受不利后果。

第十条

1. 按照第9条第1款所规定的缔约国的义务，对于儿童或其父母要求进入或离开一缔约国以便与家人团聚的申请，缔约国应以积极的人道主义态度迅速予以办理。缔约国还应确保申请人及其家庭成员不致因提出这类请求而承受不利后果。

2. 父母居住在不同国家的儿童，除特殊情况以外，应有权同父母双方经常保持个人关系和直接联系。为此目的，并按照第9条第1款所规定的缔约国的义务，缔约国应尊重儿童及其父母离开包括其本国在内的任何国家和进入其本国的权利。离开任何国家的权利只应受法律所规定并为保护国家安全、公共秩序、公共卫生或道德或他人的权利和自由所必需且与本公约所承认的其他权利不相抵触的限制约束。

第十一条

1. 缔约国应采取措施制止非法将儿童转移国外和阻止返回本国的行为。

2. 为此目的，缔约国应致力缔结双边或多边协定或加入现有协定。

第十二条

1. 缔约国应确保有主见能力的儿童有权对影响到其本人的一切事项自由发表自己的意见，对儿童的意见应按照其年龄和成熟程度给以适当的看待。

2. 为此目的，儿童特别应有机会在影响到儿童的任何司法和行政诉讼中，以符合国家法律的诉讼规则的方式，直接或通过代表或适当机构陈述意见。

第十三条

1. 儿童应有自由发表言论的权利；此项权利应包括通过口头、书面或印刷、艺术形式或儿童所选择的任何其他媒介，寻求、接受和传递各种信息和思想的自由，而不论国界。

2. 此项权利的行使可受某些限制约束，但这些限制仅限于法律所规定并为以下目的所必需：(A)尊重他人的权利和名誉；(B)保护国家安全或公共秩序或公共卫生或道德。

第十四条

1. 缔约国应遵守儿童享有思想、信仰和宗教自由的权利。

2. 缔约国应尊重父母并于适用时尊重法定监护人以下的权利和义务，以符合儿童不同阶段接受能力的方式指导儿童行使其权利。

3. 表明个人宗教或信仰的自由，仅受法律所规定并为保护公共安全、秩序、卫生或道德或他人之基本权利和自由所必需的这类限制约束。

第十五条

1. 缔约国确认儿童享有结社自由及和平集会自由的权利。

2. 对此项权利的行使不得加以限制,除非符合法律所规定并在民主社会中为国家安全或公共安全、公共秩序、保护公共卫生或道德或保护他人的权利和自由所必需。

第十六条

1. 儿童的隐私、家庭、住宅或通信不受任意或非法干涉,其荣誉和名誉不受非法攻击。

2. 儿童有权享受法律保护,以免受这类干涉或攻击。

第十七条

缔约国确认大众传播媒介的重要作用,并应确保儿童能够从多种的国家和国际来源获得信息和资料,尤其是旨在促进其社会、精神和道德福祉和身心健康的信息和资料。为此目的,缔约国应:

(A) 鼓励大众传播媒介本着第29条的精神散播在社会和文化方面有益于儿童的信息和资料;

(B) 鼓励在编制、交流和散播来自不同文化、国家和国际来源的这类信息和资料方面进行国际合作;

(C) 鼓励儿童读物的著作和普及;

(D) 鼓励大众传播媒介特别注意属于少数群体或土著居民的儿童在语言方面的需要;

(E) 鼓励根据第13条和第18条的规定制定适当的准则,保护儿童不受可能损害其福祉的信息和资料之害。

第十八条

1. 缔约国应尽其最大努力,确保父母双方对儿童的养育和发展负有共同责任的原则得到确认。父母或视具体情况而定的法定监护人对儿童的养育和发展负有首要责任。儿童的最大利益将是他们主要关心的事。

2. 为保证和促进本公约所列举的权利,缔约国应在父母和法定监护人履行其抚养儿童的责任方面给予适当协助,并应确保发展育儿机构、设施和服务。

3. 缔约国应采取一切适当措施确保就业父母的子女有权享受他们有资格得到的托儿服务和设施。

第十九条

1. 缔约国应采取一切适当的立法、行政、社会和教育措施,保护儿童在受父母、法定监护人或其他任何负责照管儿童的人的照料时,不致受到任何形式的身心摧残、伤害或凌辱,忽视或照料不周,虐待或剥削,包括性侵犯。

2. 这类保护性措施应酌情包括采取有效程序以建立社会方案,向儿童和负责照管儿童的人提供必要的支助,采取其他预防形式,查明、报告、查询、调查、处理和追究前述的虐待儿童事件,以及在适当时进行司法干预。

第二十条

1. 暂时或永久脱离家庭环境的儿童,或为其最大利益不得在这种环境中继续生活的儿童,应有权得到国家的特别保护和协助。

2. 缔约国应按照本国法律确保此类儿童得到其他方式的照顾。

3. 这种照顾除其他外,包括寄养、伊斯兰法的"卡法拉"(监护)、收养或者必要时安置在适当的育儿机构中。在考虑解决办法时,应适当注意有必要使儿童的培养教育具有连续性和注意儿童的族裔、宗教、文化和语言背景。

第二十一条

凡承认和(或)许可收养制度的国家应确保以儿童的最大利益为首要考虑并应:

(A) 确保只有经主管当局按照适用的法律和程序并根据所有有关可靠的资料,判定鉴于儿童有关父母、亲属和法定监护人方面的情况可允许收养,并且判定必要时有关人士已根据可能必要的辅导对收养表示知情的同意,方可批准儿童的收养;

(B) 确认如果儿童不能安置于寄养或收养家庭,或不能以任何适当方式在儿童原籍国加以照料,跨国收养可视为照料儿童的一个替代办法;

(C) 确保得到跨国收养的儿童享有与本国收养相当的保障和标准;

(D) 采取一切适当措施确保跨国收养的安排不致使所涉人士获得不正当的财务收益;

(E) 在适当时通过缔结双边或多边安排或协定促成本条的目标,并在这一范围内努力确保由主管当局或机构负责安排儿童在另一国收养的事宜。

第二十二条

1. 缔约国应采取适当措施,确保申请难民身份的儿童或按照适用的国际法或国内法及程序可视为难民的儿童,不论有无父母或其他任何人的陪同,均可得到适当的保护和人道主义援助,以享有本公约和该有关国家为其缔约国的其他国际人权和(或)人道主义文书所规定的可适用权利。

2. 为此目的,缔约国应对联合国和与联合国合作的其他主管的政府间组织或非政府组织所作的任何努力提供其认为适当的合作,以保护和援助这类儿童,并为只身难民儿童追寻其父母或其他家庭成员,以获得必要的消息使其家庭团聚。在寻不着父母或其他家庭成员的情况下,也应使该儿童获得与其他任何由于任何原因而永久或暂时脱离家庭环境的儿童按照本公约的规定所得到的同样的保护。

第二十三条

1. 缔约国确认身心有残疾的儿童应能在确保其尊严、促进其自立、有利于其积极参与社会生活的条件下享有充实而适当的生活。

2. 缔约国确认残疾儿童有接受特别照顾的权利,应鼓励并确保在现有资源范围内,依据申请斟酌儿童的情况和儿童的父母或其他照料人的情况,对合格儿童及负责照料该儿童的人提供援助。

3. 鉴于残疾儿童的特殊需要,考虑到儿童的父母或其他照料人的经济情况,在可能时应免费提供按照本条第 2 款给予的援助,这些援助的目的应是确保残疾儿童能有效地获得和接受教育、培训、保健服务、康复服务,就业准备和娱乐机会,其方式应有助于该儿童尽可能充分地参与社会,实现个人发展,包括其文化和精神方面的发展。

4. 缔约国应本着国际合作精神，在预防保健以及残疾儿童的医疗、心理治疗和功能治疗领域促进交换适当资料，包括散播和获得有关康复教育方法和职业服务方面的资料，以其使缔约国能够在这些领域提高其能力和技术并扩大其经验。在这方面，应特别考虑到发展中国家的需要。

第二十四条

1. 缔约国确认儿童有权享有可达到的最高标准的健康，并享有医疗和康复设施；缔约国应努力确保没有任何儿童被剥夺获得这种保健服务的权利。

2. 缔约国应致力充分实现这一权利，特别是应采取适当措施，以(A)降低婴幼儿死亡率；(B)确保向所有儿童提供必要的医疗援助和保健，侧重发展初级保健；(C)消除疾病和营养不良现象，包括在初级保健范围内利用现有可得的技术和提供充足的营养食品和清洁饮水，要考虑到环境污染的危险和风险；(D)确保母亲得到适当的产前和产后保健；(E)确保向社会各阶层、特别是向父母和儿童介绍有关儿童保健和营养、母乳育婴优点、个人卫生和环境卫生以及防止意外事故的基本知识，使他们得到这方面的教育并帮助他们应用这种基本知识；(F)开展预防保健、对父母的指导以及计划生育教育和服务。

3. 缔约国应致力采取一切有效和适当的措施，以期废除对儿童健康有害的传统习俗。

4. 缔约国承担促进和鼓励国际合作，以期逐步充分实现本条所确认的权利。在这方面，应特别考虑到发展中国家的需要。

第二十五条

缔约国确认在有关当局为照料、保护或治疗儿童身心健康的目的下受到安置的儿童，有权获得对给予的治疗以及与所受安置有关的所有其他情况进行定期审查。

第二十六条

1. 缔约国应确认每个儿童有权受益于社会保障，包括社会保险，并应根据其国内法律采取必要措施充分实现这一权利。

2. 提供福利时应酌情考虑儿童及负有赡养儿童义务的人的经济情况和环境，以及与儿童提出或代其提出的福利申请有关的其他方面因素。

第二十七条

1. 缔约国确认每个儿童均有权享有足以促进其生理、心理、精神、道德和社会发展的生活水平。

2. 父母或其他负责照顾儿童的人负有在其能力和经济条件许可范围内确保儿童发展所需生活条件的首要责任。

3. 缔约国按照本国条件并在其能力范围内，应采取适当措施帮助父母或其他负责照顾儿童的人实现此项权利，并在需要时提供物质援助和支助方案，特别是在营养、衣着和住房方面。

4. 缔约国应采取一切适当措施，向在本国境内或境外儿童的父母或其他对儿童负有经济责任的人追索儿童的赡养费。尤其是，遇对儿童负有经济责任的人住在与儿童不同的国家的情况时，缔约国应促进加入国际协定或缔结此类协定以及作出其他适当安排。

第二十八条

1. 缔约国确认儿童有受教育的权利，为在机会均等的基础上逐步实现此项权利，缔约国尤应：

(A) 实现全面的免费义务小学教育；

(B) 鼓励发展不同形式的中学教育，包括普通和职业教育，使所有儿童均能享有和接受这种教育，并采取适当措施，诸如实行免费教育和对有需要的人提供津贴；

(C) 根据能力以一切适当方式使所有人均有受高等教育的机会；

(D) 使所有儿童均能得到教育和职业方面的资料和指导；

(E) 采取措施鼓励学生按时出勤和降低辍学率。

2. 缔约国应采取一切适当措施，确保学校执行纪律的方式符合儿童的人格尊严及本公约的规定。

3. 缔约国应促进和鼓励有关教育事项方面的国际合作，特别着眼于在全世界消灭愚昧与文盲，并便利获得科技知识和现代教学方法。在这方面，应特别考虑到发展中国家的需要。

第二十九条

1. 缔约国一致认为教育儿童的目的应是：

(A) 最充分地发展儿童的个性、才智和身心能力；

(B) 培养对人权和基本自由以及《联合国宪章》所载各项原则的尊重；

(C) 培养对儿童的父母、儿童自身的文化认同、语言和价值观、儿童所居住国家的民族价值观、其原籍国以及不同于其本国的文明的尊重；

(D) 培养儿童本着各国人民、族裔、民族和宗教群体以及原为土著居民的人之间谅解、和平、宽容、男女平等和友好的精神，在自由社会里过有责任感的生活；

(E) 培养对自然环境的尊重。

2. 对本条或第 28 条任何部分的解释均不得干涉个人和团体建立和指导教育机构的自由，但须始终遵守本条第 1 款载列的原则，并遵守在这类机构中实行的教育应符合国家可能规定的最低限度标准的要求。

第三十条

在那些存在有族裔、宗教或语言方面属于少数人或原为土著居民的人的国家，不得剥夺属于这种少数人或原为土著居民的儿童与其群体的其他成员共同享有自己的文化、信奉自己的宗教并举行宗教仪式、或使用自己的语言的权利。

第三十一条

1. 缔约国确认儿童有权享有休息和闲暇，从事与儿童年龄相宜的游戏和娱乐活动，以及自由参加文化生活和艺术活动。

2. 缔约国应尊重并促进儿童充分参加文化和艺术生活的权利，并应鼓励提供从事文化、艺术、娱乐和休闲活动的适当和均等的机会。

第三十二条

1. 缔约国确认儿童有权受到保护，以免受经济剥削和从事任何可能妨碍或影响儿童教育或有害儿童健康或身体、心理、精神、道德或社会发展的工作。

2. 缔约国应采取立法、行政、社会和教育措施确保本条得到执行。为此目的，并鉴于其他国际文书的有关规定，缔约国尤应：

(A) 规定受雇的最低年龄；

(B) 规定有关工作时间和条件的适当规则；

(C) 规定适当的惩罚或其他制裁措施以确保本条得到有效执行。

第三十三条

缔约国应采取一切适当措施，包括立法、行政、社会和教育措施，保护儿童不至非法使用有关国际条约中界定的麻醉药品和精神药物，并防止利用儿童从事非法生产和贩运此类药物。

第三十四条

缔约国承担保护儿童免遭一切形式的色情剥削和性侵犯之害，为此目的，缔约国尤应采取一切适当的国家、双边和多边措施，以防止：

(A) 引诱或强迫儿童从事任何非法的性生活；

(B) 利用儿童卖淫或从事其他非法的性行为；

(C) 利用儿童进行淫秽表演和充当淫秽题材。

第三十五条

缔约国应采取一切适当的国家、双边和多边措施，以防止为任何目的或以任何形式诱拐、买卖或贩运儿童。

第三十六条

缔约国应保护儿童免遭有损儿童福利的任何方面的一切其他形式的剥削之害。

第三十七条

缔约国应确保：

(A) 任何儿童不受酷刑或其他形式的残忍、不人道或有辱人格的待遇或处罚。对未满 18 岁的人所犯罪行不得判以死刑或无释放可能的无期徒刑。

(B) 不得非法或任意剥夺任何儿童的自由。对儿童的逮捕、拘留或监禁应符合法律规定并仅应作为最后手段，期限应为最短的适当时间。

(C) 所有被剥夺自由的儿童应受到人道待遇，其人格固有尊严应受尊重，并应考虑到他们这个年龄的人的需要的方式加以对待。特别是，所有被剥夺自由的儿童应同成人隔开，除非认为反之最有利于儿童，并有权通过信件和探访同家人保持联系，但特殊情况除外。

(D) 所有被剥夺自由的儿童均有权迅速获得法律及其他适当援助，有权向法院或其他独立公正的主管当局就其被剥夺自由一事之合法性提出异议，并有权迅速就任何此类行动得到裁定。

第三十八条

1. 缔约国承担尊重并确保尊重在武装冲突中对其适用的国际人道主义法律中有关儿

童的规则。

2. 缔约国应采取一切可行措施确保未满15岁的人不直接参加敌对行动。

3. 缔约国应避免招募任何未满15岁的人加入武装部队。在招募已满15岁但未满18岁的人时,缔约国应致力首先考虑年龄最大者。

4. 缔约国按照国际人道主义法律规定它们在武装冲突中保护平民人口的义务,应采取一切可行措施确保保护和照料受武装冲突影响的儿童。

第三十九条

缔约国应采取一切适当措施,促使遭受下述情况之害的儿童身心得以康复并重返社会;任何形式的忽视、剥削或凌辱虐待;酷刑或任何其他形式的残忍、不人道或有辱人格的待遇或处罚;或武装冲突。此种康复和重返社会应在一种能促进儿童的健康、自尊和尊严的环境中进行。

第四十条

1. 缔约国确认被指称、指控或认为触犯刑法的儿童有权得到符合以下情况方式的待遇,促进其尊严和价值感并增强其对他人的人权和基本自由的尊重。这种待遇应考虑到其年龄和促进其重返社会并在社会中发挥积极作用的愿望。

2. 为此目的,并鉴于国际文书的有关规定,缔约国尤应确保:

(A) 任何儿童不得以行为或不行为之时本国法律或国际法不禁止的行为或不行为之理由被指称、指控或认为触犯刑法;

(B) 所有被指称或指控触犯列法的儿童至少应得到下列保证:

① 在依法判定有罪之前应视为无罪;

② 迅速直接地被告知其被控罪名,适当时应通过其父母或法定监护人告知,并获得准备和提出辩护所需的法律或其他适当协助;

③ 要求独立公正的主管当局或司法机构在其得到法律或其他适当协助的情况下,通过依法公正审理迅速作出判决,并且须有其父母或法定监护人在场,除非认为这样做不符合儿童的最大利益,特别要考虑到其年龄或状况;

④ 不得被迫作口供或认罪;应可盘问或要求盘问不利的证人,并在平等条件下要求证人为其出庭和接受盘问;

⑤ 若被判定触犯刑法,有权要求高一级独立公正的主管当局或司法机构依法复查此一判决及由此对之采取的任何措施;

⑥ 若儿童不懂或不会说所用语言,有权免费得到口译人员的协助;

⑦ 其隐私在诉讼的所有阶段均得到充分尊重。

3. 缔约国应致力于促进规定或建立专门适用于被指称、指控或确认为触犯刑法的儿童的法律、程序、当局和机构,尤应:

(A) 规定最低年龄,在此年龄以下的儿童应视为无触犯刑法之行为能力;

(B) 在适当和必要时,制订不对此类儿童诉诸司法程序的措施,但须充分尊重人权和法律保障。

4. 应采用多种处理办法,诸如照管、指导和监督令、辅导、察看、寄养、教育和职业培训方案及不交由机构照管的其他办法，以确保处理儿童的方式符合其福祉并与其情况和违法行为相称。

第四十一条

本公约的任何规定不应影响更有利于实现儿童权利且可能载于下述文件中的任何规定：

(A) 缔约国的法律；

(B) 对该国有效。

第二部分

第四十二条

缔约国承担以适当的积极手段，使成人和儿童都能普遍知晓本公约的原则和规定。

第四十三条

1. 为审查缔约国在履行根据本公约所承担的义务方面取得的进展，应设立儿童权利委员会，执行下文所规定的职能。

2. 委员会应由10名品德高尚并在本公约所涉领域具有公认能力的专家组成。委员会成员应由缔约国从其国民中选出，并应以个人身份任职，但须考虑到公平地域分配原则及主要法系。

3. 委员会成员应以无记名表决方式从缔约国提名的人选名单中选举产生。每一缔约国可从其本国国民中提名一位人选。

4. 委员会的初次选举应最迟不晚于本公约生效之日后的六个月进行；此后每两年举行一次。联合国秘书长应至少在选举之日前四个月函请缔约国在两个月内提出其提名的人选。秘书长随后应将已提名的所有人选按字母顺序编成名单，注明提名此人选的缔约国，分送本公约缔约国。

5. 选举应在联合国总部由秘书长召开的缔约国会议上进行。在此等会议上，应以三分之二缔约国出席作为会议的法定人数，得票最多且占出席并参加表决缔约国代表绝对多数票者，当选为委员会成员。

6. 委员会成员任期四年。成员如获再次提名，应可连选连任。在第一次选举产生的成员中，有5名成员的任期应在两年结束时届满；会议主席应在第一次选举之后立即以抽签方式选定这5名成员。

7. 如果委员会某一成员死亡或辞职或宣称因任何其他原因不能再履行委员会的职责，提名该成员的缔约国应从其国民中指定另一名专家接替余下的任期，但须经委员会批准。

8. 委员会应自行制订其议事规则。

9. 委员会应自行选举其主席团成员，任期两年。

10. 委员会会议通常应在联合国总部或在委员会决定的任何其他方便地点举行。委员会通常应每年举行一次会议。委员会的会期应由本公约缔约国会议决定并在必要时加以审查，但需经大会核准。

11. 联合国秘书长应为委员会有效履行本公约所规定的职责提供必要的工作人员和设施。

12. 根据本公约设立的委员会的成员，经大会核可，得从联合国资源领取薪酬，其条件由大会决定。

第四十四条

1. 缔约国承担义务，按下述办法，通过联合国秘书长，向委员会提交关于它们为实现本公约确认的权利所采取的措施以及关于这些权利的享有方面的进展情况的报告：(A)在本公约对有关缔约国生效后两年内；(B)此后每五年一次。

2. 根据本条提交的报告应指明可能影响本公约规定的义务履行程度的任何因素和困难。报告还应载有充分的资料，以使委员会全面了解本公约在该国的实施情况。

3. 缔约国若已向委员会提交全面的初次报告，就无须在其以后按照本条第 1 款(B)项提交的报告中重复原先已提供的基本资料。

4. 委员会可要求缔约国进一步提供与本公约实施情况有关的资料。

5. 委员会应通过经济及社会理事会每两年向大会提交一次关于其活动的报告。

6. 缔约国应向其本国的公众广泛供应其报告。

第四十五条

为促进本公约的有效实施和鼓励在本公约所涉领域进行国际合作：

(A) 各专门机构、联合国儿童基金会和联合国其他机构应有权派代表列席对本公约中属于它们职责范围内的条款的实施情况的审议。委员会可邀请各专门机构、联合国儿童基金会以及它可能认为合适的其他有关机关就本公约在属于它们各自职责范围内的领域的实施问题提供专家意见。委员会可邀请各专门机构、联合国儿童基金会和联合国其他机构就本公约在属于它们活动范围内的领域的实施情况提交报告。

(B) 委员会在其可能认为适当时应向各专门机构、联合国儿童基金会和其他有关机构转交缔约国要求或说明需要技术咨询或援助的任何报告以及委员会就此类要求或说明提出的任何意见和建议。

(C) 委员会可建议大会请秘书长代表委员会对有关儿童权利的具体问题进行研究。

(D) 委员会可根据依照本公约第 44 条和第 45 条收到的资料提出提议和一般性建议。此类提议和一般性建议应转交有关的任何缔约国并连同缔约国作出的任何评论一并报告大会。

第三部分

第四十六条

本公约应向所有国家开放供签署。

第四十七条

本公约须经批准。批准书应交存联合国秘书长。

第四十八条

本公约应向所有国家开放供加入。加入书应交存于联合国秘书长。

第四十九条

1. 本公约自第二十份批准书或加入书交存联合国秘书长之日后的第三十天生效。

2. 本公约对于在第二十份批准书或加入书交存之后批准或加入本公约的国家，自其批准书或加入书交存之日后的第三十天生效。

第五十条

1. 任何缔约国均可提出修正案，提交给联合国秘书长。秘书长应立即将提议的修正案通知缔约国，并请他们表明是否赞成召开缔约国会议以审议提案并进行表决。如果在此类通知发出之日后的四个月内，至少有三分之一的缔约国赞成召开这样的会议，秘书长应在联合国主持下召开会议。经出席会议并参加表决的缔约国多数通过的任何修正案应提交大会批准。

2. 根据本条第 1 款通过的修正案若获大会批准并为缔约国三分之二多数所接受，即行生效。

3. 修正案一旦生效，即应对接受该项修正案的缔约国具有约束力，其他缔约国则仍受本公约各项条款和它们已接受的任何早先的修正案的约束。

第五十一条

1. 秘书长应接受各国在批准或加入时提出的保留，并分发给所有国家。

2. 不得提出内容与本公约目标和宗旨相抵触的保留。

3. 缔约国可随时向联合国秘书长提出通知，请求撤销保留，并由他将此情况通知所有国家。通知于秘书长收到当日起生效。

第五十二条

缔约国可以书面通知联合国秘书长退出本公约。秘书长收到通知之日起一年后退约即行生效。

第五十三条

指定联合国秘书长为本公约的保管人。

第五十四条

本公约的阿拉伯文、中文、英文、法文、俄文和西班牙文文本具有同等效力，应交存联合国秘书长。

下列全权代表，经各自政府正式授权，在本公约上签字，以资证明。

【解读】

一、《儿童权利公约》四大原则

（一）儿童最大利益原则——任何事情凡是涉及儿童的必须以儿童权利为重。

（二）尊重儿童权利与尊严原则——尊重儿童的生存和发展的权利。

（三）无歧视原则——不管儿童的社会文化背景、出身高低、贫富、男女、正常儿童或残疾儿童，都应该得到平等对待，不受歧视和忽视。

（四）尊重儿童观点的原则——任何事情只要涉及儿童，应当听取儿童的意见。

二、儿童四大基本权利

儿童享有一个人的全部权利。《儿童权利公约》共 54 条，实质性条款 41 条，其中被提到的儿童权利多达几十种，如姓名权、国籍权、受教育权、健康权、医疗保健权、受父母照料权、娱乐权、闲暇权、隐私权、表达权等。

但其最基本的权利可以概括为四种，即：

（一）生存权利——为此有权接受可达到最高标准的医疗服务。

（二）保护权利——防止儿童受到歧视、虐待及疏忽照顾，尤其是那些失去家庭的儿童和难民儿童。

（三）发展权利——每位儿童都有权接受一切形式的教育，以此培育儿童的身体、心理、精神、道德及社交发展。

（四）参与权利——儿童有参与社会生活的权利，并有权对影响他们的任何事情发表意见。

三、形成历史

1923 年，《儿童权利宪章》被救助儿童国际联盟所认可。

1924 年，第一份《儿童权利宣言》(《日内瓦宣言》)诞生。

1948 年，联合国大会通过《世界人权宣言》。

1959 年，联合国大会通过《儿童权利宣言》，明确了各国儿童应当享有的各项基本权利。这是第二份《儿童权利宣言》。

1979 年，《儿童权利公约》起草工作开始。联合国将这一年定为国际儿童年。

1989 年，历时十年，《儿童权利公约》的起草工作终于完成。11 月 20 日在第 44 届联合国大会上《儿童权利公约》获得一致通过。

1990 年，1 月 26 日《儿童权利公约》向所有国家开放供签署，当天就有 61 个国家签署了该公约。《儿童权利公约》在获得 20 个国家批准加入之后，于 9 月 2 日正式生效。

1990 年 8 月 29 日，中国常驻联合国大使代表中华人民共和国政府签署了《儿童权利公约》，中国成为第 105 个签约国。

1990 年 9 月，在《儿童权利公约》刚刚生效之后，世界儿童问题首脑会议在纽约联合国总部召开，这是历史上第一次专门讨论儿童问题的首脑会议。会议通过了《儿童生存、保护和发展世界宣言》和《执行九十年代儿童生存、保护和发展世界宣言行动计划》。《宣言》和《行动计划》是国际社会对保护儿童权利所作的政治承诺和具体方案。

1991 年 12 月 29 日第七届全国人民代表大会常务委员会第 23 次会议决定批准中国加入《儿童权利公约》，同时声明：中华人民共和国将在符合其宪法第二十五条关于计划生育的规定的前提下，并根据《中华人民共和国未成年人保护法》第二条的规定，履行《儿童权利公约》第六条所规定的义务。

1992 年 3 月 2 日，中国常驻联合国大使向联合国递交了中国的批准书，从而使中国成为该公约的第 110 个批准国。该公约于 1992 年 4 月 2 日对中国生效。

截止到 1999 年，全世界已有 192 个国家批准加入《儿童权利公约》，全世界 96%的儿童生活在缔约国中。索马里和美国是世界上仅有的两个至今未批准加入《儿童权利公约》的国家。

六、《中华人民共和国未成年人保护法》

《未成年人保护法》是我国第一部保护未成年人的法律。1991 年 9 月 4 日第七届全国人民代表大会常务委员会第 21 次会议通过，1991 年 9 月 4 日中华人民共和国主席令第 50 号公布；2006 年 12 月 29 日第十届全国人民代表大会常务委员会第 25 次会议第 1 次修订通过，2006 年 12 月 29 日中华人民共和国主席令第 60 号公布；根据 2012 年 10 月 26 日第十一届全国人民代表大会常务委员会第 29 次会议通过、2012 年 10 月 26 日中华人民共和国主席令第 65 号公布、自 2013 年 1 月 1 日起施行的《全国人民代表大会常务委员会关于修改〈中华人民共和国未成年人保护法〉的决定》第 2 次修正。

中华人民共和国未成年人保护法

第一章　总则

第一条　为了保护未成年人的身心健康，保障未成年人的合法权益，促进未成年人在品德、智力、体质等方面全面发展，培养有理想、有道德、有文化、有纪律的社会主义建设者和接班人，根据宪法，制定本法。

第二条　本法所称未成年人是指未满十八周岁的公民。

第三条　未成年人享有生存权、发展权、受保护权、参与权等权利，国家根据未成年人身心发展特点给予特殊、优先保护，保障未成年人的合法权益不受侵犯。

未成年人享有受教育权，国家、社会、学校和家庭尊重和保障未成年人的受教育权。

未成年人不分性别、民族、种族、家庭财产状况、宗教信仰等，依法平等地享有权利。

第四条　国家、社会、学校和家庭对未成年人进行理想教育、道德教育、文化教育、纪律和法制教育，进行爱国主义、集体主义和社会主义的教育，提倡爱祖国、爱人民、爱劳动、爱科学、爱社会主义的公德，反对资本主义的、封建主义的和其他的腐朽思想的侵蚀。

第五条　保护未成年人的工作，应当遵循下列原则：

（一）尊重未成年人的人格尊严；

（二）适应未成年人身心发展的规律和特点；

（三）教育与保护相结合。

第六条　保护未成年人，是国家机关、武装力量、政党、社会团体、企业事业组织、城乡基层群众性自治组织、未成年人的监护人和其他成年公民的共同责任。

对侵犯未成年人合法权益的行为，任何组织和个人都有权予以劝阻、制止或者向有关部门提出检举或者控告。

国家、社会、学校和家庭应当教育和帮助未成年人维护自己的合法权益，增强自我保护的意识和能力，增强社会责任感。

第七条　中央和地方各级国家机关应当在各自的职责范围内做好未成年人保护工作。

国务院和地方各级人民政府领导有关部门做好未成年人保护工作；将未成年人保护

工作纳入国民经济和社会发展规划以及年度计划，相关经费纳入本级政府预算。

国务院和省、自治区、直辖市人民政府采取组织措施，协调有关部门做好未成年人保护工作。具体机构由国务院和省、自治区、直辖市人民政府规定。

第八条　共产主义青年团、妇女联合会、工会、青年联合会、学生联合会、少年先锋队以及其他有关社会团体，协助各级人民政府做好未成年人保护工作，维护未成年人的合法权益。

第九条　各级人民政府和有关部门对保护未成年人有显著成绩的组织和个人，给予表彰和奖励。

第二章　家庭保护

第十条　父母或者其他监护人应当创造良好、和睦的家庭环境，依法履行对未成年人的监护职责和抚养义务。

禁止对未成年人实施家庭暴力，禁止虐待、遗弃未成年人，禁止溺婴和其他残害婴儿的行为，不得歧视女性未成年人或者有残疾的未成年人。

第十一条　父母或者其他监护人应当关注未成年人的生理、心理状况和行为习惯，以健康的思想、良好的品行和适当的方法教育和影响未成年人，引导未成年人进行有益身心健康的活动，预防和制止未成年人吸烟、酗酒、流浪、沉迷网络以及赌博、吸毒、卖淫等行为。

第十二条　父母或者其他监护人应当学习家庭教育知识，正确履行监护职责，抚养教育未成年人。有关国家机关和社会组织应当为未成年人的父母或者其他监护人提供家庭教育指导。

第十三条　父母或者其他监护人应当尊重未成年人受教育的权利，必须使适龄未成年人依法入学接受并完成义务教育，不得使接受义务教育的未成年人辍学。

第十四条　父母或者其他监护人应当根据未成年人的年龄和智力发展状况，在作出与未成年人权益有关的决定时告知其本人，并听取他们的意见。

第十五条　父母或者其他监护人不得允许或者迫使未成年人结婚，不得为未成年人订立婚约。

第十六条　父母因外出务工或者其他原因不能履行对未成年人监护职责的，应当委托有监护能力的其他成年人代为监护。

第三章　学校保护

第十七条　学校应当全面贯彻国家的教育方针，实施素质教育，提高教育质量，注重培养未成年学生独立思考能力、创新能力和实践能力，促进未成年学生全面发展。

第十八条　学校应当尊重未成年学生受教育的权利，关心、爱护学生，对品行有缺点、学习有困难的学生，应当耐心教育、帮助，不得歧视，不得违反法律和国家规定开除未成年学生。

第十九条　学校应当根据未成年学生身心发展的特点，对他们进行社会生活指导、心理健康辅导和青春期教育。

第二十条 学校应当与未成年学生的父母或者其他监护人互相配合,保证未成年学生的睡眠、娱乐和体育锻炼时间,不得加重其学习负担。

第二十一条 学校、幼儿园、托儿所的教职员工应当尊重未成年人的人格尊严,不得对未成年人实施体罚、变相体罚或者其他侮辱人格尊严的行为。

第二十二条 学校、幼儿园、托儿所应当建立安全制度,加强对未成年人的安全教育,采取措施保障未成年人的人身安全。

学校、幼儿园、托儿所不得在危及未成年人人身安全、健康的校舍和其他设施、场所中进行教育教学活动。

学校、幼儿园安排未成年人参加集会、文化娱乐、社会实践等集体活动,应当有利于未成年人的健康成长,防止发生人身安全事故。

第二十三条 教育行政等部门和学校、幼儿园、托儿所应当根据需要,制定应对各种灾害、传染性疾病、食物中毒、意外伤害等突发事件的预案,配备相应设施并进行必要的演练,增强未成年人的自我保护意识和能力。

第二十四条 学校对未成年学生在校内或者本校组织的校外活动中发生人身伤害事故的,应当及时救护,妥善处理,并及时向有关主管部门报告。

第二十五条 对于在学校接受教育的有严重不良行为的未成年学生,学校和父母或者其他监护人应当互相配合加以管教;无力管教或者管教无效的,可以按照有关规定将其送专门学校继续接受教育。

依法设置专门学校的地方人民政府应当保障专门学校的办学条件,教育行政部门应当加强对专门学校的管理和指导,有关部门应当给予协助和配合。

专门学校应当对在校就读的未成年学生进行思想教育、文化教育、纪律和法制教育、劳动技术教育和职业教育。

专门学校的教职员工应当关心、爱护、尊重学生,不得歧视、厌弃。

第二十六条 幼儿园应当做好保育、教育工作,促进幼儿在体质、智力、品德等方面和谐发展。

第四章 社会保护

第二十七条 全社会应当树立尊重、保护、教育未成年人的良好风尚,关心、爱护未成年人。

国家鼓励社会团体、企业事业组织以及其他组织和个人,开展多种形式的有利于未成年人健康成长的社会活动。

第二十八条 各级人民政府应当保障未成年人受教育的权利,并采取措施保障家庭经济困难的、残疾的和流动人口中的未成年人等接受义务教育。

第二十九条 各级人民政府应当建立和改善适合未成年人文化生活需要的活动场所和设施,鼓励社会力量兴办适合未成年人的活动场所,并加强管理。

第三十条 爱国主义教育基地、图书馆、青少年宫、儿童活动中心应当对未成年人免费开放;博物馆、纪念馆、科技馆、展览馆、美术馆、文化馆以及影剧院、体育场馆、动物园、公园等场所，应当按照有关规定对未成年人免费或者优惠开放。

第三十一条 县级以上人民政府及其教育行政部门应当采取措施，鼓励和支持中小学校在节假日期间将文化体育设施对未成年人免费或者优惠开放。

社区中的公益性互联网上网服务设施，应当对未成年人免费或者优惠开放，为未成年人提供安全、健康的上网服务。

第三十二条 国家鼓励新闻、出版、信息产业、广播、电影、电视、文艺等单位和作家、艺术家、科学家以及其他公民，创作或者提供有利于未成年人健康成长的作品。出版、制作和传播专门以未成年人为对象的内容健康的图书、报刊、音像制品、电子出版物以及网络信息等，国家给予扶持。

国家鼓励科研机构和科技团体对未成年人开展科学知识普及活动。

第三十三条 国家采取措施，预防未成年人沉迷网络。

国家鼓励研究开发有利于未成年人健康成长的网络产品，推广用于阻止未成年人沉迷网络的新技术。

第三十四条 禁止任何组织、个人制作或者向未成年人出售、出租或者以其他方式传播淫秽、暴力、凶杀、恐怖、赌博等毒害未成年人的图书、报刊、音像制品、电子出版物以及网络信息等。

第三十五条 生产、销售用于未成年人的食品、药品、玩具、用具和游乐设施等，应当符合国家标准或者行业标准，不得有害于未成年人的安全和健康；需要标明注意事项的，应当在显著位置标明。

第三十六条 中小学校园周边不得设置营业性歌舞娱乐场所、互联网上网服务营业场所等不适宜未成年人活动的场所。

营业性歌舞娱乐场所、互联网上网服务营业场所等不适宜未成年人活动的场所，不得允许未成年人进入，经营者应当在显著位置设置未成年人禁入标志；对难以判明是否已成年的，应当要求其出示身份证件。

第三十七条 禁止向未成年人出售烟酒，经营者应当在显著位置设置不向未成年人出售烟酒的标志；对难以判明是否已成年的，应当要求其出示身份证件。

任何人不得在中小学校、幼儿园、托儿所的教室、寝室、活动室和其他未成年人集中活动的场所吸烟、饮酒。

第三十八条 任何组织或者个人不得招用未满十六周岁的未成年人，国家另有规定的除外。

任何组织或者个人按照国家有关规定招用已满十六周岁未满十八周岁的未成年人的，应当执行国家在工种、劳动时间、劳动强度和保护措施等方面的规定，不得安排其从事过重、有毒、有害等危害未成年人身心健康的劳动或者危险作业。

第三十九条 任何组织或者个人不得披露未成年人的个人隐私。

对未成年人的信件、日记、电子邮件，任何组织或者个人不得隐匿、毁弃；除因追查犯罪的需要，由公安机关或者人民检察院依法进行检查，或者对无行为能力的未成年人的信件、日记、电子邮件由其父母或者其他监护人代为开拆、查阅外，任何组织或者个人不得开拆、查阅。

第四十条　学校、幼儿园、托儿所和公共场所发生突发事件时，应当优先救护未成年人。

第四十一条　禁止拐卖、绑架、虐待未成年人，禁止对未成年人实施性侵害。

禁止胁迫、诱骗、利用未成年人乞讨或者组织未成年人进行有害其身心健康的表演等活动。

第四十二条　公安机关应当采取有力措施，依法维护校园周边的治安和交通秩序，预防和制止侵害未成年人合法权益的违法犯罪行为。

任何组织或者个人不得扰乱教学秩序，不得侵占、破坏学校、幼儿园、托儿所的场地、房屋和设施。

第四十三条　县级以上人民政府及其民政部门应当根据需要设立救助场所，对流浪乞讨等生活无着未成年人实施救助，承担临时监护责任；公安部门或者其他有关部门应当护送流浪乞讨或者离家出走的未成年人到救助场所，由救助场所予以救助和妥善照顾，并及时通知其父母或者其他监护人领回。

对孤儿、无法查明其父母或者其他监护人的以及其他生活无着的未成年人，由民政部门设立的儿童福利机构收留抚养。

未成年人救助机构、儿童福利机构及其工作人员应当依法履行职责，不得虐待、歧视未成年人；不得在办理收留抚养工作中牟取利益。

第四十四条　卫生部门和学校应当对未成年人进行卫生保健和营养指导，提供必要的卫生保健条件，做好疾病预防工作。

卫生部门应当做好对儿童的预防接种工作，国家免疫规划项目的预防接种实行免费；积极防治儿童常见病、多发病，加强对传染病防治工作的监督管理，加强对幼儿园、托儿所卫生保健的业务指导和监督检查。

第四十五条　地方各级人民政府应当积极发展托幼事业，办好托儿所、幼儿园，支持社会组织和个人依法兴办哺乳室、托儿所、幼儿园。

各级人民政府和有关部门应当采取多种形式，培养和训练幼儿园、托儿所的保教人员，提高其职业道德素质和业务能力。

第四十六条　国家依法保护未成年人的智力成果和荣誉权不受侵犯。

第四十七条　未成年人已经完成规定年限的义务教育不再升学的，政府有关部门和社会团体、企业事业组织应当根据实际情况，对他们进行职业教育，为他们创造劳动就业条件。

第四十八条　居民委员会、村民委员会应当协助有关部门教育和挽救违法犯罪的未成年人，预防和制止侵害未成年人合法权益的违法犯罪行为。

第四十九条　未成年人的合法权益受到侵害的，被侵害人及其监护人或者其他组织和个人有权向有关部门投诉，有关部门应当依法及时处理。

第五章　司法保护

第五十条　公安机关、人民检察院、人民法院以及司法行政部门，应当依法履行职责，在司法活动中保护未成年人的合法权益。

第五十一条　未成年人的合法权益受到侵害，依法向人民法院提起诉讼的，人民法院应当依法及时审理，并适应未成年人生理、心理特点和健康成长的需要，保障未成年人的合法权益。

在司法活动中对需要法律援助或者司法救助的未成年人，法律援助机构或者人民法院应当给予帮助，依法为其提供法律援助或者司法救助。

第五十二条　人民法院审理继承案件，应当依法保护未成年人的继承权和受遗赠权。

人民法院审理离婚案件，涉及未成年子女抚养问题的，应当听取有表达意愿能力的未成年子女的意见，根据保障子女权益的原则和双方具体情况依法处理。

第五十三条　父母或者其他监护人不履行监护职责或者侵害被监护的未成年人的合法权益，经教育不改的，人民法院可以根据有关人员或者有关单位的申请，撤销其监护人的资格，依法另行指定监护人。被撤销监护资格的父母应当依法继续负担抚养费用。

第五十四条　对违法犯罪的未成年人，实行教育、感化、挽救的方针，坚持教育为主、惩罚为辅的原则。

对违法犯罪的未成年人，应当依法从轻、减轻或者免除处罚。

第五十五条　公安机关、人民检察院、人民法院办理未成年人犯罪案件和涉及未成年人权益保护案件，应当照顾未成年人身心发展特点，尊重他们的人格尊严，保障他们的合法权益，并根据需要设立专门机构或者指定专人办理。

第五十六条　讯问、审判未成年犯罪嫌疑人、被告人，询问未成年证人、被害人，应当依照刑事诉讼法的规定通知其法定代理人或者其他人员到场。

公安机关、人民检察院、人民法院办理未成年人遭受性侵害的刑事案件，应当保护被害人的名誉。

第五十七条　对羁押、服刑的未成年人，应当与成年人分别关押。

羁押、服刑的未成年人没有完成义务教育的，应当对其进行义务教育。

解除羁押、服刑期满的未成年人的复学、升学、就业不受歧视。

第五十八条　对未成年人犯罪案件，新闻报道、影视节目、公开出版物、网络等不得披露该未成年人的姓名、住所、照片、图像以及可能推断出该未成年人的资料。

第五十九条　对未成年人严重不良行为的矫治与犯罪行为的预防，依照预防未成年人犯罪法的规定执行。

第六章　法律责任

第六十条　违反本法规定，侵害未成年人的合法权益，其他法律、法规已规定行政处罚的，从其规定；造成人身财产损失或者其他损害的，依法承担民事责任；构成犯罪的，依法追究刑事责任。

第六十一条　国家机关及其工作人员不依法履行保护未成年人合法权益的责任，或者侵害未成年人合法权益，或者对提出申诉、控告、检举的人进行打击报复的，由其所在单位或者上级机关责令改正，对直接负责的主管人员和其他直接责任人员依法给予行政处分。

第六十二条　父母或者其他监护人不依法履行监护职责，或者侵害未成年人合法权益的，由其所在单位或者居民委员会、村民委员会予以劝诫、制止；构成违反治安管理行为的，由公安机关依法给予行政处罚。

第六十三条　学校、幼儿园、托儿所侵害未成年人合法权益的，由教育行政部门或者其他有关部门责令改正；情节严重的，对直接负责的主管人员和其他直接责任人员依法给予处分。

学校、幼儿园、托儿所教职员工对未成年人实施体罚、变相体罚或者其他侮辱人格行为的，由其所在单位或者上级机关责令改正；情节严重的，依法给予处分。

第六十四条　制作或者向未成年人出售、出租或者以其他方式传播淫秽、暴力、凶杀、恐怖、赌博等图书、报刊、音像制品、电子出版物以及网络信息等的，由主管部门责令改正，依法给予行政处罚。

第六十五条　生产、销售用于未成年人的食品、药品、玩具、用具和游乐设施不符合国家标准或者行业标准，或者没有在显著位置标明注意事项的，由主管部门责令改正，依法给予行政处罚。

第六十六条　在中小学校园周边设置营业性歌舞娱乐场所、互联网上网服务营业场所等不适宜未成年人活动的场所的，由主管部门予以关闭，依法给予行政处罚。

营业性歌舞娱乐场所、互联网上网服务营业场所等不适宜未成年人活动的场所允许未成年人进入，或者没有在显著位置设置未成年人禁入标志的，由主管部门责令改正，依法给予行政处罚。

第六十七条　向未成年人出售烟酒，或者没有在显著位置设置不向未成年人出售烟酒标志的，由主管部门责令改正，依法给予行政处罚。

第六十八条　非法招用未满十六周岁的未成年人，或者招用已满十六周岁的未成年人从事过重、有毒、有害等危害未成年人身心健康的劳动或者危险作业的，由劳动保障部门责令改正，处以罚款；情节严重的，由工商行政管理部门吊销营业执照。

第六十九条　侵犯未成年人隐私，构成违反治安管理行为的，由公安机关依法给予行政处罚。

第七十条　未成年人救助机构、儿童福利机构及其工作人员不依法履行对未成年人的救助保护职责，或者虐待、歧视未成年人，或者在办理收留抚养工作中牟取利益的，由主管部门责令改正，依法给予行政处分。

第七十一条　胁迫、诱骗、利用未成年人乞讨或者组织未成年人进行有害其身心健康的表演等活动的，由公安机关依法给予行政处罚。

第七章　附则

第七十二条　本法自 2013 年 1 月 1 日起施行。

七、《学生伤害事故处理办法》

学生伤害事故处理办法

（2002年6月25日教育部令第12号发布）

第一章　总则

第一条　为积极预防、妥善处理在校学生伤害事故，保护学生、学校的合法权益，根据《中华人民共和国教育法》《中华人民共和国未成年人保护法》和其他相关法律、行政法规及有关规定，制定本办法。

第二条　在学校实施的教育教学活动或者学校组织的校外活动中，以及在学校负有管理责任的校舍、场地、其他教育教学设施、生活设施内发生的，造成在校学生人身损害后果的事故的处理，适用本办法。

第三条　学生伤害事故应当遵循依法、客观公正、合理适当的原则，及时、妥善地处理。

第四条　学校的举办者应当提供符合安全标准的校舍、场地、其他教育教学设施和生活设施。

教育行政部门应当加强学校安全工作，指导学校落实预防学生伤害事故的措施，指导、协助学校妥善处理学生伤害事故，维护学校正常的教育教学秩序。

第五条　学校应当对在校学生进行必要的安全教育和自护自救教育；应当按照规定，建立健全安全制度，采取相应的管理措施，预防和消除教育教学环境中存在的安全隐患；当发生伤害事故时，应当及时采取措施救助受伤害学生。

学校对学生进行安全教育、管理和保护，应当针对学生年龄、认知能力和法律行为能力的不同，采用相应的内容和预防措施。

第六条　学生应当遵守学校的规章制度和纪律；在不同的受教育阶段，应当根据自身的年龄、认知能力和法律行为能力，避免和消除相应的危险。

第七条　未成年学生的父母或者其他监护人（以下称为监护人）应当依法履行监护职责，配合学校对学生进行安全教育、管理和保护工作。

学校对未成年学生不承担监护职责，但法律有规定的或者学校依法接受委托承担相应监护职责的情形除外。

第二章　事故与责任

第八条　学生伤害事故的责任，应当根据相关当事人的行为与损害后果之间的因果关系依法确定。

因学校、学生或者其他相关当事人的过错造成的学生伤害事故，相关当事人应当根据其行为过错程度的比例及其与损害后果之间的因果关系承担相应的责任。当事人的行为是损害后果发生的主要原因，应当承担主要责任；当事人的行为是损害后果发生的非主要原因，承担相应的责任。

第九条　因下列情形之一造成的学生伤害事故，学校应当依法承担相应的责任：

（一）学校的校舍、场地、其他公共设施，以及学校提供给学生使用的学具、教育教学和生活设施、设备不符合国家规定的标准，或者有明显不安全因素的；

（二）学校的安全保卫、消防、设施设备管理等安全管理制度有明显疏漏，或者管理混乱，存在重大安全隐患，而未及时采取措施的；

（三）学校向学生提供的药品、食品、饮用水等不符合国家或者行业的有关标准、要求的；

（四）学校组织学生参加教育教学活动或者校外活动，未对学生进行相应的安全教育，并未在可预见的范围内采取必要的安全措施的；

（五）学校知道教师或者其他工作人员患有不适宜担任教育教学工作的疾病，但未采取必要措施的；

（六）学校违反有关规定，组织或者安排未成年学生从事不宜未成年人参加的劳动、体育运动或者其他活动的；

（七）学生有特异体质或者特定疾病，不宜参加某种教育教学活动，学校知道或者应当知道，但未予以必要的注意的；

（八）学生在校期间突发疾病或者受到伤害，学校发现，但未根据实际情况及时采取相应措施，导致不良后果加重的；

（九）学校教师或者其他工作人员体罚或者变相体罚学生，或者在履行职责过程中违反工作要求、操作规程、职业道德或者其他有关规定的；

（十）学校教师或者其他工作人员在负有组织、管理未成年学生的职责期间，发现学生行为具有危险性，但未进行必要的管理、告诫或者制止的；

（十一）对未成年学生擅自离校等与学生人身安全直接相关的信息，学校发现或者知道，但未及时告知未成年学生的监护人，导致未成年学生因脱离监护人的保护而发生伤害的；

（十二）学校有未依法履行职责的其他情形的。

第十条　学生或者未成年学生监护人由于过错，有下列情形之一，造成学生伤害事故，应当依法承担相应的责任：

（一）学生违反法律法规的规定，违反社会公共行为准则、学校的规章制度或者纪律，实施按其年龄和认知能力应当知道具有危险或者可能危及他人的行为的；

（二）学生行为具有危险性，学校、教师已经告诫、纠正，但学生不听劝阻、拒不改正的；

（三）学生或者其监护人知道学生有特异体质，或者患有特定疾病，但未告知学校的；

（四）未成年学生的身体状况、行为、情绪等有异常情况，监护人知道或者已被学校告知，但未履行相应监护职责的；

（五）学生或者未成年学生监护人有其他过错的。

第十一条　学校安排学生参加活动，因提供场地、设备、交通工具、食品及其他消费与服务的经营者，或者学校以外的活动组织者的过错造成的学生伤害事故，有过错的当事人应当依法承担相应的责任。

第十二条　因下列情形之一造成的学生伤害事故，学校已履行了相应职责，行为并无不当的，无法律责任：

（一）地震、雷击、台风、洪水等不可抗的自然因素造成的；

（二）来自学校外部的突发性、偶发性侵害造成的；

（三）学生有特异体质、特定疾病或者异常心理状态，学校不知道或者难于知道的；

（四）学生自杀、自伤的；

（五）在对抗性或者具有风险性的体育竞赛活动中发生意外伤害的；

（六）其他意外因素造成的。

第十三条　下列情形下发生的造成学生人身损害后果的事故，学校行为并无不当的，不承担事故责任；事故责任应当按有关法律法规或者其他有关规定认定：

（一）在学生自行上学、放学、返校、离校途中发生的；

（二）在学生自行外出或者擅自离校期间发生的；

（三）在放学后、节假日或者假期等学校工作时间以外，学生自行滞留学校或者自行到校发生的；

（四）其他在学校管理职责范围外发生的。

第十四条　因学校教师或者其他工作人员与其职务无关的个人行为，或者因学生、教师及其他个人故意实施的违法犯罪行为，造成学生人身损害的，由致害人依法承担相应的责任。

第三章　事故处理程序

第十五条　发生学生伤害事故，学校应当及时救助受伤害学生，并应当及时告知未成年学生的监护人；有条件的，应当采取紧急救援等方式救助。

第十六条　发生学生伤害事故，情形严重的，学校应当及时向主管教育行政部门及有关部门报告；属于重大伤亡事故的，教育行政部门应当按照有关规定及时向同级人民政府和上一级教育行政部门报告。

第十七条　学校的主管教育行政部门应学校要求或者认为必要，可以指导、协助学校进行事故的处理工作，尽快恢复学校正常的教育教学秩序。

第十八条　发生学生伤害事故，学校与受伤害学生或者学生家长可以通过协商方式解决；双方自愿，可以书面请求主管教育行政部门进行调解。

成年学生或者未成年学生的监护人也可以依法直接提起诉讼。

第十九条　教育行政部门收到调解申请，认为必要的，可以指定专门人员进行调解，并应当在受理申请之日起60日内完成调解。

第二十条　经教育行政部门调解，双方就事故处理达成一致意见的，应当在调解人员的见证下签订调解协议，结束调解；在调解期限内，双方不能达成一致意见，或者调解过程中一方提起诉讼，人民法院已经受理的，应当终止调解。

调解结束或者终止，教育行政部门应当书面通知当事人。

第二十一条 对经调解达成的协议,一方当事人不履行或者反悔的,双方可以依法提起诉讼。

第二十二条 事故处理结束,学校应当将事故处理结果书面报告主管的教育行政部门;重大伤亡事故的处理结果,学校主管的教育行政部门应当向同级人民政府和上一级教育行政部门报告。

第四章 事故损害的赔偿

第二十三条 对发生学生伤害事故负有责任的组织或者个人,应当按照法律法规的有关规定,承担相应的损害赔偿责任。

第二十四条 学生伤害事故赔偿的范围与标准,按照有关行政法规、地方性法规或者最高人民法院司法解释中的有关规定确定。

教育行政部门进行调解时,认为学校有责任的,可以依照有关法律法规及国家有关规定,提出相应的调解方案。

第二十五条 对受伤害学生的伤残程度存在争议的,可以委托当地具有相应鉴定资格的医院或者有关机构,依据国家规定的人体伤残标准进行鉴定。

第二十六条 学校对学生伤害事故负有责任的,根据责任大小,适当予以经济赔偿,但不承担解决户口、住房、就业等与救助受伤害学生、赔偿相应经济损失无直接关系的其他事项。

学校无责任的,如果有条件,可以根据实际情况,本着自愿和可能的原则,对受伤害学生给予适当的帮助。

第二十七条 因学校教师或者其他工作人员在履行职务中的故意或者重大过失造成的学生伤害事故,学校予以赔偿后,可以向有关责任人员追偿。

第二十八条 未成年学生对学生伤害事故负有责任的,由其监护人依法承担相应的赔偿责任。

学生的行为侵害学校教师及其他工作人员以及其他组织、个人的合法权益,造成损失的,成年学生或者未成年学生的监护人应当依法予以赔偿。

第二十九条 根据双方达成的协议、经调解形成的协议或者人民法院的生效判决,应当由学校负担的赔偿金,学校应当负责筹措;学校无力完全筹措的,由学校的主管部门或者举办者协助筹措。

第三十条 县级以上人民政府教育行政部门或者学校举办者有条件的,可以通过设立学生伤害赔偿准备金等多种形式,依法筹措伤害赔偿金。

第三十一条 学校有条件的,应当依据保险法的有关规定,参加学校责任保险。

教育行政部门可以根据实际情况,鼓励中小学参加学校责任保险。

提倡学生自愿参加意外伤害保险。在尊重学生意愿的前提下,学校可以为学生参加意外伤害保险创造便利条件,但不得从中收取任何费用。

第五章 事故责任者的处理

第三十二条 发生学生伤害事故,学校负有责任且情节严重的,教育行政部门应当根据有关规定，对学校的直接负责的主管人员和其他直接责任人员，分别给予相应的行政处分；有关责任人的行为触犯刑律的，应当移送司法机关依法追究刑事责任。

第三十三条　学校管理混乱，存在重大安全隐患的，主管的教育行政部门或者其他有关部门应当责令其限期整顿；对情节严重或者拒不改正的，应当依据法律法规的有关规定，给予相应的行政处罚。

第三十四条　教育行政部门未履行相应职责，对学生伤害事故的发生负有责任的，由有关部门对直接负责的主管人员和其他直接责任人员分别给予相应的行政处分；有关责任人的行为触犯刑律的，应当移送司法机关依法追究刑事责任。

第三十五条　违反学校纪律，对造成学生伤害事故负有责任的学生，学校可以给予相应的处分；触犯刑律的，由司法机关依法追究刑事责任。

第三十六条　受伤害学生的监护人、亲属或者其他有关人员，在事故处理过程中无理取闹，扰乱学校正常教育教学秩序，或者侵犯学校、学校教师或者其他工作人员的合法权益的，学校应当报告公安机关依法处理；造成损失的，可以依法要求赔偿。

第六章　附则

第三十七条　本办法所称学校，是指国家或者社会力量举办的全日制的中小学(含特殊教育学校)、各类中等职业学校、高等学校。

本办法所称学生是指在上述学校中全日制就读的受教育者。

第三十八条　幼儿园发生的幼儿伤害事故，应当根据幼儿为完全无行为能力人的特点，参照本办法处理。

第三十九条　其他教育机构发生的学生伤害事故，参照本办法处理。

在学校注册的其他受教育者在学校管理范围内发生的伤害事故，参照本办法处理。

第四十条　本办法自2002年9月1日起实施，原国家教委、教育部颁布的与学生人身安全事故处理有关的规定，与本办法不符的，以本办法为准。

在本办法实施之前已处理完毕的学生伤害事故不再重新处理。

八、《中华人民共和国教师法》

中华人民共和国教师法

(1993年10月31日第八届全国人民代表大会常务委员会第四次会议通过
1993年10月31日中华人民共和国主席令第15号公布
自1994年1月1日起施行)

第一章　总则

第一条　为了保障教师的合法权益，建设具有良好思想品德修养和业务素质的教师队伍，促进社会主义教育事业的发展，制定本法。

第二条　本法适用于在各级各类学校和其他教育机构中专门从事教育教学工作的教师。

第三条　教师是履行教育教学职责的专业人员，承担教书育人，培养社会主义事业建设者和接班人、提高民族素质的使命。教师应当忠诚于人民的教育事业。

第四条　各级人民政府应当采取措施，加强教师的思想政治教育和业务培训，改善教师的工作条件和生活条件，保障教师的合法权益，提高教师的社会地位。全社会都应当尊重教师。

第五条　国务院教育行政部门主管全国的教师工作。

国务院有关部门在各自职权范围内负责有关的教师工作。

学校和其他教育机构根据国家规定，自主进行教师管理工作。

第六条　每年九月十日为教师节。

第二章　权利和义务

第七条　教师享有下列权利：

（一）进行教育教学活动，开展教育教学改革和实验；

（二）从事科学研究、学术交流，参加专业的学术团体，在学术活动中充分发表意见；

（三）指导学生的学习和发展，评定学生的品行和学业成绩；

（四）按时获取工资报酬，享受国家规定的福利待遇以及寒暑假期的带薪休假；

（五）对学校教育教学、管理工作和教育行政部门的工作提出意见和建议，通过教职工代表大会或者其他形式，参与学校的民主管理；

（六）参加进修或者其他方式的培训。

第八条　教师应当履行下列义务：

（一）遵守宪法、法律和职业道德，为人师表；

（二）贯彻国家的教育方针，遵守规章制度，执行学校的教学计划，履行教师聘约，完成教育教学工作任务；

（三）对学生进行宪法所确定的基本原则的教育和爱国主义、民族团结的教育，法制教育以及思想品德、文化、科学技术教育，组织、带领学生开展有益的社会活动；

（四）关心、爱护全体学生，尊重学生人格，促进学生在品德、智力、体质等方面全面发展；

（五）制止有害于学生的行为或者其他侵犯学生合法权益的行为，批评和抵制有害于学生健康成长的现象；

（六）不断提高思想政治觉悟和教育教学业务水平。

第九条　为保障教师完成教育教学任务，各级人民政府、教育行政部门、有关部门、学校和其他教育机构应当履行下列职责：

（一）提供符合国家安全标准的教育教学设施和设备；

（二）提供必需的图书、资料及其他教育教学用品；

（三）对教师在教育教学、科学研究中的创造性工作给以鼓励和帮助；

（四）支持教师制止有害于学生的行为或者其他侵犯学生合法权益的行为。

第三章　资格和任用

第十条　国家实行教师资格制度。

中国公民凡遵守宪法和法律，热爱教育事业，具有良好的思想品德，具备本法规定的学历或者经国家教师资格考试合格，有教育教学能力，经认定合格的，可以取得教师资格。

第十一条　取得教师资格应当具备的相应学历是：

（一）取得幼儿园教师资格，应当具备幼儿师范学校毕业及其以上学历。

（二）取得小学教师资格，应当具备中等师范学校毕业及其以上学历。

（三）取得初级中学教师、初级职业学校文化、专业课教师资格，应当具备高等师范专科学校或者其他大学专科毕业及其以上学历。

（四）取得高级中学教师资格和中等专业学校、技工学校、职业高中文化课、专业课教师资格，应当具备高等师范院校本科或者其他大学本科毕业及其以上学历；取得中等专业学校、技工学校和职业高中学生实习指导教师资格应当具备的学历，由国务院教育行政部门规定。

（五）取得高等学校教师资格，应当具备研究生或者大学本科毕业学历。

（六）取得成人教育教师资格，应当按照成人教育的层次、类别，分别具备高等、中等学校毕业及其以上学历。不具备本法规定的教师资格学历的公民，申请获取教师资格，必须通过国家教师资格考试。国家教师资格考试制度由国务院规定。

第十二条　本法实施前已经在学校或者其他教育机构中任教的教师，未具备本法规定学历的，由国务院教育行政部门规定教师资格过渡办法。

第十三条　中小学教师资格由县级以上地方人民政府教育行政部门认定。中等专业学校、技工学校的教师资格由县级以上地方人民政府教育行政部门组织有关主管部门认定。普通高等学校的教师资格由国务院或者省、自治区、直辖市教育行政部门或者由其委托的学校认定。具备本法规定的学历或者经国家教师资格考试合格的公民，要求有关部门认定其教师资格的，有关部门应当依照本法规定的条件予以认定。取得教师资格的人员首次任教时，应当有试用期。

第十四条　受到剥夺政治权利或者故意犯罪受到有期徒刑以上刑事处罚的，不能取得教师资格；已经取得教师资格的，丧失教师资格。

第十五条　各级师范学校毕业生，应当按照国家有关规定从事教育教学工作。国家鼓励非师范高等学校毕业生到中小学或者职业学校任教。

第十六条　国家实行教师职务制度，具体办法由国务院规定。

第十七条　学校和其他教育机构应当逐步实行教师聘任制。教师的聘任应当遵循双方地位平等的原则，由学校和教师签订聘任合同，明确规定双方的权利、义务和责任。实施教师聘任制的步骤、办法由国务院教育行政部门规定。

第四章　培养和培训

第十八条　各级人民政府和有关部门应当办好师范教育，并采取措施，鼓励优秀青年进入各级师范学校学习。各级教师进修学校承担培训中小学教师的任务。非师范学校应当承担培养和培训中小学教师的任务。各级师范学校学生享受专业奖学金。

第十九条　各级人民政府教育行政部门、学校主管部门和学校应当制定教师培训规划，对教师进行多种形式的思想政治、业务培训。

第二十条　国家机关、企业事业单位和其他社会组织应当为教师的社会调查和社会实践提供方便，给予协助。

第二十一条　各级人民政府应当采取措施，为少数民族地区和边远贫困地区培养、培训教师。

第五章　考核

第二十二条　学校或者其他教育机构应当对教师的政治思想、业务水平、工作态度和工作成绩进行考核。教育行政部门对教师的考核工作进行指导、监督。

第二十三条　考核应当客观、公正、准确，充分听取教师本人、其他教师以及学生的意见。

第二十四条　教师考核结果是受聘任教、晋升工资、实施奖惩的依据。

第六章　待遇

第二十五条　教师的平均工资水平应当不低于或者高于国家公务员的平均工资水平，并逐步提高。建立正常晋级增薪制度，具体办法由国务院规定。

第二十六条　中小学教师和职业学校教师享受教龄津贴和其他津贴，具体办法由国务院教育行政部门会同有关部门制定。

第二十七条　地方各级人民政府对教师以及具有中专以上学历的毕业生到少数民族地区和边远贫困地区从事教育教学工作的，应当予以补贴。

第二十八条　地方各级人民政府和国务院有关部门，对城市教师住房的建设、租赁、出售实行优先、优惠。县、乡两级人民政府应当为农村中小学教师解决住房提供方便。

第二十九条　教师的医疗同当地国家公务员享受同等的待遇；定期对教师进行身体健康检查，并因地制宜安排教师进行休养。医疗机构应当对当地教师的医疗提供方便。

第三十条　教师退休或者退职后，享受国家规定的退休或者退职待遇。县级以上地方人民政府可以适当提高长期从事教育教学工作的中小学退休教师的退休金比例。

第三十一条　各级人民政府应当采取措施，改善国家补助、集体支付工资的中小学教师的待遇，逐步做到在工资收入上与国家支付工资的教师同工同酬，具体办法由地方各级人民政府根据本地区的实际情况规定。

第三十二条　社会力量所办学校的教师的待遇，由举办者自行确定并予以保障。

第七章　奖励

第三十三条　教师在教育教学、培养人才、科学研究、教学改革、学校建设、社会服务、勤工俭学等方面成绩优异的，由所在学校予以表彰、奖励。国务院和地方各级人民政府及其有关部门对有突出贡献的教师，应当予以表彰、奖励。对有重大贡献的教师，依照国家有关规定授予荣誉称号。

第三十四条　国家支持和鼓励社会组织或者个人向依法成立的奖励教师的基金组织捐助资金，对教师进行奖励。

第八章　法律责任

第三十五条　侮辱、殴打教师的，根据不同情况，分别给予行政处分或者行政处罚；造成损害的，责令赔偿损失；情节严重，构成犯罪的，依法追究刑事责任。

第三十六条　对依法提出申诉、控告、检举的教师进行打击报复的，由其所在单位或者上级机关责令改正；情节严重的，可以根据具体情况给予行政处分。国家工作人员对教师打击报复构成犯罪的，依照刑法第一百四十六条的规定追究刑事责任。

第三十七条　教师有下列情形之一的，由所在学校、其他教育机构或者教育行政部门给予行政处分或者解聘：

（一）故意不完成教育教学任务给教育教学工作造成损失的；

（二）体罚学生，经教育不改的；

（三）品行不良、侮辱学生，影响恶劣的。

教师有前款第（二）项、第（三）项所列情形之一，情节严重，构成犯罪的，依法追究刑事责任。

第三十八条　地方人民政府对违反本法规定，拖欠教师工资或者侵犯教师其他合法权益的，应当责令其限期改正。违反国家财政制度、财务制度，挪用国家财政用于教育的经费，严重妨碍教育教学工作，拖欠教师工资，损害教师合法权益的，由上级机关责令限期归还被挪用的经费，并对直接责任人员给予行政处分；情节严重，构成犯罪的，依法追究刑事责任。

第三十九条　教师对学校或者其他教育机构侵犯其合法权益的，或者对学校或者其他教育机构作出的处理不服的，可以向教育行政部门提出申诉，教育行政部门应当在接到申诉的三十日内，作出处理。教师认为当地人民政府有关行政部门侵犯其根据本法规定享有的权利的，可以向同级人民政府或者上一级人民政府有关部门提出申诉，同级人民政府或者上一级人民政府有关部门应当作出处理。

第九章　附则

第四十条　本法下列用语的含义是：

（一）各级各类学校，是指实施学前教育、普通初等教育、普通中等教育、职业教育、普通高等教育以及特殊教育、成人教育的学校。

（二）其他教育机构，是指少年宫以及地方教研室、电化教育机构等。

（三）中小学教师，是指幼儿园、特殊教育机构、普通中小学、成人初等中等教育机构、职业中学以及其他教育机构的教师。

第四十一条　学校和其他教育机构中的教育教学辅助人员，其他类型的学校的教师和教育教学辅助人员，可以根据实际情况参照本法的有关规定执行。军队所属院校的教师和教育教学辅助人员，由中央军事委员会依照本法制定有关规定。

第四十二条 外籍教师的聘任办法由国务院教育行政部门规定。

第四十三条 本法自1994年1月1日起施行。

九、《幼儿园教师专业标准(试行)》

为落实教育规划纲要，构建教师专业标准体系，建设高素质专业化教师队伍，教育部研究制定了《幼儿园教师专业标准（试行）》《小学教师专业标准（试行）》和《中学教师专业标准（试行）》（以下简称《专业标准》）。

《专业标准》是国家对幼儿园、小学和中学合格教师专业素质的基本要求，是教师实施教育教学行为的基本规范，是引领教师专业发展的基本准则，是教师培养、准入、培训、考核等工作的重要依据。

幼儿园教师专业标准（试行）

为促进幼儿园教师专业发展，建设高素质幼儿园教师队伍，根据《中华人民共和国教师法》，特制定《幼儿园教师专业标准（试行）》（以下简称《专业标准》）。

幼儿园教师是履行幼儿园教育教学工作职责的专业人员，需要经过严格的培养与培训，具有良好的职业道德，掌握系统的专业知识和专业技能。《专业标准》是国家对合格幼儿园教师专业素质的基本要求，是幼儿园教师实施保教行为的基本规范，是引领幼儿园教师专业发展的基本准则，是幼儿园教师培养、准入、培训、考核等工作的重要依据。

一、基本理念

（一）幼儿为本

尊重幼儿权益，以幼儿为主体，充分调动和发挥幼儿的主动性；遵循幼儿身心发展特点和保教活动规律，提供适合的教育，保障幼儿快乐健康成长。

（二）师德为先

热爱学前教育事业，具有职业理想，践行社会主义核心价值体系，履行教师职业道德规范，依法执教。关爱幼儿，尊重幼儿人格，富有爱心、责任心、耐心和细心；为人师表，教书育人，自尊自律，做幼儿健康成长的启蒙者和引路人。

（三）能力为重

把学前教育理论与保教实践相结合，突出保教实践能力；研究幼儿，遵循幼儿成长规律，提升保教工作专业化水平；坚持实践、反思、再实践、再反思，不断提高专业能力。

（四）终身学习

学习先进学前教育理论，了解国内外学前教育改革与发展的经验和做法；优化知识结构，提高文化素养；具有终身学习与持续发展的意识和能力，做终身学习的典范。

二、基本内容

维度	领域	基本要求
专业理念与师德	(一) 职业理解与认识	1. 贯彻党和国家教育方针政策,遵守教育法律法规。 2. 理解幼儿保教工作的意义,热爱学前教育事业,具有职业理想和敬业精神。 3. 认同幼儿园教师的专业性和独特性,注重自身专业发展。 4. 具有良好职业道德修养,为人师表。 5. 具有团队合作精神,积极开展协作与交流。
	(二) 对幼儿的态度与行为	6. 关爱幼儿,重视幼儿身心健康,将保护幼儿生命安全放在首位。 7. 尊重幼儿人格,维护幼儿合法权益,平等对待每一位幼儿。不讽刺、挖苦、歧视幼儿,不体罚或变相体罚幼儿。 8. 信任幼儿,尊重个体差异,主动了解和满足有益于幼儿身心发展的不同需求。 9. 重视生活对幼儿健康成长的重要价值,积极创造条件,让幼儿拥有快乐的幼儿园生活。
	(三) 幼儿保育和教育的态度与行为	10. 注重保教结合,培育幼儿良好的意志品质,帮助幼儿养成良好的行为习惯。 11. 注重保护幼儿的好奇心,培养幼儿的想象力,发掘幼儿的兴趣爱好。 12. 重视环境和游戏对幼儿发展的独特作用,创设富有教育意义的环境氛围,将游戏作为幼儿的主要活动。 13. 重视丰富幼儿多方面的直接经验,将探索、交往等实践活动作为幼儿最重要的学习方式。 14. 重视自身日常态度言行对幼儿发展的重要影响与作用。 15. 重视幼儿园、家庭和社区的合作,综合利用各种资源。
	(四) 个人修养与行为	16. 富有爱心、责任心、耐心和细心。 17. 乐观向上、热情开朗,有亲和力。 18. 善于自我调节情绪,保持平和心态。 19. 勤于学习,不断进取。 20. 衣着整洁得体,语言规范健康,举止文明礼貌。
专业知识	(五) 幼儿发展知识	21. 了解关于幼儿生存、发展和保护的有关法律法规及政策规定。 22. 掌握不同年龄幼儿身心发展特点、规律和促进幼儿全面发展的策略与方法。 23. 了解幼儿在发展水平、速度与优势领域等方面的个体差异,掌握对应的策略与方法。 24. 了解幼儿发展中容易出现的问题与适宜的对策。 25. 了解有特殊需要幼儿的身心发展特点及教育策略与方法。

续　表

维度	领域	基　本　要　求
	(六)幼儿保育和教育知识	26. 熟悉幼儿园教育的目标、任务、内容、要求和基本原则。 27. 掌握幼儿园各领域教育的学科特点与基本知识。 28. 掌握幼儿园环境创设、一日生活安排、游戏与教育活动、保育和班级管理的知识与方法。 29. 熟知幼儿园的安全应急预案,掌握意外事故和危险情况下幼儿安全防护与救助的基本方法。 30. 掌握观察、谈话、记录等了解幼儿的基本方法和教育心理学的基本原理和方法。
	(七)通识性知识	31. 了解0—3岁婴幼儿保教和幼小衔接的有关知识与基本方法。 32. 具有一定的自然科学和人文社会科学知识。 33. 了解中国教育基本情况。 34. 具有相应的艺术欣赏与表现知识。 35. 具有一定的现代信息技术知识。
专业能力	(八)环境的创设与利用	36. 建立良好的师幼关系,帮助幼儿建立良好的同伴关系,让幼儿感到温暖和愉悦。 37. 建立班级秩序与规则,营造良好的班级氛围,让幼儿感受到安全、舒适。 38. 创设有助于促进幼儿成长、学习、游戏的教育环境。 39. 合理利用资源,为幼儿提供和制作适合的玩教具和学习材料,引发和支持幼儿的主动活动。
	(九)一日生活的组织与保育	40. 合理安排和组织一日生活的各个环节,将教育灵活地渗透到一日生活中。 41. 科学照料幼儿日常生活,指导和协助保育员做好班级常规保育和卫生工作。 42. 充分利用各种教育契机,对幼儿进行随机教育。 43. 有效保护幼儿,及时处理幼儿的常见事故,危险情况优先救护幼儿。
	(十)游戏活动的支持与引导	44. 提供符合幼儿兴趣需要、年龄特点和发展目标的游戏条件。 45. 充分利用与合理设计游戏活动空间,提供丰富、适宜的游戏材料,支持、引发和促进幼儿的游戏。 46. 鼓励幼儿自主选择游戏内容、伙伴和材料,支持幼儿主动地、创造性地开展游戏,充分体验游戏的快乐和满足。 47. 引导幼儿在游戏活动中获得身体、认知、语言和社会性等多方面的发展。
	(十一)教育活动的计划与实施	48. 制定阶段性的教育活动计划和具体活动方案。 49. 在教育活动中观察幼儿,根据幼儿的表现和需要,调整活动,给予适宜的指导。 50. 在教育活动的设计和实施中体现趣味性、综合性和生活化,灵活运用各种组织形式和适宜的教育方式。 51. 提供更多的操作探索、交流合作、表达表现的机会,支持和促进幼儿主动学习。

续 表

维度	领域	基本要求
	(十二)激励与评价	52. 关注幼儿日常表现,及时发现和赏识每个幼儿的点滴进步,注重激发和保护幼儿的积极性、自信心。 53. 有效运用观察、谈话、家园联系、作品分析等多种方法,客观地、全面地了解和评价幼儿。 54. 有效运用评价结果,指导下一步教育活动的开展。
	(十三)沟通与合作	55. 使用符合幼儿年龄特点的语言进行保教工作。 56. 善于倾听,和蔼可亲,与幼儿进行有效沟通。 57. 与同事合作交流,分享经验和资源,共同发展。 58. 与家长进行有效沟通合作,共同促进幼儿发展。 59. 协助幼儿园与社区建立合作互助的良好关系。
	(十四)反思与发展	60. 主动收集分析相关信息,不断进行反思,改进保教工作。 61. 针对保教工作中的现实需要与问题,进行探索和研究。 62. 制定专业发展规划,积极参加专业培训,不断提高自身专业素质。

三、实施建议

(一)各级教育行政部门要将《专业标准》作为幼儿园教师队伍建设的基本依据。根据学前教育改革发展的需要,充分发挥《专业标准》引领和导向作用,深化教师教育改革,建立教师教育质量保障体系,不断提高幼儿园教师培养培训质量。制定幼儿园教师准入标准,严把幼儿园教师入口关;制定幼儿园教师聘任(聘用)、考核、退出等管理制度,保障教师合法权益,形成科学有效的幼儿园教师队伍管理和督导机制。

(二)开展幼儿园教师教育的院校要将《专业标准》作为幼儿园教师培养培训的主要依据。重视幼儿园教师职业特点,加强学前教育学科和专业建设。完善幼儿园教师培养培训方案,科学设置教师教育课程,改革教育教学方式;重视幼儿园教师职业道德教育,重视社会实践和教育实习;加强从事幼儿园教师教育的师资队伍建设,建立科学的质量评价制度。

(三)幼儿园要将《专业标准》作为教师管理的重要依据。制定幼儿园教师专业发展规划,注重教师职业理想与职业道德教育,增强教师育人的责任感与使命感;开展园本研修,促进教师专业发展;完善教师岗位职责和考核评价制度,健全幼儿园教师绩效管理机制。

(四)幼儿园教师要将《专业标准》作为自身专业发展的基本依据。制定自我专业发展规划,爱岗敬业,增强专业发展自觉性;大胆开展保教实践,不断创新;积极进行自我评价,主动参加教师培训和自主研修,逐步提升专业发展水平。

十、《幼儿园管理条例》

幼儿园管理条例
中华人民共和国国家教育委员会令第4号
1989年9月11日发布

第一章　总则

第一条　为了加强幼儿园的管理，促进幼儿教育事业的发展，制定本条例。

第二条　本条例适用于招收三周岁以上学龄前幼儿，对其进行保育和教育的幼儿园。

第三条　幼儿园的保育和教育工作应当促进幼儿在体、智、德、美诸方面和谐发展。

第四条　地方各级人民政府应当根据本地区社会经济发展状况，制订幼儿园的发展规划。

幼儿园的设置应当与当地居民人口相适应。

乡、镇、市辖区和不设区的市的幼儿园的发展规划，应当包括幼儿园设置的布局方案。

第五条　地方各级人民政府可以依据本条例举办幼儿园，并鼓励和支持企业事业单位、社会团体、居民委员会、村民委员会和公民举办幼儿园或捐资助园。

第六条　幼儿园的管理实行地方负责、分级管理和各有关部门分工负责的原则。

国家教育委员会主管全国的幼儿园管理工作；地方各级人民政府的教育行政部门，主管本行政辖区内的幼儿园管理工作。

第二章　举办幼儿园的基本条件和审批程序

第七条　举办幼儿园必须将幼儿园设置在安全区域内。严禁在污染区和危险区内设置幼儿园。

第八条　举办幼儿园必须具有与保育、教育的要求相适应的园舍和设施。幼儿园的园舍和设施必须符合国家的卫生标准和安全标准。

第九条　举办幼儿园应当具有符合下列条件的保育、幼儿教育、医务和其他工作人员：

（一）幼儿园园长、教师应当具有幼儿师范学校（包括职业学校幼儿教育专业）毕业程度，或者经教育行政部门考核合格。

（二）医师应当具有医学院校毕业程度，医士和护士应当具有中等卫生学校毕业程度，或者取得卫生行政部门的资格认可。

（三）保健员应当具有高中毕业程度，并受过幼儿保健培训。

（四）保育员应当具有初中毕业程度，并受过幼儿保育职业培训。

慢性传染病、精神病患者，不得在幼儿园工作。

第十条　举办幼儿园的单位或者个人必须具有进行保育、教育以及维修或扩建、改建幼儿园的园舍与设施的经费来源。

第十一条　国家实行幼儿园登记注册制度，未经登记注册，任何单位和个人不得举办幼儿园。

第十二条　城市幼儿园的举办、停办、由所在区、不设区的市的人民政府教育行政部门登记注册。

农村幼儿园的举办、停办，由所在乡、镇人民政府登记注册，并报县人民政府教育行政部门备案。

第三章　幼儿园的保育和教育工作

第十三条　幼儿园应当贯彻保育与教育相结合的原则，创设与幼儿的教育和发展相适应的和谐环境，引导幼儿个性的健康发展。

幼儿园应当保障幼儿的身体健康，培养幼儿的良好生活、卫生习惯；促进幼儿的智力发展；培养幼儿热爱祖国的情感以及良好的品德行为。

第十四条　幼儿园的招生、编班应当符合教育行政部门的规定。

第十五条　幼儿园应当使用全国通用的普通话。招收少数民族为主的幼儿园，可以使用本民族通用的语言。

第十六条　幼儿园应当以游戏为基本活动形式。

幼儿园可以根据本园的实际，安排和选择教育内容与方法，但不得进行违背幼儿教育规律，有损于幼儿身心健康的活动。

第十七条　严禁体罚和变相体罚幼儿。

第十八条　幼儿园应当建立卫生保健制度，防止发生食物中毒和传染病的流行。

第十九条　幼儿园应当建立安全防护制度，严禁在幼儿园内设置威胁幼儿安全的危险建筑物和设施，严禁使用有毒、有害物质制作教具、玩具。

第二十条　幼儿园发生食物中毒、传染病流行时，举办幼儿园的单位或者个人应当立即采取紧急救护措施，并及时报告当地教育行政部门或卫生行政部门。

第二十一条　幼儿园的园舍和设施有可能发生危险时，举办幼儿园的单位或个人应当采取措施，排除险情，防止事故发生。

第四章　幼儿园的行政事务

第二十二条　各级教育行政部门应当负责监督、评估和指导幼儿园的保育、教育工作，组织培训幼儿园的师资，审定、考核幼儿园教师的资格，并协助卫生行政部门检查和指导幼儿园的卫生保健工作，会同建设行政部门制定幼儿园园舍、设施的标准。

第二十三条　幼儿园园长负责幼儿园的工作。

幼儿园园长由举办幼儿园的单位或个人聘任，并向幼儿园的登记注册机关备案。

幼儿园的教师、医师、保健员、保育员和其他工作人员，由幼儿园园长聘任，也可由举办幼儿园的单位或个人聘任。

第二十四条　幼儿园可以依据本省、自治区、直辖市人民政府制定的收费标准，向幼儿家长收取保育费、教育费。

幼儿园应当加强财务管理，合理使用各项经费，任何单位和个人不得克扣、挪用幼儿园经费。

第二十五条 任何单位和个人,不得侵占和破坏幼儿园园舍和设施,不得在幼儿园周围设置有危险、有污染或影响幼儿园采光的建筑和设施,不得干扰幼儿园正常的工作秩序。

第五章 奖励与处罚

第二十六条 凡具备下列条件之一的单位或者个人,由教育行政部门和有关部门予以奖励:

(一) 改善幼儿园的办园条件成绩显著的;

(二) 保育、教育工作成绩显著的;

(三) 幼儿园管理工作成绩显著的。

第二十七条 违反本条例,具有下列情形之一的幼儿园,由教育行政部门视情节轻重,给予限期整顿、停止招生、停止办园的行政处罚:

(一) 未经登记注册,擅自招收幼儿的;

(二) 园舍、设施不符合国家卫生标准、安全标准,妨害幼儿身体健康或者威胁幼儿生命安全的;

(三)教育内容和方法违背幼儿教育规律,损害幼儿身心健康的。

第二十八条 违反本条例,具有下列情形之一的单位或者个人,由教育行政部门对直接责任人员给予警告、罚款的行政处罚,或者由教育行政部门建议有关部门对责任人员给予行政处分:

(一) 体罚或变相体罚幼儿的;

(二) 使用有毒、有害物质制作教具、玩具的;

(三) 克扣、挪用幼儿园经费的;

(四) 侵占、破坏幼儿园园舍、设备的;

(五) 干扰幼儿园正常工作秩序的;

(六) 在幼儿园周围设置有危险、有污染或者影响幼儿园采光的建筑和设施的。

前款所列情形,情节严重,构成犯罪的,由司法机关依法追究刑事责任。

第二十九条 当事人对行政处罚不服的,可以在接到处罚通知之日起十五日内,向作出处罚决定的机关的上一级机关申请复议,对复议决定不服的,可在接到复议决定之日起十五日内,向人民法院提起诉讼。当事人逾期不申请复议或者不向人民法院提起诉讼又不履行处罚决定的,由作出处罚决定的机关申请人民法院强制执行。

第六章 附则

第三十条 省、自治区、直辖市人民政府可根据本条例制定实施办法。

第三十一条 本条例由国家教育委员会解释。

第三十二条 本条例自 1990 年 2 月 1 日起施行。

十一、《幼儿园工作规程》(2016)

《幼儿园工作规程》于 2015 年 12 月 14 日审议通过,2016 年 3 月 1 日起施行。

幼儿园工作规程

第一章　总则

第一条　为了加强幼儿园的科学管理，规范办园行为，提高保育和教育质量，促进幼儿身心健康，依据《中华人民共和国教育法》等法律法规，制定本规程。

第二条　幼儿园是对3周岁以上学龄前幼儿实施保育和教育的机构。幼儿园教育是基础教育的重要组成部分，是学校教育制度的基础阶段。

第三条　幼儿园的任务是：贯彻国家的教育方针，按照保育与教育相结合的原则，遵循幼儿身心发展特点和规律，实施德、智、体、美等方面全面发展的教育，促进幼儿身心和谐发展。

幼儿园同时面向幼儿家长提供科学育儿指导。

第四条　幼儿园适龄幼儿一般为3周岁至6周岁。

幼儿园一般为三年制。

第五条　幼儿园保育和教育的主要目标是：

（一）促进幼儿身体正常发育和机能的协调发展，增强体质，促进心理健康，培养良好的生活习惯、卫生习惯和参加体育活动的兴趣。

（二）发展幼儿智力，培养正确运用感官和运用语言交往的基本能力，增进对环境的认识，培养有益的兴趣和求知欲望，培养初步的动手探究能力。

（三）萌发幼儿爱祖国、爱家乡、爱集体、爱劳动、爱科学的情感，培养诚实、自信、友爱、勇敢、勤学、好问、爱护公物、克服困难、讲礼貌、守纪律等良好的品德行为和习惯，以及活泼开朗的性格。

（四）培养幼儿初步感受美和表现美的情趣和能力。

第六条　幼儿园教职工应当尊重、爱护幼儿，严禁虐待、歧视、体罚和变相体罚、侮辱幼儿人格等损害幼儿身心健康的行为。

第七条　幼儿园可分为全日制、半日制、定时制、季节制和寄宿制等。上述形式可分别设置，也可混合设置。

第二章　幼儿入园和编班

第八条　幼儿园每年秋季招生。平时如有缺额，可随时补招。

幼儿园对烈士子女、家中无人照顾的残疾人子女、孤儿、家庭经济困难幼儿、具有接受普通教育能力的残疾儿童等入园，按照国家和地方的有关规定予以照顾。

第九条　企业、事业单位和机关、团体、部队设置的幼儿园，除招收本单位工作人员的子女外，应当积极创造条件向社会开放，招收附近居民子女入园。

第十条　幼儿入园前，应当按照卫生部门制定的卫生保健制度进行健康检查，合格者方可入园。

幼儿入园除进行健康检查外，禁止任何形式的考试或测查。

第十一条　幼儿园规模应当有利于幼儿身心健康，便于管理，一般不超过360人。

幼儿园每班幼儿人数一般为：小班（3周岁至4周岁）25人，中班（4周岁至5周岁）30

人，大班(5周岁至6周岁)35人，混合班30人。寄宿制幼儿园每班幼儿人数酌减。

幼儿园可以按年龄分别编班，也可以混合编班。

第三章　幼儿园的安全

第十二条　幼儿园应当严格执行国家和地方幼儿园安全管理的相关规定，建立健全门卫、房屋、设备、消防、交通、食品、药物、幼儿接送交接、活动组织和幼儿就寝值守等安全防护和检查制度，建立安全责任制和应急预案。

第十三条　幼儿园的园舍应当符合国家和地方的建设标准，以及相关安全、卫生等方面的规范，定期检查维护，保障安全。幼儿园不得设置在污染区和危险区，不得使用危房。

幼儿园的设备设施、装修装饰材料、用品用具和玩教具材料等，应当符合国家相关的安全质量标准和环保要求。

入园幼儿应当由监护人或者其委托的成年人接送。

第十四条　幼儿园应当严格执行国家有关食品药品安全的法律法规，保障饮食饮水卫生安全。

第十五条　幼儿园教职工必须具有安全意识，掌握基本急救常识和防范、避险、逃生、自救的基本方法，在紧急情况下应当优先保护幼儿的人身安全。

幼儿园应当把安全教育融入一日生活，并定期组织开展多种形式的安全教育和事故预防演练。

幼儿园应当结合幼儿年龄特点和接受能力开展反家庭暴力教育，发现幼儿遭受或者疑似遭受家庭暴力的，应当依法及时向公安机关报案。

第十六条　幼儿园应当投保校方责任险。

第四章　幼儿园的卫生保健

第十七条　幼儿园必须切实做好幼儿生理和心理卫生保健工作。

幼儿园应当严格执行《托儿所幼儿园卫生保健管理办法》以及其他有关卫生保健的法规、规章和制度。

第十八条　幼儿园应当制定合理的幼儿一日生活作息制度。正餐间隔时间为3.5—4小时。在正常情况下，幼儿户外活动时间(包括户外体育活动时间)每天不得少于2小时，寄宿制幼儿园不得少于3小时；高寒、高温地区可酌情增减。

第十九条　幼儿园应当建立幼儿健康检查制度和幼儿健康卡或档案。每年体检一次，每半年测身高、视力一次，每季度量体重一次；注意幼儿口腔卫生，保护幼儿视力。

幼儿园对幼儿健康发展状况定期进行分析、评价，及时向家长反馈结果。

幼儿园应当关注幼儿心理健康，注重满足幼儿的发展需要，保持幼儿积极的情绪状态，让幼儿感受到尊重和接纳。

第二十条　幼儿园应当建立卫生消毒、晨检、午检制度和病儿隔离制度，配合卫生部门做好计划免疫工作。

幼儿园应当建立传染病预防和管理制度，制定突发传染病应急预案，认真做好疾病防控工作。

幼儿园应当建立患病幼儿用药的委托交接制度，未经监护人委托或者同意，幼儿园不得给幼儿用药。幼儿园应当妥善管理药品，保证幼儿用药安全。

幼儿园内禁止吸烟、饮酒。

第二十一条　供给膳食的幼儿园应当为幼儿提供安全卫生的食品，编制营养平衡的幼儿食谱，定期计算和分析幼儿的进食量和营养素摄取量，保证幼儿合理膳食。

幼儿园应当每周向家长公示幼儿食谱，并按照相关规定进行食品留样。

第二十二条　幼儿园应当配备必要的设备设施，及时为幼儿提供安全卫生的饮用水。

幼儿园应当培养幼儿良好的大小便习惯，不得限制幼儿便溺的次数、时间等。

第二十三条　幼儿园应当积极开展适合幼儿的体育活动，充分利用日光、空气、水等自然因素以及本地自然环境，有计划地锻炼幼儿肌体，增强身体的适应和抵抗能力。正常情况下，每日户外体育活动不得少于1小时。

幼儿园在开展体育活动时，应当对体弱或有残疾的幼儿予以特殊照顾。

第二十四条　幼儿园夏季要做好防暑降温工作，冬季要做好防寒保暖工作，防止中暑和冻伤。

第五章　幼儿园的教育

第二十五条　幼儿园教育应当贯彻以下原则和要求：

（一）德、智、体、美等方面的教育应当互相渗透，有机结合。

（二）遵循幼儿身心发展规律，符合幼儿年龄特点，注重个体差异，因人施教，引导幼儿个性健康发展。

（三）面向全体幼儿，热爱幼儿，坚持积极鼓励、启发引导的正面教育。

（四）综合组织健康、语言、社会、科学、艺术各领域的教育内容，渗透于幼儿一日生活的各项活动中，充分发挥各种教育手段的交互作用。

（五）以游戏为基本活动，寓教育于各项活动之中。

（六）创设与教育相适应的良好环境，为幼儿提供活动和表现能力的机会与条件。

第二十六条　幼儿一日活动的组织应当动静交替，注重幼儿的直接感知、实际操作和亲身体验，保证幼儿愉快的、有益的自由活动。

第二十七条　幼儿园日常生活组织，应当从实际出发，建立必要、合理的常规，坚持一贯性和灵活性相结合，培养幼儿的良好习惯和初步的生活自理能力。

第二十八条　幼儿园应当为幼儿提供丰富多样的教育活动。

教育活动内容应当根据教育目标、幼儿的实际水平和兴趣确定，以循序渐进为原则，有计划地选择和组织。

教育活动的组织应当灵活地运用集体、小组和个别活动等形式，为每个幼儿提供充分参与的机会，满足幼儿多方面发展的需要，促进每个幼儿在不同水平上得到发展。

教育活动的过程应注重支持幼儿的主动探索、操作实践、合作交流和表达表现，不应片面追求活动结果。

第二十九条　幼儿园应当将游戏作为对幼儿进行全面发展教育的重要形式。

幼儿园应当因地制宜创设游戏条件，提供丰富、适宜的游戏材料，保证充足的游戏时间，开展多种游戏。

幼儿园应当根据幼儿的年龄特点指导游戏，鼓励和支持幼儿根据自身兴趣、需要和经验水平，自主选择游戏内容、游戏材料和伙伴，使幼儿在游戏过程中获得积极的情绪情感，促进幼儿能力和个性的全面发展。

第三十条　幼儿园应当将环境作为重要的教育资源，合理利用室内外环境，创设开放的、多样的区域活动空间，提供适合幼儿年龄特点的丰富的玩具、操作材料和幼儿读物，支持幼儿自主选择和主动学习，激发幼儿学习的兴趣与探究的愿望。

幼儿园应当营造尊重、接纳和关爱的氛围，建立良好的同伴和师生关系。

幼儿园应当充分利用家庭和社区的有利条件，丰富和拓展幼儿园的教育资源。

第三十一条　幼儿园的品德教育应当以情感教育和培养良好行为习惯为主，注重潜移默化的影响，并贯穿于幼儿生活以及各项活动之中。

第三十二条　幼儿园应当充分尊重幼儿的个体差异，根据幼儿不同的心理发展水平，研究有效的活动形式和方法，注重培养幼儿良好的个性心理品质。

幼儿园应当为在园残疾儿童提供更多的帮助和指导。

第三十三条　幼儿园和小学应当密切联系，互相配合，注意两个阶段教育的相互衔接。

幼儿园不得提前教授小学教育内容，不得开展任何违背幼儿身心发展规律的活动。

第六章　幼儿园的园舍、设备

第三十四条　幼儿园应当按照国家的相关规定设活动室、寝室、卫生间、保健室、综合活动室、厨房和办公用房等，并达到相应的建设标准。有条件的幼儿园应当优先扩大幼儿游戏和活动空间。

寄宿制幼儿园应当增设隔离室、浴室和教职工值班室等。

第三十五条　幼儿园应当有与其规模相适应的户外活动场地，配备必要的游戏和体育活动设施，创造条件开辟沙地、水池、种植园地等，并根据幼儿活动的需要绿化、美化园地。

第三十六条　幼儿园应当配备适合幼儿特点的桌椅、玩具架、盥洗卫生用具，以及必要的玩教具、图书和乐器等。

玩教具应当具有教育意义并符合安全、卫生要求。幼儿园应当因地制宜，就地取材，自制玩教具。

第三十七条　幼儿园的建筑规划面积、建筑设计和功能要求，以及设施设备、玩教具配备，按照国家和地方的相关规定执行。

第七章　幼儿园的教职工

第三十八条　幼儿园按照国家相关规定设园长、副园长、教师、保育员、卫生保健人员、炊事员和其他工作人员等岗位，配足配齐教职工。

第三十九条　幼儿园教职工应当贯彻国家教育方针，具有良好品德，热爱教育事业，尊重和爱护幼儿，具有专业知识和技能以及相应的文化和专业素养，为人师表，忠于职责，身心健康。

幼儿园教职工患传染病期间暂停在幼儿园的工作。有犯罪、吸毒记录和精神病史者不得在幼儿园工作。

第四十条　幼儿园园长应当符合本规程第三十九条规定，并应当具有《教师资格条例》规定的教师资格、具备大专以上学历、有三年以上幼儿园工作经历和一定的组织管理能力，并取得幼儿园园长岗位培训合格证书。

幼儿园园长由举办者任命或者聘任，并报当地主管的教育行政部门备案。

幼儿园园长负责幼儿园的全面工作，主要职责如下：

（一）贯彻执行国家的有关法律、法规、方针、政策和地方的相关规定，负责建立并组织执行幼儿园的各项规章制度；

（二）负责保育教育、卫生保健、安全保卫工作；

（三）负责按照有关规定聘任、调配教职工，指导、检查和评估教师以及其他工作人员的工作，并给予奖惩；

（四）负责教职工的思想工作，组织业务学习，并为他们的学习、进修、教育研究创造必要的条件；

（五）关心教职工的身心健康，维护他们的合法权益，改善他们的工作条件；

（六）组织管理园舍、设备和经费；

（七）组织和指导家长工作；

（八）负责与社区的联系和合作。

第四十一条　幼儿园教师必须具有《教师资格条例》规定的幼儿园教师资格，并符合本规程第三十九条规定。

幼儿园教师实行聘任制。

幼儿园教师对本班工作全面负责，其主要职责如下：

（一）观察了解幼儿，依据国家有关规定，结合本班幼儿的发展水平和兴趣需要，制订和执行教育工作计划，合理安排幼儿一日生活；

（二）创设良好的教育环境，合理组织教育内容，提供丰富的玩具和游戏材料，开展适宜的教育活动；

（三）严格执行幼儿园安全、卫生保健制度，指导并配合保育员管理本班幼儿生活，做好卫生保健工作；

（四）与家长保持经常联系，了解幼儿家庭的教育环境，商讨符合幼儿特点的教育措施，相互配合共同完成教育任务；

（五）参加业务学习和保育教育研究活动；

（六）定期总结评估保教工作实效，接受园长的指导和检查。

第四十二条　幼儿园保育员应当符合本规程第三十九条规定，并应当具备高中毕业以上学历，受过幼儿保育职业培训。

幼儿园保育员的主要职责如下：

（一）负责本班房舍、设备、环境的清洁卫生和消毒工作；

（二）在教师指导下，科学照料和管理幼儿生活，并配合本班教师组织教育活动；

（三）在卫生保健人员和本班教师指导下，严格执行幼儿园安全、卫生保健制度；

（四）妥善保管幼儿衣物和本班的设备、用具。

第四十三条　幼儿园卫生保健人员除符合本规程第三十九条规定外，医师应当取得卫生行政部门颁发的《医师执业证书》；护士应当取得《护士执业证书》；保健员应当具有高中毕业以上学历，并经过当地妇幼保健机构组织的卫生保健专业知识培训。

幼儿园卫生保健人员对全园幼儿身体健康负责，其主要职责如下：

（一）协助园长组织实施有关卫生保健方面的法规、规章和制度，并监督执行。

（二）负责指导调配幼儿膳食，检查食品、饮水和环境卫生。

（三）负责晨检、午检和健康观察，做好幼儿营养、生长发育的监测和评价；定期组织幼儿健康体检，做好幼儿健康档案管理。

（四）密切与当地卫生保健机构的联系，协助做好疾病防控和计划免疫工作。

（五）向幼儿园教职工和家长进行卫生保健宣传和指导。

（六）妥善管理医疗器械、消毒用具和药品。

第四十四条　幼儿园其他工作人员的资格和职责，按照国家和地方的有关规定执行。

第四十五条　对认真履行职责、成绩优良的幼儿园教职工，应当按照有关规定给予奖励。

对不履行职责的幼儿园教职工，应当视情节轻重，依法依规给予相应处分。

第八章　幼儿园的经费

第四十六条　幼儿园的经费由举办者依法筹措，保障有必备的办园资金和稳定的经费来源。

按照国家和地方相关规定接受财政扶持的提供普惠性服务的国有企事业单位办园、集体办园和民办园等幼儿园，应当接受财务、审计等有关部门的监督检查。

第四十七条　幼儿园收费按照国家和地方的有关规定执行。

幼儿园实行收费公示制度，收费项目和标准向家长公示，接受社会监督，不得以任何名义收取与新生入园相挂钩的赞助费。

幼儿园不得以培养幼儿某种专项技能、组织或参与竞赛等为由，另外收取费用；不得以营利为目的组织幼儿表演、竞赛等活动。

第四十八条　幼儿园的经费应当按照规定的使用范围合理开支，坚持专款专用，不得挪作他用。

第四十九条　幼儿园举办者筹措的经费，应当保证保育和教育的需要，有一定比例用于改善办园条件和开展教职工培训。

第五十条　幼儿膳食费应当实行民主管理制度，保证全部用于幼儿膳食，每月向家长公布账目。

第五十一条　幼儿园应当建立经费预算和决算审核制度，经费预算和决算应当提交园务委员会审议，并接受财务和审计部门的监督检查。

幼儿园应当依法建立资产配置、使用、处置、产权登记、信息管理等管理制度，严格执行有关财务制度。

第九章　幼儿园、家庭和社区

第五十二条　幼儿园应当主动与幼儿家庭沟通合作，为家长提供科学育儿宣传指导，帮助家长创设良好的家庭教育环境，共同担负教育幼儿的任务。

第五十三条　幼儿园应当建立幼儿园与家长联系的制度。幼儿园可采取多种形式，指导家长正确了解幼儿园保育和教育的内容、方法，定期召开家长会议，并接待家长的来访和咨询。

幼儿园应当认真分析、吸收家长对幼儿园教育与管理工作的意见与建议。

幼儿园应当建立家长开放日制度。

第五十四条　幼儿园应当成立家长委员会。

家长委员会的主要任务是：对幼儿园重要决策和事关幼儿切身利益的事项提出意见和建议；发挥家长的专业和资源优势，支持幼儿园保育教育工作；帮助家长了解幼儿园工作计划和要求，协助幼儿园开展家庭教育指导和交流。

家长委员会在幼儿园园长指导下工作。

第五十五条　幼儿园应当加强与社区的联系与合作，面向社区宣传科学育儿知识，开展灵活多样的公益性早期教育服务，争取社区对幼儿园的多方面支持。

第十章　幼儿园的管理

第五十六条　幼儿园实行园长负责制。

幼儿园应当建立园务委员会。园务委员会由园长、副园长、党组织负责人和保教、卫生保健、财会等方面工作人员的代表以及幼儿家长代表组成。园长任园务委员会主任。

园长定期召开园务委员会会议，遇重大问题可临时召集，对规章制度的建立、修改、废除，全园工作计划，工作总结，人员奖惩，财务预算和决算方案，以及其他涉及全园工作的重要问题进行审议。

第五十七条　幼儿园应当加强党组织建设，充分发挥党组织政治核心作用、战斗堡垒作用。幼儿园应当为工会、共青团等其他组织开展工作创造有利条件，充分发挥其在幼儿园工作中的作用。

第五十八条　幼儿园应当建立教职工大会制度或者教职工代表大会制度，依法加强民主管理和监督。

第五十九条　幼儿园应当建立教研制度，研究解决保教工作中的实际问题。

第六十条　幼儿园应当制订年度工作计划，定期部署、总结和报告工作。每学年年末应当向教育等行政主管部门报告工作，必要时随时报告。

第六十一条　幼儿园应当接受上级教育、卫生、公安、消防等部门的检查、监督和指导，如实报告工作和反映情况。

幼儿园应当依法接受教育督导部门的督导。

第六十二条　幼儿园应当建立业务档案、财务管理、园务会议、人员奖惩、安全管理以及与家庭、小学联系等制度。

幼儿园应当建立信息管理制度,按照规定采集、更新、报送幼儿园管理信息系统的相关信息,每年向主管教育行政部门报送统计信息。

第六十三条　幼儿园教师依法享受寒暑假期的带薪休假。幼儿园应当创造条件,在寒暑假期间,安排工作人员轮流休假。具体办法由举办者制定。

第十一章　附则

第六十四条　本规程适用于城乡各类幼儿园。

第六十五条　省、自治区、直辖市教育行政部门可根据本规程,制订具体实施办法。

第六十六条　本规程自2016年3月1日起施行。1996年3月9日由原国家教育委员会令第25号发布的《幼儿园工作规程》同时废止。

十二、《幼儿园教育指导纲要(试行)》

幼儿园教育指导纲要(试行)

第一部分　总则

一、为贯彻《中华人民共和国教育法》、《幼儿园管理条例》和《幼儿园工作规程》,指导幼儿园深入实施素质教育,特制定本纲要。

二、幼儿园教育是基础教育的重要组成部分,是我国学校教育和终身教育的奠基阶段。城乡各类幼儿园都应从实际出发,因地制宜地实施素质教育,为幼儿一生的发展打好基础。

三、幼儿园应与家庭、社区密切合作,与小学相互衔接,综合利用各种教育资源,共同为幼儿的发展创造良好的条件。

四、幼儿园应为幼儿提供健康、丰富的生活和活动环境,满足他们多方面发展的需要,使他们在快乐的童年生活中获得有益于身心发展的经验。

五、幼儿园教育应尊重幼儿的人格和权利,尊重幼儿身心发展的规律和学习特点,以游戏为基本活动,保教并重,关注个别差异,促进每个幼儿富有个性的发展。

第二部分　教育内容与要求

幼儿园的教育内容是全面的、启蒙性的,可以相对划分为健康、语言、社会、科学、艺术五个领域,也可作其他不同的划分。各领域的内容相互渗透,从不同的角度促进幼儿情感、态度、能力、知识、技能等方面的发展。

一、健康

(一)目标

1. 身体健康,在集体生活中情绪安定、愉快;

2. 生活、卫生习惯良好,有基本的生活自理能力;

3. 知道必要的安全保健常识,学习保护自己;

4. 喜欢参加体育活动,动作协调、灵活。

(二) 内容与要求

1. 建立良好的师生、同伴关系,让幼儿在集体生活中感到温暖,心情愉快,形成安全感、信赖感。

2. 与家长配合,根据幼儿的需要建立科学的生活常规。培养幼儿良好的饮食、睡眠、盥洗、排泄等生活习惯和生活自理能力。

3. 教育幼儿爱清洁、讲卫生,注意保持个人和生活场所的整洁和卫生。

4. 密切结合幼儿的生活进行安全、营养和保健教育,提高幼儿的自我保护意识和能力。

5. 开展丰富多彩的户外游戏和体育活动,培养幼儿参加体育活动的兴趣和习惯,增强体质,提高对环境的适应能力。

6. 用幼儿感兴趣的方式发展基本动作,提高动作的协调性、灵活性。

7. 在体育活动中,培养幼儿坚强、勇敢、不怕困难的意志品质和主动、乐观、合作的态度。

(三) 指导要点

1. 幼儿园必须把保护幼儿的生命和促进幼儿的健康放在工作的首位。树立正确的健康观念,在重视幼儿身体健康的同时,要高度重视幼儿的心理健康。

2. 既要高度重视和满足幼儿受保护、受照顾的需要,又要尊重和满足他们不断增长的独立要求,避免过度保护和包办代替,鼓励并指导幼儿自理、自立的尝试。

3. 健康领域的活动要充分尊重幼儿生长发育的规律,严禁以任何名义进行有损幼儿健康的比赛、表演或训练等。

4. 培养幼儿对体育活动的兴趣是幼儿园体育的重要目标,要根据幼儿的特点组织生动有趣、形式多样的体育活动,吸引幼儿主动参与。

二、语言

(一) 目标

1. 乐意与人交谈,讲话礼貌;

2. 注意倾听对方讲话,能理解日常用语;

3. 能清楚地说出自己想说的事;

4. 喜欢听故事、看图书;

5. 能听懂和会说普通话。

(二) 内容与要求

1. 创造一个自由、宽松的语言交往环境,支持、鼓励、吸引幼儿与教师、同伴或其他人交谈,体验语言交流的乐趣,学习使用适当的、礼貌的语言交往。

2. 养成幼儿注意倾听的习惯,发展语言理解能力。

3. 鼓励幼儿大胆、清楚地表达自己的想法和感受,尝试说明、描述简单的事物或过程,发展语言表达能力和思维能力。

4. 引导幼儿接触优秀的儿童文学作品,使之感受语言的丰富和优美,并通过多种活动帮助幼儿加深对作品的体验和理解。

5. 培养幼儿对生活中常见的简单标记和文字符号的兴趣。

6. 利用图书、绘画和其他多种方式，引发幼儿对书籍、阅读和书写的兴趣，培养前阅读和前书写技能。

7. 提供普通话的语言环境，帮助幼儿熟悉、听懂并学说普通话。少数民族地区还应帮助幼儿学习本民族语言。

（三）指导要点

1. 语言能力是在运用的过程中发展起来的，发展幼儿语言的关键是创设一个能使他们想说、敢说、喜欢说、有机会说并能得到积极应答的环境。

2. 幼儿语言的发展与其情感、经验、思维、社会交往能力等其他方面的发展密切相关，因此，发展幼儿语言的重要途径是通过互相渗透的各领域的教育，在丰富多彩的活动中去扩展幼儿的经验，提供促进语言发展的条件。

3. 幼儿的语言学习具有个别化的特点，教师与幼儿的个别交流、幼儿之间的自由交谈等，对幼儿语言发展具有特殊意义。

4. 对有语言障碍的儿童要给予特别关注，要与家长和有关方面密切配合，积极地帮助他们提高语言能力。

三、社会

（一）目标

1. 能主动地参与各项活动，有自信心；

2. 乐意与人交往，学习互助、合作和分享，有同情心；

3. 理解并遵守日常生活中基本的社会行为规则；

4. 能努力做好力所能及的事，不怕困难，有初步的责任感；

5. 爱父母长辈、老师和同伴，爱集体、爱家乡、爱祖国。

（二）内容与要求

1. 引导幼儿参加各种集体活动，体验与教师、同伴等共同生活的乐趣，帮助他们正确认识自己和他人，养成对他人和社会亲近、合作的态度，学习初步的人际交往技能。

2. 为每个幼儿提供表现自己长处和获得成功的机会，增强其自尊心和自信心。

3. 提供自由活动的机会，支持幼儿自主地选择、计划活动，鼓励他们通过多方面的努力解决问题，不轻易放弃克服困难的尝试。

4. 在共同的生活和活动中，以多种方式引导幼儿认识、体验并理解基本的社会行为规则，学习自律和尊重他人。

5. 教育幼儿爱护玩具和其他物品，爱护公物和公共环境。

6. 与家庭、社区合作，引导幼儿了解自己的亲人以及与自己生活有关的各行各业人们的劳动，培养其对劳动者的热爱和对劳动成果的尊重。

7. 充分利用社会资源，引导幼儿实际感受祖国文化的丰富与优秀，感受家乡的变化和发展，激发幼儿爱家乡、爱祖国的情感。

8. 适当向幼儿介绍我国各民族和世界其他国家、民族的文化，使其感知人类文化的多样性和差异性，培养理解、尊重、平等的态度。

（三）指导要点

1. 社会领域的教育具有潜移默化的特点。幼儿社会态度和社会情感的培养尤应渗透在多种活动和一日生活的各个环节之中，要创设一个能使幼儿感受到接纳、关爱和支持的良好环境，避免单一呆板的言语说教。

2. 幼儿与成人、同伴之间的共同生活、交往、探索、游戏等，是其社会学习的重要途径。应为幼儿提供人际间相互交往和共同活动的机会和条件，并加以指导。

3. 社会学习是一个漫长的积累过程，需要幼儿园、家庭和社会密切合作，协调一致，共同促进幼儿良好社会性品质的形成。

四、科学

（一）目标

1. 对周围的事物、现象感兴趣，有好奇心和求知欲；

2. 能运用各种感官，动手动脑，探究问题；

3. 能用适当的方式表达、交流探索的过程和结果；

4. 能从生活和游戏中感受事物的数量关系并体验到数学的重要和有趣；

5. 爱护动植物，关心周围环境，亲近大自然，珍惜自然资源，有初步的环保意识。

（二）内容与要求

1. 引导幼儿对身边常见事物和现象的特点、变化规律产生兴趣和探究的欲望。

2. 为幼儿的探究活动创造宽松的环境，让每个幼儿都有机会参与尝试，支持、鼓励他们大胆提出问题，发表不同意见，学会尊重别人的观点和经验。

3. 提供丰富的可操作的材料，为每个幼儿都能运用多种感官、多种方式进行探索提供活动的条件。

4. 通过引导幼儿积极参加小组讨论、探索等方式，培养幼儿合作学习的意识和能力，学习用多种方式表现、交流、分享探索的过程和结果。

5. 引导幼儿对周围环境中的数、量、形、时间和空间等现象产生兴趣，建构初步的数概念，并学习用简单的数学方法解决生活和游戏中某些简单的问题。

6. 从生活或媒体中幼儿熟悉的科技成果入手，引导幼儿感受科学技术对生活的影响，培养他们对科学的兴趣和对科学家的崇敬。

7. 在幼儿生活经验的基础上，帮助幼儿了解自然、环境与人类生活的关系。从身边的小事入手，培养初步的环保意识和行为。

（三）指导要点

1. 幼儿的科学教育是科学启蒙教育，重在激发幼儿的认识兴趣和探究欲望。

2. 要尽量创造条件让幼儿实际参加探究活动，使他们感受科学探究的过程和方法，体验发现的乐趣。

3. 科学教育应密切联系幼儿的实际生活进行，利用身边的事物与现象作为科学探索的对象。

五、艺术

（一）目标

1. 能初步感受并喜爱环境、生活和艺术中的美；

2. 喜欢参加艺术活动，并能大胆地表现自己的情感和体验；

3. 能用自己喜欢的方式进行艺术表现活动。

（二）内容与要求

1. 引导幼儿接触周围环境和生活中美好的人、事、物，丰富他们的感性经验和审美情趣，激发他们表现美、创造美的情趣。

2. 在艺术活动中面向全体幼儿，要针对他们的不同特点和需要，让每个幼儿都得到美的熏陶和培养。对有艺术天赋的幼儿要注意发展他们的艺术潜能。

3. 提供自由表现的机会，鼓励幼儿用不同艺术形式大胆地表达自己的情感、理解和想象，尊重每个幼儿的想法和创造，肯定和接纳他们独特的审美感受和表现方式，分享他们创造的快乐。

4. 在支持、鼓励幼儿积极参加各种艺术活动并大胆表现的同时，帮助他们提高表现的技能和能力。

5. 指导幼儿利用身边的物品或废旧材料制作玩具、手工艺品等来美化自己的生活或开展其他活动。

6. 为幼儿创设展示自己作品的条件，引导幼儿相互交流、相互欣赏、共同提高。

（三）指导要点

1. 艺术是实施美育的主要途径，应充分发挥艺术的情感教育功能，促进幼儿健全人格的形成。要避免仅仅重视表现技能或艺术活动的结果，而忽视幼儿在活动过程中的情感体验和态度的倾向。

2. 幼儿的创作过程和作品是他们表达自己的认识和情感的重要方式，应支持幼儿富有个性和创造性的表达，克服过分强调技能技巧和标准化要求的偏向。

3. 幼儿艺术活动的能力是在大胆表现的过程中逐渐发展起来的，教师的作用应主要在于激发幼儿感受美、表现美的情趣，丰富他们的审美经验，使之体验自由表达和创造的快乐。在此基础上，根据幼儿的发展状况和需要，对表现方式和技能技巧给予适时、适当的指导。

第三部分　组织与实施

一、幼儿园的教育是为所有在园幼儿的健康成长服务的，要为每一个儿童，包括有特殊需要的儿童提供积极的支持和帮助。

二、幼儿园的教育活动，是教师以多种形式有目的、有计划地引导幼儿生动、活泼、主动活动的教育过程。

三、教育活动的组织与实施过程是教师创造性地开展工作的过程。教师要根据本《纲要》，从本地、本园的条件出发，结合本班幼儿的实际情况，制定切实可行的工作计划并灵活地执行。

四、教育活动目标要以《幼儿园工作规程》和本《纲要》所提出的各领域目标为指导，结合本班幼儿的发展水平、经验和需要来确定。

五、教育活动内容的选择应遵照本《纲要》第二部分的有关条款进行，同时体现以下原则：

（一）既适合幼儿的现有水平，又有一定的挑战性。

（二）既符合幼儿的现实需要，又有利于其长远发展。

（三）既贴近幼儿的生活来选择幼儿感兴趣的事物和问题，又有助于拓展幼儿的经验和视野。

六、教育活动内容的组织应充分考虑幼儿的学习特点和认识规律，各领域的内容要有机联系，相互渗透，注重综合性、趣味性、活动性，寓教育于生活、游戏之中。

七、教育活动的组织形式应根据需要合理安排，因时、因地、因内容、因材料灵活地运用。

八、环境是重要的教育资源，应通过环境的创设和利用，有效地促进幼儿的发展。

（一）幼儿园的空间、设施、活动材料和常规要求等应有利于引发、支持幼儿的游戏和各种探索活动，有利于引发、支持幼儿与周围环境之间积极的相互作用。

（二）幼儿同伴群体及幼儿园教师集体是宝贵的教育资源，应充分发挥这一资源的作用。

（三）教师的态度和管理方式应有助于形成安全、温馨的心理环境；言行举止应成为幼儿学习的良好榜样。

（四）家庭是幼儿园重要的合作伙伴。应本着尊重、平等、合作的原则，争取家长的理解、支持和主动参与，并积极支持、帮助家长提高教育能力。

（五）充分利用自然环境和社区的教育资源，扩展幼儿生活和学习的空间。幼儿园同时应为社区的早期教育提供服务。

九、科学、合理地安排和组织一日生活。

（一）时间安排应有相对的稳定性与灵活性，既有利于形成秩序，又能满足幼儿的合理需要，照顾到个体差异。

（二）教师直接指导的活动和间接指导的活动相结合，保证幼儿每天有适当的自主选择和自由活动时间。教师直接指导的集体活动要能保证幼儿的积极参与，避免时间的隐性浪费。

（三）尽量减少不必要的集体行动和过渡环节，减少和消除消极等待现象。

（四）建立良好的常规，避免不必要的管理行为，逐步引导幼儿学习自我管理。

十、教师应成为幼儿学习活动的支持者、合作者、引导者。

（一）以关怀、接纳、尊重的态度与幼儿交往。耐心倾听，努力理解幼儿的想法与感受，支持、鼓励他们大胆探索与表达。

（二）善于发现幼儿感兴趣的事物、游戏和偶发事件中所隐含的教育价值，把握时机，积极引导。

（三）关注幼儿在活动中的表现和反应，敏感地察觉他们的需要，及时以适当的方式应答，形成合作探究式的师生互动。

（四）尊重幼儿在发展水平、能力、经验、学习方式等方面的个体差异，因人施教，努力使每一个幼儿都能获得满足和成功。

（五）关注幼儿的特殊需要，包括各种发展潜能和不同发展障碍，与家庭密切配合，共同促进幼儿健康成长。

十一、幼儿园教育要与0—3岁儿童的保育教育以及小学教育相互衔接。

第四部分　教育评价

一、教育评价是幼儿园教育工作的重要组成部分,是了解教育的适宜性、有效性,调整和改进工作,促进每一个幼儿发展,提高教育质量的必要手段。

二、管理人员、教师、幼儿及其家长均是幼儿园教育评价工作的参与者。评价过程是各方共同参与、相互支持与合作的过程。

三、评价的过程,是教师运用专业知识审视教育实践,发现、分析、研究、解决问题的过程,也是其自我成长的重要途径。

四、幼儿园教育工作评价实行以教师自评为主,园长以及有关管理人员、其他教师和家长等参与评价的制度。

五、评价应自然地伴随着整个教育过程进行。综合采用观察、谈话、作品分析等多种方法。

六、幼儿的行为表现和发展变化具有重要的评价意义,教师应视之为重要的评价信息和改进工作的依据。

七、教育工作评价宜重点考察以下方面:

(一)教育计划和教育活动的目标是否建立在了解本班幼儿现状的基础上。

(二)教育的内容、方式、策略、环境条件是否能调动幼儿学习的积极性。

(三)教育过程是否能为幼儿提供有益的学习经验,并符合其发展需要。

(四)教育内容、要求能否兼顾群体需要和个体差异,使每个幼儿都能得到发展,都有成功感。

(五)教师的指导是否有利于幼儿主动、有效地学习。

八、对幼儿发展状况的评估,要注意:

(一)明确评价的目的是了解幼儿的发展需要,以便提供更加适宜的帮助和指导。

(二)全面了解幼儿的发展状况,防止片面性,尤其要避免只重知识和技能,忽略情感、社会性和实际能力的倾向。

(三)在日常活动与教育教学过程中采用自然的方法进行。平时观察所获的具有典型意义的幼儿行为表现和所积累的各种作品等,是评价的重要依据。

(四)承认和关注幼儿的个体差异,避免用划一的标准评价不同的幼儿,在幼儿面前慎用横向的比较。

(五)以发展的眼光看待幼儿,既要了解现有水平,更要关注其发展的速度、特点和倾向等。

十三、《3—6岁儿童学习与发展指南》

说明

一、为深入贯彻《国家中长期教育改革和发展规划纲要(2010—2020年)》和《国务院关于当前发展学前教育的若干意见》(国发〔2010〕41号),指导幼儿园和家庭实施科学的保育和教育,促进幼儿身心全面和谐发展,制定《3—6岁儿童学习与发展指南》(以下简称《指南》)。

二、《指南》以"为幼儿后继学习和终身发展奠定良好素质基础"为目标,以促进幼儿体、智、德、美各方面的协调发展为核心,通过提出3—6岁各年龄段儿童学习与发展目标和相应的教育建议,帮助幼儿园教师和家长了解3—6岁幼儿学习与发展的基本规律和特点,建立对幼儿发展的合理期望,实施科学的保育和教育,让幼儿度过快乐而有意义的童年。

三、《指南》从健康、语言、社会、科学、艺术五个领域描述幼儿的学习与发展。每个领域按照幼儿学习与发展最基本、最重要的内容划分为若干方面。每个方面由学习与发展目标和教育建议两部分组成。

目标部分分别对3—4岁、4—5岁、5—6岁三个年龄段末期幼儿应该知道什么、能做什么,大致可以达到什么发展水平提出了合理期望,指明了幼儿学习与发展的具体方向;"教育建议"部分列举了一些能够有效帮助和促进幼儿学习与发展的教育途径与方法。

四、实施《指南》应把握以下几个方面:

1. 关注幼儿学习与发展的整体性。儿童的发展是一个整体,要注重领域之间、目标之间的相互渗透和整合,促进幼儿身心全面协调发展,而不应片面追求某一方面或几方面的发展。

2. 尊重幼儿发展的个体差异。幼儿的发展是一个持续、渐进的过程,同时也表现出一定的阶段性特征。每个幼儿在沿着相似进程发展的过程中,各自的发展速度和到达某一水平的时间不完全相同。要充分理解和尊重幼儿发展进程中的个别差异,支持和引导他们从原有水平向更高水平发展,按照自身的速度和方式到达《指南》所呈现的发展"阶梯",切忌用一把"尺子"衡量所有幼儿。

3. 理解幼儿的学习方式和特点。幼儿的学习是以直接经验为基础,在游戏和日常生活中进行的。要珍视游戏和生活的独特价值,创设丰富的教育环境,合理安排一日生活,最大限度地支持和满足幼儿通过直接感知、实际操作和亲身体验获取经验的需要,严禁"拔苗助长"式的超前教育和强化训练。

4. 重视幼儿的学习品质。幼儿在活动过程中表现出的积极态度和良好行为倾向是终身学习与发展所必需的宝贵品质。要充分尊重和保护幼儿的好奇心和学习兴趣,帮助幼儿逐步养成积极主动、认真专注、不怕困难、敢于探究和尝试、乐于想象和创造等良好学习品质。忽视幼儿学习品质培养、单纯追求知识技能学习的做法是短视而有害的。

一、健康

健康是指人在身体、心理和社会适应方面的良好状态。幼儿阶段是儿童身体发育和机能发展极为迅速的时期,也是形成安全感和乐观态度的重要阶段。发育良好的身体、愉快的情绪、强健的体质、协调的动作、良好的生活习惯和基本生活能力是幼儿身心健康的重要标志,也是其他领域学习与发展的基础。

为有效促进幼儿身心健康发展,成人应为幼儿提供合理均衡的营养,保证充足的睡眠和适宜的锻炼,满足幼儿生长发育的需要;创设温馨的人际环境,让幼儿充分感受到亲情和关爱,形成积极稳定的情绪情感;帮助幼儿养成良好的生活与卫生习惯,提高自我保护能力,形成使其终身受益的生活能力和文明生活方式。

幼儿身心发育尚未成熟,需要成人的精心呵护和照顾,但不宜过度保护和包办代替,以免剥夺幼儿自主学习的机会,养成过于依赖的不良习惯,影响其主动性、独立性的发展。

(一) 身心状况

目标1　具有健康的体态

3—4岁	4—5岁	5—6岁
1. 身高和体重适宜。参考标准: 男孩: 身高:94.9—111.7厘米; 体重:12.7—21.2公斤。 女孩: 身高:94.1—111.3厘米; 体重:12.3—21.5公斤。 2. 在提醒下能自然坐直、站直。	1. 身高和体重适宜。参考标准: 男孩: 身高:100.7—119.2厘米; 体重:14.1—24.2公斤。 女孩: 身高:99.9—118.9厘米; 体重:13.7—24.9公斤。 2. 在提醒下能保持正确的站、坐和行走姿势。	1. 身高和体重适宜。参考标准: 男孩: 身高:106.1—125.8厘米; 体重:15.9—27.1公斤。 女孩: 身高:104.9—125.4厘米; 体重:15.3—27.8公斤。 2. 经常保持正确的站、坐和行走姿势。

注:身高和体重数据来源:《2006年世界卫生组织儿童生长标准》4、5、6周岁儿童身高和体重的参考数据。

教育建议:

1. 为幼儿提供营养丰富、健康的饮食。如:

参照《中国孕期、哺乳期妇女和0—6岁儿童膳食指南》,为幼儿提供谷物、蔬菜、水果、肉、奶、蛋、豆制品等多样化的食物,均衡搭配。

烹调方式要科学,尽量少煎炸、烧烤、腌制。

2. 保证幼儿每天睡11—12小时,其中午睡一般应达到2小时左右。午睡时间可根据幼儿的年龄、季节的变化和个体差异适当减少。

3. 注意幼儿的体态,帮助他们形成正确的姿势。如:

提醒幼儿要保持正确的站、坐、走姿势;发现有八字脚、罗圈腿、驼背等骨骼发育异常的情况,应及时就医矫治。

桌、椅和床要合适。椅子的高度以幼儿写画时双脚能自然着地、大腿基本保持水平状为宜;桌子的高度以写画时身体能坐直,不驼背、不耸肩为宜;床不宜过软。

4. 每年为幼儿进行健康检查。

目标 2 情绪安定愉快

3—4 岁	4—5 岁	5—6 岁
1. 情绪比较稳定，很少因一点小事哭闹不止。 2. 有比较强烈的情绪反应时，能在成人的安抚下逐渐平静下来。	1. 经常保持愉快的情绪，不高兴时能较快缓解。 2. 有比较强烈情绪反应时，能在成人提醒下逐渐平静下来。 3. 愿意把自己的情绪告诉亲近的人，一起分享快乐或求得安慰。	1. 经常保持愉快的情绪。知道引起自己某种情绪的原因，并努力缓解。 2. 表达情绪的方式比较适度，不乱发脾气。 3. 能随着活动的需要转换情绪和注意。

教育建议：

1. 营造温暖、轻松的心理环境，让幼儿形成安全感和信赖感。如：

保持良好的情绪状态，以积极、愉快的情绪影响幼儿。

以欣赏的态度对待幼儿。注意发现幼儿的优点，接纳他们的个体差异，不简单与同伴作横向比较。

幼儿做错事时要冷静处理，不厉声斥责，更不能打骂。

2. 帮助幼儿学会恰当表达和调控情绪。如：

成人用恰当的方式表达情绪，为幼儿做出榜样。如：生气时不乱发脾气，不迁怒于人。

成人和幼儿一起谈论自己高兴或生气的事，鼓励幼儿与人分享自己的情绪。

允许幼儿表达自己的情绪，并给予适当的引导。如：幼儿发脾气时不硬性压制，等其平静后告诉他什么行为是可以接受的。

发现幼儿不高兴时，主动询问情况，帮助他们化解消极情绪。

目标 3 具有一定的适应能力

3—4 岁	4—5 岁	5—6 岁
1. 能在较热或较冷的户外环境中活动。 2. 换新环境时情绪能较快稳定，睡眠、饮食基本正常。 3. 在帮助下能较快适应集体生活。	1. 能在较热或较冷的户外环境中连续活动半小时左右。 2. 换新环境时较少出现身体不适。 3. 能较快适应人际环境中发生的变化。如：换了新老师能较快适应。	1. 能在较热或较冷的户外环境中连续活动半小时以上。 2. 天气变化时较少感冒，能适应车、船等交通工具造成的轻微颠簸。 3. 能较快融入新的人际关系环境。如：换了新的幼儿园或班级能较快适应。

教育建议：

1. 保证幼儿的户外活动时间，提高幼儿适应季节变化的能力。

幼儿每天的户外活动时间一般不少于2小时，其中体育活动时间不少于1小时，季节交替时要坚持。

气温过热或过冷的季节或地区应因地制宜，选择温度适当的时间段开展户外活动，也可根据气温的变化和幼儿的个体差异，适当减少活动的时间。

2. 经常与幼儿玩拉手转圈、秋千、转椅等游戏活动，让幼儿适应轻微的摆动、颠簸、旋转，促进其平衡机能的发展。

3. 锻炼幼儿适应生活环境变化的能力。如：

注意观察幼儿在新环境中的饮食、睡眠、游戏等方面的情况，采取相应的措施帮助他们尽快适应新环境。

经常带幼儿接触不同的人际环境，如：参加亲戚朋友聚会，多和不熟悉的小朋友玩，使幼儿较快适应新的人际关系。

（二）动作发展

目标1　具有一定的平衡能力，动作协调、灵敏

3—4岁	4—5岁	5—6岁
1. 能沿地面直线或在较窄的低矮物体上走一段距离。 2. 能双脚灵活交替上下楼梯。 3. 能身体平稳地双脚连续向前跳。 4. 分散跑时能躲避他人的碰撞。 5. 能双手向上抛球。	1. 能在较窄的低矮物体上平稳地走一段距离。 2. 能以匍匐、膝盖悬空等多种方式钻爬。 3. 能助跑跨跳过一定距离，或助跑跨跳过一定高度的物体。 4. 能与他人玩追逐、躲闪跑的游戏。 5. 能连续自抛自接球。	1. 能在斜坡、荡桥和有一定间隔的物体上较平稳地行走。 2. 能以手脚并用的方式安全地爬攀登架、网等。 3. 能连续跳绳。 4. 能躲避他人滚过来的球或扔过来的沙包。 5. 能连续拍球。

教育建议：

1. 利用多种活动发展身体平衡和协调能力。如：

走平衡木，或沿着地面直线、田埂行走。

玩跳房子、踢毽子、蒙眼走路、踩小高跷等游戏活动。

2. 发展幼儿动作的协调性和灵活性。如：

鼓励幼儿进行跑跳、钻爬、攀登、投掷、拍球等活动。

玩跳竹竿、滚铁环等传统体育游戏。

3. 对于拍球、跳绳等技能性活动，不要过于要求数量，更不能机械训练。

4. 结合活动内容对幼儿进行安全教育，注重在活动中培养幼儿的自我保护能力。

目标2 具有一定的力量和耐力

3—4 岁	4—5 岁	5—6 岁
1. 能双手抓杠悬空吊起 10 秒左右。 2. 能单手将沙包向前投掷 2 米左右。 3. 能单脚连续向前跳 2 米左右。 4. 能快跑 15 米左右。 5. 能行走 1 公里左右(途中可适当停歇)。	1. 能双手抓杠悬空吊起 15 秒左右。 2. 能单手将沙包向前投掷 4 米左右。 3. 能单脚连续向前跳 5 米左右。 4. 能快跑 20 米左右。 5. 能连续行走 1.5 公里左右(途中可适当停歇)。	1. 能双手抓杠悬空吊起 20 秒左右。 2. 能单手将沙包向前投掷 5 米左右。 3. 能单脚连续向前跳 8 米左右。 4. 能快跑 25 米左右。 5. 能连续行走 1.5 公里以上(途中可适当停歇)。

教育建议：

1. 开展丰富多样、适合幼儿年龄特点的各种身体活动，如走、跑、跳、攀、爬等，鼓励幼儿坚持下来，不怕累。

2. 日常生活中鼓励幼儿多走路、少坐车；自己上下楼梯、自己背包。

目标3 手的动作灵活协调

3—4 岁	4—5 岁	5—6 岁
1. 能用笔涂涂画画。 2. 能熟练地用勺子吃饭。 3. 能用剪刀沿直线剪，边线基本吻合。	1. 能沿边线较直地画出简单图形，或能边线基本对齐地折纸。 2. 会用筷子吃饭。 3. 能沿轮廓线剪出由直线构成的简单图形，边线吻合。	1. 能根据需要画出图形，线条基本平滑。 2. 能熟练使用筷子。 3. 能沿轮廓线剪出由曲线构成的简单图形，边线吻合且平滑。 4. 能使用简单的劳动工具或用具。

教育建议：

1. 创造条件和机会，促进幼儿手的动作灵活协调。如：

提供画笔、剪刀、纸张、泥团等工具和材料，或充分利用各种自然、废旧材料和常见物品，让幼儿进行画、剪、折、粘等美工活动。

引导幼儿生活自理或参与家务劳动，发展其手的动作。如：练习自己用筷子吃饭、扣扣子，帮助家人择菜叶、做面食等。

幼儿园在布置娃娃家、商店等活动区时，多提供原材料和半成品，让幼儿有更多机会参与制作活动。

2. 引导幼儿注意活动安全。如：

为幼儿提供的塑料粒、珠子等活动材料要足够大，材质要安全，以免造成异物进入气管、铅中毒等伤害。提供幼儿用安全剪刀。

为幼儿示范拿筷子、握笔的正确姿势以及使用剪刀、锤子等工具的方法。

提醒幼儿不要拿剪刀等锋利工具玩耍,用完后要放回原处。

(三) 生活习惯与生活能力

目标1　具有良好的生活与卫生习惯

3—4岁	4—5岁	5—6岁
1. 在提醒下,按时睡觉和起床,并能坚持午睡。 2. 喜欢参加体育活动。 3. 在引导下,不偏食、挑食。喜欢吃瓜果、蔬菜等新鲜食品。 4. 愿意饮用白开水,不贪喝饮料。 5. 不用脏手揉眼睛,连续看电视等不超过15分钟。 6. 在提醒下,每天早晚刷牙、饭前便后洗手。	1. 每天按时睡觉和起床,并能坚持午睡。 2. 喜欢参加体育活动。 3. 不偏食、挑食,不暴饮暴食。喜欢吃瓜果、蔬菜等新鲜食品。 4. 常喝白开水,不贪喝饮料。 5. 知道保护眼睛,不在光线过强或过暗的地方看书,连续看电视等不超过20分钟。 6. 每天早晚刷牙、饭前便后洗手,方法基本正确。	1. 养成每天按时睡觉和起床的习惯。 2. 能主动参加体育活动。 3. 吃东西时细嚼慢咽。 4. 主动饮用白开水,不贪喝饮料。 5. 主动保护眼睛。不在光线过强或过暗的地方看书,连续看电视等不超过30分钟。 6. 每天早晚主动刷牙,饭前便后主动洗手,方法正确。

教育建议:

1. 让幼儿保持有规律的生活,养成良好的作息习惯。如:早睡早起、每天午睡、按时进餐、吃好早餐等。

2. 帮助幼儿养成良好的饮食习惯。如:

合理安排餐点,帮助幼儿养成定点、定时、定量进餐的习惯。

帮助幼儿了解食物的营养价值,引导他们不偏食不挑食、少吃或不吃不利于健康的食品;多喝白开水,少喝饮料。

吃饭时不过分催促,提醒幼儿细嚼慢咽,不要边吃边玩。

3. 帮助幼儿养成良好的个人卫生习惯。如:

早晚刷牙、饭后漱口。

勤为幼儿洗澡、换衣服、剪指甲。提醒幼儿保护五官,如不乱挖耳朵、鼻孔,看电视时保持3米左右的距离等。

4. 激发幼儿参加体育活动的兴趣,养成锻炼的习惯。如:

为幼儿准备多种体育活动材料,鼓励他选择自己喜欢的材料开展活动。

经常和幼儿一起在户外运动和游戏,鼓励幼儿和同伴一起开展体育活动。和幼儿一起观看体育比赛或有关体育赛事的电视节目,培养他对体育活动的兴趣。

目标2　具有基本的生活自理能力

3—4岁	4—5岁	5—6岁
1. 在帮助下能穿脱衣服或鞋袜。 2. 能将玩具和图书放回原处。	1. 能自己穿脱衣服、鞋袜、扣钮扣。 2. 能整理自己的物品。	1. 能知道根据冷热增减衣服。 2. 会自己系鞋带。 3. 能按类别整理好自己的物品。

教育建议：

1. 鼓励幼儿做力所能及的事情，对幼儿的尝试与努力给予肯定，不因做不好或做得慢而包办代替。

2. 指导幼儿学习和掌握生活自理的基本方法，如穿脱衣服和鞋袜、洗手洗脸、擦鼻涕、擦屁股的正确方法。

3. 提供有利于幼儿生活自理的条件。如：

提供一些纸箱、盒子，供幼儿收拾和存放自己的玩具、图书或生活用品等。

幼儿的衣服、鞋子等要简单实用，便于自己穿脱。

目标3　具备基本的安全知识和自我保护能力

3—4岁	4—5岁	5—6岁
1. 不吃陌生人给的东西，不跟陌生人走。 2. 在提醒下能注意安全，不做危险的事。 3. 在公共场所走失时，能向警察或有关人员说出自己和家长的名字、电话号码等简单信息。	1. 知道在公共场合不远离成人的视线单独活动。 2. 认识常见的安全标志，能遵守安全规则。 3. 运动时能主动躲避危险。 4. 知道简单的求助方式。	1. 未经大人允许不给陌生人开门。 2. 能自觉遵守基本的安全规则和交通规则。 3. 运动时能注意安全，不给他人造成危险。 4. 知道一些基本的防灾知识。

教育建议：

1. 创设安全的生活环境，提供必要的保护措施。如：

要把热水瓶、药品、火柴、刀具等物品放到幼儿够不到的地方；阳台或窗台要有安全保护措施；要使用安全的电源插座等。

在公共场所要注意照看好幼儿；幼儿乘车、乘电梯时要有成人陪伴；不把幼儿单独留在家里或汽车里等。

2. 结合生活实际对幼儿进行安全教育。如：

外出时，提醒幼儿要紧跟成人，不远离成人的视线，不跟陌生人走，不吃陌生人给的东西；不在河边和马路边玩耍；要遵守交通规则等。

帮助幼儿了解周围环境中不安全的事物，不做危险的事。如：不动热水壶，不玩火柴或打火机，不摸电源插座，不攀爬窗户或阳台等。

帮助幼儿认识常见的安全标识，如：小心触电、小心有毒、禁止下河游泳、紧急出口等。告诉幼儿不允许别人触摸自己的隐私部位。

3. 教给幼儿简单的自救和求救的方法。如：

记住自己家庭的住址、电话号码、父母的姓名和单位，一旦走失时知道向成人求助，并能提供必要信息。

遇到火灾或其他紧急情况时，知道要拨打110、120、119等求救电话。

可利用图书、音像等材料对幼儿进行逃生和求救方面的教育，并运用游戏方式模拟练习。

幼儿园应定期进行火灾、地震等自然灾害的逃生演习。

二、语言

语言是交流和思维的工具。幼儿期是语言发展，特别是口语发展的重要时期。幼儿语言的发展贯穿于各个领域，也对其他领域的学习与发展有着重要的影响：幼儿在运用语言进行交流的同时，也在发展着人际交往能力、理解他人和判断交往情境的能力、组织自己思想的能力。通过语言获取信息，幼儿的学习逐步超越个体的直接感知。

幼儿的语言能力是在交流和运用的过程中发展起来的。应为幼儿创设自由、宽松的语言交往环境，鼓励和支持幼儿与成人、同伴交流，让幼儿想说、敢说、喜欢说并能得到积极回应。为幼儿提供丰富、适宜的低幼读物，经常和幼儿一起看图书、讲故事，丰富其语言表达能力，培养阅读兴趣和良好的阅读习惯，进一步拓展学习经验。

幼儿的语言学习需要相应的社会经验支持，应通过多种活动扩展幼儿的生活经验，丰富语言的内容，增强理解和表达能力。应在生活情境和阅读活动中引导幼儿自然而然地产生对文字的兴趣，用机械记忆和强化训练的方式让幼儿过早识字不符合其学习特点和接受能力。

（一）倾听与表达

目标1　认真听并能听懂常用语言

3—4岁	4—5岁	5—6岁
1. 别人对自己说话时能注意听并做出回应。 2. 能听懂日常会话。	1. 在群体中能有意识地听与自己有关的信息。 2. 能结合情境感受到不同语气、语调所表达的不同意思。 3. 方言地区和少数民族幼儿能基本听懂普通话。	1. 在集体中能注意听老师或其他人讲话。 2. 听不懂或有疑问时能主动提问。 3. 能结合情境理解一些表示因果、假设等相对复杂的句子。

教育建议：

1. 多给幼儿提供倾听和交谈的机会。如：经常和幼儿一起谈论他感兴趣的话题，或一起看图书、讲故事。

2. 引导幼儿学会认真倾听。如：

成人要耐心倾听别人(包括幼儿)的讲话，等别人讲完再表达自己的观点。

与幼儿交谈时，要用幼儿能听得懂的语言。

对幼儿提要求和布置任务时要求他注意听，鼓励他主动提问。

3. 对幼儿讲话时，注意结合情境使用丰富的语言，以便于幼儿理解。如：

说话时注意语气、语调，让幼儿感受语气、语调的作用。如对幼儿的不合理要求以比较坚定的语气表示不同意；讲故事时，尽量把故事人物高兴、悲伤的心情用不同的语气、语调表现出来。

根据幼儿的理解水平有意识地使用一些反映因果、假设、条件等关系的句子。

目标2　愿意讲话并能清楚地表达

3—4 岁	4—5 岁	5—6 岁
1. 愿意在熟悉的人面前说话，能大方地与人打招呼。 2. 基本会说本民族或本地区的语言。 3. 愿意表达自己的需要和想法，必要时能配以手势动作。 4. 能口齿清楚地说儿歌、童谣或复述简短的故事。	1. 愿意与他人交谈，喜欢谈论自己感兴趣的话题。 2. 会说本民族或本地区的语言，基本会说普通话。少数民族聚居地区幼儿会用普通话进行日常会话。 3. 能基本完整地讲述自己的所见所闻和经历的事情。 4. 讲述比较连贯。	1. 愿意与他人讨论问题，敢在众人面前说话。 2. 会说本民族或本地区的语言和普通话，发音正确清晰。少数民族聚居地区幼儿基本会说普通话。 3. 能有序、连贯、清楚地讲述一件事情。 4. 讲述时能使用常见的形容词、同义词等，语言比较生动。

教育建议：

1. 为幼儿创造说话的机会并体验语言交往的乐趣。

每天有足够的时间与幼儿交谈。如谈论他感兴趣的话题，询问和听取他对自己事情的意见等。

尊重和接纳幼儿的说话方式，无论幼儿的表达水平如何，都应认真地倾听并给予积极的回应。

鼓励和支持幼儿与同伴一起玩耍、交谈，相互讲述见闻、趣事或看过的图书、动画片等。

方言和少数民族地区应积极为幼儿创设用普通话交流的语言环境。

2. 引导幼儿清楚地表达。如：

和幼儿讲话时，成人自身的语言要清楚、简洁。

当幼儿因为急于表达而说不清楚的时候，提醒他不要着急，慢慢说；同时要耐心倾听，给予必要的补充，帮助他理清思路并清晰地说出来。

目标3　具有文明的语言习惯

3—4岁	4—5岁	5—6岁
1. 与别人讲话时知道眼睛要看着对方。 2. 说话自然，声音大小适中。 3. 能在成人的提醒下使用恰当的礼貌用语。	1. 别人对自己讲话时能回应。 2. 能根据场合调节自己说话声音的大小。 3. 能主动使用礼貌用语，不说脏话、粗话。	1. 别人讲话时能积极主动地回应。 2. 能根据谈话对象和需要，调整说话的语气。 3. 懂得按次序轮流讲话，不随意打断别人。 4. 能依据所处情境使用恰当的语言。如：在别人难过时会用恰当的语言表示安慰。

教育建议：

1. 成人注意语言文明，为幼儿做出表率。如：

与他人交谈时，认真倾听，使用礼貌用语。

在公共场合不大声说话，不说脏话、粗话。

幼儿表达意见时，成人可蹲下来，眼睛平视幼儿，耐心听他把话说完。

2. 帮助幼儿养成良好的语言行为习惯。如：

结合情境提醒幼儿一些必要的交流礼节。如对长辈说话要有礼貌，客人来访时要打招呼，得到帮助时要说“谢谢”等。

提醒幼儿遵守集体生活的语言规则，如：轮流发言，不随意打断别人讲话等。

提醒幼儿注意公共场所的语言文明，如：不大声喧哗。

（二）阅读与书写准备

目标1　喜欢听故事，看图书

3—4岁	4—5岁	5—6岁
1. 主动要求成人讲故事、读图书。 2. 喜欢跟读韵律感强的儿歌、童谣。 3. 爱护图书，不乱撕、乱扔。	1. 反复看自己喜欢的图书。 2. 喜欢把听过的故事或看过的图书讲给别人听。 3. 对生活中常见的标识、符号感兴趣，知道它们表示一定的意义。	1. 专注地阅读图书。 2. 喜欢与他人一起谈论图书和故事的有关内容。 3. 对图书和生活情境中的文字符号感兴趣，知道文字表示一定的意义。

教育建议：

1. 为幼儿提供良好的阅读环境和条件。如：

提供一定数量、符合幼儿年龄特点、富有童趣的图画书。

提供相对安静的地方，尽量减少干扰，保证幼儿自主阅读。

2. 激发幼儿的阅读兴趣，培养阅读习惯。如：

经常抽时间与幼儿一起看图书、讲故事。

提供童谣、故事和诗歌等不同体裁的儿童文学作品，让幼儿自主选择和阅读。

当幼儿遇到感兴趣的事物或问题时，和他一起查阅图书资料，让他感受图书的作用，体会通过阅读获取信息的乐趣。

3. 引导幼儿体会标识、文字符号的用途。如：

向幼儿介绍医院、公用电话等生活中的常见标识，让他们知道标识可以代表具体事物。

结合生活实际，帮助幼儿体会文字的用途。如：买来新玩具时，把说明书上的文字念给幼儿听，了解玩具的玩法。

目标 2　具有初步的阅读理解能力

3—4 岁	4—5 岁	5—6 岁
1. 能听懂短小的儿歌或故事。 2. 会看画面，能根据画面说出图中有什么，发生了什么事等。 3. 能理解图书上的文字是和画面对应的，是用来表达画面意义的。	1. 能大体讲出所听故事的主要内容。 2. 能根据画面提供的信息，大致说出故事的情节。 3. 能随着作品的展开产生喜悦、担忧等相应的情绪反应，体会作品所表达的情绪情感。	1. 能说出所阅读的幼儿文学作品的主要内容。 2. 能根据故事的部分情节或图书画面的线索猜想故事情节的发展，或续编、创编故事。 3. 对看过的图书、听过的故事能说出自己的看法。 4. 能初步感受文学语言的美。

教育建议：

1. 经常和幼儿一起阅读，引导他以自己的经验为基础理解图书的内容。如：

引导幼儿仔细观察画面，结合画面讨论故事内容，学习建立画面与故事内容的联系。

和幼儿一起讨论或回忆书中的故事情节，引导他有条理地说出故事的大致内容。

在给幼儿读书或讲故事时，可先不告诉名字，让幼儿听完后自己命名，并说出这样命名的理由。

鼓励幼儿自主阅读，并与他人讨论自己在阅读中的发现、体会和想法。

2. 在阅读中发展幼儿的想象和创造能力。如：

鼓励幼儿依据画面线索讲述故事，大胆推测、想象故事情节的发展，改编故事部分情节或续编故事结尾。

鼓励幼儿用故事表演、绘画等不同的方式表达自己对图书和故事的理解。

鼓励和支持幼儿自编故事，并为自编的故事配上图画，制成图画书。

3. 引导幼儿感受文学作品的美。如：

有意识地引导幼儿欣赏或模仿文学作品的语言节奏和韵律。给幼儿读书时，通过表情、动作和抑扬顿挫的声音传达书中的情绪情感，让幼儿体会作品的感染力和表现力。

目标3　具有书面表达的愿望和初步技能

3—4 岁	4—5 岁	5—6 岁
1. 喜欢用涂涂画画表达一定的意思。	1. 愿意用图画和符号表达自己的愿望和想法。 2. 在成人提醒下，写写画画时姿势正确。	1. 愿意用图画和符号表现事物或故事。 2. 会正确书写自己的名字。 3. 写画时姿势正确。

教育建议：

1. 让幼儿在写写画画的过程中体验文字符号的功能，培养书写兴趣。如：

准备供幼儿随时取放的纸、笔等材料，也可利用沙地、树枝等自然材料，满足幼儿自由涂画的需要。

鼓励幼儿将自己感兴趣的事情或故事画下来并讲给别人听，让幼儿体会写写画画的方式可以表达自己的想法和情感。

把幼儿讲过的事情用文字记录下来，并念给他听，使幼儿知道说的话可以用文字记录下来，从中体会文字的用途。

2. 在绘画和游戏中做必要的书写准备。如：

通过把虚线画出的图形轮廓连成实线等游戏，促进手眼协调，同时帮助幼儿学习由上至下、由左至右的运笔技能。

鼓励幼儿学习书写自己的名字。

提醒幼儿写画时保持正确姿势。

三、社会

幼儿社会领域的学习与发展过程是其社会性不断完善并奠定健全人格基础的过程。人际交往和社会适应是幼儿社会学习的主要内容，也是其社会性发展的基本途径。幼儿在与成人和同伴交往的过程中，不仅学习如何与人友好相处，也在学习如何看待自己、对待他人，不断发展适应社会生活的能力。良好的社会性发展对幼儿身心健康和其他各方面的发展都具有重要影响。

家庭、幼儿园和社会应共同努力，为幼儿创设温暖、关爱、平等的家庭和集体生活氛围，建立良好的亲子关系、师生关系和同伴关系，让幼儿在积极健康的人际关系中获得安全感和信任感，发展自信和自尊，在良好的社会环境及文化的熏陶中学会遵守规则，形成基本的认同感和归属感。

幼儿的社会性主要是在日常生活和游戏中通过观察和模仿潜移默化地发展起来的。成人应注重自己言行的榜样作用，避免简单生硬的说教。

(一) 人际交往

目标1　愿意与人交往

3—4岁	4—5岁	5—6岁
1. 愿意和小朋友一起游戏。 2. 愿意与熟悉的长辈一起活动。	1. 喜欢和小朋友一起游戏，有经常一起玩的小伙伴。 2. 喜欢和长辈交谈，有事愿意告诉长辈。	1. 有自己的好朋友，也喜欢结交新朋友。 2. 有问题愿意向别人请教。 3. 有高兴的或有趣的事愿意与大家分享。

教育建议：

1. 主动亲近和关心幼儿，经常和他一起游戏或活动，让幼儿感受到与成人交往的快乐，建立亲密的亲子关系和师生关系。

2. 创造交往的机会，让幼儿体会交往的乐趣。如：

利用走亲戚、到朋友家做客或有客人来访的时机，鼓励幼儿与他人接触和交谈。

鼓励幼儿参加小朋友的游戏，邀请小朋友到家里玩，感受有朋友一起玩的快乐。

幼儿园应多为幼儿提供自由交往和游戏的机会，鼓励他们自主选择、自由结伴开展活动。

目标2　能与同伴友好相处

3—4岁	4—5岁	5—6岁
1. 想加入同伴的游戏时，能友好地提出请求。 2. 在成人指导下，不争抢、不独霸玩具。 3. 与同伴发生冲突时，能听从成人的劝解。	1. 会运用介绍自己、交换玩具等简单技巧加入同伴游戏。 2. 对大家都喜欢的东西能轮流、分享。 3. 与同伴发生冲突时，能在他人帮助下和平解决。 4. 活动时愿意接受同伴的意见和建议。 5. 不欺负弱小。	1. 能想办法吸引同伴和自己一起游戏。 2. 活动时能与同伴分工合作，遇到困难能一起克服。 3. 与同伴发生冲突时能自己协商解决。 4. 知道别人的想法有时和自己不一样，能倾听和接受别人的意见，不能接受时会说明理由。 5. 不欺负别人，也不允许别人欺负自己。

教育建议：

1. 结合具体情境，指导幼儿学习交往的基本规则和技能。如：

当幼儿不知怎样加入同伴游戏，或提出请求不被接受时，建议他拿出玩具邀请大家一起玩；或者扮成某个角色加入同伴的游戏。

对幼儿与别人分享玩具、图书等行为给予肯定，让他对自己的表现感到高兴和满足。

当幼儿与同伴发生矛盾或冲突时，指导他尝试用协商、交换、轮流玩、合作等方式解决冲突。

利用相关的图书、故事，结合幼儿的交往经验，和他讨论什么样的行为受大家欢迎，想要得到别人的接纳应该怎样做。

幼儿园应多为幼儿提供需要大家齐心协力才能完成的活动，让幼儿在具体活动中体会合作的重要性，学习分工合作。

2. 结合具体情境，引导幼儿换位思考，学习理解别人。如：

幼儿有争抢玩具等不友好行为时，引导他们想想："假如你是那个小朋友，你有什么感受？"让幼儿学习理解别人的想法和感受。

3. 和幼儿一起谈谈他的好朋友，说说喜欢这个朋友的原因，引导他多发现同伴的优点、长处。

目标3　具有自尊、自信、自主的表现

3—4 岁	4—5 岁	5—6 岁
1. 能根据自己的兴趣选择游戏或其他活动。 2. 为自己的好行为或活动成果感到高兴。 3. 自己能做的事情愿意自己做。 4. 喜欢承担一些小任务。	1. 能按自己的想法进行游戏或其他活动。 2. 知道自己的一些优点和长处，并对此感到满意。 3. 自己的事情尽量自己做，不愿意依赖别人。 4. 敢于尝试有一定难度的活动和任务。	1. 能主动发起活动或在活动中出主意、想办法。 2. 做了好事或取得了成功后还想做得更好。 3. 自己的事情自己做，不会的愿意学。 4. 主动承担任务，遇到困难能够坚持而不轻易求助。 5. 与别人的看法不同时，敢于坚持自己的意见并说出理由。

教育建议：

1. 关注幼儿的感受，保护其自尊心和自信心。如：

能以平等的态度对待幼儿，使幼儿切实感受到自己被尊重。

对幼儿好的行为表现多给予具体、有针对性的肯定和表扬，让他对自己的优点和长处有所认识并感到满足和自豪。

不要拿幼儿的不足与其他幼儿的优点作比较。

2. 鼓励幼儿自主决定，独立做事，增强其自尊心和自信心。如：

与幼儿有关的事情要征求他的意见，即使他的意见与成人不同，也要认真倾听，接受他的合理要求。

在保证安全的情况下，支持幼儿按自己的想法做事；或提供必要的条件，帮助他实现自己的想法。

幼儿自己的事情尽量放手让他自己做，即使做得不够好，也应鼓励并给予一定的指导，让他在做事中树立自尊和自信。

鼓励幼儿尝试有一定难度的任务，并注意调整难度，让他感受经过努力获得的成就感。

目标4　关心尊重他人

3—4岁	4—5岁	5—6岁
1. 长辈讲话时能认真听，并能听从长辈的要求。 2. 身边的人生病或不开心时表示同情。 3. 在提醒下能做到不打扰别人。	1. 会用礼貌的方式向长辈表达自己的要求和想法。 2. 能注意到别人的情绪，并有关心、体贴的表现。 3. 知道父母的职业，能体会到父母为养育自己所付出的辛劳。	1. 能有礼貌地与人交往。 2. 能关注别人的情绪和需要，并能给予力所能及的帮助。 3. 尊重为大家提供服务的人，珍惜他们的劳动成果。 4. 接纳、尊重与自己的生活方式或习惯不同的人。

教育建议：

1. 成人以身作则，以尊重、关心的态度对待自己的父母、长辈和其他人。如：

经常问候父母，主动做家务。

礼貌地对待老年人，如：坐车时主动为老人让座。

看到别人有困难能主动关心并给予一定的帮助。

2. 引导幼儿尊重、关心长辈和身边的人，尊重他人的劳动及成果。如：

提醒幼儿关心身边的人，如：妈妈累了，知道让她安静休息一会儿。

借助故事、图书等给幼儿讲讲父母抚育孩子成长的经历，让幼儿理解和体会父爱与母爱。

结合实际情境，提醒幼儿注意别人的情绪，了解他们的需要，给予适当的关心和帮助。

利用生活机会和角色游戏，帮助幼儿了解与自己关系密切的社会服务机构及其工作，如商场、邮局、医院等，体会这些机构给大家提供的便利和服务，懂得尊重工作人员的劳动，珍惜劳动成果。

3. 引导幼儿学习用平等、接纳和尊重的态度对待差异。如：

了解每个人都有自己的兴趣、爱好和特长，可以相互学习。

利用民间游戏、传统节日等，适当向幼儿介绍我国主要民族和世界其他国家和民族的文化，帮助幼儿感知文化的多样性和差异性，理解人们之间是平等的，应该互相尊重，友好相处。

(二) 社会适应

目标1　喜欢并适应群体生活

3—4岁	4—5岁	5—6岁
1. 对群体活动有兴趣。 2. 对幼儿园的生活好奇，喜欢上幼儿园。	1. 愿意并主动参加群体活动。 2. 愿意与家长一起参加社区的一些群体活动。	1. 在群体活动中积极、快乐。 2. 对小学生活有好奇和向往。

教育建议：

1. 经常和幼儿一起参加一些群体性的活动，让幼儿体会群体活动的乐趣。如：参加亲戚、朋友和同事间的聚会以及适合幼儿参加的社区活动等，支持幼儿和不同群体的同伴一起游戏，丰富其群体活动的经验。

2. 幼儿园组织活动时，可以经常打破班级的界限，让幼儿有更多机会参加不同群体的活动。

3. 带领大班幼儿参观小学，讲讲小学有趣的活动，唤起他们对小学生活的好奇和向往，为入学做好心理准备。

目标 2 遵守基本的行为规范

3—4 岁	4—5 岁	5—6 岁
1. 在提醒下，能遵守游戏和公共场所的规则。 2. 知道不经允许不能拿别人的东西，借别人的东西要归还。 3. 在成人提醒下，爱护玩具和其他物品。	1. 感受规则的意义，并能基本遵守规则。 2. 不私自拿不属于自己的东西。 3. 知道说谎是不对的。 4. 知道接受了的任务要努力完成。 5. 在提醒下，能节约粮食、水电等。	1. 理解规则的意义，能与同伴协商制定游戏和活动规则。 2. 爱惜物品，用别人的东西时也知道爱护。 3. 做了错事敢于承认，不说谎。 4. 能认真负责地完成自己所接受的任务。 5. 爱护身边的环境，注意节约资源。

教育建议：

1. 成人要遵守社会行为规则，为幼儿树立良好的榜样。如：答应幼儿的事一定要做到、尊老爱幼、爱护公共环境，节约水电等。

2. 结合社会生活实际，帮助幼儿了解基本行为规则或其他游戏规则，体会规则的重要性，学习自觉遵守规则。如：

经常和幼儿玩带有规则的游戏，遵守共同约定的游戏规则。

利用实际生活情境和图书故事，向幼儿介绍一些必要的社会行为规则，以及为什么要遵守这些规则。

在幼儿园的区域活动中，创设情境，让幼儿体会没有规则的不方便，鼓励他们讨论制定规则并自觉遵守。

对幼儿表现出的遵守规则的行为要及时肯定，对违规行为给予纠正。如：幼儿主动为老人让座时要表扬；幼儿损害别人的物品或公共物品时要及时制止并主动赔偿。

3. 教育幼儿要诚实守信。如：

对幼儿诚实守信的行为要及时肯定。

允许幼儿犯错误，告诉他改了就好。不要打骂幼儿，以免他因害怕惩罚而说谎。

小年龄幼儿经常分不清想象和现实，成人不要误认为他是在说谎。

发现幼儿说谎时，要反思是否是因自己对幼儿的要求过高过严造成的。如果是，要及时调整自己的行为，同时要严肃地告诉幼儿说谎是不对的。

经常给幼儿分配一些力所能及的任务，要求他完成并及时给予表扬，培养他的责任感和认真负责的态度。

目标3 具有初步的归属感

3—4岁	4—5岁	5—6岁
1. 知道和自己一起生活的家庭成员及与自己的关系，体会到自己是家庭的一员。 2. 能感受到家庭生活的温暖，爱父母，亲近与信赖长辈。 3. 能说出自己家所在街道、小区（乡镇、村）的名称。 4. 认识国旗，知道国歌。	1. 喜欢自己所在的幼儿园和班级，积极参加集体活动。 2. 能说出自己家所在地的省、市、县（区）名称，知道当地有代表性的物产或景观。 3. 知道自己是中国人。 4. 奏国歌、升国旗时能自动站好。	1. 愿意为集体做事，为集体的成绩感到高兴。 2. 能感受到家乡的发展变化并为此感到高兴。 3. 知道自己的民族，知道中国是一个多民族的大家庭，各民族之间要互相尊重，团结友爱。 4. 知道国家一些重大成就，爱祖国，为自己是中国人感到自豪。

教育建议：

1. 亲切地对待幼儿，关心幼儿，让他感到长辈是可亲、可近、可信赖的，家庭和幼儿园是温暖的。如：

多和孩子一起游戏、谈笑，尽量在家庭和班级中营造温馨的氛围。

通过和幼儿一起翻阅照片、讲幼儿成长的故事等，让幼儿感受到家庭和幼儿园的温暖，老师的和蔼可亲，对养育自己的人产生感激之情。

2. 吸引和鼓励幼儿参加集体活动，萌发集体意识。如：

幼儿园和班级里的重大事情和计划，请幼儿集体讨论决定。

幼儿园应经常组织多种形式的集体活动，萌发幼儿的集体荣誉感。

3. 运用幼儿喜闻乐见和能够理解的方式激发幼儿爱家乡、爱祖国的情感。如：

和幼儿说一说或在地图上找一找自己家所在的省、市、县（区）名称。

和幼儿一起外出游玩，一起看有关的电视节目或画报等；和他们一起收集有关家乡、祖国各地的风景名胜、著名的建筑、独特物产的图片等，在观看和欣赏的过程中激发幼儿的自豪感和热爱之情。

利用电视节目或参加升旗等活动，向幼儿介绍国旗、国歌以及观看升旗、奏国歌的礼仪。

向幼儿介绍反映中国人聪明才智的发明和创造，激发幼儿的民族自豪感。

四、科学

幼儿的科学学习是在探究具体事物和解决实际问题中，尝试发现事物间的异同和联系的过程。幼儿在对自然事物的探究和运用数学解决实际生活问题的过程中，不仅获得丰富的感性经验，充分发展形象思维，而且初步尝试归类、排序、判断、推理，逐步发展逻辑思维能力，为其他领域的深入学习奠定基础。

幼儿科学学习的核心是激发探究兴趣，体验探究过程，发展初步的探究能力。成人要善于发现和保护幼儿的好奇心，充分利用自然和实际生活机会，引导幼儿通过观察、比较、操作、实验等方法，学习发现问题、分析问题和解决问题；帮助幼儿不断积累经验，并运用于新的学习活动，形成受益终身的学习态度和能力。

幼儿的思维特点是以具体形象思维为主，应注重引导幼儿通过直接感知、亲身体验和实际操作进行科学学习，不应为追求知识和技能的掌握，对幼儿进行灌输和强化训练。

（一）科学探究

目标1　亲近自然，喜欢探究

3—4岁	4—5岁	5—6岁
1. 喜欢接触大自然，对周围的很多事物和现象感兴趣。 2. 经常问各种问题，或好奇地摆弄物品。	1. 喜欢接触新事物，经常问一些与新事物有关的问题。 2. 常常动手动脑探索物体和材料，并乐在其中。	1. 对自己感兴趣的问题总是刨根问底。 2. 能经常动手动脑寻找问题的答案。 3. 探索中有所发现时感到兴奋和满足。

教育建议：

1. 经常带幼儿接触大自然，激发其好奇心与探究欲望。如：

为幼儿提供一些有趣的探究工具，用自己的好奇心和探究积极性感染和带动幼儿。

和幼儿一起发现并分享周围新奇、有趣的事物或现象，一起寻找问题的答案。

通过拍照和画图等方式保留和积累有趣的探索与发现。

2. 真诚地接纳、多方面支持和鼓励幼儿的探索行为。如：

认真对待幼儿的问题，引导他们猜一猜、想一想，有条件时和幼儿一起做一些简易的调查或有趣的小实验。

容忍幼儿因探究而弄脏、弄乱，甚至破坏物品的行为，引导他们活动后做好收拾整理。

多为幼儿选择一些能操作、多变化、多功能的玩具材料或废旧材料，在保证安全的前提下，鼓励幼儿拆装或动手自制玩具。

目标2　具有初步的探究能力

3—4岁	4—5岁	5—6岁
1. 对感兴趣的事物能仔细观察，发现其明显特征。 2. 能用多种感官或动作去探索物体，关注动作所产生的结果。	1. 能对事物或现象进行观察比较，发现其相同与不同。 2. 能根据观察结果提出问题，并大胆猜测答案。 3. 能通过简单的调查收集信息。 4. 能用图画或其他符号进行记录。	1. 能通过观察、比较与分析，发现并描述不同种类物体的特征或某个事物前后的变化。 2. 能用一定的方法验证自己的猜测。 3. 在成人的帮助下能制定简单的调查计划并执行。 4. 能用数字、图画、图表或其他符号记录。 5. 探究中能与他人合作与交流。

教育建议：

1. 有意识地引导幼儿观察周围事物，学习观察的基本方法，培养观察与分类能力。如：

支持幼儿自发的观察活动，对其发现表示赞赏。

通过提问等方式引导幼儿思考并对事物进行比较观察和连续观察。

引导幼儿在观察和探索的基础上，尝试进行简单的分类、概括。如：根据运动方式给动物分类，根据生长环境给植物分类，根据外部特征给物体分类等等。

2. 支持和鼓励幼儿在探究的过程中积极动手动脑寻找答案或解决问题。如：鼓励幼儿根据观察或发现提出值得继续探究的问题，或成人提出有探究意义且能激发幼儿兴趣的问题。如：皮球、轮胎、竹筒等物体滚动时都走直线吗？怎样让橡皮泥球浮在水面上？

支持和鼓励幼儿大胆联想、猜测问题的答案，并设法验证。如：玩风车时，鼓励幼儿猜测风车转动方向及速度快慢的原因和条件，并实际去验证。

支持、引导幼儿学习用适宜的方法探究和解决问题，或为自己的想法收集证据。如：想知道院子里有多少种植物，可以进行实地调查；想知道球在平地上还是在斜坡上滚得快，可以动手试一试；想证明影子的方向与太阳的位置有关，可以做个小实验进行验证等。

3. 鼓励和引导幼儿学习做简单的计划和记录，并与他人交流分享。如：

和幼儿共同制定调查计划，讨论调查对象、步骤和方法等，也可以和幼儿一起设法用图画、箭头等标识呈现计划。

鼓励幼儿用绘画、照相、做标本等办法记录观察和探究的过程与结果，注意要让记录有意义，通过记录帮助幼儿丰富观察经验、建立事物之间的联系和分享发现。

支持幼儿与同伴合作探究与分享交流，引导他们在交流中尝试整理、概括自己探究的成果，体验合作探究和发现的乐趣。如：一起讨论和分享自己的问题与发现，一起想办法收集资料和验证猜测。

4. 帮助幼儿回顾自己的探究过程，讨论自己做了什么，怎么做的，结果与计划目标是否一致，分析一下原因以及下一步要怎样做等。

目标3　在探究中认识周围事物和现象

3—4岁	4—5岁	5—6岁
1. 认识常见的动植物，能注意并发现周围的动植物是多种多样的。 2. 能感知和发现物体和材料的软硬、光滑和粗糙等特性。 3. 能感知和体验天气对自己生活和活动的影响。 4. 初步了解和体会动植物和人们生活的关系。	1. 能感知和发现动植物的生长变化及其基本条件。 2. 能感知和发现常见材料的溶解、传热等性质或用途。 3. 能感知和发现简单物理现象，如：物体形态或位置变化等。 4. 能感知和发现不同季节的特点，体验季节对动植物和人的影响。 5. 初步感知常用科技产品与自己生活的关系，知道科技产品有利也有弊。	1. 能察觉到动植物的外形特征、习性与生存环境的适应关系。 2. 能发现常见物体的结构与功能之间的关系。 3. 能探索并发现常见的物理现象产生的条件或影响因素。如：影子、沉浮等。 4. 感知并了解季节变化的周期性，知道变化的顺序。 5. 初步了解人们的生活与自然环境的密切关系，知道尊重和珍惜生命，保护环境。

教育建议：

1. 支持幼儿在接触自然、生活事物和现象中积累有益的直接经验和感性认识。如：

和幼儿一起通过户外活动、参观考察、种植和饲养活动，感知生物的多样性和独特性，以及生长发育、繁殖和死亡的过程。

给幼儿提供丰富的材料和适宜的工具，支持幼儿在游戏过程中探索并感知常见物质、材料的特性和物体的结构特点。

2. 引导幼儿在探究中思考，尝试进行简单的推理和分析，发现事物之间明显的关联。如：

引导5岁以上幼儿关注和思考动植物的外部特征、习性与生活环境对动植物生存的意义。如：兔子的长耳朵具有自我保护的作用；植物种子的形状有助于其传播等。

引导幼儿根据常见物质、材料的特性和物体的结构特点，推测和证实它们的用途。如：带轮子的物体方便移动；不同用途的车辆有不同的结构等等。

3. 引导幼儿关注和了解自然、科技产品与人们生活的密切关系，逐渐懂得热爱、尊重、保护自然。如：

结合幼儿的生活需要，引导他们体会人与自然、动植物的依赖关系。如：动植物、季节变化与人们生活的关系、常见灾害性天气给人们生产和生活带来的影响等。

和幼儿一起讨论常见科技产品的用途和弊端，如：汽车等交通工具给生活带来的方便和对环境的污染等。

（二）数学认知

目标1　初步感知生活中数学的有用和有趣

3—4岁	4—5岁	5—6岁
1. 感知和发现周围物体的形状是多种多样的，对不同的形状感兴趣。 2. 体验和发现生活中很多地方都用到数。	1. 在指导下，感知和体会有些事物可以用形状来描述。 2. 在指导下，感知和体会有些事物可以用数来描述，对环境中各种数字的含义有进一步探究的兴趣。	1. 能发现事物简单的排列规律，并尝试创造新的排列规律。 2. 能发现生活中许多问题都可以用数学的方法来解决，体验解决问题的乐趣。

教育建议：

1. 引导幼儿注意事物的形状特征，尝试用表示形状的词来描述事物，体会描述的生动形象性和趣味性。如：

参观游览后，和幼儿一起谈论所看到的事物的形状，鼓励幼儿产生联想，并用自己的语言进行描述。如：熊猫的身体圆圆的，全身好像是一个个的圆形组成的。

和幼儿交谈或读书讲故事时，适当地运用一些有关形状的词汇来描述事物，如看图片时，和幼儿讨论奥运会场馆的形状，体会为什么有的场馆叫“水立方”，有的叫“鸟巢”。

2. 引导幼儿感知和体会生活中很多地方都用到数，关注周围与自己生活密切相关的数的信息，体会数可以代表不同的意义。如：

和幼儿一起寻找发现生活中用数字作标识的事物。如：电话号码、时钟、日历和商品的价签等。

引导幼儿了解和感受数用在不同的地方，表示的意义是不一样的。如：天气预报中表示气温的数代表冷热状况；钟表上的数表明时间的早晚等。

鼓励幼儿尝试使用数的信息进行一些简单的推理。如：知道今天是星期五，能推断明天是星期六，爸爸妈妈休息。

3. 引导幼儿观察发现按照一定规律排列的事物，体会其中的排列特点与规律，并尝试自己创造出新的排列规律。如：

和幼儿一起发现和体会按一定顺序排列的队形整齐有序。

提供具有重复性旋律和词语的音乐、儿歌和故事，或利用环境中有序排列的图案（如：按颜色间隔排列的瓷砖、按形状间隔排列的珠帘等），鼓励幼儿发现和感受其中的规律。

鼓励幼儿尝试自己设计有规律的花边图案、创编有一定规律的动作，或者按某种规律进行搭建活动。

引导幼儿体会生活中很多事情都是有一定顺序和规律的。如：一周七天的顺序是从周一到周日，一年四季按照春夏秋冬轮回等。

4. 鼓励和支持幼儿发现、尝试解决日常生活中需要用到数学的问题，体会数学的用处。如：拍球、跳绳、跳远或投沙包时，可通过数数、测量的方法确定名次。

讨论春游去哪里玩时，让幼儿商量想去哪里玩？每个想去的地方有多少人？根据统计结果作出决定。

滑滑梯时，按照“先来先玩”的规则有序地排队玩。

目标 2　感知和理解数、量及数量关系

3—4 岁	4—5 岁	5—6 岁
1. 能感知和区分物体的大小、多少、高矮、长短等量方面的特点，并能用相应的词表示。 2. 能通过一一对应的方法比较两组物体的多少。 3. 能手口一致地点数 5 个以内的物体，并能说出总数。能按数取物。 4. 能用数词描述事物或动作。如：我有 4 本图书。	1. 能感知和区分物体的粗细、厚薄、轻重等量方面的特点，并能用相应的词语描述。 2. 能通过数数比较两组物体的多少。 3. 能通过实际操作理解数与数之间的关系。如：5 比 4 多 1；2 和 3 合在一起是 5。 4. 会用数词描述事物的排列顺序和位置。	1. 初步理解量的相对性。 2. 借助实际情境和操作（如：合并或拿取）理解“加”和“减”的实际意义。 3. 能通过实物操作或其他方法进行 10 以内的加减运算。 4. 能用简单的记录表、统计图等表示简单的数量关系。

教育建议：

1. 引导幼儿感知和理解事物“量”的特征。如：

感知常见事物的大小、多少、高矮、粗细等量的特征，学习使用相应的词汇描述这些特征。

结合具体事物让幼儿通过多次比较逐渐理解“量”是相对的。如：小亮比小明高，但比小强矮。收拾物品时，根据情况，鼓励幼儿按照物体量的特征分类整理。如：整理图书时按照大小摆放。

2. 结合日常生活，指导幼儿学习通过对应或数数的方式比较物体的多少。如：鼓励幼儿在一对一配对的过程中发现两组物体的多少。如：在给桌子上的每个碗配上勺子时，发现碗和勺多少的不同。

鼓励幼儿通过数数比较两样东西的多少。如：数一数有多少个苹果，多少个梨，判断苹果和梨哪个多，哪个少。

3. 利用生活和游戏中的实际情境，引导幼儿理解数概念。如：

结合生活需要，和幼儿一起手口一致点数物体，得出物体的总数。

通过点数的方式让幼儿体会物体的数量不会因排列形式、空间位置的不同而发生变化。如：鼓励幼儿将一定数量的扣子以不同的形式摆放，体会扣子的数量是不变的。

结合日常生活，为幼儿提供“按数取物”的机会。如：游戏时，请幼儿按要求拿出几个球。

4. 通过实物操作引导幼儿理解数与数之间的关系，并用“加”或“减”的办法来解决问题。如：

游戏中遇到让4个小动物住进两间房子的问题，或生活中遇到将5块饼干分给两个小朋友问题时，让幼儿尝试不同的分法。

鼓励幼儿尝试自己解决生活中的数学问题。如：家里来了5位客人，桌子上只有3个杯子，还需要几个杯子等。

购买少量物品时，有意识地鼓励幼儿参与计算和付款的过程等。

目标3　感知形状与空间关系

3—4岁	4—5岁	5—6岁
1. 能注意物体较明显的形状特征，并能用自己的语言描述。 2. 能感知物体基本的空间位置与方位，理解上下、前后、里外等方位词。	1. 能感知物体的形体结构特征，画出或拼搭出该物体的造型。 2. 能感知和发现常见几何图形的基本特征，并能进行分类。 3. 能使用上下、前后、里外、中间、旁边等方位词描述物体的位置和运动方向。	1. 能用常见的几何形体有创意地拼搭和画出物体的造型。 2. 能按语言指示或根据简单示意图正确取放物品。 3. 能辨别自己的左右。

教育建议：

1. 用多种方法帮助幼儿在物体与几何形体之间建立联系。如：

引导幼儿感受生活中各种物品的形状特征，并尝试识别和描述。如：感受和识别盘子、桌子、车轮、地砖等物品的形状特征。

鼓励和支持幼儿用积木、纸盒、拼板等各种形状材料进行建构游戏或制作活动。如：用长方形的纸盒加两个圆形瓶盖制作“汽车”。

收拾整理积木时，引导幼儿体验图形之间的转换。如：两个三角形可组合成一个正方形，两个正方形可组合成一个长方形。

引导幼儿注意观察生活物品的图形特征，鼓励他们按形状分类整理物品。

2. 丰富幼儿空间方位识别的经验，引导幼儿运用空间方位经验解决问题。如：

请幼儿取放物体时，使用他们能够理解的方位词。如：把桌子下面的东西放到窗台上，把花盆放在大树旁边等。

和幼儿一起识别熟悉场所的位置。如：超市在家的旁边，邮局在幼儿园的前面。

在体育、音乐和舞蹈活动中，引导幼儿感受空间方位和运动方向。

和幼儿玩“按指令找宝”的游戏。对年龄小的幼儿要求他们按语言指令寻找，对年龄大些的幼儿可要求按照简单的示意图寻找。

五、艺术

艺术是人类感受美、表现美和创造美的重要形式，也是表达自己对周围世界的认识和情绪态度的独特方式。

每个幼儿心里都有一颗美的种子。幼儿艺术领域学习的关键在于充分创造条件和机会，在大自然和社会文化生活中萌发幼儿对美的感受和体验，丰富其想象力和创造力，引导幼儿学会用心灵去感受和发现美，用自己的方式去表现和创造美。

幼儿对事物的感受和理解不同于成人，他们表达自己认识和情感的方式也有别于成人。幼儿独特的笔触、动作和语言往往蕴含着丰富的想象和情感，成人应对幼儿的艺术表现给予充分的理解和尊重，不能用自己的审美标准去评判幼儿，更不能为追求结果的“完美”而对幼儿进行千篇一律的训练，以免扼杀其想象与创造的萌芽。

（一）感受与欣赏

目标1　喜欢自然界与生活中美的事物

3—4岁	4—5岁	5—6岁
1. 喜欢观看花草树木、日月星空等大自然中美的事物。 2. 容易被自然界中的鸟鸣、风声、雨声等好听的声音所吸引。	1. 在欣赏自然界和生活环境中美的事物时，关注其色彩、形态等特征。 2. 喜欢倾听各种好听的声音，感知声音的高低、长短、强弱等变化。	1. 乐于收集美的物品或向别人介绍所发现的美的事物。 2. 乐于模仿自然界和生活环境中有特点的声音，并产生相应的联想。

教育建议：

1. 和幼儿一起感受、发现和欣赏自然环境和人文景观中美的事物。如：

让幼儿多接触大自然，感受和欣赏美丽的景色和好听的声音。

经常带幼儿参观园林、名胜古迹等人文景观，讲讲有关的历史故事、传说，与幼儿一起讨论和交流对美的感受。

2. 和幼儿一起发现美的事物的特征，感受和欣赏美。如：

让幼儿观察常见动植物以及其他物体，引导幼儿用自己的语言、动作等描述它们美的方面。如：颜色、形状、形态等。

让幼儿倾听和分辨各种声响，引导幼儿用自己的方式来表达他对音色、强弱、快慢的感受。

支持幼儿收集喜欢的物品并和他一起欣赏。

目标2 喜欢欣赏多种多样的艺术形式和作品

3—4 岁	4—5 岁	5—6 岁
1. 喜欢听音乐或观看舞蹈、戏剧等表演。 2. 乐于观看绘画、泥塑或其他艺术形式的作品。	1. 能够专心地观看自己喜欢的文艺演出或艺术品，有模仿和参与的愿望。 2. 欣赏艺术作品时会产生相应的联想和情绪反应。	1. 艺术欣赏时常常用表情、动作、语言等方式表达自己的理解。 2. 愿意和别人分享、交流自己喜爱的艺术作品和美感体验。

教育建议：

1. 创造条件让幼儿接触多种艺术形式和作品。如：

经常让幼儿接触适宜的、各种形式的音乐作品，丰富幼儿对音乐的感受和体验。

和幼儿一起用图画、手工制品等装饰和美化环境。

带幼儿观看或共同参与传统民间艺术和地方民俗文化活动。如：皮影戏、剪纸和捏面人等。

有条件的情况下，带幼儿去剧院、美术馆、博物馆等欣赏文艺表演和艺术作品。

2. 尊重幼儿的兴趣和独特感受，理解他们欣赏时的行为。如：

理解和尊重幼儿在欣赏艺术作品时的手舞足蹈、即兴模仿等行为。

当幼儿主动介绍自己喜爱的舞蹈、戏曲、绘画或工艺品时，要耐心倾听并给予积极回应和鼓励。

（二）表现与创造

目标1 喜欢进行艺术活动并大胆表现

3—4 岁	4—5 岁	5—6 岁
1. 经常自哼自唱或模仿有趣的动作、表情和声调。 2. 经常涂涂画画、粘粘贴贴并乐在其中。	1. 经常唱唱跳跳，愿意参加歌唱、律动、舞蹈、表演等活动。 2. 经常用绘画、捏泥、手工制作等多种方式表现自己的所见所想。	1. 积极参与艺术活动，有自己比较喜欢的活动形式。 2. 能用多种工具、材料或不同的表现手法表达自己的感受和想象。 3. 艺术活动中能与他人相互配合，也能独立表现。

教育建议：

1. 创造机会和条件，支持幼儿自发的艺术表现和创造。

提供丰富的便于幼儿取放的材料、工具或物品，支持幼儿进行自主绘画、手工、歌唱、表演等艺术活动。

经常和幼儿一起唱歌、表演、绘画、制作，共同分享艺术活动的乐趣。

2. 营造安全的心理氛围，让幼儿敢于并乐于表达表现。如：

欣赏和回应幼儿的哼哼唱唱、模仿表演等自发的艺术活动，赞赏他独特的表现方式。

在幼儿自主表达创作过程中，不作过多干预或把自己的意愿强加给幼儿，在幼儿需要时再给予具体的帮助。

了解并倾听幼儿艺术表现的想法或感受，领会并尊重幼儿的创作意图，不简单用“像不像”、“好不好”等成人标准来评价。

展示幼儿的作品，鼓励幼儿用自己的作品或艺术品布置环境。

目标2 具有初步的艺术表现与创造能力

3—4 岁	4—5 岁	5—6 岁
1. 能模仿学唱短小歌曲。 2. 能跟随熟悉的音乐做身体动作。 3. 能用声音、动作、姿态模拟自然界的事物和生活情景。 4. 能用简单的线条和色彩大体画出自己想画的人或事物。	1. 能用自然的、音量适中的声音基本准确地唱歌。 2. 能通过即兴哼唱、即兴表演或给熟悉的歌曲编词来表达自己的心情。 3. 能用拍手、踏脚等身体动作或可敲击的物品敲打节拍和基本节奏。 4. 能运用绘画、手工制作等表现自己观察到或想象的事物。	1. 能用基本准确的节奏和音调唱歌。 2. 能用律动或简单的舞蹈动作表现自己的情绪或自然界的情景。 3. 能自编自演故事，并为表演选择和搭配简单的服饰、道具或布景。 4. 能用自己制作的美术作品布置环境、美化生活。

教育建议：

尊重幼儿自发的表现和创造，并给予适当的指导。如：

鼓励幼儿在生活中细心观察、体验，为艺术活动积累经验与素材。如：观察不同树种的形态、色彩等。

提供丰富的材料，如图书、照片、绘画或音乐作品等，让幼儿自主选择，用自己喜欢的方式去模仿或创作，成人不作过多要求。

根据幼儿的生活经验，与幼儿共同确定艺术表达表现的主题，引导幼儿围绕主题展开想象，进行艺术表现。

幼儿绘画时，不宜提供范画，特别不应要求幼儿完全按照范画来画。

肯定幼儿作品的优点，用表达自己感受的方式引导其提高。如：“你的画用了这么多红颜色,感觉就像过年一样喜庆”“你扮演的大灰狼声音真像,要是表情再凶一点就更好了”等。

思考练习

1. 教育行政部门取缔了一批违反国家规定私自招收未成年学生的私立学校。教育行政部门这一行为的法律依据是( )。
   A.《中华人民共和国教育法》
   B.《中华人民共和国教师法》
   C.《中华人民共和国未成年人保护法》
   D.《中华人民共和国预防未成年人犯罪法》
2. 因经营管理不善,某学校办的校办产业负债二十多万,根据《中华人民共和国教育法》的规定,对这一债务应当承担偿还责任的是( )。
   A. 政府 B. 学校 C. 校长 D. 校办产业
3. 根据《中华人民共和国教育法》,下列不属于设立学校及其他教育机构必须具备的基本条件是( )。
   A. 有组织机构和章程
   B. 有优秀的教师
   C. 有必备的办学资金和稳定的经费来源
   D. 有符合规定标准的教学场所及设施、设备
4. 暑假期间,小学生王某和李某相约在学校打篮球,在争抢过程中,王某不慎将李某撞倒在地,导致李某小腿骨折,对于李某所受伤害,应当承担主要赔偿责任的是( )。
   A. 王某本人 B. 学校 C. 王某的监护人 D. 李某的监护人
5. 从外地来打工的陈某向工作所在地教育行政部门提出申请,请求批准他年满7周岁的孩子晓宝在工作地附近的公立小学就读。对于这一申请,当地教育行政部门应当( )。
   A. 拒绝,晓宝只能选择当地的民办学校就读
   B. 拒绝,晓宝只能在户口所在地学校就读
   C. 批准,并为其提供平等接受义务教育的条件
   D. 批准,但要求陈某缴纳额外的学费和杂费
6. 《国家中长期教育改革和发展规划纲要(2010—2020年)》政策不包括( )。
   A. 分层教学 B. 学分制 C. 导生制 D. 走班制
7. 《儿童权利公约》中,缔约国保障儿童获得保健的权利标准是( )。
   A. 最高标准的健康 B. 最低标准的健康
   C. 平均标准的健康 D. 与成人同等标准的健康
8. 不属于《中华人民共和国教育法》基本制度的是( )。

A．教育督导　　B．教师培训　　C．教育制度　　D．证书制度

9．未成年人保护工作应当遵循的原则不包括（　　）。

A．教育与保护相结合的原则　　B．适应未成年人身心发展规律和特点

C．合法权利的原则　　D．尊重未成年人人格尊严的原则

10．《国家中长期教育改革和发展规划纲要（2010—2020年）》提出，对中小学教师实行（　　）。

A．每两年一周期的全员培训　　B．每三年一周期的全员培训

C．每七年一周期的全员培训　　D．每五年一周期的全员培训

11．教师对解除收容教育、劳动教养后回校复学的未成年学生，应当（　　）。

A．限制其与其他同学接触　　B．限制其使用学校的设施

C．按其以往表现评价品行　　D．允许参加学校各项活动

12．班主任张老师按学生的期中考试成绩调整座位，将考试成绩排在班级后5名的学生安排坐在最后一排。张老师的做法（　　）。

A．是激发学生的重要手段　　B．侵犯了学生的人格尊严

C．是管理班级的有效手段　　D．侵犯了学生的受教育权

13．下列选项中，属于《国家中长期教育改革和发展规划纲要（2010—2020年）》提出的战略目标的是（　　）。

A．全面普及学前教育　　B．基本实现区域之间的教育公平

C．全面实施素质教育　　D．优质教育资源总量不断扩大

14．为确保儿童享有接受教育的权利，联合国《儿童权利公约》规定各缔约国应当（　　）。

A．实现全面的免费义务教育　　B．采取有效措施降低辍学率

C．使得所有人接受高等教育　　D．发展不同形式的学前教育

15．根据《幼儿园工作规程》，下列选项不正确的是（　　）。

A．幼儿园是对3周岁以上学龄前幼儿实施保育和教育的机构

B．幼儿园以游戏为基本活动，寓教育于各项活动之中

C．幼儿入园前须进行简单测试，通过者方可入园

D．幼儿入园前须进行体检，通过者方可入园

16．公办幼儿园教师张某多次申报职称未果，认为是幼儿园领导故意为难他。此后，张某经常迟到、早退，教学敷衍了事，园长对其进行批评教育，但张某仍然我行我素，幼儿园上报教育主管部门后将其解聘。该幼儿园的做法（　　）。

A．不正确，事业单位的人员不能解聘

B．不正确，侵犯张某教育教学权

C．正确，应同时追究张某教育教学权

D．正确，张某行为给教学造成损失

17．成年人杨某对5岁的小明说："你敢砸人家的玻璃，你就是英雄。"小明听后，拿起一块石头就砸破了小刚家的玻璃。对小刚家的损失应承担赔偿责任的是（　　）。

A．小明　　B．杨某
C．小明的监护人　　D．杨某和小明的监护人

18. 某医院擅自将幼儿吴某的照片及病例刊登在宣传材料上广为散发，用以宣传本院的医治水平。该医院的行为(　　)。
A．侵犯了吴某的名誉权　　B．侵犯了吴某的姓名权
C．侵犯了吴某的健康权　　D．侵犯了吴某的隐私权

19.《国家中长期教育改革和发展规划纲要(2010—2020 年)》提出健全统筹有力、权责明确的教育管理体制。深化教育管理体制改革的重点是(　　)。
A．加强省级政府的教育统筹　　B．转变政府职能和简政放权
C．建立依法办学的学校制度　　D．规范政府管理权限和职责

20. 某县教育局长马某挪用教育经费，建造教育局办公大楼。对于马某，应当依法(　　)。
A．给予处分　　B．给予行政拘留
C．责令其限期悔过　　D．责令其赔礼道歉

21. 某幼儿园为增强家园协作，决定设立家长委员会协助开展工作。根据《幼儿园工作规程》的规定，家长委员会的主要任务是(　　)。
A．负责与社会的联系和合作　　B．组织交流家庭教育经验
C．管理园舍、设备和经费　　D．监督指导幼儿园管理工作

22. 小学生李某多次违反学校管理制度，对于李某，学校可以采取的管教方式是(　　)。
A．强制劝退　　B．批评教育
C．开除学籍　　D．收容教育

23. 因为父母双亡，5 岁的亮亮成了孤儿。根据《中华人民共和国未成年人保护法》，应对其实行收留抚养责任的主体是(　　)。
A．教育行政部门　　B．幼儿教育机构
C．儿童福利机构　　D．社区居民委员会

24. 校外人员孔某趁幼儿园门卫疏忽之际，骑摩托车闯入幼儿园，将幼儿刘某撞伤。对刘某所受伤害，应当承担主要责任的是(　　)。
A．孔某　　B．门卫
C．幼儿园　　D．刘某的监护人

25.《国家中长期教育改革和发展规划纲要(2010—2020 年)》提出，要将减轻中小学生课业负担作为教育工作的重要任务。为切实减轻学生课业负担，各级政府可以采取的措施有(　　)。
A．减少学生课外及校外活动　　B．加强教辅市场管理，取缔补习机构
C．调整教材内容，科学设计课程难度　　D．依据升学率对地区和学校进行排名

26. 下列选项中，不属于联合国《儿童权利公约》中确认和保护的儿童权利的是(　　)。
A．信仰和宗教自由的权利　　B．益于社会保障的权利

C．自由发表言论的权利　　D．选举和被选举的权利

27．王老师在教室里贴了一个“坏孩子”榜，那些爱讲话、爱打闹的小朋友都榜上有名。王老师的做法（　　）。

A．合理，有助于维护教师权威　　B．合理，体现了对幼儿的严格要求

C．不合理，没有认真备课上课　　D．不合理，没有尊重幼儿人格

28．面对捣乱的幼儿，个别同事采取体罚的办法；叶老师没有这样做，而是耐心地与幼儿交流，帮助他们改正缺点。这说明叶老师能够做到（　　）。

A．依法执教　　B．团结协作　　C．尊重同事　　D．终身学习

29．《幼儿园中长期发展规划纲要》提出，要重点发展农村学前教育。下列说法不正确的是（　　）。

A．扩大农村幼儿园建园　　B．着力促进留守儿童发展

C．着力促进发展农村幼儿园现有规模　　D．保证乡镇中心幼儿园的示范作用

30．梁老师因为旷工被幼儿园处分，但他对幼儿园的处分表示不服。他应该向（　　）提出申诉。

A．园长　　B．幼儿园

C．书记　　D．教育行政部门

31．李老师经常让幼儿在教学活动中到室外进行罚站。这种做法（　　）。

A．不正确，老师侵犯幼儿受教育权　　B．不正确，教师侵犯幼儿荣誉权

C．正确，教师有管理幼儿的权利　　D．正确，教师有教育幼儿的权利

32．赵某在幼儿园活动室抽烟。赵某的做法（　　）。

A．不正确，教师不能在幼儿园抽烟　　B．不正确，教师只能在休息室抽烟

C．正确，教师有抽烟的权利　　D．正确，教师在休息室可以抽烟

33．洋洋在自由活动时自行从幼儿园走出，在人行道上被一电动车刮伤。对洋洋的伤害有赔偿责任的是（　　）。

A．幼儿园　　B．车主　　C．父母　　D．幼儿园和车主

34．幼儿园安排行政人员代替李老师参加培训。幼儿园的做法（　　）。

A．合理，幼儿园有选派参培人员的权利

B．合理，幼儿园有管理和教育员工的权利

C．不合理，侵犯了老师参加培训的权利

D．不合理，侵犯了李老师教育教学的权利

35．《国家中长期教育改革和发展规划纲要（2010—2020年）》要求，学前教育发展的一大任务是重点发展（　　）。

A．西部地区学前教育　　B．边远地区学前教育

C．城镇学前教育　　D．农村学前教育

36．孙某和张某共同举办了一家具有法人资格的幼儿园，由张某担任园长。该幼儿园的法人代表是（　　）。

A．张某　　B．孙某　　C．孙某和张某　　D．教职工大会

37. 教师钱某对幼儿园解聘自己的决定不服。钱某可以向教育行政部门(　　)。
A. 检举　　B. 揭发
C. 提出诉讼　　D. 提出申诉

38. 15 岁的小江辍学到王某所办的电子厂打工。王某的行为(　　)。
A. 合法,王某有自主招工的权利　　B. 合法,王某有管理工人的权利
C. 不合法,工厂不得招用童工　　D. 不合法,征得家长同意可招用

39. 幼儿园小朋友洋洋的画被幼儿园推荐发表。所得稿酬应归于(　　)。
A. 幼儿园　　B. 洋洋本人
C. 洋洋的父母　　D. 洋洋的老师

40. 某民办寄宿制幼儿园小朋友珺珺睡觉时不小心从上铺摔下受伤,关于该事故(　　)。
A. 幼儿园无过错,不承担法律责任　　B. 幼儿园有过错,承担相应法律责任
C. 幼儿园无过错,但应负赔偿责任　　D. 幼儿园有过错,承担一定补偿费

41. 学生小涛经常旷课,不遵守学校的管理制度,学校对小涛进行教育的恰当方式是(　　)。
A. 将他交给家长批评教育　　B. 了解情况后耐心教育他
C. 等待他自我醒悟并改正　　D. 批评教育无效果开除他

参考答案

1.《教育法》第七十五条规定:"违反国家有关规定,举办学校或者其他教育机构的,由教育行政部门或者其他有关行政部门予以撤销;有违法所得的,没收违法所得;对直接负责的主管人员和其他直接责任人员,依法给予处分。"因此正确答案是 A。

2. 在前边的法律基础知识部分的讲解中,我们学过承担法律责任的主体有两类:一类是法人,一类是自然人。法人可以独立承担法律责任,因此答案 A 和 C 可以排除,剩下的问题就是:校办产业是否可以独立承担法律责任?《教育法》第三十二条明确规定:"学校及其他教育机构兴办的校办产业独立承担民事责任。"因此正确答案是 D。

3. 有些考题答案,仅仅有一字之差,却又让人觉得都很合理,很容易混淆。所以考生对于需要记忆的法条,要做到记忆精准。《教育法》第二十七条规定:"设立学校及其他教育机构,必须具备下列基本条件:(一)有组织机构和章程;(二)有合格的教师;(三)有符合规定标准的教学场所及设施、设备等;(四)有必备的办学资金和稳定的经费来源。"因此正确答案是 B。

4. C　5. C　6. C　7. A　8. B　9. C　10. D　11. D　12. B　13. D　14. B　15. C　16. D　17. B　18. D　19. B　20. A　21. B　22. B　23. C　24. A　25. C　26. D　27. D　28. A　29. C　30. D　31. A　32. A　33. D　34. C　35. D　36. A　37. D　38. C　39. B　40. A　41. B

真|题|汇|总

1. (2013 年上半年·综合素质)我国未成年人保护工作应遵循的原则不包括(　　)。
   A. 教育与保护相结合
   B. 尊重未成年人的人格尊严
   C. 适应未成年人身心发展的规律和特点
   D. 儿童权利优先
2. (2013 年下半年·综合素质)课间,小莉正在同学面前大声朗读小娟的日记,被走进教室的小娟发现,小娟找到班主任诉说此事,班主任最恰当的做法是(　　)。
   A. 制止小莉这种行为　　B. 批评小娟总是告状
   C. 劝说小莉不要声张　　D. 劝说小娟宽容小莉
3. (2013 年下半年·综合素质)某县小学教师李某对学校给予他的处分不服,李某可以提出申诉的机构是(　　)。
   A. 所在省教育行政主管部门　　B. 当地县教育行政主管部门
   C. 当地县级人民政府　　D. 学校教工代表大会
4. (2013 年下半年·综合素质)李老师就校务公开问题向学校提建议,李老师的做法是在(　　)。
   A. 行使教师的权利　　B. 履行教师的义务
   C. 影响学校的秩序　　D. 给学校出难题
5. (2014 年上半年·综合素质)学生刘某因家庭经济困难无法按规定完成义务教育。依据《中华人民共和国未成年人保护法》,对于刘某的受教育权利,具有保障责任的是(　　)。
   A. 刘某的监护人　　B. 当地教育机构
   C. 儿童福利机构　　D. 当地人民政府
6. (2014 年上半年·综合素质)国有企业员工李某经常在家酗酒后打骂孩子,对于李某的行为,下列表述中正确的是(　　)。
   A. 可由李某所在单位给予劝诫　　B. 可由李某所在单位给予处分
   C. 可由当地人民政府给予行政处罚　　D. 可由当地人民政府进行行政调解
7. (2014 年上半年·综合素质)某小朋友在暑假期间擅自钻幼儿园的铁门,导致右腿划伤。对于该小朋友所受伤害,下列选项中正确的是(　　)。
   A. 幼儿园存在过错,应当承担赔偿责任
   B. 幼儿园没有过错,但要承担赔偿责任
   C. 幼儿园没有过错,无需承担赔偿责任
   D. 幼儿园存在过错,但可免除赔偿责任
8. (2014 年上半年·综合素质)张老师大学本科毕业后自愿到少数民族地区从事教育工作。依据《中华人民共和国教师法》,应当依法对张老师(　　)。
   A. 给予补贴　　B. 予以表彰　　C. 进行奖励　　D. 提高津贴

9. (2014年上半年·综合素质)某幼儿园为实现管理工作的规范化,要求保育员采取措施来控制幼儿的便溺时间和次数。该幼儿园的做法( )。
   A. 正确,有利于培养幼儿良好的生活习惯
   B. 正确,体现了保育员管理幼儿生活的权利
   C. 错误,违反了《幼儿园工作规程》的规定
   D. 错误,违反了联合国《儿童权利公约》的规定
10. (2014年下半年·综合素质)某幼儿在手工活动中吵闹不休,班主任一怒之下用胶带贴住该幼儿的嘴巴,该班主任的做法( )。
   A. 正确,班主任有维护班级秩序的职责
   B. 正确,班主任有批评教育幼儿的权利
   C. 不正确,违反了不得体罚幼儿的规定
   D. 不正确,侵犯了幼儿言论自由权利
11. (2014年下半年·综合素质)某幼儿园规定,女教师必须在园工作3年后方可怀孕,否则产假按事假对待。该规定( )。
   A. 合法,体现了幼儿园的自主办园权利
   B. 合法,保障了幼儿园正常的教学秩序
   C. 不合法,侵犯了女教师的身体权
   D. 不合法,侵犯了女教师的人权
12. (2014年下半年·综合素质)教师李某因盗窃被法院判处有期徒刑一年,缓刑一年。下列说法中正确的是( )。
   A. 李某服刑期满后可以从事教师职业
   B. 李某可在民办幼儿园从事教师职业
   C. 李某5个月内不得从事教师职业
   D. 李某终身不能从事教师职业

参考答案

1. 这种题需要大家对法条有清晰记忆。《未成年人保护法》第一章第五条规定:“保护未成年人的工作,应当遵循下列原则:(一)尊重未成年人的人格尊严;(二)适应未成年人身心发展的规律和特点;(三)教育与保护相结合。”因此正确答案是D。

2. 从生活实践中这四种答案的情形都可能出现过,大家也可能认为,教师的任何一种做法都是合适的,但是这道题需要大家从法律的角度去分析。首先大家要考虑的问题是:小莉的做法是否合法?根据《未成年人保护法》第三十九条“任何组织或者个人不得披露未成年人的个人隐私”的规定,显然小莉的做法是违法的,侵犯了小娟的隐私权。第二个大家需要考虑的问题是:教师对于这种违法行为负有哪些义务?《教师法》第八条明确规定:“教师应当履行下列义务:(五)制止有害于学生的行为或者其他

侵犯学生合法权益的行为，批评和抵制有害于学生健康成长的现象。”因此，教师对于小莉侵犯小娟隐私权的行为负有制止的义务。这两个问题都解决了，正确的答案为A。

3. 本题答案中容易让大家混淆的是有两个教育行政部门，应该选择哪个呢？根据《教师法》第三十九条规定：“教师对学校或者其他教育机构侵犯其合法权益的，或者对学校或者其他教育机构作出的处理不服的，可以向教育行政部门提出申诉，教育行政部门应当在接到申诉的三十日内，作出处理。”通常应该向主管作出处分决定的学校的教育行政部门提出申诉，题干中描述的是“某县小学”，因此应当向当地县教育行政主管部门提出申诉。因此正确答案是B。

4. 《中华人民共和国教师法》第七条规定：“教师享有下列权利：（五）对学校教育教学、管理工作和教育行政部门的工作提出意见和建议，通过教职工代表大会或者其他形式，参与学校的民主管理。”“李老师就校务公开问题向学校提建议”是教师行使法定权利的表现。因此正确答案是A。

5. 《未成年人保护法》第二十八条规定：“各级人民政府应当保障未成年人受教育的权利，并采取措施保障家庭经济困难的、残疾的和流动人口中的未成年人等接受义务教育。”因此，当地人民政府有保障正常儿童、残疾儿童、问题儿童、家庭困难儿童、少数民族儿童等所有未成年人受教育权的义务。因此正确答案是D。

6. 《未成年人保护法》第六十二条规定：“父母或者其他监护人不依法履行监护职责，或者侵害未成年人合法权益的，由其所在单位或者居民委员会、村民委员会予以劝诫、制止；构成违反治安管理行为的，由公安机关依法给予行政处罚。”因此正确答案是A。

7. 《学生伤害事故处理办法》第十三条规定：“下列情形下发生的造成学生人身损害后果的事故，学校行为并无不当的，不承担事故责任；事故责任应当按有关法律法规或者其他有关规定认定：（三）在放学后、节假日或者假期等学校工作时间以外，学生自行滞留学校或者自行到校发生的。”因此正确答案是C。

8. 《教师法》第二十七条规定：“地方各级人民政府对教师以及具有中专以上学历的毕业生到少数民族地区和边远贫困地区从事教育教学工作的，应当予以补贴。”因此正确答案是A。

9. 《幼儿园工作规程》第二十二条规定：“幼儿园应当培养幼儿良好的大小便习惯，不得限制幼儿便溺的次数、时间等。”因此正确答案是C。

10. 《未成年人保护法》第二十一条明确规定：“学校、幼儿园、托儿所的教职员工应当尊重未成年人的人格尊严，不得对未成年人实施体罚、变相体罚或者其他侮辱人格尊严的行为。”因此正确答案是C。

11. 根据考生自己掌握《教师法》和其他法律相关的知识，很容易能够判断出，幼儿园的这种做法是不合法的，A、B就可以排除了。在C、D两个答案中，考生需要区分身体权和人权。身体权，是指自然人保持其身体组织完整并支配其肢体、器官和其他身体组织的权利。显然怀孕的权利不属于身体权的范围，而属于人权的范围。因此正确答案是D。

12.《教师法》第十四条规定："受到剥夺政治权利或者故意犯罪受到有期徒刑以上刑事处罚的，不能取得教师资格；已经取得教师资格的，丧失教师资格。"《教师资格条例》第十八条规定："依照教师法第十四条的规定丧失教师资格的，不能重新取得教师资格。"因此正确答案是D。考生需要注意的是如果是过失犯罪受到有期徒刑以上的刑事处罚并且没有被剥夺政治权利的人，是可以取得教师资格或者不会因此而丧失教师资格的。

第三章
文化素养

命题分析 ▶▶▶

该模块知识点常以单项选择题形式考查，考生需要具备一定的文史常识、科技常识、文学素养、科学素养和艺术素养。

第一节　中外历史概览

一、中国历史常识

（一）中国古代史

1. 原始社会

（1）元谋人　在云南省元谋县，我国考古学家发现了两颗门齿化石和一些人工打制的粗糙的石器，以及大量炭屑、小块烧骨。经专家鉴定，这是远古人类的牙齿和遗物，证明他们已经会制造工具和知道用火了。会不会制造工具是人和动物的根本区别。元谋人生活在距今170万年左右，是我国境内已知的最早人类。

（2）北京人　1929年冬天，在北京西南周口店龙骨山的山洞里，我国青年考古工作者裴文中发掘出一个头盖骨化石。此后，考古工作者在北京周口店又先后发掘出五个比较完整的头盖骨化石和一些其他部位的骨骼化石，还有大量的石器和石片等物品，共十万件以上。这就是名震世界的北京人。他们生活在距今约71万年至23万年，还保留了猿的某些特征，但手脚分工明显，能够制造和使用工具。北京人遗址是世界上出土古人类遗骨、化石和用火遗迹最丰富的遗址。我国是世界上发现远古人类遗址最多的国家。

（3）山顶洞人　距今约3万年，在北京人活动过的地区，又生活着一群远古人。他们的模样和现代人基本相同。他们的骨骼化石是在周口店龙骨山的山顶洞穴里发现的，考古学家把他们叫做山顶洞人。他们仍使用打制石器，但已掌握磨光和钻孔技术，属于考古学意义上的旧石器时代晚期，已会人工取火，靠采集、狩猎为生，还会捕鱼。山顶洞人已用骨针缝制衣服,懂得爱美。他们生活的集体是由血缘关系结合起来的氏族。几十个人由共同的祖先繁衍下来,居住在一起,使用公有的工具,共同劳动,共同分配食物,没有贫富贵贱的差别。

(4) 河姆渡遗址和半坡遗址　这是我国原始社会母系氏族公社的典型代表。河姆渡遗址在浙江余姚,是长江流域原始农耕的代表,距今约七千年,已使用磨制石器,用耒耜耕地,种植水稻。中国是世界上最早种植水稻的国家。河姆渡原始居民居住着干栏式的房子,过着定居生活。他们饲养家禽,会制作陶器。半坡遗址发现于陕西西安附近的半坡村,距今约五六千年,已普遍使用磨制石器,他们用磨光的石器和木制的耒耜等开垦土地,用石刀收割庄稼。他们的主要粮食作物是粟。我国是世界上最早种植粟的国家。半坡原始居民居住在半地穴的房子里。会饲养猪狗等动物,还会用箭头、渔叉、鱼钩打猎捕鱼。他们能制造色彩鲜丽的彩陶,上面绘有各式各样的美丽图案。陶器上还出现一些刻画符号,有些学者认为这是我国早期文字的雏形。

(5) 炎黄子孙　距今约四五千年前,在我国黄河流域和长江流域活动着许多部落。炎帝和黄帝是我国古老传说中黄河流域著名的部落首领。那时候,部落之间经常发生战争。东方有强大的蚩尤部落,相传他们以铜作兵器,勇猛异常。黄帝部落联合炎帝部落在涿鹿一战中大败蚩尤。从此,炎帝、黄帝部落结成联盟,经过长期发展,形成日后的华夏族。后人尊称黄帝为“人文初祖”,海外华人常自豪地称自已为“炎黄子孙”。

(6) 禅让制　传说继黄帝之后,我国黄河流域杰出的部落联盟首领还有尧、舜、禹。尧生活简朴,克已爱民。舜宽厚待人,以身作则。禹领导人民治理洪水,与群众同甘共苦,在外13年,三过家门而不入。相传,尧年老时,征求各部落首领的意见,推举舜做他的继承人。舜年老时,采取同样的办法把位置让给治水有功的禹。这种民主推举部落联盟首领的办法,历史上叫做“禅让制”。

2. 奴隶社会

(1) 夏、商、西周　约公元前2070年,禹建立夏朝,这是我国历史上第一个王朝。禹死后,他的儿子启继承父位。从此,世袭制代替了禅让制,“公天下”变成了“家天下”。夏朝的建立标志着我国早期国家的产生。夏朝经历了四百多年,最后一个国王桀,是历史上有名的暴君。约公元前1600年,汤战胜桀,夏朝灭亡,商朝建立。因为水患和政治动乱,商朝曾几次迁都,一直到商王盘庚迁都到殷,都城才稳定下来。所以后人又称商朝为殷朝。商朝后期政治混乱,最后一个国王纣,是历史上有名的暴君。这时,西边渭水流域的周国,迅速发展起来。周文王重视发展农业生产,任用贤人姜尚等,国力逐步强大。文王死后,武王继位,他联合西方和南方的小国、部落,向商纣进攻。公元前1046年,双方展开牧野之战。商军阵前倒戈,引导周军攻入商都,商纣逃到鹿台自焚而死,商朝灭亡。武王建立周朝,定都镐京,历史上叫做西周。

(2) 青铜文化　在原始社会末期,我国已出现青铜器。到了夏朝,青铜器种类逐渐增多。商朝是我国青铜文化的灿烂时期,青铜器生产规模大,品种多,工艺精美。著名的青铜器有巨大的司母戊鼎和造型精美的四羊方尊等。西周青铜器种类更加丰富,大量用于祭祀。与商、周同期,我国西南地区的成都平原,也盛行一种独特的青铜文化,这就是举世闻名的“三星堆”文化。

(3) 甲骨文 商代文化的主要成就是他们创造了比较成熟的文字——甲骨文。商代的人很迷信，宫廷及贵族占卜风气盛行。大到国家政治事务，小到私人生活，诸如祭祀、征伐、年景、游猎、生子、疾病等，都要占卜，测其吉凶祸福。卜官将占卜的时间、要问的事项、事情的发展前景、占卜的结果或应验情况，都用当时的文字刻到事先准备好的龟甲兽骨上，这些文字就叫甲骨文，或卜辞。带有卜辞的甲骨都要当作国家的档案保存在王宫的档案馆里，因此甲骨文保存了商朝丰富的史料，从经济到政治，从祭祀、战争到社会生产、生活，以及思想意识、天文历法、科学技术等方面内容无所不包。清末学者王懿荣最先发现这些甲骨的价值，收集了约1500片；小说家、学者刘鹗得到这些甲骨后，于1901年编成《铁云藏龟》，这是我国第一部甲骨学著作。后来出现了罗振玉、王国维、郭沫若、董作宾等甲骨文学者。考古成果表明，文字起源远远早于商代：半坡遗址出土的距今约五六千年的陶器上，出现过文字刻划；距今约四千多年的大汶口晚期陶器上出现过更为复杂的象形符号；河南登封夏文化遗址陶器上，有更为进步的文字。商代的甲骨文更为成熟，象形、会意、指事、形声、假借都已具备了。

(4) 分封制 为了巩固统治，西周实行分封制。周天子把土地、平民和奴隶分给亲属、功臣等，封他们为诸侯。诸侯必须服从周天子的命令，向天子交纳贡品，平时镇守疆土，战时带兵跟随天子作战。西周通过分封诸侯，开发了边远地区，加强了统治，成为一个强盛的国家。

(5) 春秋五霸 公元前770年，周平王东迁洛邑，史称“东周”。东周分为春秋和战国两个时期。春秋(名字来自孔子所修订的史书《春秋》)时期，天子的地位一落千丈，诸侯不再听从天子的命令，天子反而依附于强大的诸侯。各诸侯国之间不断进行战争，强大的诸侯迫使各国承认他的首领地位，成为“霸主”。著名的“春秋五霸”，有两种说法：一种为齐桓公、宋襄公、晋文公、秦穆公、楚庄王；另一种为齐桓公、晋文公、楚庄王、吴王阖闾、越王勾践。

(6) 战国七雄 战国(名字来自西汉刘向编定的《战国策》)时期形成了齐、楚、燕、韩、赵、魏、秦七雄并立的局面，各国之间战争更为频繁。战国末期，经过了商鞅变法的秦国强大起来，不断通过战争兼并东方各国的土地。公元前260年秦赵之间发生空前激烈的长平之战，赵大败。从公元前230年至公元前221年，秦王嬴政陆续灭掉韩、赵、魏、楚、燕、齐六国，完成统一，建立秦国。

(7) 屈原与《离骚》 屈原生活在战国末期的楚国。他吸收民歌精华，采用楚国方言，创造出一种新的诗歌体裁——楚辞。屈原创作出很多优秀诗篇，代表作是《离骚》。公元前278年，楚国都城郢被秦国占领，屈原无比绝望，于这年五月初五投汨罗江自尽，以身殉国。每年五月初五我们吃粽子、划龙舟，过端午节，就是为了纪念这位伟大的爱国诗人。世界和平理事会把屈原定为世界文化名人。

(8) 老子、孔子和百家争鸣 春秋末期的老子，是道家学派的创始人。他的学说记录在《道德经》里。春秋末期的孔子，是儒家学派的创始人。他的学说后来成为中国封建社会的正统思想。他创办私学，广收门徒，因材施教，也是大教育家。他的言论主要收集在

《论语》中。春秋战国时期，社会急剧变化，各学派纷纷著书立说，发表意见，互相争论，形成了“百家争鸣”的局面。墨家学派的创始人是墨子。儒家在战国时期的代表人物是孟子。道家在战国时期的代表人物是庄子。法家的代表人物是战国末期的韩非子。兵家的鼻祖是春秋末期的军事家孙武。他的《孙子兵法》是世界上最早的兵书，“知己知彼，百战不殆”是其中的名句。

3. 秦

(1) 秦的建立　公元前221年，秦王嬴政灭掉六国，建立起我国历史上第一个统一的中央集权的封建国家——秦朝，定都咸阳。秦朝创立了一套封建专制主义的中央集权制度，最高统治者称皇帝。皇帝至高无上，总揽全国一切军政大权。中央政府设丞相、太尉、御史大夫，分管行政、军事和监察，最后由皇帝决断。在地方上，推行郡县制，分天下为36郡，郡下设县。郡县制的推行，在我国历史上影响深远。

(2) 巩固统一的措施　秦灭六国后，秦始皇规定在全国统一货币，使用圆形方孔钱。同时，统一度量衡，对尺寸、升斗、斤两作出统一的标准。秦还统一文字，把小篆作为全国规范文字，后来又推广笔画更为简单的隶书。为了加强思想控制，秦始皇接受李斯的建议，发布焚书令，规定除政府外，民间只准留下有关医药、占卜和植树的书，其他书籍都要烧掉。他又把暗中批评他的一批儒生，在咸阳活埋，这就是历史上的“焚书坑儒”。

(3) 北筑长城和开发南疆　秦始皇对北方匈奴的不断进扰，采取了积极防御的策略。他命大将蒙恬大举反击匈奴，并由蒙恬负责，修筑了西起临洮、东到辽东的城防，蜿蜒万余里，用来抵御匈奴，这就是闻名中外的“万里长城”。宏伟的长城是我国古代劳动人民智慧和独创性的象征。秦始皇还派兵统一了东南、岭南等地区，开发那里的经济，兴修灵渠，沟通了长江水系和珠江水系。秦朝疆域辽阔，东至东海，西到陇西，北至长城一带，南达南海。在辽阔的疆域里，生活着各族人民。秦是我国历史上第一个多民族的封建国家，也是当时世界上的大国。

(4) 秦的暴政和秦末农民战争　秦始皇为自己修筑了豪华的阿房宫和骊山陵墓。1974年发现的守护秦始皇陵的秦兵马俑震惊了世界。8000多个如真人大小的陶俑、陶马和战车栩栩如生，被称为“世界第八大奇迹”。繁重的徭役，迫使成千上万的农民脱离农业生产，社会经济遭到严重破坏。秦朝的赋税也很重，还有残酷的刑法。秦始皇死后，他的儿子继位，称秦二世，更加残暴，政治十分黑暗，于是爆发了大规模农民起义。陈胜、吴广起义是中国历史上第一次大规模的农民起义。他们的革命首创精神，鼓舞了后世千百万劳动人民起来反抗残暴的统治。陈胜、吴广起义失败后，刘邦和项羽经历了四年的“楚汉之争”，最后刘邦获胜。公元前202年，刘邦建立汉朝，定都长安，历史上称为西汉。刘邦即汉高祖。

4. 汉

(1) 刘邦与“无为而治”　西汉王朝建立之初，由于长期的战乱，经济凋敝，民力困乏。在这种情况下，刘邦采取了“与民休息”的政策，黄老“无为而治”的思想为这一政策提供了理论依据。刘邦的治国、兴国措施很多，概括地说主要有四点：一是在经济方面实行轻徭薄赋政策；二是在法律方面实行轻刑慎罚政策；三是实行和平、和亲的边疆政策；四是在文化事业方面实行顺应发展的政策。正是这些政策使得汉初的经济逐步恢复并发展起来。

(2) 文景之治　高祖的后继者汉文帝、汉景帝等，继承高祖的政策。奖励努力耕作的农民，劝诫百官关心农桑。每年春耕时亲自下地耕作，给百姓做榜样。他们提倡节俭，并以身作则。他们重视"以德化民"，社会比较安定，百姓富裕起来。历史上称这一时期的统治为"文景之治"。

(3) 汉武帝的大一统　汉武帝雄才大略，他在位时，采取一系列措施，加强中央集权。汉初分封的诸侯王到汉武帝时依然有相当的势力，他接受主父偃的建议，颁布推恩令，削弱诸侯国的势力。西汉初年，诸子百家的各派人物还很活跃。诸王门下聚集了许多宾客，常常批评皇帝的政策，指责中央。汉武帝为改变这种局面，接受董仲舒的建议："罢黜百家，独尊儒术。"把儒家学说作为封建正统思想。汉武帝还大力推行儒学教育，在长安举办太学，以儒家的五经为主要教材。太学是我国古代的最高学府。汉武帝在经济上、军事上也采取了一系列措施加强中央集权。汉武帝时，西汉王朝在政治、经济、军事和思想上实现了大一统，开始进入鼎盛时期。

(4) 匈奴与汉朝的和战　匈奴族在蒙古草原过着逐水草而居的游牧生活。秦汉之际，匈奴的杰出首领冒顿单于第一次统一了蒙古草原，建立起强大的国家。秦末汉初，中原长期战乱，匈奴乘机夺取河套地区，并继续南下。西汉初年，限于国力，不得不对匈奴实行"和亲"政策。但是匈奴仍然年年挥师南下，经常威胁到黄河流域人民的生产与生活。汉武帝时，国力强盛，开始对匈奴实行大规模的反击，夺取了河套和河西走廊地区。大将卫青、霍去病在漠北大败匈奴，此后匈奴无力再与西汉对抗，部分匈奴人开始西迁。

(5) 昭君出塞　公元前一世纪中期，匈奴分裂为几部，彼此攻杀不休。其中一部的首领呼韩邪单于向汉朝称臣，南迁到长城附近，同西汉订立了和好盟约。汉元帝时，呼韩邪单于入朝请求和亲。宫女王嫱(昭君)自请前往，汉元帝把她嫁给了呼韩邪单于。此后，边境安定了较长的一段时间。呼韩邪单于和王昭君为汉、匈的友好相处和文化交流作出了重大贡献。史书记载，昭君和亲后，"边城晏闭，牛马布野，三世亡(无)犬吠之警，黎庶无干戈之役"。

(6) 张骞通西域和丝绸之路　两汉时期，人们把今天甘肃玉门关和阳关以西，也就是今天新疆地区和更远的地方，称为西域。汉武帝时招募人出使西域，想联络大月氏，共同夹击匈奴。张骞应募出使。公元前138年，他带领百余名随从从长安出发，在途中被匈奴扣留了十年，后来设法逃脱辗转到达大月氏，那时大月氏西迁已久，不愿再与匈奴打仗，张骞无功而返。公元前119年，张骞第二次出使西域。他率领的使团，带着上万头牛羊和大量丝绸，访问了西域许多国家。汉朝和西域的交往从此日趋频繁。公元前60年，西汉政府设立西域都护，总管西域事务，从此新疆地区开始隶属中央政府，成为我国不可分割的一部分。张骞通西域后，汉朝的使者、商人接踵西行，西域的使者、商人也纷纷东来。中国的丝和丝织品从长安通过河西走廊、今新疆地区运往西亚，再转运到欧洲，西域的奇珍异宝也输入中国内地。这条沟通中西交通的陆上要道，就是历史上著名的丝绸之路。汉武帝后，西汉的商人还常出海贸易，开辟了海上交通要道，这就是历史上著名的海上丝绸之路。

(7) 班超经营西域　东汉初年，为了恢复对西域的管辖，东汉政府派班超出使西域。

“不入虎穴,焉得虎子。”班超用智慧和谋略帮助西域各国摆脱了匈奴的控制,被东汉政府任命为西域都护。他在西域经营三十多年,曾派部下甘英出使大秦(古罗马),未到达。166年,大秦派使臣访问洛阳,这是欧洲国家同我国交往的最早记录。

(8) 秦汉文化　甘肃天水的一座汉墓里出土了一张纸,是西汉早期用麻做的纸,也是目前世界上已知的最早的纸。东汉的宦官蔡伦用树皮、破布、麻头和旧渔网做原料造纸,改进了造纸术。后人把这种纸叫做蔡侯纸。造纸术的发明是我国人民对世界文化的巨大贡献。东汉科学家张衡创制了地动仪,这是世界公认的最早的测量地震方位的仪器。汉代最著名的医学家是华佗和张仲景。华佗制成的全身麻醉药剂“麻沸散”,是世界医学史上的创举。张仲景写成《伤寒杂病论》,后世尊称“医圣”。司马迁是我国古代伟大的史学家,他撰写的《史记》记述了从黄帝到汉武帝时期的史事,是我国第一部纪传体通史。鲁迅称赞它为“史家之绝唱,无韵之离骚”。佛教是当今世界三大宗教之一,它起源于古印度,西汉末年传入我国。东汉明帝时开始兴建佛寺,白马寺是我国最早的佛教寺院。道教是我国土生土长的宗教,东汉时期道教在民间兴起,创始人之一叫张陵(张天师);道教尊老子为教主,称他为“太上老君”。佛教和道教都对中国文化有深远影响。

5. 三国、两晋、南北朝

(1) 三国鼎立的形成　东汉末年,群雄并起,各地诸侯长期混战,生产遭到严重破坏。曹操通过官渡之战大败袁绍,之后陆续消灭了一些军阀,基本上统一了北方。之后曹操率军南下,想统一南北,长江中下游一带的孙权和刘备联合抗曹,在赤壁之战中大败曹操,奠定了三国鼎立的局面。之后,曹操退守黄河流域一带不敢轻易南下。孙权在长江中下游的势力得到巩固。刘备乘机占领湖北、湖南的大部分地区,又向西占领四川。220年,曹操的儿子曹丕废掉汉献帝,自称皇帝,国号魏,定都洛阳。221年刘备在成都称帝,国号汉,史称蜀。222年,孙权称王,国号吴,后定都建业。三国鼎立局面形成。

(2) 两晋和南北朝　曹丕死后,大臣司马懿控制了魏国的大权。三国中力量最弱的蜀汉最先被魏国灭掉。266年,司马懿的孙子司马炎篡夺了皇位,建立了晋朝,定都洛阳,史称“西晋”。280年,西晋灭掉了吴国,结束了分裂的局面。西晋统一的时间很短暂,后被北方和西方内迁的少数民族中的一支匈奴人所灭。317年,皇族司马睿重建晋朝,都城在建康,史称东晋。此时,北方陷入严重的战乱。后氐族人建立了前秦政权,前秦王苻坚统一了黄河流域。383年,前秦与东晋展开淝水之战,前秦失败,之后其统治瓦解,北方地区重新陷入割据混战的状态。东晋在南方取得暂时的稳定,为经济发展提供了有利的条件。420年,大将刘裕自立为帝,国号宋,结束了东晋的统治。此后,南方经历了四个王朝,宋、齐、梁、陈。总称“南朝”。439年,鲜卑人建立的北魏统一了黄河流域。北魏孝文帝时把都城从平城迁到了洛阳,为了学习汉族的先进的文化,他进行了一系列改革,如说汉话、穿汉服、改汉姓、和汉族人通婚等,促进了民族融合。后来北魏分裂为东魏、西魏,后为北齐、北周,这几个北方政权统称为“北朝”。

(3) 文化　南朝数学家祖冲之在世界上第一次把圆周率的数值计算到小数点以后的第七位,即3.1415926和3.1415927之间。北朝贾思勰的《齐民要术》是我国现存的第一部完整的农业科学著作。北魏地理学家郦道元的《水经注》是一部综合性的地理学专著。东晋的王羲之被后人称为“书圣”。他的代表作《兰亭序》有“天下第一行书”的美誉。东晋画家顾恺之代表作有《女史箴图》和《洛神赋图》。北朝留下了大量的石窟艺术，山西大同的云冈石窟和河南洛阳的龙门石窟是著名的两大石窟。

6. 隋唐

(1) 隋朝的建立　581年，杨坚夺取北周政权，建立隋朝，定都长安。杨坚即隋文帝。589年，隋军南下，灭掉陈，南北重归统一。隋文帝是个励精图治的皇帝，他在位时，改革制度，发展生产，注重吏治，国家出现统一安定的局面，人民负担较轻，社会经济繁荣。隋炀帝时，为了加强南北交通，巩固隋王朝对全国的统治，开通了一条纵贯南北的大运河，以洛阳为中心，北达涿郡，南至余杭，这是古代世界最长的运河，大大促进了我国南北经济的交流。

(2) 唐朝的建立与贞观之治　618年，在太原起兵反隋的贵族李渊，进入长安，建立唐朝，李渊即唐高祖。唐高祖退位后，李世民继位，即唐太宗，年号贞观。他重视发展生产，减轻农民的赋税劳役，同时注意戒奢从简。唐太宗还注意任用贤才和虚心纳谏，他任命富于谋略的房玄龄和善断大事的杜如晦做宰相，人称“房谋杜断”。唐太宗时最有名的谏臣是魏征，他受到唐太宗的器重。贞观年间，政治比较清明，经济发展较快，国力逐步加强。史称“贞观之治”。

(3) 武则天　我国历史上唯一的女皇帝。她当政期间，继续实行唐太宗发展农业生产、选拔贤才的政策，使唐朝社会经济进一步发展，国力不断增强。人称她的统治“政启开元，治宏贞观”。

(4) 开元盛世　武则天以后，唐朝政局动荡，直至唐玄宗即位，才稳定了局面。唐玄宗统治前期，政治清明，经济空前繁荣，仓库充实，人口明显增加，唐朝进入全盛时期，历史上称为“开元盛世”。

(5) 唐朝的衰亡　唐玄宗统治后期，他渐渐贪图享乐，宠爱杨贵妃，不理政事；还任用佞臣，造成朝政混乱，发生“安史之乱”，唐朝从此日趋衰落。9世纪后期，爆发了唐末农民大起义，唐朝瓦解。907年，唐朝灭亡。

(6) 文化　隋朝杰出的工匠李春设计并主持建造的赵州桥，是世界上现存最古老的一座石拱桥。印刷术是我国古代四大发明之一。唐朝印刷的《金刚经》是世界上现存最早的、标有确切日期的雕版印刷品。唐朝杰出的医学家孙思邈用毕生心血写成《千金方》，后世尊称他为“药王”。唐朝是我国诗歌创作的黄金时代，成就最高、影响最大的诗人有李白、杜甫和白居易等。李白被称为“诗仙”，杜甫被称为“诗圣”。隋唐书法，名家辈出，最著名的当推颜真卿和柳公权。颜真卿创立了雄浑敦厚的新书体，人称“颜体”。他是继王羲之之后，我国书法史上最有成就的大书法家。柳公权的字方折峻丽，骨力劲健，自称“柳体”。唐朝著名的画家有阎立本和吴道子。阎立本擅长人物故事画，代表作有《历代帝王像》《步辇图》等。吴道子画技高超，后世称他为“画圣”，其代表作为《送子天王图》。石窟艺术在隋唐时期大为发展，最著名的是坐落在今天甘肃西部的敦煌莫高窟，那里保存了大量精美的壁画和无数形象生动的彩色塑像。莫高窟堪称世界最大的艺术宝库之一。

7. 五代、辽、宋、夏、金、元

(1) 北宋的建立　唐亡后，经历了五代十国战乱频繁的时期。960 年，后周大将赵匡胤在陈桥驿发动兵变，“黄袍加身”，建立了宋朝，以开封为都城，史称北宋，赵匡胤即宋太祖。北宋建立后，陆续消灭割据政权，结束了分裂的局面。但此时北宋的北面有契丹人建立的辽，西北有党项族建立的西夏，连年对宋用兵。北宋政府拥有庞大的军队，但战斗力不强；经济繁荣，但国库空虚；“积贫积弱”是北宋最大的特点。

(2) 澶渊之盟　宋真宗时，辽军大举攻宋，一直打到黄河岸边的澶州城下，威胁东京，宰相寇准力劝皇帝亲征，宋真宗勉强来到澶州城。宋军虽然打了胜仗，但还是签订了屈辱的“澶渊之盟”，每年向辽交纳“岁币”。

(3) 王安石变法　1069 年，宋神宗召王安石到开封，主持变法。新法内容大体分三类：财政经济方面(富国)、军政方面(强兵)和教育方面(育才)。变法的核心是理财。王安石的变法，在发展生产、富国强兵方面收到了显著效果，在一定程度上改变了“积贫积弱”的局面。但由于变法触动了北宋官僚豪绅大地主阶级的既得利益，引起他们的激烈反对和攻击，加上变法派内部的纷争，最后变法失败。王安石被称为“中国十一世纪时的改革家”。

(4) 南宋与金对峙　12 世纪初期，女真首领阿骨打在会宁称帝，国号金，阿骨打即金太祖。金先灭了辽，又于 1127 年灭掉北宋，北宋皇帝宋钦宗的弟弟赵构南逃，在临安称帝，史称南宋。后形成长期的南宋与金对峙的局面。

(5) 岳飞抗金　南宋初年，金军几次南下，抗金名将岳飞带领“岳家军”从金军手中收复建康；后来金军又大举攻宋，岳飞在郾城大败金军，收复许多失地。宋高宗和权臣秦桧害怕抗金力量壮大，向金求和，并令岳飞班师，还以“莫须有”的罪名杀害了岳飞。

(6) 经济重心的南移　唐朝中晚期至五代、宋朝，南方战乱较少，许多中原人南迁，带去了先进的技术，增加了那里的劳动人手，加上自然条件的变化，江南地区的农业发展较快，逐渐超过北方。为提高粮食产量，从越南引进了优良品种占城稻，很快在江南地区推广。水稻在宋朝跃居粮食产量的首位，主要产地在南方。棉花的种植，由两广、福建扩展到长江流域。茶树的栽培也有很大的发展。北宋时南方的丝织业有了很大的发展。从海南兴起的棉织业，南宋时已发展到东南沿海地区。宋代是中国瓷器史上的辉煌时代。北宋兴起的景德镇，后来发展成为著名的瓷都。宋朝的造船业居当时世界首位。宋代商业的繁荣超过了前代，南方的商业尤为发达。那时的商业都市很多，最大的是开封和杭州。宋朝的海外贸易超过了前代，成为当时世界上从事海外贸易的重要国家，广州、泉州是闻名世界的大商港。北宋前期，四川地区出现“交子”，这是世界上最早的纸币。纸币的产生，有利于商业发展。从唐朝中后期开始的经济重心南移，到南宋最后完成。

(7) 蒙古的兴起和元朝的建立　12 世纪在蒙古高原上，居住着许多游牧部落，各部落之间混战不已，部落首领铁木真组织了一支强大的军队，经过多年征战，打败周围部落，统一了蒙古。1206 年，蒙古族召开大会，推举铁木真为大汗，尊称成吉思汗，建立蒙古国，从此结束了蒙古草原长期混战的局面。成吉思汗死后，蒙古军队相继灭亡西夏和金。后来忽必烈即汗位，于 1271 年定国号为元，次年定都大都，忽必烈即元世祖。1276 年，元军占领临安，俘虏南宋皇帝，南宋亡。抗战派大臣文天祥继续抗元，兵败被俘，坚贞不屈，最后被杀害。元世祖重视发展农业，多次下令禁止蒙古贵族圈占农田做牧场，还治理黄河，推广棉花的种植。北方农业得到恢复和发展。那时候，元朝商业繁荣。大都既是政治中心，又是闻名世界的商业大都市。中外交往也很频繁，意大利旅行家马可·波罗在元世祖时来华，居住了十几年，他的《马可·波罗游记》描述了大都的繁华景象。元朝疆域空前辽阔，为了对全国实行有效的统治，元世祖在中央设中书省，地方设行中书省，简称"行省"。我国省级行政区的设立，始于元朝。元政府在中央设宣政院，负责管理西藏地区的行政事务，西藏正式成为元朝的行政区。元政府还加强了对琉球的管辖。元朝时，许多汉人来到边疆，边疆各族也不断内迁。唐朝以来，不少定居中国的波斯人、阿拉伯人信仰伊斯兰教，他们同汉、蒙、维吾尔等族长期杂居相处，互通婚姻，逐渐融合，形成一个新的民族——回族。

(8) 宋元文化　宋元是我国古代科技发展的高峰时期。活字印刷术的发明、指南针和火药的广泛使用，是这一时期科技的重大成就。北宋时，毕昇发明了活字印刷术，将黏土做成陶活字，用来排版印刷。这种方法既经济又省时，大大促进了文化的传播。活字印刷术后来陆续传到世界各地。指南针也是我国人民的伟大发明。早在战国时期，人们就发现了磁石指南的特性，制成"司南"。这是世界上最早的指南仪器。北宋时，制成了指南针，并开始用于航海事业。南宋海外贸易发达，指南针广泛用于航海，还由阿拉伯人传到欧洲。这为后来欧洲航海家的航海活动创造了条件。火药是我国古代炼丹家发明的。唐朝中期的书籍里已有火药配方的记载。唐朝末年，火药开始用于军事上。宋元时期，火药武器广泛用于战争。十三四世纪，火药和火药武器传入阿拉伯和欧洲。印刷术、指南针和火药，加上造纸术，是我国古代的"四大发明"，是中华民族对世界文明发展的重大贡献。北宋科学家沈括的《梦溪笔谈》是一部科技著作，它详细记载了毕昇印刷术的制作过程。北宋时期的司马光，是我国古代著名的史学家，他主持编写的《资治通鉴》是一部编年体通史巨著。这部书按年代顺序，叙述了从战国到五代的历史，将近三百卷。在这部书里，编者总结出许多历史经验教训，供统治者借鉴，所以叫《资治通鉴》。词是宋代最主要的文学形式，它是一种新体诗歌，唐朝时已出现，最初在民间流行，经过五代到两宋，词得到了很大发展。宋代的词人层出不穷，杰出的有苏轼、柳永、李清照、辛弃疾等。苏轼的代表作有《念奴娇·赤壁怀古》等。元朝戏剧空前发达，出现了元曲。元朝剧作家人才辈出，其中最优秀的是关汉卿。他一生创作了大量剧本，流传至今的有十多种，代表作有悲剧《窦娥冤》。宋代画家张择端的《清明上河图》，描绘了北宋汴河两岸的风光和繁华景象，是我国美术史上的不朽作品。元代最著名的画家是赵孟頫，当时人称颂他的画属于"神品"。宋元时期，盛行随意挥洒的行书。宋代著名的书法家有苏轼、黄庭坚、米芾、蔡襄，人称"宋四家"。元朝赵孟頫的书法，劲秀雄健，功力深厚，被后世称为"赵体"。

8. 明、清

(1) 明朝君权的加强　1368 年，朱元璋以应天为都城，改称南京，建立明朝。朱元璋即明太祖。明太祖为加强君主权力，在中央，废除丞相，撤销中书省，由吏、户、礼、兵、刑、工六部分理朝政，直接对皇帝负责；在地方，废除行中书省，设立直属中央的三司。全国的军政大权都到了皇帝手中。明太祖死后,继位的建文帝害怕藩王势力膨胀,对自己构成威胁,下令削藩。北平的燕王朱棣,起兵反对建文帝,史称“靖难之役”。燕王取胜称帝,即明成祖。1421年,他迁都北京。他在锦衣卫(明太祖时设立)之外,增设特务机构——东厂,由亲信的宦官统领。厂卫特务机构的设置,是明朝君主专制高度强化的一种表现。

(2) 科举制度　我国科举制度始于隋朝,经过唐、宋和明朝不断完善,到清光绪三十一年(1905年)废止,共实行了1300多年。科举考试分为院试、乡试、会试和殿试几级,考中的人分别称为秀才、举人、贡士、进士。乡试头名称解元,会试头名称会元,殿试头名称状元,一人连中三个头名称连中“三元”。科举考试只许在四书五经范围内命题,考生只能根据指定的观点答题,不准发挥自己的见解。答卷的文体,必须分成八个部分,称为“八股文”。读书人为了中试,只顾埋头攻读经书,钻研八股,不讲求实际学问。考中做官后,他们大都成为皇帝的忠实奴仆。

(3) 明朝的对外交往　明朝前期,我国是世界上强盛的国家。为了加强同海外各国的联系,明成祖派遣郑和下西洋。1405年至1433年,郑和前后七次下西洋,到过亚、非三十多个国家和地区,最远到达红海沿岸和非洲东海岸。郑和是我国也是世界历史上的伟大航海家。明朝中期,“倭寇”经常骚扰我国东南沿海地区,明政府派戚继光到浙东沿海抗倭。他组建了一支军队,纪律严明,英勇善战,人称“戚家军”。东南沿海的倭患被平息。民族英雄戚继光的抗倭业绩也被载入史册。

(4) 清朝君主集权的强化　明朝后期,女真的首领努尔哈赤统一了女真各部,自立为汗,国号金,史称后金。努尔哈赤死后,皇太极继承汗位,他改女真族名为满洲。1636年,他在盛京称皇帝,改国号为清,皇太极即清太宗。1644年,清军入关,迁都北京,逐步建立起对全国的统治。为加强君主专制,雍正帝时设立军机处,标志着我国封建君主集权的进一步加强。为加强君主专制,清朝统治者还从思想领域严密控制知识分子。康熙、雍正和乾隆三朝,经常从知识分子的诗词文章中摘取只言片语,加以歪曲解释,再借题发挥,罗织罪名,制造了大量冤狱。人们称这种做法为“文字狱”。清朝的文字狱,造成了社会恐慌,摧残了人才。许多知识分子不敢过问政治,思想禁锢,从而严重阻碍了中国社会的发展和进步。

(5) 郑成功收复台湾　明朝后期,荷兰殖民者侵占了宝岛台湾。清初,在东南沿海一带抗清的郑成功于1662年初攻取台湾,赶走了荷兰侵略者,台湾重新回到祖国的怀抱。郑成功是我国历史上的民族英雄。后清军进入台湾,郑成功的后人归顺。1684年,清朝设置台湾府,隶属福建省。台湾府的设置,加强了台湾同祖国内地的联系,巩固了祖国的东南海防。

(6) 统一的多民族国家的巩固　17世纪中期,沙皇俄国的势力侵入我国黑龙江流域,在雅克萨和尼布楚修筑城堡,作为扩大侵略的据点。康熙帝两次派军队攻克雅克萨。1689年,中俄双方代表在尼布楚进行谈判,经过平等协商,签订了我国历史上第一个边界条约《尼布楚条约》。这个条约从法律上肯定了黑龙江流域和乌苏里江流域包括库页岛在内的广大地区,都是中国的领土。清入关后,顺治帝赐予西藏佛教首领达赖五世“达赖喇嘛”的封号。后来康熙帝赐予另一个西藏佛教首领“班禅额尔德尼”的封号。此后历世达赖和班禅都必须经过中央政府的册封。1727 年，清政府开始设置驻藏大臣。后来，清朝颁布法令，明确规定驻藏大臣代表中央政府，与达赖、班禅共同管理西藏事务。这些措施，大大加强了中央政府对西藏的管辖。土尔扈特是蒙古族的一支，明末西迁到伏尔加河下游游牧，后来受到沙俄的控制和压迫。英勇的土尔扈特部众，在首领渥巴锡的领导下，粉碎沙俄军队的层层堵截和追击，战胜严寒、酷暑和疾病等重重困难，历时八个月，行程万余里，终于返回新疆。土尔扈特部的回归，为多民族的巩固和发展谱写了光辉的篇章。清朝前期，我国的疆域西跨葱岭，西北达巴尔喀什湖，北接西伯利亚，东北至黑龙江以北的外兴安岭和库页岛，东临太平洋，东南到台湾及其附属岛屿钓鱼岛、赤尾屿等，南至南海诸岛，成为亚洲最大的国家。

(7) 明清文化　明成祖时，在元大都的基础上，修建了北京城。北京城由宫城、皇城和京城三部分组成，城中心的紫禁城，是皇帝居住的地方，是由木匠出身的蒯祥等人设计的。万里长城在明朝时大规模修筑。明长城东起鸭绿江，西至嘉峪关，蜿蜒六千余里，是世界建筑史上的奇迹。明朝医药学家李时珍，写出一部具有总结性的药物学巨著《本草纲目》，成为世界医药学的重要文献。明末科学家宋应星的《天工开物》，后来被译成多种文字，外国学者称它为“中国十七世纪的工艺百科全书”。和宋应星同时代的科学家徐光启的《农政全书》，是我国农学史上最早传播西方近代科学知识的书籍。明清时期，古典小说的创作进入成熟阶段。罗贯中的《三国演义》、施耐庵的《水浒传》、吴承恩的《西游记》和曹雪芹的《红楼梦》，被称为中国古代四大名著。明朝后期最负盛名的剧作家是汤显祖，他的代表作是《牡丹亭》。清朝中后期，北京成为戏班荟萃之地。后来以徽剧、汉调为基础，融合吸收了其他剧种的曲调和表演方法，在 19 世纪中期初步形成一个新的剧种——京剧。明朝的书法以行书、草书见长，涌现出了董其昌等一批书法家。明末的画家有徐渭，善用泼墨。清朝的“扬州八怪”继承了徐渭的笔墨纵横手法，留下的作品很多。其中最有成就的是郑燮，号板桥，兰、竹画得最出色，苍劲绝伦。

(二) 中国近代史

1. 鸦片战争

(1) 鸦片战争发生前的国内外形势　国内：封建社会走向衰落，资本主义萌芽发展缓慢。国际：英国等资本主义国家相继完成第一次工业革命，资本主义处于上升期，积极开拓海外市场。

(2) 英国把鸦片输入中国　19 世纪上半期，英国成为最强大的资本主义国家。但中国自给自足的自然经济对外国商品不自觉地抗拒，使英国始终改变不了中英贸易中入超的地位。为了打开中国市场，谋取暴利，英国开始向中国走私鸦片。但鸦片在英国是明令禁止的。

(3) 鸦片的危害　鸦片俗名“大烟”，是由罂粟的果实提制出来的一种毒品，内含吗啡等，医药上用作镇痛剂，久用上瘾，危害身体。鸦片的输入，给中华民族带来深重的灾难。它首先是对人身心的伤害。军队吸食，大大影响战斗力；官员吸食，造成政治腐败。更为严重的是，鸦片大量进入，白银大量外流，造成清政府财政困难。

(4) 虎门销烟 1839 年,林则徐到广州禁烟,下令将缴获的全部鸦片在虎门海滩当众销毁。虎门销烟是中国人民禁烟斗争的伟大胜利,显示了中华民族反对外来侵略的坚强意志。林则徐是当之无愧的民族英雄。

(5) 战争爆发及《南京条约》的签订 1840 年,英国舰队开到广东海面,鸦片战争爆发。1842 年,英国侵略者强迫清政府签订了丧权辱国的中英《南京条约》。条约规定:割香港岛给英国;赔款 2100 万元;开放广州、厦门、福州、宁波、上海五处为通商口岸;英商进出口货物缴纳的税款,中国须同英国商定。鸦片战争以后,中国开始从封建社会逐步沦为半殖民地半封建社会。鸦片战争是中国近代史的开端。

(6) 第二次鸦片战争和《北京条约》 1856 年至 1860 年,英、法在俄、美的支持下,对中国发动了第二次鸦片战争。1860 年,英法联军一路烧杀,攻入北京,洗劫了圆明园,为掩盖抢劫的罪行,放火烧毁了圆明园。如今的圆明园,只有远瀛观的几根石柱还屹立在那里。它像一座纪念碑,记录着英法联军摧残中华文明的滔天罪行。法国大作家雨果曾经愤怒地谴责英法联军的暴行。1860 年,清政府同英、法、俄分别签订了《北京条约》,其中在中英《北京条约》中有割让九龙半岛和增开天津为商埠的条款。在第二次鸦片战争前后,俄国趁火打劫,强迫清政府签订了中俄《瑷珲条约》、中俄《北京条约》、中俄《勘分西北界约记》、中俄《改订条约》等一系列不平等条约,共割占了中国东北和西北领土 150 多万平方千米。

2. 洋务运动

(1) 辛酉政变 1861 年,咸丰帝病死热河,慈禧太后勾结奕䜣发动了政变,开始垂帘听政,即"辛酉政变"。慈禧太后开始了她长达半个世纪的统治。此后中外反动势力公然勾结。1861 年,清政府设立总理各国事务衙门,即总理衙门,总揽全部洋务,设立南、北洋大臣、总税务司和同文馆。清政府官僚机构开始半殖民地化。

(2) 洋务派的形成 第二次鸦片战争后,清朝内外交困。统治集团内部一些较为开明的官员主张利用西方先进生产技术,强兵富国,摆脱困境,维护清朝统治。这些官员被称为"洋务派"。洋务派在中央以恭亲王奕䜣为代表,在地方以曾国藩、李鸿章、左宗棠、张之洞为代表。

(3) 洋务运动 从 19 世纪 60 年代到 90 年代,洋务派掀起了一场"师夷长技"的洋务运动。前期,洋务派以"自强"为口号,采用西方先进的生产技术,创办了安庆内军械所、江南制造总局、福州船政局等一批近代军事企业。后期,在继续发展军事工业的同时,又以"求富"为口号,开办一些民用企业。主要有李鸿章在上海创办的轮船招商局、张之洞创办的汉阳铁厂、湖北织布局等。从 70 年代中期到 80 年代中期,洋务派筹建了南洋、北洋和福建三支海军。他们还兴办新式学堂,培养了一批近代外交、军事和科技人才。在甲午中日战争中,北洋舰队全军覆没,洋务运动也随之破产。

(4) 影响 洋务派的主观目的是维护封建统治,而不是把中国引向资本主义。它没有使中国富强起来,但引进了西方先进的生产技术,使中国出现了第一批近代企业。洋务运动为中国近代企业积累了生产经验,培养了技术力量,在客观上为中国民族资本主义的产生和发展起到了促进作用,为中国近代化开辟了道路。

3. 中法战争和中日甲午战争

(1) 左宗棠收复新疆　1865年,阿古柏侵入新疆,自立为汗。1876年,左宗棠率清军分批进入新疆,在人民群众的支持下,痛击阿古柏侵略军。1878年,除伊犁外,新疆重新回到祖国的怀抱。19世纪80年代,中俄两国通过谈判签订了《中俄伊犁条约》,中国收回伊犁,1884年,清政府在新疆设立行省。

(2) 中法战争　法国由越南侵入广西,清政府采取了妥协退让政策。法军攻陷马尾,福建水师全军覆没。冯子材镇守镇南关取得大捷,收复大量失地。中法战争本是取胜的战争,但转眼之间却被清政府的妥协投降路线葬送。1885年6月,李鸿章签订《中法新约》,法国不胜而胜,中国不败而败。

(3) 甲午中日战争　1894年,日本为实现征服朝鲜、侵略中国、称霸世界的梦想,出兵占领朝鲜,接着发动了侵华战争。这一年是旧历甲午年,因此,这次战争叫做"甲午中日战争"。结果,北洋舰队全军覆没,清军失败。1895年,李鸿章和日本首相伊藤博文签订了《马关条约》。条约规定:清政府割辽东半岛(由于俄、德、法三国武装干涉,日本被迫同意清政府出三千万两白银赎回)、台湾、澎湖列岛给日本;赔偿日本军费白银二亿两;允许日本在中国开设工厂;增开通商口岸等。中国半殖民地化程度大大加深了。

4. 维新运动和八国联军侵华

(1) 维新运动　1895年,《马关条约》签订的消息传到北京,正在北京参加科举考试的康有为和梁启超联合各省的举人,联名上书光绪皇帝,反对同日本议和,请求变法图强,史称"公车上书"。变法维新运动揭开了序幕。康、梁创办《中外纪闻》,组织强学会。维新派的政治团体形成。1898年6月到9月,光绪帝颁布了一系列变法法令,包括:改革政府机构;鼓励私人兴办工矿企业;开办新式学堂,创办报刊;训练新式军队等。1898年是旧历戊戌年,因此称这次变法为"戊戌变法"。9月,慈禧太后发动政变,戊戌变法失败。变法历时103天,历史上又称它为"百日维新"。

(2) 八国联军侵华　1900年,义和团运动在京津地区发展。为镇压义和团反帝爱国运动,英、美、俄、日、意、法、德、奥八国联军两千多人,由英国海军司令西摩尔率领,攻入北京。慈禧太后带领光绪帝仓皇出逃。八国联军在北京烧杀抢掠,无恶不作。1901年,清政府被迫同11国(八国之外加上比利时、西班牙和荷兰)签订了丧权辱国的《辛丑条约》。主要内容:清政府赔偿白银4.5亿两,以海关等税收作担保;清政府保证严禁人民参加反帝活动;清政府拆毁大沽炮台,允许帝国主义国家派兵驻扎北京到山海关铁路沿线要地;划定北京东交民巷为使馆界,允许各国驻兵保护,不准中国人居住。《辛丑条约》给中国人民增加了新的沉重的负担,严重损害了中国的主权。从此,清政府完全成为帝国主义统治中国的工具。中国完全沦为半殖民地半封建社会。

5. 辛亥革命

(1) 孙中山　名文,号逸仙,化名中山樵,常以中山为名。生于广东省香山县。中国近代民主革命的先行者,中华民国和中国国民党的缔造者,三民主义的倡导者。辛亥革命后被推举为中华民国临时大总统。1925年3月12日,在北京逝世,葬于南京紫金山中山陵,1940年,国民政府通令全国,尊称其为"中华民国国父"。

(2) 兴中会建立　1894年，孙中山联合一些反清志士，在檀香山组织了革命团体兴中会。这是中国第一个资产阶级革命团体。

(3) 民主革命思想的传播　代表人物有章太炎(《驳康有为论革命书》)、邹容(《革命军》)、陈天华(《猛回头》《警世钟》)、女革命家秋瑾等。

(4) 中国同盟会的建立　1905年，孙中山在日本东京建立了中国同盟会，这是中国第一个资产阶级革命政党。同盟会创办了机关刊物《民报》，在发刊词中，把同盟会的纲领阐发为"民族"、"民权"、"民生"，合称"三民主义"。"三民主义"是孙中山领导辛亥革命的指导思想。

(5) 辛亥革命和中华民国成立　1911年10月10日，革命党人在湖北武昌发动起义，占领武汉三镇。全国有十几个省相继宣布脱离清政府独立。1912年元旦，孙中山在南京宣誓就职，中华民国成立。南京临时政府通过了《中华民国临时约法》。1911年是旧历辛亥年，历史上把这次革命叫做"辛亥革命"。辛亥革命推翻了清朝的统治，结束了中国两千多年的封建帝制，使民主共和观念深入人心。辛亥革命的胜利果实最后被袁世凯窃取，他建立起北洋军阀的统治。

6. 新文化运动和五四运动

(1) 新文化运动　1915年，陈独秀在上海创办《新青年》杂志，标志着新文化运动开始。进步知识分子有陈独秀、李大钊、胡适、鲁迅等，他们高举"民主"和"科学"两面大旗，以《新青年》杂志为主要阵地，掀起新文化运动。主要内容：提倡民主，反对独裁；提倡科学，反对迷信；提倡新道德，反对旧道德；提倡新文学，反对旧文学。从而在社会上掀起一股思想解放潮流。1918年，李大钊在《新青年》上，连续发表了《庶民的胜利》和《布尔什维主义的胜利》两篇论文，宣传马克思主义，新文化运动进入一个新时期。新文化运动是我国历史上一次空前的思想大解放运动，它启发着人民追求民主和科学，探索救国救民的真理，为马克思主义的传播创造了条件。

(2) 五四运动　1919年巴黎和会拒绝了中国提出的收回山东的正义要求，还无理地将第一次世界大战前德国强占山东的特权交给日本。消息传到国内，积压在中国人民心中的怒火像火山一样爆发了。1919年5月4日，北京大学等校的学生共三千多人，在天安门前集会，随后举行游行示威。要求"外争主权，内惩国贼"、取消"二十一条"、反对在对德和约上签字、惩办卖国贼曹汝霖等人。全国各地学生纷纷支持北京学生的反帝爱国斗争。消息传到上海，上海工人举行罢工，商人参加罢市，支持学生斗争。各地工人也加入到斗争中。北洋政府被迫释放被捕学生，罢免曹汝霖等卖国贼的职务，拒绝在和约上签字。五四运动取得初步胜利。五四爱国运动是一次彻底地反对帝国主义和封建主义的爱国运动，是中国新民主主义革命的开始。

(3) 中国共产党成立　1921年7月，中国共产党第一次代表大会在上海秘密召开，参加大会的代表有毛泽东、董必武、李达等13人，代表全国五十多个党员。大会通过了党的纲领，确定党的奋斗目标是推翻资产阶级政权，建立无产阶级专政，实现共产主义。中国共产党的诞生是中国历史上开天辟地的大事。自从有了中国共产党，中国革命的面貌就焕然一新了。

7. 国民革命运动

(1) 国民党第一次代表大会　1924 年,中国国民党在广州召开第一次全国代表大会,通过了国民党新的党纲,同意共产党员以个人身份加入国民党,通过的宣言接受了中国共产党反帝反封建的主张。国共实现了第一次合作。

(2) 黄埔军校的创办　1924 年,国民党在广州黄埔创办中国国民党陆军军官学校,简称黄埔军校,蒋介石任校长。黄埔军校培养了大量军事政治人才,为建立国民革命军奠定了基础。

(3) 北伐战争　1926 年,广东革命政府决定北伐,推翻北洋军阀的统治,统一全国。北伐的主要对象是吴佩孚、孙传芳和张作霖三个军阀。

(4) 国民党右派叛变革命　1927 年,正当北伐军胜利进军时,蒋介石、汪精卫等国民党右派突然叛变革命,分别发动“四一二”“七一五”反革命政变,大肆屠杀共产党人和国民党“左”派,轰轰烈烈的国民革命运动失败,第一次国共合作破裂。

(5) 宁汉合流　蒋介石叛变革命后在南京成立“国民政府”。1927 年 9 月与汪精卫的武汉国民政府合并,史称“宁汉合流”。南京国民政府代表大地主大资产阶级的利益,它对外投靠帝国主义,对内镇压人民革命运动。

(6) 东北易帜　1928 年底,张学良宣布“东北易帜”,投靠南京国民政府,国民党名义上统一了全国。

8. 国共对峙的十年

(1) 八一南昌起义　1927 年 8 月 1 日,在中国共产党领导下,周恩来、贺龙、朱德等人,率领革命军在南昌举行武装起义。南昌起义打响了武装反抗国民党反动统治的第一枪。

(2) 八七会议　1927 年 8 月 7 日,中共中央在汉口秘密召开紧急会议,彻底批判了陈独秀右倾机会主义错误,确定了土地革命和武装反抗国民党反动统治的总方针,并选出了以瞿秋白为首的中央临时政治局,毛泽东在会上阐述了必须依靠农民和掌握枪杆子的思想。八七会议使中国共产党在政治上大大前进了一步,开始了从大革命失败到土地革命战争兴起的转折。

(3) 秋收起义和井冈山革命根据地的创建　1927 年 9 月,毛泽东在湘赣边界领导了秋收起义,在分析了敌强我弱的形势后,决定改向敌人力量薄弱的农村进军,于是建立了中国第一个农村革命根据地——井冈山革命根据地。南昌起义、秋收起义等是中国共产党独立领导革命战争、创建人民军队、建立农村革命根据地的开始。

(4)“九一八事变”　1931 年 9 月 18 日夜,日军炸毁了沈阳近郊南满铁路柳条湖的一小段路轨,反诬中国军队所为,并以此为借口,进攻东北军驻地北大营,炮轰沈阳城。“九一八事变”爆发。由于蒋介石下令不抵抗,北大营陷落,沈阳沦陷。只有四个月时间,东北一百多万平方公里的锦绣河山全部沦于敌手。中国人民的局部抗战开始。

(5) 长征和遵义会议　随着红军建立的红色根据地面积不断扩大,从 1929 年到 1933 年,国民党军队对中央革命根据地先后发动了五次“围剿”。前四次都被红军击退。由于中共负责人博古和军事顾问李德等人的错误指挥,第五次反围剿失败,党中央被迫放弃中央革命根据地，进行战略转移。1934 年 10 月，党中央和中央红军八万多人离开中央革命根据地，开始了长征。红军浴血奋战渡过湘江，人员损失惨重。在红军生死存亡的关键时刻，毛泽东提出改向敌人力量薄弱的贵州前进，于是红军渡过乌江，夺取贵州北部重镇遵义。1935 年 1 月，党中央在遵义召开政治局扩大会议，集中全力解决博古等人在军事上和组织上的错误，取消了博古在军事上的指挥权，肯定毛泽东的正确主张。会后确定军事上由毛泽东、周恩来等人负责指挥。遵义会议确立了以毛泽东为核心的党中央的正确领导。这次会议挽救了党，挽救了红军，挽救了革命，是党的历史上生死攸关的转折点。遵义会议后，在毛泽东的正确领导下，红军四渡赤水，巧渡金沙江，强渡大渡河，飞夺泸定桥，翻过大雪山，穿过草地，进入甘肃。1935 年 10 月，党中央和红一方面军历经艰难险阻，终于到达陕甘革命根据地的吴起镇，与陕北红军胜利会师。第二年 10 月，红二方面军和红四方面军长征到达甘肃，同前来接应的红一方面军胜利会师。红军三大主力会师，宣告红军两万五千里长征胜利结束。长征的胜利，粉碎了国民党反动派消灭红军的企图，保存了党和红军的基干力量，使中国革命转危为安。

(6) 西安事变　1935 年底，中国共产党提出建立全国抗日民族统一战线的主张，要求国民政府停止内战，一致抗日。国民政府东北军将领张学良和十七路军将领杨虎城，接受了中国共产党的主张，停止向红军进攻，并多次要求蒋介石联共抗日。蒋介石不但不接受他们的建议，反而调动大批军队围攻红军。1936 年 12 月 12 日，张学良、杨虎城联合行动，扣押了来西安督战的蒋介石，实行“兵谏”。他们通电全国，要求停止内战，联共抗日。这就是震惊中外的“西安事变”，又称“双十二事变”。经过中国共产党和各方面的努力，蒋介石被迫接受停止内战、联共抗日的主张。张学良释放了蒋介石，西安事变得到和平解决。从此，十年内战基本结束，抗日民族统一战线初步形成。

9. 抗日战争

(1) 卢沟桥事变　1937 年 7 月 7 日晚，日军在卢沟桥附近举行军事演习。他们借口一名士兵失踪，要求进入宛平城搜查，遭到中国守军的拒绝。日军悍然向卢沟桥中国守军发起进攻，并炮轰宛平城。中国守军忍无可忍奋起还击，全国性的抗日战争从此爆发。卢沟桥事变，又称“七七事变”。

(2) 抗日民族统一战线正式形成　在民族危机空前严重的时刻，国共两党再次合作，正式建立抗日民族统一战线。工农红军改编为八路军、新四军，奔赴抗日前线。

(3) 南京大屠杀　1937 年 12 月，日军攻陷国民政府首都南京。国民政府迁往重庆，把重庆作为战时的陪都。日军占领南京后，对南京人民进行了血腥的大屠杀，犯下了滔天罪行。南京的和平居民，有的被当作练习射击的靶子，有的被当作练习刺杀的对象，有的被活埋。据战后远东军事法庭统计，日军占领南京六周内，屠杀手无寸铁的中国居民和放下武器的士兵达三十万人以上。

(4) 平型关大捷和台儿庄战役　卢沟桥事变后不久，日军进入山西。9 月，八路军一一五师在平型关东侧伏击，歼灭日军一千多人，缴获大批军用物资，史称“平型关大捷”。这是抗战以来第一次大捷。1938 年春，日军从山东分两路南下，进攻徐州。第五战区司令长官李宗仁，指挥中国军队，将日军一路阻止在山东临沂，一路阻止在山东台儿庄。双方在台儿庄展开激战。中国军队共歼敌一万多人，取得抗战以来正面战场的重大胜利。

(5) 百团大战 抗日战争进入到相持阶段，日军把主要兵力集中到了后方，进攻抗日根据地。中国共产党领导根据地军民顽强抗战，成为抗击日寇的中流砥柱。中共中央所在地延安是敌后战场的战略总后方。为了粉碎敌人对根据地的围困，1940 年 8 月，八路军在彭德怀的指挥下，组织了一百多个团，在华北两千多千米的战线上，向日军发动大规模攻势，主要目标是破坏敌人的交通线，摧毁日伪军的据点。百团大战是抗日战争中，中国军队主动出击日军的最大规模战役。

(6) 日本投降 1945 年 8 月，美国向日本的广岛、长崎投掷两枚原子弹；苏联发表对日宣战的声明，并开始进攻驻扎中国东北的关东军；与此同时，中国的抗日战争进入大反攻。在中国人民和世界反法西斯力量的沉重打击下，8 月 15 日，日本天皇被迫宣布无条件投降。八年抗战，中国人民最终取得了伟大胜利，台湾也回到了祖国的怀抱。

(7) 抗战胜利的意义 抗日战争的胜利是一百多年来中国人民第一次取得抗击外来侵略的胜利，洗刷了民族耻辱。中国人民的抗日战争是世界反法西斯战争的重要组成部分，为世界反法西斯战争的胜利作出了突出贡献。

10. 解放战争

(1) 重庆谈判 抗战胜利后，全国人民渴望和平、民主。但以蒋介石为首的国民党，在美国人的支持下，密谋发动内战。为了进一步赢得发动内战的时间，也为了欺骗人民，他三次邀请毛泽东到重庆商谈国内和平问题。为了尽一切可能争取国内和平，戳穿蒋介石假和平的阴谋，1945 年 8 月，毛泽东在周恩来等人的陪同下，到达重庆，同国民党进行谈判。经过 43 天的谈判斗争，10 月 10 日，国共双方达成和平建国的“双十协定”。

(2) 内战烽火 1946 年 6 月，蒋介石撕毁“双十协定”，对中原解放区发动疯狂进攻，全面内战爆发。蒋介石的全面进攻受挫，第二年 3 月，他把主要兵力集中于陕北、山东，开始“重点进攻”，很快也被解放军粉碎。1947 年夏，刘伯承、邓小平率领晋冀鲁豫解放军主力，挺进大别山，人民解放军转入战略进攻。从 1948 年 9 月到 1949 年 1 月，人民解放军发动了举世闻名的辽沈、淮海、平津三大战役，国民党军队的主力基本上被消灭。北平国民党军队在总司令傅作义率领下，接受和平改编，北平和平解放，使古都的文物古迹完好无损地保存下来，也使北平人民的生命财产免遭战火的损伤和破坏。1949 年 4 月，人民解放军分三路渡江作战；23 日，南京解放，统治中国 37 年的国民党政权垮台。

11. 近代科技与文化

(1) 近代科技 1909 年，由詹天佑任总工程师的京张铁路全线通车，这是中国人自行设计和施工的第一条铁路干线。20 世纪 20 年代，我国著名化学家侯德榜，经过刻苦钻研制出纯碱。他还撰写《制碱》一书，打破碱业的垄断。他探索出制碱的新工艺，比欧洲的制碱方法降低成本 40%。为表彰他的贡献，这种制碱法被命名为“侯氏制碱法”。

(2) 近代文化 生活在鸦片战争时期的魏源编成《海国图志》一书，介绍南洋、欧美各国的历史地理，并说明编写的目的是“师夷长技以制夷”。严复是戊戌变法时期的启蒙思想家，他翻译的《天演论》中“物竞天择，适者生存”的生物进化论观点，在当时影响很大。戊戌变法时期创办的京师大学堂，是中国近代第一所国家建立的最高学府。辛亥革命后改名为北京大学。1905年,清政府宣布废除沿用了一千三百多年的科举制度。五四运动开始,中华文化进入一个崭新的阶段,出现了一批进步文学艺术家。他们中的代表有文学巨匠鲁迅,代表作有《狂人日记》《孔乙己》等;美术大师徐悲鸿,代表作有《愚公移山》等;人民音乐家聂耳和冼星海,他们的代表作分别是《义勇军进行曲》(田汉作词)和《黄河大合唱》。20世纪40年代郭沫若创作了《屈原》等历史剧。那时候解放区的文艺工作者也创作出了一批优秀的小说,如赵树理的《小二黑结婚》《李有才板话》,丁玲的《太阳照在桑干河上》等。

(3) 近代民族工业的发展　清末状元张謇是近代著名的实业家。他提出"实业救国"的口号,创办了大生纱厂等一系列企业。第一次世界大战期间,帝国主义暂时放松了对中国经济的掠夺,中国民族工业得到一个发展机会,进入了"黄金时代"。一战后,帝国主义经济势力卷土重来,特别是日本帝国主义的侵略,使民族工业再度受挫。

(三) 中国现代史

1. *中华人民共和国成立*　1949年9月,第一届中国人民政治协商会议在北平举行,会议通过了《中国人民政治协商会议共同纲领》,选举毛泽东为中央人民政府主席。大会确定以五星红旗为国旗,以《义勇军进行曲》为代国歌,以北平为首都,并改名北京,采用公元纪年。还决定在天安门广场建立一座人民英雄纪念碑。10月1日下午举行了开国大典。从此,中国结束了一百多年来被侵略、被奴役的屈辱历史,真正成为独立自主的国家;中国人民从此站起来了,成为国家的主人。1950年,中央人民政府颁布《中华人民共和国土地改革法》,到1952年底,全国基本完成了土地改革,彻底摧毁了我国存在了两千多年的封建土地制度。1951年,西藏和平解放。1953年到1957年底,我国完成了第一个五年计划,开始改变工业落后的面貌,向社会主义工业化迈进。1954年9月,第一届全国人民代表大会在北京召开,大会制定了《中华人民共和国宪法》,这是我国第一部社会主义类型的宪法。到1956年底,国家基本完成了对农业、手工业和资本主义工商业的社会主义改造。我国初步建成社会主义制度,进入社会主义初级阶段。

2. *探索建设社会主义的道路*　1956年,中国共产党召开第八次全国代表大会,大会分析了我国形势的新变化,指出在社会主义制度已经建成的情况下,国内的主要矛盾是人民对于建立先进的工业国的要求同落后的农业国的现实之间的矛盾;是人民对于经济文化迅速发展的需要同当前经济文化不能满足人民需要的状况之间的矛盾。大会明确指出,目前党和人民主要的任务是,集中力量发展社会生产力,实现国家工业化,逐步满足人民日益增长的物质和文化需要,这是探索建设社会主义道路的良好开端。1958年,党中央提出了"鼓足干劲,力争上游,多快好省地建设社会主义"的总路线。总路线反映了广大群众迫切要求改变我国经济落后的愿望,但急于求成,忽视了客观的经济规律。紧接着,党中央又发动了"大跃进"和"人民公社化"运动。这就使得"左"的错误在全国各地严重泛滥开来,主要标志是高指标、瞎指挥、浮夸风和"共产"风。中共八大后的十年,社会主义建设虽然发生严重失误,但仍然取得显著成就。大庆油田的建成结束了中国靠"洋油"的时代,实现原油和石油产品全部自给。

3. *"文化大革命"的十年*　20世纪60年代,当时的国家领导人认为,党中央出了修正主义，党和国家面临着资本主义复辟的危险。为防止资本主义复辟，决定发动“文化大革命”。林彪、江青一伙，在“文革”中相互勾结，形成了两个反革命集团。1971 年 9 月 13 日，林彪等人的阴谋暴露，乘飞机仓皇出逃，在蒙古温都尔汗机毁人亡。1976 年 10 月，华国锋、叶剑英等代表中央政治局采取果断措施，一举粉碎了以江青为首的反革命集团，结束了“文化大革命”。“文革”的十年，国家和人民遭受了中华人民共和国成立以来最严重的挫折和损失。

4. *社会主义现代化建设新时期* 1978 年，思想理论界展开了一场真理标准问题的大讨论，使人们认识到只有实践才是检验真理的唯一标准。这是一场深刻的思想解放运动。1978 年底，中共中央在北京召开十一届三中全会。会议作出把党和国家的工作重心转移到经济建设上来，实行改革开放的伟大决策，会议实际上形成了以邓小平为核心的党中央领导集体。中共十一届三中全会是中华人民共和国成立以来在党的历史上具有深远意义的转折。它完成了党的思想路线、政治路线和组织路线的拨乱反正，是改革开放的开端。从此，中国历史进入社会主义现代化建设的新时期。1980 年，我国在广东的深圳、珠海、汕头和福建的厦门建立四个经济特区。深圳在短短的几年内，建成一座繁华的现代化城市，成为经济特区的代表，对外开放的“窗口”。后来又开放了 14 个沿海城市，增设了海南经济特区，设立上海浦东开发区。浦东开发区已发展成为国际化的经济中心和金融中心。现在已形成经济特区——沿海开放城市——沿海经济开放区——内地，这样一个全方位、多层次、宽领域的对外开放格局。

5. *改革开放的总设计师* 1982 年，中共十二大上，邓小平明确指出：把马克思主义的普遍真理同我国的具体实际结合起来，走自己的道路，建设有中国特色的社会主义。1987 年，他又为党的十三大阐明了社会主义初级阶段理论，提出了党在初级阶段的基本路线，即以经济建设为中心，坚持四项基本原则，坚持改革开放。1992 年，他到南方视察，发表了一系列讲话，进一步解放了人们的思想，对建设中国特色社会主义产生了深远影响。在中国改革开放和社会主义现代化建设中，邓小平解决了什么是社会主义、怎样建设社会主义等一系列基本问题，他是我国实行改革开放和社会主义现代化建设的总设计师。他的关于建设中国特色社会主义的思想，逐渐形成了邓小平理论。这一理论，第一次比较系统地回答了中国社会主义现代化建设的一系列基本问题，是马克思主义在中国发展的新阶段。1997 年，党的十五大上把邓小平理论确立为党的指导思想。

二、世界历史常识

(一) 世界古代史

1. *原始社会*

(1) 人类起源 1895 年，英国生物学家达尔文发表《物种起源》，说明人类是自然界长期进化的产物。第二年，英国生物学家赫胥黎明确提出人猿共祖论。根据近些年来化石新材料的证据和确定底层绝对、相对年代的技术改进，表明人类发展的历史至少有 300 万年。在这 300 万年里，我们的祖先，经历了早期猿人、晚期猿人、早期智人、晚期智人等阶段，发展成现在的人类。人类起源于动物界的观点得到大家的普遍认可。

(2) 氏族公社 有了人类,就有了人类历史。人类最初经历的是原始社会。氏族公社是原始社会在一定发展阶段上以血缘关系为纽带形成的社会组织和经济组织的基本单位。氏族公社经历了母系氏族和父系氏族两个发展阶段。后来由国家所取代。

(3) 国家的产生 原始社会末期,生产力进一步提高,人们有了剩余产品,出现了家庭私有财产,甚至共有财产也逐渐被家族长和氏族首领掠为私产。氏族部落内部也出现了贫富分化,出现了私有制。为增加劳动人手,生产更多的剩余产品,人们把战俘变为奴隶,于是出现了奴隶制。同时,为掠夺邻人财产、土地和人口,战争日益频繁。在近亲部落组成的部落联盟中,军事、行政和宗教贵族首领权势日益显赫,成为统治阶级。随着社会矛盾的加剧,统治阶级设置了一系列机构和设施,如政府、军队、监狱和城墙等。它们的出现,标志着原始社会的解体和国家的产生。

2. 四大文明古国(古代中国略)

(1) 古代埃及文明 约从公元前3500年开始,尼罗河两岸陆续出现几十个奴隶制小国。约公元前3000年,初步统一的古代埃及国家建立起来。国王自称是神的化身,他们被称为"法老",他们的陵墓,外形近似汉字"金",我国称这些陵墓为金字塔。现在的尼罗河下游,散布着约八十座金字塔遗址。其中,国王胡夫的金字塔规模巨大,令人叹为观止。国王哈佛拉的金字塔前,矗立着一座象征国王权力与尊严的狮身人面像。这座雕像是古代埃及文明的标志之一。公元前15世纪,埃及国力强盛,成为地跨亚非的大帝国。两百多年以后,帝国由盛而衰。公元前6世纪,被西亚的波斯所灭。

(2) 古代两河流域文明 亚洲西部,有一条狭长地带,被称为"新月沃地",沃地东部,幼发拉底河与底格里斯河并行奔流,被称为两河流域。公元前3500年以后,苏美尔人在两河流域南部建立起很多奴隶制小国。公元前18世纪,古巴比伦王国国王汉谟拉比统一了两河流域,建立起中央集权的奴隶制国家。为维护奴隶主的利益,汉谟拉比制定了一部法典,史称汉谟拉比法典。它是世界上现存的古代第一部比较完备的成文法典。

(3) 古代印度文明 约公元前2500年,印度河流域开始出现一些小国。后来,来自中亚的自称雅利安人的部落侵入古代印度,他们征服当地居民,把他们变为奴隶,先后在印度河和恒河流域建立起奴隶制国家。雅利安人逐渐形成严格的等级制度,史称"种姓制度"。根据这个制度,社会分成四个等级,分别是婆罗门、刹帝利、吠舍和首陀罗。各个等级之间高低贵贱有别,下一等级的人没资格从事高一等级的职业,不同等级的人不得通婚。种姓制度激化了当时的社会矛盾,并对印度社会的发展带来了不良影响。

3. 西方文明之源

(1) 古代希腊 公元前2000年左右,希腊早期文明——爱琴文明发祥于克里特岛,后来文明中心又转移到希腊半岛,出现迈锡尼文明。克里特文明和迈锡尼文明合称爱琴文明。这个时期出现了一些城邦,有的还盛极一时。爱琴文明历时约八百年后消亡。

(2) 雅典 公元前8世纪,希腊半岛和小亚细亚西海岸出现希腊人建立的城邦,雅典是其中最重要的城邦之一。雅典近海,海上交通便利,工商业发达。公元前6世纪,它成为著名的奴隶制共和国。公元前5世纪后半期,伯利克里当政期间,雅典达到全盛,经济繁荣,文化昌盛,奴隶主民主政治发展到古代历史上的高峰。伯利克里扩大公民的权利,很多公民担任了政府公职。全体成年男性公民可以参加最高权力机构公民大会，决定内政、外交、和平、战争等重大问题，他们在行政和司法机构也发挥着重要作用。

(3) 斯巴达　古代希腊的另一个著名城邦斯巴达，与雅典迥然不同。它崇尚武力，以强兵威胁和征服邻邦，把其人民掠为奴隶。为维持镇压外邦奴隶的强大军事力量，斯巴达人实行严格的军事训练制度。斯巴达社会如同一个大军营，军事生活是男子一生的主要内容。斯巴达妇女在婚前也要接受严格训练，为的是成为合格的母亲。

(4) 古代罗马　公元前8世纪，在意大利半岛的台伯河畔，罗马城逐步建立起来。公元前509年，罗马建立了共和国，它逐步征服了意大利半岛。公元前3世纪至公元前2世纪，罗马为争得地中海霸权，掠夺资源与奴隶，同地中海西部强国迦太基进行了三次战争，史称布匿战争，最终取得胜利。公元前2世纪，罗马成为地中海霸主，繁荣强盛。布匿战争以后，罗马的奴隶制迅速发展，奴隶遍布社会各个角落，处境悲惨。公元前1世纪，罗马发生了严重的社会危机。共和制再也无力统治，奴隶主企图建立独裁统治，以稳固政权。公元前49年，凯撒夺取政权。不久，罗马元老贵族痛恨凯撒的政策，将他刺杀。此后，各派力量经过激烈较量，屋大维在公元前27年开始独揽国家大权，成为实际上的皇帝。罗马共和国被罗马帝国所取代。罗马帝国延续了约五百年(公元前27—公元476年)，它与秦汉时期的中国一样，是古代历史上强大的帝国之一。

(5) 现代奥林匹克运动会的由来　希腊南部有一块叫做奥林匹亚的小平原，这里建有供奉希腊主神宙斯的神庙。起初，当地居民在这里举行赛会祭神。这种仪式后来发展成为全希腊崇拜宙斯的祭礼大典。公元前776年起，希腊各城邦在这里举行竞技赛会，参赛者都是希腊公民。竞赛的项目包括：赛跑、跳远、掷铁饼、投标枪、赛马和角力等。赛会进行的同时，还上演音乐、诗歌、戏剧等文艺节目。竞技获胜者的奖品是橄榄枝编成的花环。此后，这种竞技赛会每四年举行一次。希腊各城邦在赛会期间，不得进行战争，即使战事正在进行，也必须“神圣休战”。到公元394年罗马皇帝下令废止赛会时，历时1170年，共举办290届。现代奥林匹克运动会开始于1896年，仍是每四年举行一届。2004年，奥运会在希腊举行。2008年，北京第一次举办了奥运会。

(二) 中世纪

1. 中世纪

是欧洲历史上的一个时代(主要是西欧)，是封建生产方式在世界范围内形成、发展和衰亡的时代。是自西罗马帝国灭亡(公元476年)到东罗马帝国灭亡(公元1453年)的这段时期，另有说法认为中世纪结束于文艺复兴和大航海时代。“中世纪”一词是15世纪后期的意大利人文主义者比昂多开始使用的。这个时期的欧洲没有一个强有力的政权来统治。封建割据带来频繁的战争，造成科技和生产力发展停滞，人民生活在毫无希望的痛苦中，所以中世纪或者中世纪早期在欧美普遍被称作“黑暗时代”，传统上认为这是欧洲文明史上发展比较缓慢的时期。

2. 亚洲封建国家

(1) 日本　其国名为“日出之国”之意，领土由本州、四国、九州、北海道四大岛及7200多个小岛组成，总面积37.8万平方千米。1世纪前后，开始出现奴隶制国家。后来，本州中部兴起奴隶制国家大和。大和国不断征服扩张，5世纪统一了日本。公元645年，日本向中国唐朝学习，进行大化改新。大化改新是日本从奴隶社会向封建社会过渡的标志。

(2) 伊斯兰教的产生和阿拉伯国家的建立 6世纪末至7世纪初，阿拉伯半岛正处在原始氏族部落解体、阶级社会形成的大变革时期，阿拉伯人民渴望建立统一的国家。在这种形势下，穆罕默德创立的伊斯兰教应运而生。公元622年，穆罕默德在麦地那建立起政教合一的国家。伊斯兰教把622年定为伊斯兰教历元年。公元630年，穆罕默德率兵攻克麦加城。从此，穆罕默德成为政治和宗教领袖，麦加成为伊斯兰教圣地。公元632年，穆罕默德病逝时，阿拉伯半岛已基本统一，统一的阿拉伯国家建立起来。

(3) 古代朝鲜 朝鲜半岛很久以前就有人类居住，公元前后统治朝鲜半岛北部的是高句丽奴隶制国家，后来西南和东南部又相继出现了百济和新罗两个奴隶制国家。公元676年新罗统治了朝鲜半岛大部分地区。10世纪时，王建建立起高丽王朝。14世纪末，高丽大将李成桂建立朝鲜王朝，建都汉城，改国号为朝鲜。

3. 西欧封建社会

西欧几个主要国家的产生 5世纪，西罗马帝国灭亡后，日耳曼人在它的废墟上建立起许多国家，其中最强大的是法兰克王国。后来，法兰克王国不断扩张，统治了欧洲中西部的大片土地，在法兰克王国的基础上建立了德意志、法兰西、意大利等国。西欧封建社会时期，罗马教廷有至高无上的权利。在西欧长期动乱的过程中，基督教会趁机扩大势力和影响。法兰克等国君主接受了基督教，并向教会大量赐赠地产。教会本身也巧取豪夺，占有大量土地。五六世纪起，教皇和教会的权利迅速膨胀，凌驾于世俗权力之上。8世纪中期，法兰克王国宫相丕平与基督教会勾结篡夺王位成功，他把罗马附近的一片土地献给教皇，史称"丕平献土"，教皇国在意大利中部形成。教皇既是宗教首领，又是拥有世俗权力的一国之君。十二三世纪时，教皇权力达到顶峰，教皇和教会不仅是西欧最大的土地所有者，而且还是西欧封建制度的精神支柱。他们加紧对人民的精神统治，残酷压制与教会观点相悖的"异端"思想，在精神和文化领域神权凌驾一切。20世纪早期，梵蒂冈被意大利承认为主权国家，主权属于教皇。梵蒂冈最著名的建筑是圣彼得大教堂。

4. 古代科技与文化

(1) 阿拉伯数字的由来 阿拉伯人对世界文化的传播与交流作出了巨大的贡献，他们通过"丝绸之路"，把中国的古代文明传入中亚和西欧，也给中国带来阿拉伯的天文学和医学知识，以及伊斯兰教和伊斯兰文化。他们在不同文明之间搭起了文化交流的桥梁。阿拉伯数字的发展与传播也是其中之一。最初，印度人创造了从0到9共十个数字的计数法。阿拉伯人学会了这一方法，对它加以改造。12世纪初，这一简便的计数法传到欧洲，被称为"阿拉伯数字"。

(2) 世界三大宗教 佛教、基督教、伊斯兰教并称为世界三大宗教。公元前6世纪，古代印度社会矛盾尖锐，佛教在这种社会背景下诞生。佛教的创始人是乔达摩·悉达多，后来被称为释迦牟尼。佛教宣扬"众生平等"，反对婆罗门的特权地位。认为世间万物发展都有因果缘由；人的生老病死都是苦，人必须消灭欲望，刻苦修行。公元前3世纪，阿育王在位时，佛教有了很大发展并向外传播。佛教主要向两个方向传播：向北经中亚地区传到中国大部分地区，又从中国传到朝鲜、日本和越南等国；向南传入斯里兰卡、泰国、缅甸等国。基督教在1世纪时产生于巴勒斯坦一带。这一地区的犹太人长期遭受苦难，渴望“救世主”的到来，传道者宣传说耶稣就是救世主。耶稣教人忍受苦难，死后可以升入天堂。救世主在希腊语中被称为基督。这种信仰基督耶稣的宗教后来被称为基督教。基督教的经典是《圣经》。基督教会后来确定耶稣出生日期是12月25日，并将这一天定为“圣诞节”。现在通行的公元纪年，就是以传说中的“耶稣出生”之年算起的，这一年就是公元元年。7世纪时，穆罕默德在阿拉伯半岛的麦加创立了伊斯兰教，他号召大家都信仰唯一的神“真主”安拉，说自己是“真主”的使者，伊斯兰教信徒被称为穆斯林，意思是信仰真主安拉的人。穆罕默德的说教后来辑录成为伊斯兰教的经典《古兰经》。穆斯林举行宗教仪式的地方叫清真寺。主要节日有开斋节和古尔邦节等。

(3) 杰出的科学家　古希腊科学家阿基米德以发现杠杆定律和浮力定律而闻名，他有一句名言：“给我一个支点，我将撬起整个地球。”古希腊的亚里士多德知识渊博，被誉为百科全书式的学者，他不仅是著名的哲学家，而且也是杰出的科学家，他创立了物理学、植物学、动物学和逻辑学等学科体系。

(4) 文学与戏剧　《荷马史诗》是古希腊著名的英雄史诗，相传由盲诗人荷马加工整理而成，这是一部不朽的世界文学名作，也是研究早期希腊社会的重要史料。它包括《伊利亚特》和《奥德赛》两部。《俄狄浦斯王》是古希腊悲剧作家索福克勒斯的代表作品之一。古希腊是欧洲戏剧的故乡，涌现出很多著名的戏剧家，除索福克勒斯外，还有著名的“悲剧之父”埃斯库罗斯以及“喜剧之父”阿里斯托芬。《天方夜谭》是阿拉伯民间故事集，《阿里巴巴和四十大盗》和《阿拉丁神灯》都是其中脍炙人口的名篇。

(5) 著名建筑　麦加大清真寺坐落在现今沙特阿拉伯的麦加城中心，是伊斯兰教的第一大圣寺。寺内中心的克尔白神庙是前来朝觐的穆斯林必须拜谒的地方。巴黎圣母院屹立在巴黎市中心塞纳河中的一个岛上，是巴黎最古老、最高大的天主教堂。它始建于12世纪，前后用了180多年时间才全部建成，是一座典型的哥特式建筑。屋顶、塔楼等所有顶端都铸造尖塔，这座建筑最突出的建筑特点是高而尖。法国大作家雨果在小说《巴黎圣母院》中，把它比喻为“石头的交响乐”。

（三）世界近代史

1. 文艺复兴

(1) 文艺复兴　欧洲特定历史时期，是指14世纪在意大利各城市兴起，以后扩展到西欧各国，于16世纪在欧洲盛行的一场思想文化运动。开启了一段科学与艺术的革命，揭开了近代欧洲历史的序幕，被认为是中古时代和近代的分界。马克思主义史学家认为是封建主义时代和资本主义时代的分界。中世纪末期，随着奥斯曼对东罗马帝国的不断侵略，东罗马人民在逃难的同时，将大量的古希腊、古罗马文化典籍和艺术珍品带到了意大利商业发达的城市，比如威尼斯、热那亚和佛罗伦萨等。新兴的资产阶级中的一些先进的知识分子借助研究古希腊、古罗马的艺术文化，通过文艺创作来宣传人文精神。文艺复兴是西欧近代三大思想解放运动(文艺复兴、宗教改革与启蒙运动)之一。它产生的根本原因是生产力的发展，新兴的资产阶级壮大起来，他们不满教会对精神世界的控制。其本质是正在形成中的资产阶级在复兴希腊罗马古典文化的名义下发起的弘扬资产阶级思想和文化的运动。

(2) 人文主义　文艺复兴以人文主义作为指导思想，人文主义精神的核心是提出以人为中心而不是以神为中心，肯定人的价值和尊严。主张人生的目的是追求现实生活中的幸福，倡导个性解放，反对愚昧迷信的神学思想，认为人是现实生活的创造者和主人。人文主义思想打破了天主教会的思想统治，推动了反封建的革命斗争，促进了自然科学的兴起与文学艺术的繁荣，并为后来的资产阶级革命作了舆论准备。

(3) 代表人物　文艺复兴开始于意大利，诗人但丁是文艺复兴的先驱。他创作的长诗《神曲》，明确表达了对天主教会的厌恶，率先对教会提出批评。但丁被誉为“旧时代的最后一位诗人，同时又是新时代的最初一位诗人”。但丁、彼特拉克、薄伽丘，被称为“文艺复兴三颗巨星”，也被称为“文坛三杰”(文艺复兴前三杰)。其中彼特拉克被称为“人文主义之父”，代表作为《歌集》；薄伽丘的代表作是《十日谈》。另外，14 至 16 世纪意大利文艺复兴时期绘画艺术臻于成熟，其代表画家被誉为“美术三杰”(文艺复兴后三杰)。他们是达·芬奇、米开朗基罗和拉斐尔。达·芬奇是意大利的一位伟大的艺术大师，代表作有《蒙娜丽莎》《最后的晚餐》等。15 至 16 世纪，文艺复兴扩展到欧洲其他地方。英国的莎士比亚是文艺复兴时期的文学巨匠，一生创作了三十多部剧本和许多脍炙人口的诗篇，代表作有《罗密欧与朱丽叶》《哈姆雷特》等。西班牙有著名作家塞万提斯，代表作有小说《堂吉诃德》。在天文学领域，波兰的哥白尼发表了《天体运行论》；伽利略第一个发明了天文望远镜；意大利的布鲁诺为捍卫“日心说”被教会烧死；还有德意志的开普勒，他们否定了教会竭力维护的“地球中心说”，创立了新的天文学理论。

2. 新航路的开辟

(1) 背景　15 世纪，欧洲人对东方十分地神往，意大利人马可·波罗的《马可·波罗游记》把亚洲宣传成黄金遍地的地方，这更加刺激了欧洲人去东方发财。意大利商人通过经营来自东方的胡椒、丝绸等商品而致富，坚定了他们前往东方发财的决心。

(2) 哥伦布　意大利航海家哥伦布相信大地是球形的，从欧洲一直向西航行，一定能到达东方。1492 年，哥伦布受西班牙王室的资助，率领由三艘不大的船组成的船队，从西班牙启程，开始横渡大西洋。经过两个多月的航行，历经千辛万苦，哥伦布到达今天拉丁美洲的古巴、海地等地。哥伦布认为欧洲和亚洲隔大西洋相望，始终相信自己到的地方是亚洲的印度，所以称当地居民为印第安人，意思是印度居民。哥伦布前后进行了四次前往美洲的航行，但都没有找到黄金、珠宝，或者香料、丝绸。结果令资助他的西班牙国王深感失望。

(3) 葡萄牙人的远航　葡萄牙人一直在探寻沿非洲海岸的大西洋航路。1487 年，迪亚士率领三艘帆船，从葡萄牙出发，沿非洲西海岸向南航行。归途中，他们发现了非洲西南端的一个尖角，后来，葡萄牙国王把这个尖角命名为好望角。1497—1498 年，葡萄牙人达·伽马率领的船队正是沿着这条航道，到达印度等地，获得了无数的财富。1519—1522 年，奉西班牙国王之命，麦哲伦率领的船队，穿越大西洋、太平洋和印度洋，返回欧洲，完成了环球航行。新航路开辟以后，从欧洲到亚洲、美洲和非洲等地的交通往来日益密切，世界开始连成一个整体，欧洲大西洋沿岸工商业经济繁荣起来，促进了资本主义的产生和发展。

(4) 欧洲最早的印刷机　15世纪中叶，德意志人谷登堡等人受活字印刷术的启发，造出了合金活字印刷机。这是欧洲人自己研制成功的最早的印刷机。印刷机的出现大大促进了欧洲的文艺复兴运动。

3. 英国资产阶级革命

(1) 革命的开始　新航路开辟以后，欧洲的主要商道和贸易中心从地中海区域转移到了大西洋沿岸。英国的资本主义发展起来，日益成长起来的新兴资产阶级和新贵族不满国王的封建专制，利用议会和国王展开了斗争。1640年，英国国王查理一世召集议会，想要征税，议员们要求限制国王的权利，掀开了英国资产阶级革命的序幕。经过几年的内战，克伦威尔率领议会军打败了国王的军队。1649年，查理一世被推上断头台，英国成立了共和国。

(2) 光荣革命　克伦威尔去世后，查理一世的儿子查理二世复辟。1688年，资产阶级和新贵族联合其他不满国王专制统治的人士发动宫廷政变推翻了专制统治，史称"光荣革命"。为限制国王的权力，1689年，议会通过了《权利法案》。以法律的形式对国王的权力进行了明确的制约，规定不经议会的批准，国王不能征税，也不能在和平时期维持常备军；同时还规定国王不能随意废除法律，也不能停止法律的执行。这样，君主立宪制在英国确立。英国资产阶级通过革命推翻了封建君主专制，确立了自己的统治地位，为发展资本主义扫清了道路，推动了世界历史的进程。

(3) 君主立宪制　又叫立宪君主制或议会君主制，最早出现在英国，是资产阶级的一种统治形式。在君主立宪制下，君主是国家的世袭元首，名义上有很大权力，实际上国家的权力重心在议会，通过法律的制定，议会对国王的权力进行制约。后来出现了内阁，内阁首相成为政府首脑，王权进一步衰落。19世纪晚期开始，国王日益成为一种国家象征。二战后，世界上还保留了君主的国家基本上都实行君主立宪制，如日本、西班牙、丹麦等。

4. 美国的诞生

(1) 北美殖民地的建立　1620年9月23日，一艘名为"五月花"号的船离开英国，航行了近两个月到达今天美国马萨诸塞州的一个地方，开始了他们的移民生活。后来越来越多的人来到北美，北美殖民地发展起来。美洲的土著居民是印第安人。一百多年后，英国在北美的殖民地已经有13个。这些殖民地居民除英国移民和土著居民印第安人外，还有来自欧洲其他国家的人以及非洲来的黑人奴隶。英国人在北美建立的第一个殖民据点是詹姆士顿。在英属北美殖民地，北部资本主义工商业比较发达，造船业是主要工业部门之一。中部盛产粮食，小麦和玉米远销欧洲，南部种植园盛行，黑人奴隶是主要劳动力，除稻米外，主要种植烟草和棉花等经济作物。

(2) 战争爆发　1773年的一个夜晚，一群波士顿青年登上一艘停泊在港口的英国运茶船，把三百多箱茶叶倒入大海。这就是波士顿倾茶事件。1775年4月，英军在波士顿附近的莱克星顿和殖民地人民组织的民兵交火，北美独立战争开始。这就是"莱克星顿的枪声"。北美人民组织了军队，华盛顿被任命为总司令。

(3) 美国诞生 1776 年 7 月 4 日，大陆会议发表《独立宣言》。宣告北美 13 个殖民地脱离英国独立，美利坚合众国——美国诞生了。华盛顿领导美军克服重重困难，取得萨拉托加大捷，成为美国独立战争的转折点。1783 年，英国承认美国独立。1787 年，美国制定了宪法，确立美国是一个联邦制国家，规定总统是国家元首，又是政府首脑，享有行政权。华盛顿当选为美国第一任总统。

(4) 美国宪法 1787 年美国宪法，根据三权分立原则把国家权力分为立法、司法和行政三部分，分别由国会、最高法院和总统负责掌管。国会由参议院和众议院组成，参议院由每州选出的两名议员组成，任期 6 年，每两年要改选其中的三分之一。众议员则按各州纳税人数的比例选出，任期两年。当时，各州计算人口时不包括印第安人，黑人奴隶也只按五分之三人口计算。总统任期 4 年，由各州选出的选举人选出，选举人票过半数即可当选。总统是国家最高行政长官，又是武装部队总司令。总统经参议院同意，可以任命部长、驻外使节、最高法院法官以及对外缔结条约等。同时，总统也有权批准或否决国会通过的法案。最高法院法官由总统经参议院同意后任命，除非渎职，终身任职。这部宪法至今有效，只是随着时代的发展和形势的变化，陆续增加了 26 条修正案加以补充。

5. 法国大革命

(1)《人权宣言》 1789 年 7 月 14 日，巴黎人民攻占了巴士底狱，掀开了法国大革命的序幕。掌握了政权的资产阶级颁布了《人权宣言》，宣称：人生来自由，权利平等，私有财产神圣不可侵犯。1792 年，法国废除了君主制，建立了共和国，史称法兰西第一共和国，路易十六被送上断头台。以罗伯斯庇尔为首的雅各宾派掌握政权，把法国大革命推向高潮。1794 年 7 月，罗伯斯庇尔等人在政变中被送上断头台，法国大革命结束。

(2) 拿破仑 1799 年底，拿破仑发动政变夺取了政权。1804 年，他加冕称帝建立帝国，史称法兰西第一帝国。他颁布了《拿破仑法典》，多次打败欧洲反法同盟的军队。起初，他所进行的战争是自卫的正义战争，后来他侵略别的国家，转化为非正义的战争，遭到被侵略国家的反抗，最后在滑铁卢惨败。

6. 第一次工业革命

(1) 工业革命 第一次工业革命最先发生在英国。在棉纺织业部门，人们先发明了一种叫飞梭的纺织工具，大大加快了织布的速度。18 世纪 60 年代，织布工哈格里夫斯发明了“珍妮机”。一次可以纺出多根纱线，极大地提高了生产效率。这之后引发了一系列发明，出现了更多更先进的纺织机器。其他部门也纷纷发明、制造机器，人们把生产领域这种革命性的变化称为“工业革命”。1785 年以后，英国机械师瓦特改进的蒸汽机投入使用，人类进入了“蒸汽时代”。

(2) 重要发明 1807 年，美国人富尔顿制造出世界上第一艘利用蒸汽做动力的船，因为船的两侧有两个巨大的轮子，蒸汽机带动轮子前进，所以被称作“轮船”。1825 年，英国工程师史蒂芬孙利用蒸汽机发明的火车机车“旅行者号”试车成功。1840 年前后，英国大机器生产已经成为工业生产的主要方式，工业革命完成。此后，法国、美国等国家先后完成工业革命。工业革命以后，资本主义最终战胜了封建主义，率先完成工业革命的西方资本主义国家逐步确立起对世界的统治，世界形成了西方先进、东方落后的局面。

7. 马克思主义的诞生

(1) 英国的宪章运动　1836—1848年间，英国工人掀起了一场规模宏大、持续时间长久的运动。这次运动有一个政治纲领《人民宪章》，因此得名为宪章运动。宪章运动中，工人们要求取得普选权，这是世界上第一次群众性的、政治性的无产阶级革命运动。

(2) 马克思主义理论　马克思主义理论主要包括马克思主义哲学、政治经济学和科学社会主义三个组成部分。1848年，马克思、恩格斯为国际无产阶级组织——共产主义者同盟起草的纲领《共产党宣言》发表，标志着马克思主义的诞生。

(3) 巴黎公社　巴黎公社是无产阶级建立政权的第一次伟大尝试。公社的领导人之一欧仁·鲍狄埃创作了《国际歌》的歌词。后来，经工人作曲家狄盖特谱曲后，在全世界广泛传唱开来。

(4) 空想社会主义　空想社会主义是马克思主义思想的理论来源之一。代表人物有法国的圣西门、傅立叶和英国的欧文。欧文曾经在美国建立他的"新和谐"公社。

8. 美国南北战争

(1) 战争原因和进程　北方资本主义工业和南方种植园经济两种制度之间的矛盾无法调和。焦点是奴隶制的存废问题。1861年3月，林肯当选为美国总统，成为南北战争爆发的导火线。4月，南北战争爆发。战争过程中，林肯政府颁布了《宅地法》和《解放黑人奴隶的宣言》，推动了战争的进程，北方取得胜利。

(2) 林肯　南北战争结束后不久，拥护奴隶制的狂热分子在剧场刺杀了林肯。林肯为维护国家统一和解放黑人奴隶作出了重大贡献，成为美国历史上著名的总统。

(3) 南北战争的性质　南北战争是美国历史上的第二次资产阶级革命。经过这场战争，美国废除了奴隶制度，扫除了资本主义发展的又一大障碍，为以后经济发展创造了条件。

9. 俄国、日本的历史转折

(1) 俄国的兴起　16世纪中期，莫斯科大公伊凡四世称俄国沙皇，俄国成为中央集权的封建国家。1682年，彼得一世成为俄国沙皇，他推行了一系列改革，使俄国的经济、军事实力增强，成为欧洲强国。彼得一世从瑞典手中夺取了梦寐以求的出海口，并在此建立新的首都——圣彼得堡。

(2) 俄国废除农奴制　1861年，沙皇亚历山大二世签署废除农奴制的法令。1861年改革，是沙皇自上而下实行的资产阶级性质的改革，有利于资本主义的发展。这次改革虽然留下大量封建残余，但加快了俄国资本主义的发展，是俄国近代历史上的重大转折点。

(3) 日本明治维新　1853年，美国海军的一支舰队闯入日本江户湾浦贺港，对当时处于闭关锁国状态下的日本产生了巨大的冲击。这些美国军舰的外壳都被漆成黑色，所以日本人称这次事件为"黑船事件"。1868年，日本改革派掀起了倒幕运动，推翻了幕府的统治。明治天皇政府实行了一系列资产阶级性质的改革，这些改革是在明治年间进行的，因此被称为"明治维新"。明治维新使日本从一个闭关锁国的封建国家，逐步转变为资本主义国家，摆脱了沦为半殖民地国家的命运，是日本历史的重大转折点。但日本强大起来以后，很快就走上了对外侵略扩张的军国主义道路。

10. 第二次工业革命

(1)“电气时代”的到来 19世纪70年代,电力作为新能源进入生产领域。电力逐步取代蒸汽,成为工厂机器的主要动力,人类历史进入到了“电气时代”。

(2)“发明大王”爱迪生 在电器发明领域,美国科学家爱迪生最为著名。1879年,他发明了碳丝灯泡,为世界带来光明。他还发明了许多电器产品,正式注册的发明就有1300多种,被誉为“发明大王”。

(3)“汽车之父” 19世纪80年代,德国工程师卡尔·本茨在总结前人经验的基础上,设计出了第一台轻内燃机。1885年,本茨制成用内燃机驱动的汽车。这是第一辆投入实际使用的汽车,卡尔·本茨因此被誉为“汽车之父”。“奔驰”车就是本茨的音译。

(4)飞机的出现 1903年,美国的莱特兄弟经过不断努力,终于制成飞机,并试飞成功。

11. 第一次世界大战

(1)战争的背景 在第二次工业革命的推动下,资本主义国家的生产力获得了突飞猛进的发展,资本主义开始从自由资本主义向垄断资本主义即帝国主义阶段过渡。19世纪末20世纪初,主要资本主义国家美、德、英、法、日、俄等,相继进入了帝国主义阶段。后起的帝国主义国家如德国要求重新分割世界,与英、法、俄等帝国主义国家展开了激烈的争夺。争夺霸权的结果,形成了两大敌对的帝国主义侵略集团——德国、奥匈帝国、意大利组成的三国同盟和英国、法国、俄国组成的三国协约。两大军事集团展开疯狂的军备竞赛,世界大战一触即发。战前,巴尔干半岛已经成为一只“火药桶”。

(2)萨拉热窝刺杀事件 1914年6月28日,奥匈帝国王位继承人斐迪南大公夫妇在萨拉热窝街头被一名塞尔维亚青年刺杀,两人当场毙命。这就是“萨拉热窝刺杀事件”。它成为第一次世界大战的导火线。

(3)大战的爆发 1914年7月,奥匈帝国向塞尔维亚宣战。第一次世界大战爆发。德国和俄、英、法很快卷入战争。意大利与协约国达成秘密协定,参加到协约国一方作战。

(4)主要战役 第一次世界大战是人类历史上第一次空前规模的战争,战场主要集中在欧洲。1916年的凡尔登战役,造成双方共70多万人的伤亡,被称为“凡尔登绞肉机”。交战双方使用了各种新式武器,造成了大量的人员伤亡。在1916年的索姆河战役中英国研制的坦克首次出现在战场上。第二次世界大战初期,坦克成为德军发动闪电战的有力武器。第一次世界大战战场由最初的欧洲扩大到非洲、亚洲和太平洋地区,先后有三十多个国家卷入到战争中。1917年,美国、中国也加入协约国方面作战。1918年11月,德国投降,历时四年多的第一次世界大战以同盟国的失败告终。

12. 近代文化

(1)启蒙思想 18世纪,法国出现了一批启蒙思想家,主要有伏尔泰、卢梭和孟德斯鸠等人。伏尔泰反对封建专制制度,主张由开明的君主执政,强调资产阶级的自由和平等,他批判天主教会的黑暗和腐朽,把教皇比作“两只脚的禽兽”,把教士比作“文明恶棍”,还说天主教就是“一群狡猾的人布置的一个最可耻的骗人罗网”。卢梭否定封建王权,认为统治者如果违反民意,侵犯人权,撕毁大家都应遵守的社会契约,人民就有权推翻他。孟德斯鸠明确地提出立法权、司法权、行政权三权分立原则,还倡导天赋人权学说。伏尔泰等启蒙思想家对封建专制制度和天主教会的猛烈抨击以及对“自由”“平等”思想的宣传，促进了人们的思想解放，为新兴的资产阶级在政治上取代封建贵族提供了有力的支援，促进了欧洲的社会进步。

(2) 科学　英国科学家牛顿是近代自然科学的奠基人之一，他的成就主要体现在天文学、数学、力学等方面。牛顿在天文学上的主要贡献是在17世纪下半期发现了万有引力定律；在数学上最重要的贡献是微积分的创建；在力学上，牛顿建立了完整的力学理论体系。其中力学三定律，也称“牛顿三定律”，对近代自然科学的发展影响最大。1859年，英国科学家达尔文出版了科学巨著《物种起源》，他提出了“进化论”的思想，提出“物竞天择、适者生存、优胜劣汰”的法则。这部著作的问世，第一次把生物学建立在完全科学的基础上，推翻了神创论和物种不变论。《物种起源》的出版，在欧洲乃至整个世界都引起轰动，沉重地打击了神权统治的根基。爱因斯坦是20世纪伟大的科学家之一，他一生最重要的贡献是20世纪初提出了相对论。相对论的创立推动了整个物理学理论的革命，为原子弹的发明和原子能的应用提供了理论基础，由此打开了原子时代的大门。相对论还揭示了空间、时间的辩证关系，加深了人们对物质和运动的认识，无论在科学上还是哲学上，都具有重要的历史意义。20世纪初，居里夫妇经过艰苦的工作发现并提炼出了放射性元素——镭。

(四) 世界现代史

1. 苏联社会主义道路的探索

(1) 俄国十月革命　1917年3月，俄国爆发“二月革命”，推翻了沙皇专制统治。之后，俄国建立了资产阶级临时政府，它与“二月革命”中建立的工人士兵代表苏维埃同时存在。临时政府掌握着主要权力。布尔什维克党在8月确定了武装起义的方针，列宁在彼得格勒的斯莫尔尼宫建立了起义指挥部。11月7日，“阿芙乐尔”巡洋舰发出炮声，起义士兵和群众占领了临时政府的最后据点——冬宫，彼得格勒武装起义取得胜利。起义后，俄国建立了世界上第一个工人士兵苏维埃政府——人民委员会，列宁当选为主席。苏维埃政府宣布退出第一次世界大战。1918年3月，苏维埃俄国首都从彼得格勒迁到莫斯科。俄国十月革命是人类历史上第一次获得胜利的社会主义革命。世界上第一个社会主义国家由此诞生。十月革命的胜利沉重打击了帝国主义的统治，推动了国际社会主义运动的发展，鼓舞了殖民地半殖民地人民的解放斗争。

(2) 对社会主义道路的探索　三年国内战争时期，实行了“战时共产主义政策”，1921年开始实行新经济政策。1922年底，苏维埃社会主义共和国联盟成立，简称“苏联”。当时加入的有俄罗斯联邦、外高加索联邦、乌克兰和白俄罗斯。后来扩大到15个加盟共和国。1936年，苏联通过新宪法，宣布苏联是“工农社会主义国家”。新宪法的制定，标志着苏联高度集中的经济政治体制的形成。这一体制也被称为“斯大林模式”。经济方面的特点：完全的计划经济，否认市场的作用；高积累、多投资，片面发展重工业。政治方面的特点：权力高度集中，忽视民主法治建设。

2. 凡尔赛——华盛顿体系

(1) 巴黎和会　1919年，巴黎和会召开，会议由法国总理克里孟梭、英国首相劳合·

乔治和美国总统威尔逊操纵。1919年6月，协约国与德国签订了《凡尔赛和约》，之后，协约国还分别同德国的盟国奥地利、匈牙利、土耳其、保加利亚签订了一系列和约，这些和约同《凡尔赛和约》一起，构成了凡尔赛体系，确立了帝国主义在欧洲、西亚、非洲统治的新秩序。根据和约规定，1920年1月成立国际联盟，由英、法控制，美国没有加入。

(2) 华盛顿会议　1921—1922年华盛顿会议召开，美、英、日起主要作用，英、法、美、日签订了《四国条约》，美、英、日、法、意签订了《五国条约》，与会的九国代表签署了关于中国问题的《九国公约》，为美国在中国的扩张提供了方便。华盛顿会议是巴黎和会的继续，它确立了帝国主义在东亚、太平洋地区的统治秩序。通过这两次国际会议，帝国主义列强建立了"凡尔赛——华盛顿体系"。

3. 二战前的世界

(1) 经济大危机　1924—1929年间，资本主义世界处于相对稳定时期，主要资本主义国家的经济"繁荣"一时。1929年，一场空前严重的经济危机在美国爆发，然后迅速席卷了整个资本主义世界。危机的特点：涉及范围广、持续时间长、破坏性大。

(2) 华尔街　华尔街是美国主要金融机构的所在地，大危机就从这里开始。

(3) 罗斯福新政　1933年，罗斯福就任美国总统，宣布实行新政。新政的目的是在资本主义内部进行调整，加强国家对经济的干预和指导。新政的中心措施是对工业的调整，另外还整顿银行，缩减耕地，大力兴建公共工程等。新政取得了显著成效，美国经济缓慢地恢复，人民生活得到了改善；资本主义制度得到调整、巩固与发展；资本主义国家对经济的宏观控制与管理得到加强；美国联邦政府的权力明显增强。新政在美国和世界资本主义发展史上具有重要意义。

(4) 战争策源地的形成　在德国，以希特勒为首的法西斯组织——纳粹党上台，希特勒集大权于一身，开始建立法西斯恐怖统治，世界大战的欧洲策源地形成。纳粹利用"国会纵火案"，迫害德国共产党和进步人士。德国法西斯还迫害犹太人，希特勒早在《我的奋斗》一书中，就煽动种族狂热。几百万犹太人惨遭屠杀，数以千计的犹太科学家流亡国外，其中包括杰出的物理学家爱因斯坦。意大利和日本也先后出现了野蛮的法西斯政权。意大利的墨索里尼组织的法西斯党对内实行独裁统治，对外醉心于扩张。1936年2月26日，日本军部内部的少壮派军官发动兵变，日本军部法西斯专政建立起来，世界大战的亚洲策源地形成。20世纪30年代后半期，德、意、日三个法西斯国家相互勾结起来，结成了侵略性的军事政治集团。这个集团称为"柏林—罗马—东京轴心"，又称轴心国集团。

4. 第二次世界大战

(1) 慕尼黑阴谋　1938年9月，德、意、英、法四国政府的首脑在德国的慕尼黑签订协定，规定捷克斯洛伐克必须在10天之内把苏台德等地割让给德国。历史上称这一事件为"慕尼黑阴谋"。20世纪30年代，德国、日本和意大利法西斯在世界各地不断进行侵略活动，西方大国想将祸水东引，把德国的侵略矛头引向苏联。因此，它们对法西斯侵略不是加以严厉制裁，而是希望以牺牲弱小国家的利益来安抚侵略者。人们把这种政策称为绥靖政策，慕尼黑阴谋把绥靖政策推向顶峰。绥靖政策的影响极其恶劣，使法西斯国家得寸进尺，侵略野心日益膨胀。

(2) 大战爆发　1939 年 9 月 1 日，德国军队对波兰发动了突然进攻。英、法对德宣战。第二次世界大战全面爆发。1941 年 6 月 22 日，德军突袭苏联，苏德战争爆发。德军在几个月时间内便占领了苏联的大片土地，直逼苏联首都莫斯科。苏联军民在斯大林的领导下，英勇抗击侵略者，使德军占领莫斯科的企图没能得逞。莫斯科保卫战打破了德国不可战胜的神话，是二战以来德国在欧洲战场的首次失败。1941 年 12 月 7 日凌晨，日本军队出动大批飞机，不宣而战，偷袭了太平洋上美军基地珍珠港，重创美军太平洋舰队。第二天，美国对日宣战。太平洋战争爆发。第二次世界大战的规模进一步扩大，全世界绝大部分地区都被卷入这场人类历史上空前的浩劫之中。

(3) 敦刻尔克撤退　1940 年 5 月，德军把英、法四十万军队围困在法、比交界处的敦刻尔克，英军紧急动用了几乎所有能用的舰船和一些法国船只，利用几天时间，昼夜不停地往返英吉利海峡，把围困在敦刻尔克的 33.6 万军人撤回英国。虽然他们丢弃了几乎全部的武器装备，但为未来的反攻保存了有生力量。

(4) 国际反法西斯联盟的建立　1942 年 1 月 1 日，美、英、苏、中等 26 个国家的代表在美国首都华盛顿签署了《联合国家宣言》，标志着国际反法西斯联盟的建立。1945 年 10 月 24 日，在美国旧金山签订生效的《联合国宪章》，标志着联合国正式成立。

(5) 雅尔塔会议　1945 年 2 月，美国、英国、苏联三国首脑罗斯福、丘吉尔、斯大林在苏联的雅尔塔召开会议。会议决定打败德国以后，要对德国实行军事占领，彻底消灭德国的法西斯主义；同时，还决定成立联合国。苏联承诺在德国投降后三个月内，参加对日本法西斯的作战。

(6) 中途岛海战　1942 年，美军在中途岛的海上较量中，给了日军重创。此后，日本海军在太平洋再也无力发动大规模进攻，太平洋战场形势发生了转折。

(7) 斯大林格勒战役　1943 年的斯大林格勒战役，是苏德战争的转折点，也是第二次世界大战的转折点。

(8) 诺曼底登陆　1944 年 6 月 6 日凌晨，盟军在法国的诺曼底突破了德军的防线，登上欧洲大陆，开辟了欧洲第二战场。

(9) 大战结束　1945 年 5 月 2 日，苏联红军攻克柏林。5 月 8 日，德国正式签署投降书，标志着第二次世界大战的欧洲战争结束。8 月上旬，美军在日本的广岛和长崎投下原子弹，苏联也对日宣战。8 月 15 日，日本宣布无条件投降。9 月 2 日，日本正式签署投降书。第二次世界大战结束。

5. 二战后的世界

(1) 冷战政策　二战结束后，美国的经济、军事实力居世界首位，它称霸世界的野心日益膨胀，于是它带领西方资本主义国家，对苏联等社会主义国家采取了除武装进攻之外的一切手段的敌对行动，以遏制共产主义。这种政策被称为冷战政策。1947 年，杜鲁门提出的“遏制共产主义”、干涉别国内政、加紧控制其他国家的纲领和政策，后来被称为“杜鲁门主义”。这标志着美、苏冷战的开始。以“杜鲁门主义”为起点，美国在经济方面推行了援助西欧的“马歇尔计划”，即欧洲复兴计划。在军事方面建立了北大西洋公约组织，即“北约”。苏联采取了针锋相对的措施，成立了华沙条约组织。两极格局由此形成。美、苏开始了长达三十多年的争霸。

(2) 两极格局的结束　长期的争霸，使经济力量相对薄弱的苏联负担沉重。20世纪80年代，苏联领导人戈尔巴乔夫提出以军备控制为中心的全球缓和战略。美国因为大规模扩充军备，成为世界上最大的债务国，它的经济也遇到欧盟和日本的激烈竞争，因此，美国同意实现有限的缓和。1991年，苏联解体，美、苏两极格局随之结束。

(3) 一超多强　随着东欧剧变、苏联解体，美、苏对立的两极格局不复存在，暂时形成了"一超多强"的局面，世界政治格局朝着多极化方向发展。另一方面，日本、中国、俄罗斯和欧盟等国家和国家联盟的实力不断增强，成为牵制美国称霸世界、促进世界格局多极化的重要力量。

(4) 世界贸易组织(英文缩写为WTO)　是独立于联合国的永久性国际贸易组织。第二次世界大战后，在美国的推动下，成立了关贸总协定。1995年1月1日，在关贸总协定的基础上，成立了世界贸易组织，总部设在瑞士的日内瓦。世界贸易组织的宗旨是通过市场开放、非歧视性和公平贸易等原则，推动世界贸易的自由化，促进世界贸易的发展。世贸组织的出现是世界经济全球化的一个重要表现。2001年11月，中国成为世界贸易组织的正式成员。

(5) 欧洲联盟　20世纪60年代，法国和联邦德国等西欧国家成立了"欧洲共同体"，简称欧共体。1993年，在欧共体的基础上成立了欧洲联盟，简称欧盟。欧盟使用统一的货币——欧元。欧盟成为世界上最大的经济体。它的总部设在布鲁塞尔，贝多芬的《欢乐颂序曲》是它的盟歌。

6. 现代科学技术和文化

(1) 第三次科技革命　第一次科技革命始于18世纪60年代，它以牛顿力学为理论基础，以蒸汽机的广泛运用为主要标志。19世纪70年代开始了第二次科技革命，它以电磁学为理论指导，以电力和内燃机的广泛运用为主要标志。20世纪四五十年代以来，人类在原子能、计算机、航天技术、生物工程等领域取得了重大突破，标志着新的科学技术革命的到来，这被称为第三次科技革命。它起源于美国，电子计算机的广泛使用是第三次科技革命的核心，人类由此进入信息化社会。生物工程技术发展的标志是克隆技术的出现和发展。1996年，世界上第一只从成年动物细胞中克隆出的哺乳动物绵羊"多利"诞生。这项震惊世界的研究成果被誉为20世纪最重大也是最具争议的科技突破之一。

(2) 现代文学　英国的剧作家萧伯纳(《苹果车》)、法国的罗曼·罗兰(《约翰·克利斯朵夫》)、美国的德莱赛(《美国的悲剧》)是最富盛誉的现实主义作家。美国的海明威创作的《太阳照样升起》《老人与海》等作品，创造了独树一帜的海明威风格。法国荒诞派剧作家贝克特的剧本《等待戈多》于1953年在巴黎上演，引起轰动。20世纪初著名苏联文学作家高尔基的《海燕》《母亲》等代表作，奠定了苏联社会主义文学的基础。后来的阿·托尔斯泰的《苦难的历程》三部曲、奥斯特洛夫斯基的《钢铁是怎样炼成的》、肖洛霍夫的《静静的顿河》等著作都享誉世界。中国现代文学奠基人鲁迅以《狂人日记》《阿Q正传》等著作成为举世闻名的现实主义文学大师。印度跨世纪的著名作家泰戈尔以其在诗歌、小说、戏剧、哲学等领域的丰富创作，成为印度近现代文学的光辉代表。

(3) 现代美术 1905年,在法国巴黎展出了马蒂斯等一批青年艺术家的作品,因其技法一反常规,被称为"野兽般的艺术",野兽派因此得名,马蒂斯成为野兽派的著名代表。1907年在法国艺术界出现的立体派,是20世纪影响最大的一个画派。它主张把一切形象解体成最简单的几何形块,按画家的意愿组合起来。这一派的杰出代表是出生在西班牙后定居巴黎的毕加索。1907年他创作了独具风格的作品《亚威农的少女》,这幅画被称为第一幅立体派的作品。此后他创作了大量的作品,其中以《格尔尼卡》《和平鸽》等最为有名,毕加索是20世纪影响最大的画家之一。西班牙的萨尔瓦多·达利是超现实主义画派的著名艺术家,这一画派把人类的梦境、幻觉和生死矛盾等作为绘画的主题;其代表作是《记忆的永恒》,作品勾画了一个产生错觉的痛苦世界,是20世纪西方精神世界的一个缩影。

(4) 现代音乐和电影 爵士乐是现代音乐演变的一个代表,它起源于非洲音乐,19世纪末20世纪初在美国南部发展起来,很快风行美国并且流传世界许多国家。第二次世界大战后又出现了摇滚乐,它起源于美国,在20世纪60年代风靡西方,成为一种独具魅力的流行音乐形式。1895年12月28日,路易·卢米埃尔在巴黎大咖啡馆首次把影片放映在银幕上,后来这一天被视为电影的诞生日。中国也于1896年8月11日在上海首次放映了法国电影,当时称为"西洋影戏"。位于美国洛杉矶北郊的好莱坞,是世界著名的电影"梦工厂"。20世纪初《基督山伯爵》剧组首先在洛杉矶郊外一个荒凉的小镇建起摄影棚,之后大制片公司纷至沓来,好莱坞逐步发展成为世界电影之都。

(5) 奥斯卡金像奖 全名"美国电影艺术与科学学院奖",是美国一项表彰电影业成就的年度奖项,旨在鼓励优秀电影的创作与发展,是当今世界最具影响力的电影奖项。1929年举行了第一次奥斯卡颁奖典礼。此外,在美国还有针对音乐的格莱美奖、针对电视的艾美奖、针对戏剧的托尼奖等。

思考练习

1. 我国境内已知的最早人类是( )。
   A. 元谋人　　B. 北京人　　C. 蓝田人　　D. 山顶洞人
2. 民主推举部落联盟首领的办法,历史上叫做( )。
   A. 分封制　　B. 宗法制　　C. 世袭制　　D. 禅让制
3. 又被称作"卜辞"的是( )。
   A. 甲骨文　　B. 铭文　　C. 小篆　　D. 楚辞
4. 下列不属于西周的制度的是( )。
   A. 分封制　　B. 郡县制　　C. 井田制　　D. 宗法制
5. 春秋时期第一个称霸中原的人是( )。
   A. 齐桓公　　B. 晋文公　　C. 楚庄王　　D. 越王勾践
6. 卧薪尝胆和下列有关的人物是( )。
   A. 齐桓公　　B. 晋文公　　C. 楚庄王　　D. 越王勾践

7. “焚书坑儒”发生在( )统治时期。
A. 商纣王 B. 周幽王 C. 秦始皇 D. 隋炀帝
8. 1974年在西安发现的兵马俑震惊了世界,这是用来守护( )的陵墓的。
A. 秦二世 B. 周幽王 C. 秦始皇 D. 隋炀帝
9. 以下是汉代的治世的是( )。
A. 文景之治 B. 贞观之治 C. 开元盛世 D. 康乾盛世
10. 下列不是汉武帝时期的人物的是( )。
A. 张骞 B. 司马迁 C. 董仲舒 D. 王昭君
11. 三国鼎立局面形成于( )。
A. 巨鹿之战 B. 官渡之战 C. 赤壁之战 D. 淝水之战
12. 下列和诸葛亮不相关的成语是( )。
A. 三顾茅庐 B. 鞠躬尽瘁 C. 舌战群儒 D. 东山再起
13. “贞观之治”的开创者是( )。
A. 文帝杨坚 B. 高祖李渊 C. 太宗李世民 D. 玄宗李隆基
14. “政启开元,治宏贞观”赞扬的是( )。
A. 唐太宗 B. 唐玄宗 C. 武则天 D. 唐武宗
15. 唐朝由盛而衰的转折点是( )。
A. 开元盛世 B. 安史之乱 C. 宦官专权 D. 藩镇割据
16. 大运河的开凿年代是( )。
A. 南北朝 B. 隋朝 C. 唐朝 D. 元朝
17. 隋朝工匠李春建造的是( )。
A. 都江堰 B. 大运河 C. 赵州桥 D. 北京城
18. 历史上被称作“药王”的是( )。
A. 华佗 B. 张仲景 C. 孙思邈 D. 李时珍
19. “陈桥兵变、黄袍加身”说的是( )。
A. 杨坚 B. 李渊 C. 赵匡胤 D. 朱元璋
20. 被称为“中国十一世纪时的改革家”的是( )。
A. 司马光 B. 王安石 C. 范仲淹 D. 毕昇
21. 南宋末年著名的抗元将领是( )。
A. 岳飞 B. 寇准 C. 陆秀夫 D. 文天祥
22. ( )在《梦溪笔谈》一书中记载了活字印刷术的发明过程。
A. 毕昇 B. 沈括 C. 宋应星 D. 徐光启
23. 明朝的抗倭英雄是( )。
A. 岳飞 B. 文天祥 C. 戚继光 D. 郑成功
24. 从荷兰人手里收复台湾的民族英雄是( )。
A. 岳飞 B. 文天祥 C. 戚继光 D. 郑成功
25. “靖难之役”的发动者是( )。

A．隋炀帝杨广　　B．唐太宗李世民　　C．明太祖朱元璋　　D．明成祖朱棣

26．下列内容对洋务运动的影响表述不正确的是(　　)。

A．洋务派的主观目的是在中国发展资本主义

B．洋务运动没有使中国富强起来，但引进了西方先进的生产技术

C．洋务运动为中国近代企业积累了生产经验，培养了技术力量

D．洋务运动在客观上为中国民族资本主义的产生和发展起到了促进作用，为中国近代化开辟了道路

27．中日甲午战争中开着“致远号”撞向敌舰壮烈牺牲的民族英雄是(　　)。

A．林则徐　　B．左宗棠　　C．冯子材　　D．邓世昌

28．近代中国第一个资产阶级革命政党是(　　)。

A．中国同盟会　　B．中华革命党　　C．兴中会　　D．中国国民党

29．五四运动的直接导火线是(　　)。

A．新文化运动　　B．“二十一条”　　C．俄国十月革命　　D．巴黎和会

30．“江山如此多娇，引无数英雄竞折腰。”毛泽东的《沁园春·雪》写于 1936 年冬天，此时正值中国工农红军(　　)。

A．开创了井冈山革命根据地

B．粉碎了国民党的三次军事围剿

C．胜利完成了二万五千里长征

D．已经开赴抗日前线

31．以下对西安事变的结果表述不正确的是(　　)。

A．蒋介石接受了停止内战联共抗日的主张

B．西安事变得到了和平解决

C．十年内战基本结束

D．抗日民族统一战线正式形成

32．1895 年《马关条约》中日本割走了中国的台湾，台湾回到祖国的怀抱是在(　　)。

A．1919 年巴黎和会

B．1922 年华盛顿会议

C．1945 年抗战胜利

D．1949 年中华人民共和国成立

33．率领北平国民党军队接受和平改编的国民党将领是(　　)。

A．张治中　　B．蔡廷锴　　C．杜聿明　　D．傅作义

34．现代奥林匹克运动会起源于(　　)。

A．古代埃及　　B．古代希腊　　C．古代罗马　　D．阿拉伯国家

35．14 世纪末李成桂建立朝鲜王朝时，都城设在(　　)。

A．釜山　　B．平壤　　C．汉城　　D．首尔

36．伊斯兰教的创始人是(　　)。

A．乔达摩·悉达多　　B．穆罕默德

C. 耶稣　　D. 真主安拉

37. 基督教的经典是(　　)。

A.《圣经》　B.《古兰经》　C.《心经》　D.《金刚经》

38. 被誉为"旧时代的最后一位诗人,同时又是新时代的最初一位诗人"的是(　　)。

A. 薄伽丘　B. 彼特拉克　C. 但丁　D. 维吉尔

39. 为捍卫"日心说"被教会烧死的意大利思想家是(　　)。

A. 哥白尼　B. 伽利略　C. 开普勒　D. 布鲁诺

40. 第一个完成环球航行的航海家是(　　)。

A. 达伽马　B. 哥伦布　C. 麦哲伦　D. 郑和

41. 世界上最早确立君主立宪制的国家是(　　)。

A. 英国　B. 日本　C. 丹麦　D. 西班牙

42. 美国独立战争的转折点是(　　)。

A. 波士顿倾茶事件　　B. 萨拉托加大捷

C. 莱克星顿的枪声　　D.《独立宣言》发表

43. 法国大革命中颁布的重要文件是(　　)。

A.《权利法案》　　B.《独立宣言》

C.《人权宣言》　　D.《人民宪章》

44. 世界上第一艘"轮船"的发明者是(　　)。

A. 富尔顿　B. 哈格里夫斯　C. 瓦特　D. 史蒂芬孙

45. 下列不属于列夫·托尔斯泰的作品是(　　)。

A.《复活》　　B.《战争与和平》

C.《巴黎圣母院》　　D.《安娜·卡列尼娜》

46.《基督山伯爵》是(　　)的作品。

A. 雨果　B. 大仲马　C. 小仲马　D. 巴尔扎克

47. 兴起于欧洲17世纪的一场维护资产阶级利益的,为美国独立战争和法国大革命提供了思想武器,也为马克思主义哲学的创立提供了理论前提的思想解放运动是(　　)。

A. 文艺复兴　B. 资产阶级改革　C. 工业革命　D. 启蒙运动

48. 以下不属于第二次工业革命的重要发明是(　　)。

A. 火车　B. 汽车　C. 飞机　D. 电灯

49. 领导了美国独立战争,被誉为"美国国父"的是(　　)。

A. 华盛顿　　B. 林肯

C. 杰斐逊　　D. 富兰克林·罗斯福

50. 下列事件中,把绥靖政策推向顶峰的是(　　)。

A. 希特勒上台　　B. 德国吞并奥地利

C. 慕尼黑阴谋　　D. 西班牙内战

51. 联合国成立以来,在国际事务中发挥着重要作用。决定成立联合国的国际会议是

(　　)。

A. 巴黎和会　　B. 华盛顿会议　　C. 德黑兰会议　　D. 雅尔塔会议

52. 万有引力定律和力学三定律,被认为是“人类智慧史上最伟大的一个成就”。取得这一伟大成就的人是(　　)。

A. 伏尔泰　　B. 牛顿　　C. 达尔文　　D. 爱因斯坦

参考答案

1. A 2. D 3. A 4. B 5. A 6. D 7. C 8. C 9. A 10. D 11. C 12. D 13. C 14. C 15. B 16. B 17. C 18. C 19. C 20. B 21. D 22. B 23. C 24. D 25. D 26. A 27. D 28. A 29. D 30. C 31. D 32. C 33. D 34. B 35. C 36. B 37. A 38. C 39. D 40. C 41. A 42. B 43. C 44. A 45. C 46. B 47. D 48. A 49. A 50. C 51. D 52. B

第二节　中外文学常识

一、中国文学常识

(一) 先秦文学

1. 神话　神话和歌谣是中国文学的源头。神话以故事的形式表现了远古人民对自然、社会现象的认识和愿望。神话中充满了丰富的想象,是中国浪漫主义文学的源头。中国在远古时代曾有过丰富的神话传说,例如“盘古开天”“女娲造人”“后羿射日”等。《诗经》《楚辞》这两部诗歌总集中多有取材于神话的诗篇。《山海经》是我国古代保存神话资料最多的著作。

2.《诗经》　是我国第一部诗歌总集,原名《诗》,或称“诗三百”,共有 305 篇。它收集了自公元前 11 世纪至公元前 6 世纪的古代诗歌,反映了自西周初期到春秋中叶约五百年间的社会面貌。《诗经》分《风》《雅》《颂》三部分。《风》是周代各地的歌谣;《雅》是周人的正声雅乐,又分《小雅》和《大雅》;《颂》是周王庭和贵族宗庙祭祀的乐歌,又分为《周颂》《鲁颂》和《商颂》。《诗经》内容丰富,反映了劳动与爱情、战争与徭役、压迫与反抗、风俗与婚姻、祭祖与宴会,甚至天象、地貌、动物、植物等方方面面,是周代社会生活的一面镜子。在艺术特征上,《诗经》运用了赋、比、兴的表现手法。《诗经》在中国文学史上具有崇高的地位和深远的影响,奠定了中国诗歌的优良传统,中国诗歌艺术的民族特色由此肇端而形成。

3. 先秦叙事散文　先秦时期,中国散文由萌芽而至成熟。甲骨卜辞和殷商铜器铭文是中国最早的记事文字,《尚书》和《春秋》提供了记言、记事文的不同体例,《左传》《国语》《战国策》等历史散文的出现,标志着叙事文的成熟,开启了中国叙事文学的传统。先秦叙事散文的体例、思想、写作艺术等对后世史传文学的创作有直接启发,先秦叙事散文的叙事艺术，对中国古代小说的产生、发展及其独特的艺术个性的形成，都有不可低估的作用。

4.《尚书》是中国最早的一部历史文献总集，相传曾经由孔子编选。包括《虞书》《夏书》《商书》《周书》四部分。

5.《春秋》本是周王朝和各诸侯国历史的通称，后特指经过孔子修订的鲁国的编年史。《春秋》按时间顺序编排历史事件，但其记事都很简略。

6.《左传》是《春秋左氏传》的简称，又名《左氏春秋》。相传作者是左丘明，后人对此颇多疑义。《左传》是中国第一部叙事历史著作，在历史、文学和语言方面，都有很高的成就。

7.《国语》是中国最早的一部国别体史书，全书二十一卷，分别记载周、鲁、齐、晋、郑、楚、吴、越八国事，是各国史料的汇编。

8.《战国策》是一部国别体史学著作，共三十三卷，杂记东周、西周、秦、齐、楚、赵、魏、韩、燕、宋、卫、中山诸国军政大事。时代上接春秋，下迄秦并六国。主要记载了谋臣策士游说诸侯或进行谋议论辩时的政治主张和斗争策略。其文章不是一人所作，作者大多是战国后期纵横家。最后由西汉刘向编校整理成书，定名为《战国策》。

9. 先秦说理散文　指的是战国时期各个学派的著作，反映着不同学派的思想倾向、政治主张和哲学观点。主要作品有《论语》《老子》《墨子》《孟子》《庄子》《荀子》《韩非子》等。

10. 孔子(公元前551年—公元前479年)，名丘，字仲尼。春秋末期鲁国陬邑昌平乡(今山东曲阜)人。中国古代思想家、政治家、教育家，儒家创始人。他提出了“仁”的学说，即要求统治者能够体贴民情，爱惜民力，不要过度压迫人民，以缓和阶级矛盾；其次他主张以德治民，反对苛政和任意滥杀。儒家学说成为中国两千多年封建文化的正统。他兴办私学，突破官府垄断，扩大教育对象的范围，学生达三千人，贤良72人。他主张“因材施教”，教育学生要“温故而知新”，要把“学”和“思”结合起来。相传孔子曾修《诗》《书》，订《礼》《乐》，序《周易》，撰写《春秋》。他一生从事传道、授业、解惑，被中国人尊称为“至圣先师，万世师表”。孔子死后，其弟子及再传弟子把孔子及其弟子的言行语录和思想记录下来，整理编成儒家学派的经典《论语》。

11. 老子(约公元前571年—公元前471年)，姓李名耳，字聃(dān)。楚国苦县人。伟大的哲学家、思想家，道家学派创始人，曾在东周国都洛邑任守藏史，孔子周游列国时曾向老子问礼。传说他晚年乘青牛西去，并在函谷关前写成了五千言的《道德经》(又名《老子》)，最后不知所终。老子思想的精华是朴素辩证法。例如：“祸兮福之所倚；福兮祸之所伏。”在修身方面，讲究性命双修、虚心实腹、不与人争。在政治上，主张无为而治、不言之教。其思想对后代影响深远。例如：汉初的统治者一度把老子的“无为”思想作为信条，采取“与民生息”的政策。老子的思想被庄子所传承，并与儒家和后来的佛家思想一起构成了中国传统思想文化的核心。

12. 孟子(约公元前372年—约公元前289年)，名轲，字子舆。战国时期邹国人。中国古代著名思想家、教育家，战国时期儒家代表人物。孟子及其门人著有《孟子》一书。孟子继承并发扬了孔子的思想，成为仅次于孔子的一代儒家宗师，对后世中国文化的影响全面而巨大，有“亚圣”之称，与孔子合称为“孔孟”。孟子在人性方面，主张性善论；在社会政治观点方面，孟子突出仁政、王道的理论。提出“民贵君轻”的主张。

13. 庄子(约公元前369年—公元前286年),名周,字子休(一说子沐)。战国时代宋国蒙地人(今安徽省蒙城县人)。著名思想家、哲学家、文学家,是道家学派的代表人物,老子哲学思想的继承者和发展者,先秦庄子学派的创始人。庄子与道家始祖老子并称"老庄",他们的哲学思想体系,被思想学术界尊为"老庄哲学",代表作品为《庄子》,名篇有《逍遥游》《齐物论》等,庄子主张"天人合一"和"清静无为"。

14. 墨子(约公元前468年—公元前376年),名翟,春秋末战国初鲁国人。出生于今山东省滕州市。我国战国时期著名的思想家、教育家、军事家,墨家学派的创始人。墨子一生中除著书立说和教授门徒外,还参加过一些政治活动。墨子有著作传世,较能代表墨子学说和思想的有《尚贤》《兼爱》《非攻》。学说思想主要包括:"兼爱""非攻""天志""明鬼""尚同""尚贤""节用""节葬",生活上奉行"以自苦为极"。其弟子根据墨子生平事迹,收集其语录,完成《墨子》一书传世。墨家在战国时是一个重要的学派,与儒家并称"显学"。

15. 荀子(约公元前325年—公元前238年),名况,又称荀卿。战国末期赵国(今山西南部)人。先秦著名思想家。荀子早年游学于齐,学问博大,曾三次担任当时齐国"稷下学宫"的"祭酒"(学宫之长)。晚年从事教学和著述。荀子学识渊博,继承了儒学并有所发展,还能吸收一些别家之长,故在儒学中自成一派。在人性方面,荀子主张性恶论,认为人性善是教化的结果。在天道观方面,提出"制天命而用之"的人定胜天的思想。荀子对礼很重视,宣扬儒家的王道思想,认为"水能载舟亦能覆舟"。

16. 韩非子(约公元前275年—公元前233年),战国晚期韩国(今河南省新郑)人。中国古代著名的哲学家、思想家、政论家和散文家,法家思想的集大成者,世称"韩非子"。韩非原为韩国贵族,与李斯从师荀卿。韩非口吃,但他善于写作,且继承和发展了荀子的法术思想,提出"以法为主",法、术、势结合的理论,是法家思想的集大成者。韩非的思想被秦始皇所重用。他创立的法家学说,为中国第一个统一专制的中央集权制国家的诞生提供了理论依据。韩非在秦遭李斯嫉妒、陷害,在狱中服毒自尽。今存《韩非子》五十五篇。

17. 屈原与楚辞 屈原(约公元前342年—公元前278年),名平,字原。战国末期楚国人。他创立了"楚辞",也开创了"香草美人"的传统。贵族出身,曾任三闾大夫、左徒等职,兼管内政外交大事。他主张对内举贤能,修明法度,对外联齐抗秦。后因遭贵族排挤,曾两次被流放。公元前278年,秦国攻破楚国都城郢都,屈原悲愤地投汨罗江而死,终年62岁。他开创了诗歌从集体歌唱转变为个人独立创作的新纪元,是中国浪漫主义诗歌的奠基人,中国第一位伟大的爱国主义诗人。代表作品有《离骚》《九章》《九歌》《天问》等。"路漫漫其修远兮,吾将上下而求索"是屈原《离骚》中的名句。楚辞是屈原吸收民歌精华,采用楚国方言,创造出的一种新诗体,也是中国文学史上第一部浪漫主义诗歌总集。

(二)秦汉文学

1.《吕氏春秋》 是在秦国丞相吕不韦主持下,集合门客们编撰的一部黄老道家名著。成书于秦始皇统一中国前夕。此书以道家思想为主干贯穿全书始终,融合各家学说。《吕氏春秋》集先秦道家之大成,是秦道家的代表作,全书共分二十六卷,一百六十篇,二十余万字。

2. 李斯(约公元前284年—公元前208年),字通古。战国末期楚国上蔡人。秦代著名的政治家、文学家和书法家。由于秦始皇推行严酷的文化专制政策,焚书坑儒,彻底毁灭了这个时代的文学激情,因此秦代在文学上几乎没有什么成绩,因此李斯是秦代唯一可以称为作家的人物。李斯的主要作品是作于秦王政十年的《谏逐客书》。

3. 贾谊(公元前200年—公元前168年),世称贾生。汉族。洛阳(今河南洛阳东)人。西汉初年著名政论家、文学家。贾谊著作主要有散文和辞赋两类,代表作有政论文《过秦论》等。司马迁对屈原、贾谊都寄予同情,为二人写了一篇合传,后世因而往往把贾谊与屈原并称为"屈贾"。

4. 司马相如与西汉辞赋　司马相如(约公元前179年—公元前118年),字长卿。蜀郡成都人。西汉辞赋家,中国文化史、文学史上杰出的代表。善作辞赋,其代表作品为《子虚赋》和《上林赋》。作品词藻富丽,结构宏大,使他成为汉赋的代表作家,后人称之为"赋圣"和"辞宗"。他与卓文君的爱情故事也广为流传。赋是汉代最具代表性、最能彰显其时代精神的一种文学样式。

5. 司马迁与《史记》　司马迁(公元前145年—?),字子长。夏阳(今陕西韩城南)人。中国西汉伟大的史学家、文学家、思想家。他创作了中国第一部纪传体通史《史记》(原名《太史公书》),开我国传记文学的先河。《史记》被公认为是中国史书的典范。该书记载了从上古传说中的黄帝时期到汉武帝元狩元年长达3000多年的历史,是"二十五史"之首,被鲁迅誉为"史家之绝唱,无韵之离骚"。全书有本纪十二篇、表十篇、书八篇、世家三十篇、列传七十篇,共一百三十篇,五十二万六千五百余字。

6. 两汉乐府诗　是指由朝廷乐府系统或相当于乐府职能的音乐管理机关搜集、保存而流传下来的汉代诗歌,后世称为"乐府诗",或简称"乐府"。它是继《诗经》《楚辞》而起的一种新诗体。汉乐府是古代民歌的又一次大汇集,它开创了诗歌现实主义的新风。《陌上桑》和《孔雀东南飞》都是汉乐府民歌,后者是我国古代最长的叙事诗,《孔雀东南飞》与《木兰诗》合称"乐府双璧"。汉代《孔雀东南飞》、北朝《木兰诗》和唐代韦庄的《秦妇吟》并称"乐府三绝"。此外,《长歌行》中的"少壮不努力,老大徒伤悲"也是千古流传的名句。

7. 班固与《汉书》　班固(32年—92年),字孟坚。汉族。扶风安陵(今陕西咸阳东北)人。东汉著名史学家、文学家。班固编撰的《汉书》是我国第一部纪传体断代史,它是继《史记》以后出现的又一部史传文学典范,与《史记》《后汉书》《三国志》并称为"前四史"。全书记述了上起汉高祖元年(公元前206年),下至新朝王莽地皇四年(公元23年),共230年的史事。

(三) 魏晋南北朝文学

1. 曹操(155年—220年),字孟德,一名吉利,小字阿瞒。汉族。沛国谯县(今安徽省亳州市)人。东汉末年杰出的政治家、军事家、文学家、书法家,三国中曹魏政权的缔造者。"三曹"之一("三曹"指曹操、曹丕、曹植)。曹操文韬武略,《三国志》说他"才武绝人"。在文学上,曹操当称为建安诗坛的领袖人物,在他身边聚集了很多文人智士,形成了十分著名的邺下文人集团。曹操继承并发扬了乐府民歌"感于哀乐,缘事而发"的创作思想,写出了一系列名作佳篇,如《观沧海》《龟虽寿》《蒿里行》《短歌行》等。另著有《孙子略解》《兵书解要》等军事著作。史书评价曹操乃“治世之能臣，乱世之奸雄”。

2. 曹丕(187年—226年)，字子桓。沛国谯县(今安徽省亳州市)人。魏的开国皇帝，魏武帝曹操与卞氏的长子。三国时期著名的政治家、文学家。“三曹”之一。曹丕酷爱文学，并取得相当高的成就。其《燕歌行》是中国现存最早的文人七言诗；他的五言诗和乐府诗清绮动人；所著《典论·论文》，是我国现存较早的文学批评专著，在中国文学批评史上占有重要地位。

3. 曹植(192年—232年)，字子建，生前曾为陈王，去世后谥号“思”，因此又称陈思王。沛国谯县(今安徽省亳州市)人。曹操与卞氏所生第三子。曹植是三国时期曹魏著名文学家，“三曹”之一，建安文学的代表人物。曹植的《七步诗》家喻户晓，是曹植与曹丕争夺王位的“救命诗”。其代表作有《洛神赋》《白马篇》《七哀诗》等。

4. 诸葛亮(181年—234年)，字孔明，号卧龙(也作伏龙)。汉族。徐州琅琊阳都(今山东省临沂市沂南县)人。三国时期蜀汉丞相，杰出的政治家、军事家、散文家、外交家、发明家。其散文代表作有《出师表》《隆中对》等。曾发明木牛流马、孔明灯等，并改造连弩，叫做诸葛连弩，可一弩十矢俱发，同时还推演兵法，作“八阵图”。刘禅追谥其为忠武侯，故后世常以武侯、诸葛武侯尊称诸葛亮。诸葛亮一生“鞠躬尽瘁、死而后已”，是中国传统文化中忠臣与智者的代表人物。

5. 孔融(153年—208年)，字文举，鲁国(今山东曲阜)人。东汉末年文学家，“建安七子”之一。家学渊源，是孔子的第二十世孙。孔融少有异才，勤奋好学；性好宾客，喜抨议时政，言辞激烈，后因触怒曹操而为其所杀。孔融能诗善文，散文锋利简洁，代表作是《荐祢衡表》，其六言诗反映了汉末动乱的现实，现存诗五首。明人张溥辑有《孔北海集》。

6. 王粲(177年—217年)，字仲宣。山阳郡高平县(今山东微山两城镇)人。东汉末年文学家。建安文学的重要的代表人物之一，与同时代的孔融、陈琳、徐干、阮瑀、应玚、刘桢并称为“建安七子”，魏文帝在《典论·论文》中称王粲为“七子之冠冕”。《初征》《登楼赋》《槐赋》《七哀诗》等是其代表作。

7. 阮籍(210年—263年)，字嗣宗。三国时期魏陈留(今属河南)尉氏人，是“建安七子”之一阮瑀的儿子。诗人。与嵇康、刘伶等七人为好友，常集会于竹林之下，肆意酣畅，世称“竹林七贤”。阮籍是“正始之音”的代表，以《咏怀》八十二首最为著名，《大人先生传》是其最有代表性的散文。其著作收录在《阮籍集》中。

8. 嵇康(223年—262年)，字叔夜。汉族。谯国铚县(今安徽省濉溪县)人。三国曹魏时著名思想家、音乐家、文学家。正始末年与阮籍等竹林名士共倡玄学新风，为“竹林七贤”的精神领袖。嵇康是一位伟大的艺术家，他写的《声无哀乐论》《养生论》等万代相传，而且他弹得一手好琴，尤其善于演奏《广陵散》。嵇康的文学创作主要是诗歌和散文。代表作有《幽愤诗》、组诗《赠秀才从军》等。现有《嵇中散集》传世。

9. 陶渊明(约365年—427年)，字元亮，又名潜，别号“五柳先生”，私谥“靖节”，世称靖节先生。浔阳柴桑(今江西九江)人。东晋伟大的诗人、辞赋家。曾任江州祭酒、建威参军、镇军参军、彭泽县令等职，因不满当时士族地主把持政权的黑暗社会现实，担任彭泽县令八十多天便弃职而去，作《归去来兮辞》，用以明志。从此归隐田园，直到六十三岁在贫病交迫中去世。他是中国第一位田园诗人，代表作品有《饮酒》《归园田居》《桃花源记》《五柳先生传》《归去来兮辞》等，著有《陶渊明集》。

10. 谢灵运（385年—433年），字灵运，小名客儿，世称谢客，又因他是东晋名将谢玄之孙，晋时袭封康乐公，故世又称谢康乐。生于会稽始宁（今浙江上虞），祖籍陈郡阳夏（今河南太康）。南朝时期杰出的诗人、文学家、旅行家。他开创了中国文学史上的山水诗派，还兼通史学，擅书法，曾翻译佛经，并奉诏撰《晋书》。明人辑有《谢康乐集》。

11. 刘勰和《文心雕龙》　刘勰（约465年—约520年），字彦和。汉族。生于京口（今江苏镇江），祖籍山东莒县（今属山东省莒县）。生活于南北朝时期的南朝梁代。中国历史上的文学理论家、文学批评家。他曾官县令、步兵校尉、宫中通事舍人，颇有清名。晚年在山东莒县浮来山创办（北）定林寺。刘勰虽任多种官职，但其名不以官显，却以文彰，一部《文心雕龙》奠定了他在中国文学批评史上的地位。《文心雕龙》共三万七千余字，分为十卷五十篇，包括总论、文体论、创作论、批评论四个主要部分。该书在中国古代文学批评和文艺理论的发展史上具有巨大的意义和深远的影响，是一份十分宝贵的文化遗产。

（四）隋唐五代文学

1. 卢照邻（约636年—约680年），字升之，自号幽忧子。汉族。幽州范阳（今河北涿州）人。初唐诗人，与王勃、杨炯、骆宾王并称为“初唐四杰”。卢照邻尤工诗歌骈文，以歌行体为佳，不少佳句传颂不绝，如《长安古意》中“得成比目何辞死，愿作鸳鸯不羡仙”等，更被后人誉为经典。有7卷本的《卢升之集》和《幽忧子集》存世。

2. 王勃（约650年—约676年），字子安。汉族。古绛州龙门（今山西河津）人，唐代诗人。出身儒学世家，与杨炯、卢照邻、骆宾王并称为“初唐四杰”。王勃虽然人生短暂，只活了二十七个春秋，但著述很多。代表作品有《送杜少府之任蜀州》《滕王阁序》等。

3. 杨炯（650年—?），字盈川。华州华阴（今陕西华阴市）人。唐代诗人，“初唐四杰”之一。杨炯以边塞征战诗著名，所作如《从军行》《出塞》《战城南》《紫骝马》等，表现了为国立功的战斗精神，气势轩昂，风格豪放。今存诗33首，五律居多。有《盈川集》三十卷行于世。

4. 骆宾王（约619年—687年），字观光。汉族。婺州义乌（今浙江义乌）人。唐代著名诗人，与王勃、杨炯、卢照邻合称“初唐四杰”。在四杰中他的诗作最多。骆宾王出身寒门，七岁能诗，号称“神童”。据说《咏鹅》就是此时所作。骆宾王尤擅七言歌行，名作《帝京篇》为初唐罕有的长篇，当时以为绝唱。他还曾久戍边城，写有不少边塞诗。其主要作品还有《为徐敬业讨武瞾檄》《畴昔篇》《在狱咏蝉并序》等。

5. 陈子昂（661年—702年），字伯玉。梓州射洪（今属四川）人。唐代诗人，初唐诗文革新人物之一。因曾任右拾遗，后世称陈拾遗。青少年时乐善好施，慷慨侠义；成年后博览群书，擅长写作。他作诗提倡恢复汉魏风骨，改变了初唐时期的浮靡诗风，是唐代诗歌革新的先驱。其存诗共100多首，其诗风骨峥嵘，寓意深远，苍劲有力。其中最有代表性的有组诗《感遇》38首、《蓟丘览古》7首和《登幽州台歌》《登泽州城北楼宴》等。

6. 张若虚（约647年—约730年），字、号均不详。主要活动在公元7世纪中期至公元8世纪前期，扬州（今属江苏扬州）人。初唐诗人。曾任兖州兵曹。中宗神龙（705年—707

年)中,与贺知章、贺朝、万齐融、邢巨、包融俱以文词俊秀驰名于京都,与贺知章、张旭、包融并称"吴中四士",文词俊秀。存诗仅2首,尤以《春江花月夜》著名,"孤篇横绝,竟为大家"。奠定了他在唐诗史上的地位。另一首诗是《代答闺梦还》。

7. 贺知章(659年—744年),字季真。汉族。越州永兴(今浙江萧山)人。唐代著名诗人、书法家,少时就以诗文知名。历任礼部侍郎、秘书监、太子宾客等职。为人旷达不羁,有"清谈风流"之誉,晚年自号"四明狂客""秘书外监"。八十六岁告老还乡,旋逝。属于盛唐前期诗人,又是著名书法家。其与张若虚、张旭、包融并称"吴中四士"。贺知章诗文以绝句见长,其写景、抒怀之作风格独特,清新潇洒,著名的《咏柳》《回乡偶书》两首诗脍炙人口,千古传诵。其作品大多散佚,今尚存录入《全唐诗》共19首。

8. 张九龄(678年—740年),字子寿,一名博物。汉族。韶州曲江(今广东省韶关市)人。唐玄宗开元年间的一位有胆识、有远见的著名政治家、文学家、诗人、名相。他忠耿尽职,秉公守则,直言敢谏,选贤任能,不徇私枉法,不趋炎附势,敢与恶势力作斗争,为"开元之治"作出了重要贡献。他的诗风清淡,对扫除唐初所沿袭的六朝绮靡诗风贡献尤大。晚年遭谗言被贬后所作的《感遇》诗12首名列《唐诗三百首》第一首,和陈子昂的《感遇》38首相提并论,其中"草木有本心,何求美人折"一联,更是他高洁情操的写照。《望月怀远》中一句"海上生明月,天涯共此时"更是唱绝千古。

9. 孟浩然(公元689年—公元740年),本名浩,字浩然,号孟山人。襄州襄阳(今湖北襄樊)人。因他未曾入仕,又称之为孟山人。是唐代一位不甘隐居,却以隐居终老的诗人,与王维并称为"王孟"。著有《孟浩然集》,代表作有《春晓》《过故人庄》《早寒江上有怀》《望洞庭湖赠张丞相》《晚泊浔阳望庐山》《送王昌龄之岭南》。

10. 王之涣(688年—742年),字季凌。汉族。绛州(今山西新绛县)人。盛唐时期的著名诗人。性格豪放不羁,常击剑悲歌,其诗多被当时乐工制曲歌唱,名动一时。其常与高适、王昌龄等相唱和,以善于描写边塞风光著称。其代表作有《登鹳雀楼》《凉州词》等,诗中的"欲穷千里目,更上一层楼""黄河远上白云间,一片孤城万仞山"都是不可多得、流传千古的佳句,也正是这两首诗使王之涣赢得了诗坛上百世流芳的显著位置。

11. 王昌龄(698年—756年),字少伯。汉族。河东晋阳(今山西太原)人。盛唐著名边塞诗人,与李白、高适、王维、王之涣、岑参等交厚。其诗以七绝见长,被后世称为"七绝圣手",尤以登第之前赴西北边塞所作边塞诗最著,有"诗家夫子王江宁"之誉。代表作品有《出塞》《从军行》《芙蓉楼送辛渐》《长信宫词》等。《出塞》一诗被推为唐人七绝的压卷之作。

12. 王维(701年—761年),字摩诘,号摩诘居士,世称"王右丞"。汉族。唐朝河东蒲州(今山西运城)人,祖籍山西祁县。唐朝著名诗人、画家,山水田园诗的集大成者。存诗400余首,代表诗作有《相思》《山居秋暝》等。王维参禅悟理,学庄信道,精通诗、书、画、音乐等,与孟浩然合称"王孟"。苏轼评价其:"味摩诘之诗,诗中有画;观摩诘之画,画中有诗。"

13. 高适(701年—765年),字达夫、仲武,世称高常侍。汉族。唐朝渤海郡(今河北景县)人,后迁居宋州宋城(今河南商丘睢阳)。唐代著名的边塞诗人。与岑参并称"高岑"。

有《高常侍集》等传世，其诗笔力雄健，气势奔放，洋溢着盛唐时期所特有的奋发进取、蓬勃向上的时代精神。后人把高适、岑参、王昌龄、王之涣合称“边塞四诗人”。代表作品有《燕歌行》。

14. 岑参(715 年—770 年)，南阳人，唐代边塞诗人。现存诗三百六十首。对边塞风光、军旅生活，以及少数民族的文化风俗有亲切的感受，故其边塞诗尤多佳作。其诗歌风格与高适相近，后人多并称“高岑”。代表作有《白雪歌送武判官归京》。

15. 李白(701 年—762 年)，字太白，号青莲居士，又号“谪仙人”。是唐代伟大的浪漫主义诗人，被后人誉为“诗仙”。与杜甫并称为“李杜”；为了与另两位诗人李商隐与杜牧即“小李杜”区别，杜甫与李白又合称“大李杜”。其人爽朗大方，爱饮酒作诗，喜交友。其诗具有“笔落惊风雨，诗成泣鬼神”的艺术魅力。其诗想象新奇，构思奇特，感情真挚强烈，意境奇伟瑰丽，语言清新明快，气势雄浑瑰丽，风格豪迈潇洒，从而形成豪放、超迈的艺术风格，达到了我国古代积极浪漫主义诗歌艺术的高峰。存诗九百余首，著有《李太白集》，诗作中多为醉时所写，代表作有《望庐山瀑布》《行路难》《蜀道难》《将进酒》《梁甫吟》《早发白帝城》《静夜思》等多首。

16. 杜甫(712 年—770 年)，字子美，自号少陵野老。汉族。祖籍襄阳，生于河南巩县(今河南巩义)。唐代伟大的现实主义诗人，与李白合称“李杜”。杜甫生活在唐朝由盛转衰的历史时期，他的诗大多涉笔社会动荡、政治黑暗、人民疾苦，被誉为“诗史”。杜甫在中国古典诗歌中的影响非常深远，被后人称为“诗圣”。杜甫一生共写诗一千四百余首，其中有很多成为传诵千古的名篇。如《三吏》和《三别》等，“三吏”为《石壕吏》《新安吏》和《潼关吏》，“三别”为《新婚别》《无家别》和《垂老别》；除此以外，代表作有《春夜喜雨》《春望》《茅屋为秋风所破歌》等等。著有《杜工部集》传世。

17. 孟郊(751 年—815 年)，字东野。汉族。湖州武康(今浙江德清县)人，祖籍平昌(今山东德州临邑县)。唐代著名诗人。四十六岁始中进士，写下“春风得意马蹄疾，一日看尽长安花”的千古名句。孟郊仕历简单，清寒终身，为人耿介倔强，死后曾由郑余庆买棺殓葬。其诗多写世态炎凉，民间苦难。孟郊现存诗歌 574 首，以短篇的五言古诗最多，代表作有《游子吟》。有“诗囚”之称，又与贾岛齐名，人称“郊寒岛瘦”。

18. 柳宗元(773 年—819 年)，字子厚。汉族。河东(现山西运城永济一带)人。世称“柳河东”“河东先生”，因官终柳州刺史，又称“柳柳州”。唐宋八大家之一，唐代文学家、哲学家、散文家和思想家，柳宗元与韩愈并称为“韩柳”，与刘禹锡并称“刘柳”，与王维、孟浩然、韦应物并称“王孟韦柳”。柳宗元一生留诗文作品达 600 余篇，其文的成就大于诗。骈文有近百篇，散文论说性强，笔锋犀利，讽刺辛辣。游记写景状物，多所寄托，有《柳河东集》，代表作有《溪居》《江雪》《渔翁》《永州八记》等。

19. 韩愈(768 年—824 年)，字退之，汉族。河南河阳(今河南省孟州市)人。因祖籍河北昌黎，所以自称“郡望昌黎”，世称“韩昌黎”、“昌黎先生”。唐代杰出的文学家、思想家、哲学家。韩愈是唐代古文运动的倡导者，被后人尊为“唐宋八大家”之首，与柳宗元并称“韩柳”，有“文章巨公”和“百代文宗”之名。他提出的“文道合一”“气盛言宜”“务去陈言”“文从字顺”等散文的写作理论，对后人很有指导意义。著有《韩昌黎集》四十卷、《外集》十卷、《师说》等。

20. 贾岛(779年—843年),字浪(阆)仙,又名瘦岛,早年出家为僧,号无本,自号“碣石山人”。汉族。唐朝河北道幽州范阳县(今河北省涿州市)人。唐代诗人。据说在长安(今陕西西安)的时候,因当时有命令禁止和尚午后外出,贾岛做诗发牢骚,被韩愈发现才华,后来受教于韩愈,并还俗参加科举,但累举不中第。因为孟郊和贾岛平日作诗,喜欢搜肠刮肚、苦思冥想地遣词造句,因此两人被称为中国诗史中的“苦吟诗人”。著有《长江集》《诗格》《唐诗纪事》,代表作品有《病蝉》《题李凝幽居》等。《题李凝幽居》中的“鸟宿池边树,僧敲月下门”两句已成为“推敲”的由来。

21. 元稹(779年—831年),字微之。河南(河南府,今河南洛阳)人。唐朝著名诗人。元稹聪明、机智过人,年少即有才名,与白居易同科及第,并结为终生诗友,二人共同倡导新乐府运动,世称“元白”,诗作号为“元和体”,给世人留下“曾经沧海难为水,除却巫山不是云”的千古佳句。现存诗八百三十余首,留世有《元氏长庆集》。代表作有《菊花》《离思五首》《遣悲怀三首》和传奇《莺莺传》等。

22. 李贺(790年—816年),字长吉。汉族。唐代河南福昌(今河南洛阳宜阳县)人,家居福昌昌谷,后世称李昌谷。李贺是继屈原、李白之后,中国文学史上又一位颇享盛誉的浪漫主义诗人,留下了“黑云压城城欲摧”“雄鸡一声天下白”“天若有情天亦老”等千古佳句。著有《昌谷集》,代表作品有《李凭箜篌引》《神弦曲》《雁门太守行》《金铜仙人辞汉歌》等。是中唐到晚唐诗风转变期的一个代表者。有“诗鬼”之称,与“诗圣”杜甫、“诗仙”李白、“诗佛”王维相齐名,与李白、李商隐合称“唐代三李”。

23. 刘禹锡(772年—842年),字梦得。汉族。洛阳人。唐代大儒、哲学家、文学家、诗人,有“诗豪”之称。刘禹锡诗文俱佳,涉猎题材广泛,与柳宗元并称“刘柳”,与韦应物、白居易合称“三杰”,并与白居易合称“刘白”。现存诗八百余首,有《陋室铭》《竹枝词》《杨柳枝词》《乌衣巷》等名篇。哲学著作有《天论》三篇,论述天的物质性,分析“天命论”产生的根源,具有唯物主义思想。有《刘梦得文集》,存世有《刘宾客集》。

24. 白居易(772年—846年),字乐天,号香山居士,又号醉吟先生。祖籍太原。生于河南新郑。白居易是唐代伟大的现实主义诗人,唐代三大诗人之一。其诗歌题材广泛,形式多样,语言平易通俗,有“诗魔”和“诗王”之称。白居易与元稹共同倡导新乐府运动,世称“元白”,与刘禹锡并称“刘白”。有《白氏长庆集》传世,代表诗作有《赋得古原草送别》《长恨歌》《卖炭翁》《琵琶行》等。《琵琶行》中有名句“同是天涯沦落人,相逢何必曾相识”。

25. 李商隐(约813年—约858年),字义山,号玉溪(谿)生,又号樊南生。汉族。原籍怀州河内(今河南沁阳)。唐代诗人,晚唐乃至整个唐代,李商隐是为数不多的刻意追求诗美的作者。李商隐擅长诗歌写作,骈文文学价值也很高,和杜牧合称“小李杜”,与温庭筠合称为“温李”。其诗构思新奇,风格秾丽,尤其是一些爱情诗和无题诗写得缠绵悱恻,优美动人,广为传诵。“身无彩凤双飞翼,心有灵犀一点通”“春蚕到死丝方尽,蜡炬成灰泪始干”等句都成为千古传诵的名句。著有《李义山诗集》,代表作有《无题》《锦瑟》《安定城楼》等。

26. 杜牧(803年—约852年),字牧之,号樊川居士。汉族。京兆万年(今陕西西安)

人，宰相杜佑之孙。晚唐杰出的诗人、散文家，因晚年居长安南樊川别墅，故后世称“杜樊川”，著有《樊川文集》。杜牧的诗歌以七言绝句著称，内容以咏史抒怀为主，其诗英发俊爽，多切经世之物，在晚唐成就颇高。杜牧人称“小杜”，以别于杜甫“大杜”。与李商隐并称“小李杜”。代表作有《阿房宫赋》《遣怀》《清明》等。

27. 温庭筠(约812年—约866年)，本名岐，艺名庭筠，字飞卿。汉族。太原祁(今山西省祁县)人。晚唐时期诗人、词人。唐初宰相温彦博之后裔。出生于没落贵族家庭，多次考进士均落榜，一生很不得志，行为放浪。工诗，与李商隐齐名，时称“温李”。其诗辞藻华丽，浓艳精致，内容多写闺情，少数作品对时政有所反映。其词艺术成就在晚唐诸词人之上，为“花间派”首要词人，对词的发展影响较大。在词史上，与韦庄齐名，并称“温韦”。存词七十余首。有《花间集》遗存，被尊为“花间词派”之鼻祖。代表作品有《商山早行》《过陈琳墓》《菩萨蛮十四首》《望江南》等。

28. 韦庄(约836年—约910年)，字端己。汉族。长安杜陵(今陕西省西安市)人。诗人韦应物的四代孙，五代前蜀诗人、花间派词人。词风清丽，有《浣花词》流传。诗方面今传《浣花集》十卷。长诗《秦妇吟》反映战乱中妇女的不幸遭遇，在当时颇负盛名。后人将《孔雀东南飞》、《木兰诗》与韦庄的《秦妇吟》并称为“乐府三绝”。

29. 李煜(937年—978年)，初名从嘉，字重光，号钟隐、莲峰居士。汉族。彭城(今江苏徐州铜山区)人。南唐中主李璟第六子，南唐最后一位国君。李煜精书法、工绘画、通音律，诗文均有一定造诣，尤以词的成就最高。李煜的词，继承了晚唐以来温庭筠、韦庄等花间派词人的传统，又受李璟、冯延巳等的影响，语言明快、形象生动、用情真挚，风格鲜明；其亡国后词作更是题材广阔，含意深沉，在晚唐五代词中别树一帜，对后世词坛影响深远。代表作品有《虞美人》《浪淘沙》《乌夜啼》等。现存词四十六首，与其父李璟的词一同收集在《南唐二主词》中。

(五) 宋元文学

1. 范仲淹(989年—1052年)，字希文。汉族。吴县(今属江苏)人。北宋著名的思想家、政治家、文学家。范仲淹政绩卓著，文学成就突出，他在《岳阳楼记》中倡导的“先天下之忧而忧，后天下之乐而乐”的思想和仁人志士节操，是中华文明史上闪烁异彩的精神财富。朱熹称他为“有史以来天地间第一流人物”！代表作有《岳阳楼记》《四民歌》《渔家傲》，有《范文正公文集》传世。

2. 柳永(约984年—约1053年)，原名三变，字景庄，后改名柳永，字耆卿，因排行第七，又称柳七。福建崇安人。北宋著名词人，婉约派代表人物。柳永是第一位对宋词进行全面革新的词人，他不但开拓了词的题材内容，而且制作了大量的慢词，发展了铺叙手法，促进了词的通俗化与口语化，在词史上产生了很大的影响。存世词作有《乐章集》，代表作品有《雨霖铃·寒蝉凄切》《鹤冲天·黄金榜上》等。

3. 欧阳修(1007年—1072年)，字永叔，号醉翁、六一居士。汉族。吉州永丰(今江西省吉安市永丰县)人。北宋政治家、文学家，且在政治上负有盛名。官至翰林学士、枢密副使、参知政事，谥号文忠，世称欧阳文忠公。后人又将其与韩愈、柳宗元和苏轼合称“千古文章四大家”。与韩愈、柳宗元、苏轼、苏洵、苏辙、王安石、曾巩被世人称为“唐宋散文八大家”。欧阳修是在宋代文学史上最早开创一代文风的文坛领袖，领导了北宋诗文革新运动，继承并发展了韩愈的古文理论。代表作品有诗歌《踏莎行》、散文《醉翁亭记》等，都是留传千古的名篇。有《欧阳文忠公文集》。

4. 梅尧臣（1002 年—1060 年），字圣俞，世称宛陵先生。汉族。宣州宣城（今属安徽）人。北宋著名现实主义诗人。梅尧臣少即能诗，与苏舜钦齐名，时号“苏梅”；又与欧阳修并称“欧梅”。为诗主张写实，反对西昆体，所作力求平淡、含蓄，被称为宋诗的“开山祖师”。曾参与编撰《新唐书》，并为《孙子兵法》作注；另有《宛陵先生集》60 卷、《毛诗小传》等。

5. 曾巩（1019 年—1083 年），字子固。汉族。建昌军南丰（今江西省南丰县）人，后居临川。北宋散文家、史学家、政治家。曾巩为政廉洁奉公，勤于政事，关心民生疾苦，与曾肇、曾布、曾纡、曾纮、曾协、曾敦并称“南丰七曾”。曾巩文学成就突出，其文“古雅、平正、冲和”，位列“唐宋八大家”，世称“南丰先生”。曾巩一生著述相当丰富，有《元丰类稿》《隆平集》等。

6. 苏洵（1009 年—1066 年），字明允，自号老泉。汉族。眉州眉山（今属四川眉山）人。北宋文学家，与其子苏轼、苏辙并以文学著称于世，世称“三苏”，均被列入“唐宋八大家”。苏洵擅长写散文，尤其擅长政论，议论明畅，笔势雄健，著有《嘉祐集》二十卷、《谥法》三卷，均与《宋史本传》并传于世。

7. 苏轼（1037 年—1101 年），字子瞻，又字和仲，号东坡居士，自号道人，世称苏东坡、苏仙。汉族。眉州眉山（今属四川眉山）人。苏洵次子。北宋大文学家、书画家，豪放派词人代表。苏轼与欧阳修齐名，并称“欧苏”，为“唐宋八大家”之一。他是继欧阳修之后主持北宋文坛的领袖人物，在当时的作家中有很高的声望。词开豪放一派，与辛弃疾同是豪放派代表，并称“苏辛”。现存词三百四十多首，其词冲破了专写男女恋情和离愁别绪的狭窄题材，具有更为广阔的社会内容。苏轼在诗、文、词、书、画等方面，也都取得了很高成就。有《东坡七集》《东坡易传》《东坡乐府》等。代表作品有《念奴娇·赤壁怀古》《水调歌头·明月几时有》等。

8. 苏辙（1039 年—1112 年），字子由。汉族。眉州眉山（今属四川眉山）人。北宋文学家、诗人、宰相，“唐宋八大家”之一。苏辙与父亲苏洵、兄长苏轼齐名，合称“三苏”。生平学问深受其父兄影响，擅长政论和史论。其诗力图追步苏轼，风格淳朴无华，文采少逊。苏辙亦擅长书法，其书法潇洒自如、工整有序。著作有《诗传》《春秋传》《栾城集》等行于世。

9. 周敦颐（1017 年—1073 年），原名周敦实，又名周元皓，因避宋英宗旧讳改名敦颐，字茂叔，号濂溪，世称濂溪先生。道州营道楼田堡（今湖南省道县）人。北宋思想家、理学家、哲学家、文学家。北宋“五子”之一，程朱理学代表人，学界公认的理学鼻祖，称“周子”。周氏学术思想，是以儒家学说为基础，融合道学，间杂佛学，提出“无极而太极”的宇宙构成论。他的人品和思想，千百年来一直为人们敬仰。其酷爱莲花，曾口诵《爱莲说》。主要著作有《太极图说》《通书》。后人编成《周子全书》。

10. 司马光与《资治通鉴》 司马光（1019 年—1086 年），字君实，号迂叟，世称涑水先生。汉族。陕州夏县(今山西夏县)涑水乡人。北宋政治家、史学家、文学家。其人格堪称儒学教化下的典范,历来受人景仰。宋神宗时,他坚决反对王安石变法,后退居洛阳,主持编纂了中国历史上第一部编年体通史《资治通鉴》。《资治通鉴》一书质朴简洁,叙事清晰,文笔流畅,生动形象,颇有文学色彩。其中如《赤壁之战》《淝水之战》等均成为历史散文名篇。遗著有《司马文正公集》《稽古录》等。

11. 沈括(1031年—1095年),字存中,号梦溪丈人。汉族。浙江杭州钱塘县(今属苏州)人。北宋政治家、科学家。沈括一生致志于科学研究,在众多学科领域都有很深的造诣和卓越的成就,被誉为"中国整部科学史中最卓越的人物"。其名作《梦溪笔谈》,内容丰富,集前代科学成就之大成,在世界文化史上有着重要的地位。

12. 黄庭坚(1045年—1105年),字鲁直,号山谷道人,晚号涪翁。洪州分宁(今江西修水县)人。北宋著名文学家、书法家。盛极一时的江西诗派开山之祖,与杜甫、陈师道和陈与义素有"一祖三宗"(黄庭坚为其中一宗)之称。与张耒、晁补之、秦观都游学于苏轼门下,合称为"苏门四学士"。生前与苏轼齐名,世称"苏黄"。书法亦能独树一格,为"宋四家"之一。著有《山谷词》。

13. 周邦彦(1056年—1121年),字美成,号清真居士。钱塘(今浙江杭州)人。北宋著名词人。少年时期个性比较疏散,但相当喜欢读书。宋神宗时,写《汴都赋》赞扬新法,成为其成名之作。精通音律,曾创作不少新词调。作品多写闺情、羁旅,也有咏物之作。作品在婉约词人中长期被尊为"正宗",旧时词论称他为"词家之冠"或"词中老杜",是公认"负一代词名"的词人,在宋代影响甚大。有《清真居士集》,已佚,今存《片玉集》。

14. 秦观(1049年—1100年),字太虚,又字少游,别号邗沟居士、淮海居士,世称淮海先生。汉族。北宋高邮(今江苏省高邮市)人。官至太学博士,史馆编修。"苏门四学士"之一。北宋后期著名婉约派词人,被尊为婉约派一代词宗,内容大多是描写男女情爱和抒发仕途失意的哀怨,文字工巧精细,音律谐美。代表作为《鹊桥仙》《望海潮》《满庭芳》等。《鹊桥仙》中的"两情若是久长时,又岂在朝朝暮暮"已成名句流传千古。著有《淮海集》等。另有《蚕书》,是我国现存最早的一部蚕桑专著。

15. 陆游(1125年—1210年),字务观,号放翁。汉族。越州山阴(今绍兴)人。南宋文学家、史学家、爱国诗人。陆游十二岁能诗文,一生笔耕不辍,诗词文俱有很高成就,存诗九千余首,是我国现有存诗最多的诗人。其诗语言平易晓畅、章法整饬谨严,兼具李白的雄奇奔放与杜甫的沉郁悲凉,尤其饱含爱国热情,对后世影响深远。《关山月》《书愤》《农家叹》《示儿》等篇均为后世所传诵。他的"山重水复疑无路,柳暗花明又一村""小楼一夜听春雨,深巷明朝卖杏花"等名句一直被人们广为传诵。有《渭南文集》《剑南诗稿》等传世。

16. 范成大(1126年—1193年),字至能,一字幼元,早年自号此山居士,晚号石湖居士。汉族。平江府吴县(今江苏苏州)人。南宋名臣、文学家、诗人。范成大素有文名,尤工于诗。其诗题材广泛,以反映农村社会生活内容的作品成就最高。与杨万里、陆游、尤袤合称南宋"中兴四大诗人"。其作品在南宋末年即产生了显著的影响,到清初影响更大,有"家剑南而户石湖"的说法。著有《石湖集》《揽辔录》《吴船录》《吴郡志》《桂海虞衡志》等。

17. 杨万里(1127年—1206年),字廷秀,号诚斋。汉族。吉州吉水(今江西省吉水县)人。南宋著名文学家、爱国诗人、官员。与陆游、尤袤、范成大并称"南宋四大家""中兴四大诗人"。杨万里一生作诗两万多首,但只有4200首留传下来,被誉为"一代诗宗"。诗歌大多描写自然景物,也有不少篇章反映民间疾苦、抒发爱国感情的作品,创造了语言浅近明白、清新自然、富有幽默情趣的"诚斋体"。著有《诚斋集》等,代表作有《晓出净慈寺送林子方》《小池》《宿新市徐公店》《闲居初夏午睡起》《新柳》《舟过安仁》等。

18. 辛弃疾(1140年—1207年),字幼安,号稼轩。历城(今济南市历城区)人。中国南宋豪放派词人。人称"词中之龙"。与苏轼合称"苏辛",与李清照并称"济南二安"。有词集《稼轩长短句》,现存词600多首,数量为宋人词之冠。词作题材广泛,风格多样,而以慷慨悲壮的爱国词为其主调。著名词作有《破阵子·为陈同甫赋壮词以寄》《永遇乐·京口北固亭怀古》等。

19. 李清照(1084年—1155年),号易安居士。汉族。齐州(今山东济南章丘)人。宋代(两宋之交)女词人,婉约词派代表,有"千古第一才女"之称,提出词"别是一家"之说。其前期的词比较真实地反映了闺中生活和思想感情,题材集中于写自然风光和离别相思,如《如梦令》《凤凰台上忆吹箫》《一剪梅》《醉花阴》等;后期的词主要是抒发伤时念旧和怀乡悼亡的情感,如《武陵春》中的"物是人非事事休"、《声声慢》中的"寻寻觅觅,冷冷清清,凄凄惨惨戚戚"等,都表达了其在孤独生活中的浓重哀愁、惆怅。

20. 朱熹(1130年—1200年),字元晦,又字仲晦,号晦庵,别号紫阳,世称朱文公。徽州婺源(今江西省婺源)人。宋朝著名的理学家、思想家、哲学家、教育家、诗人,闽学派的代表人物,儒学集大成者,世尊称为朱子。其总结了以往的思想,尤其是在宋代理学思想上建立了庞大的理学体系,成为宋代理学之集大成者。其有较高的文学素养,诗文创作也有一定成就。《春日》和《观书有感》是其最脍炙人口的诗作。著述甚多,有《四书章句集注》《太极图说解》《通书解说》《周易读本》《楚辞集注》等。

21. 文天祥(1236年—1283年),初名云孙,字宋瑞,一字履善,自号文山、浮休道人。庐陵(今江西省吉安市)人。宋末政治家、文学家、爱国诗人。官至右丞相,封信国公。抗元兵败被俘后宁死不降,从容就义。与陆秀夫、张世杰并称为"宋末三杰"。其晚年的诗词风格慷慨激昂、苍凉悲壮,反映了其坚贞的民族气节和顽强的战斗精神。代表作有《正气歌》《过零丁洋》等。

22. 关汉卿(1219年—1301年),晚号已斋(一说一斋)、已斋叟。汉族。大都(今北京市)人。元代杂剧奠基人,我国历史上最伟大的戏剧家。与白朴、马致远、郑光祖并称为"元曲四大家",位列之首。以杂剧的成就最大,最著名的是《窦娥冤》。其代表作品还有《单刀会》《救风尘》《望江亭》《拜月亭》等,关汉卿塑造的"我是个蒸不烂、煮不熟、捶不匾、炒不爆、响珰珰一粒铜豌豆"(《不伏老》)的形象也广为人称赞,其被誉为"曲圣"。

23. 王实甫(1234年—1294年),名德信。大都(今北京市)人。元代著名戏曲作家,生平事迹亦不详。著有杂剧十四种,现存《西厢记》《丽春堂》《破窑记》三种。其中《西厢记》最为出名,其思想性和艺术性都达到了元杂剧的一个高峰,成为最具舞台生命力的一部佳作。

24. 白朴(1226年—约1306年)，原名恒，字仁甫，后改名朴，字太素，号兰谷。汉族。祖籍隩州(今山西河曲)，后徙居真定(今河北正定县)，晚岁寓居金陵(今南京市)，终身未仕。元代著名的杂剧作家，与关汉卿、马致远、郑光祖并称为“元曲四大家”。代表作主要有《梧桐雨》《墙头马上》等。

25. 马致远(约1250年—1321年)，字千里，晚号“东篱”，以示效陶渊明之志。汉族。大都(今北京市)人。是我国元代著名的戏剧家、散曲家。与关汉卿、郑光祖、白朴并称“元曲四大家”。其作品今存《汉宫秋》《荐福碑》《岳阳楼》《青衫泪》《陈抟高卧》《任风子》六种，其中以《汉宫秋》最为著名。散曲有总集《东篱乐府》，其中《天净沙·秋思》最脍炙人口、匠心独运，被誉为“秋思之祖”。

26. 郑光祖(公元1264年—?)，字德辉。汉族。平阳襄陵(今山西襄汾县)人。元代著名的杂剧家和散曲家。与关汉卿、马致远、白朴并称为“元曲四大家”。所作杂剧可考者十八种，现存《周公摄政》《王粲登楼》《翰林风月》《倩女离魂》《无塩破连环》《伊尹扶汤》《老君堂》《三战吕布》八种；其中《倩女离魂》最著名。

(六) 明清文学

1. 施耐庵与《水浒传》　施耐庵(1296年—1370年)，名子安，一说名耳，又名肇瑞，字彦端，号耐庵。泰州兴化(今江苏兴化县)人，原籍苏州。中国元末明初作家，今人一致认为施耐庵是长篇小说《水浒传》的作者。《水浒传》是我国文学四大名著之一，全书描写了北宋末年以宋江为首的108位好汉在梁山起义，以及聚义之后接受招安、四处征战的故事。《水浒传》也是汉语文学中最具备史诗特征的作品之一，是中国历史上最早用白话文写成的章回小说之一。版本众多，流传极广，脍炙人口，对中国乃至东亚的叙事文学都有极其深远的影响。

2. 罗贯中与《三国演义》　罗贯中(约1330年—约1400年)，名本，字贯中，号湖海散人。山西并州太原府人。元末明初小说家，《三国演义》的作者。主要作品有小说《三国志通俗演义》《隋唐志传》《残唐五代史演传》《三遂平妖传》。其中《三国志通俗演义》(又称《三国演义》)是罗贯中的力作，是中国第一部长篇章回体历史演义小说。描写了从东汉末年到西晋初年之间近105年的历史风云。全书反映了三国时代的政治军事斗争，反映了三国时代各类社会矛盾的转化，并概括了这一时代的历史巨变，塑造了一批叱咤风云的三国英雄人物。《三国演义》对后世文学创作影响深远。

3. 吴承恩与《西游记》　吴承恩(1500年—1582年)，字汝忠，号淮海浪士，又号射阳山人。淮安府山阳县(今江苏省淮安市淮安区)人。中国明代杰出的小说家，著有中国古典四大名著之一《西游记》。《西游记》是中国古代第一部浪漫主义的长篇神魔小说。主要描写了唐朝太宗贞观年间孙悟空、猪八戒、沙僧、白龙马四人保护唐僧西行取经，沿途历经磨难，一路降妖伏魔，化险为夷，最后到达西天取得真经的故事。

4. 汤显祖与《牡丹亭》　汤显祖(1550年—1616年)，字义仍，号海若、若士、清远道人。汉族。江西临川人。中国明代戏曲家、文学家。在汤显祖多方面的成就中，以戏曲创作为最，其戏剧作品《还魂记》《紫钗记》《南柯记》和《邯郸记》合称“临川四梦”。《牡丹亭》是其代表作，也是中国戏曲史上浪漫主义的杰作。作品通过杜丽娘和柳梦梅生死离合的爱情故事，洋溢着追求个人幸福、呼唤个性解放、反对封建制度的浪漫主义理想。

5. 冯梦龙(1574年—1646年)，字犹龙，又字子犹，号龙子犹、墨憨斋主人、顾曲散人、吴下词奴、姑苏词奴、前周柱史等。汉族。南直隶苏州府长洲县(今江苏省苏州市)人。明代文学家、思想家、戏曲家。兄梦桂是画家，弟梦熊是太学生，他们兄弟三人并称"吴下三冯"。他的作品比较强调感情和行为，最有名的作品为《喻世明言》(又名《古今小说》)《警世通言》《醒世恒言》，合称"三言"。"三言"与明代凌濛初的《初刻拍案惊奇》《二刻拍案惊奇》合称"三言二拍"，是中国白话短篇小说的经典代表。

6. 顾炎武(1613年—1682年)，原名绛，字忠清，明亡后改名炎武，被尊称为亭林先生。江苏昆山人。明末清初著名的思想家、史学家、语言学家，被称作是清朝"开国儒师""清学开山"始祖。曾参加抗清斗争，他所提出的"天下兴亡，匹夫有责"这一口号，成为激励中华民族奋进的精神力量。后来致力于学术研究，在治学上提出"经世致用"的思想，是清代古韵学的开山始祖。著有《日知录》《肇域志》《音学五书》等。

7. 纳兰性德(1655年—1685年)，原名成德，字容若，号楞伽山人。武英殿大学士明珠长子。清代最为著名的词人之一。"纳兰词"不但在清代词坛享有很高的声誉，在整个中国文学史上也占有光彩夺目的一席之地。生活在满汉融合的时期；其贵族家庭的兴衰关联王朝国事；以及其侍从帝王，却向往平淡生活的经历，构成其特殊的写作环境与背景；加之其个人的超逸才华，使其诗词的创作呈现独特的个性特征和鲜明的艺术风格。王国维曾评价说："唐宋以后，惟有纳兰性德。"现存其词三百四十余首，后统称《纳兰词》。

8. 洪昇(1645年—1704年)，字昉思，号稗畦，又号稗村、南屏樵者。汉族。钱塘(今浙江杭州市)人。清代戏曲作家、诗人。生于世宦之家，代表作《长生殿》，历经十年，三易其稿，于康熙二十七年(1688年)问世后引起社会轰动。洪昇与孔尚任并称"南洪北孔"。

9. 孔尚任(1648年—1718年)，字聘之，又字季重，号东塘，别号岸堂，自称云亭山人。孔子六十四代孙。山东曲阜人。清初诗人、戏曲作家。他广集素材，耗毕生精力创作了《桃花扇》。世人将他与《长生殿》作者洪昇并论，称"南洪北孔"。

10. 蒲松龄与《聊斋志异》 蒲松龄(1640年—1715年)，字留仙，一字剑臣，别号柳泉居士，世称聊斋先生。汉族。清代著名文学家。出生于世代书香门第。十九岁应童子试，接连考取县、府、道三个第一，名震一时；以后屡试不第，直至71岁时才成岁贡生，故对科举制度的不合理深有感触。其穷其毕生精力完成《聊斋志异》八卷，四百九十一篇，约四十余万字。《聊斋志异》内容丰富多彩，故事多来自民间传说和野史轶闻，使花妖狐媚和幽冥世界的事物人格化、社会化，充分表达了作者的爱憎情感和美好理想。该著作被后世誉为我国古代文言短篇小说中成就最高的作品。代表篇章有《促织》《席方平》等。

11. 吴敬梓与《儒林外史》 吴敬梓(1701年—1754年)，字敏轩，一字文木，号粒民。汉族。安徽全椒人。清代小说家。吴敬梓一生创作了大量的诗歌、散文和史学研究著作，有《文木山房诗文集》十二卷，今存四卷；又有《文木山房诗说》七卷，今存四十三则。不过，确立其在中国文学史上的杰出地位的，是他创作的长篇讽刺小说《儒林外史》。这部小说大约用了其近20年时间，直到49岁时才完成。小说专写终生奋斗于科举考试中的人的真实面貌，语言幽默诙谐，文笔含蓄深刻，塑造了一系列封建知识分子的典型形象，代表篇章《范进中举》。

12. 曹雪芹与《红楼梦》 曹雪芹（约 1715 年—约 1763 年），名沾，字梦阮，号雪芹，又号芹圃、芹溪。祖籍辽阳。清代著名小说家。其出身于一个“百年望族”的大官僚地主家庭，先世原是汉族，后为满洲正白旗“包衣”人。曾祖母孙氏做过康熙帝玄烨的保姆。祖父曹寅做过玄烨的伴读和御前侍卫，后任江宁织造，兼任两淮巡盐监察御使，极受玄烨宠信。后其因家庭的衰败而饱尝了人生的辛酸。但其以坚韧不拔的毅力，历经十年创作了《红楼梦》，并专心致志地做着修订工作。只可惜，其英年早逝，在生前全书没有完稿。今传一百二十回的《红楼梦》前八十回为其所作，后四十回为高鹗所续。《红楼梦》原名《石头记》，它以四大家族为背景，以贾宝玉和林黛玉的爱情悲剧为主要线索，着重描写了贾家由盛转衰的过程，揭露和批判了封建统治阶级的奢靡、丑恶，展示出封建社会必然走向崩溃的历史命运。作品结构宏大、严谨，语言优美、生动，是我国古代优秀长篇小说中的杰出作品，代表了中国古典小说的最高成就，不但在国内家喻户晓，在世界文坛上也是举世公认的文学名著。后世研究《红楼梦》，被视作一种专门学问，称为“红学”。

13. 纪昀（1724 年—1805 年），字晓岚，一字春帆，晚号石云，道号观弈道人。直隶献县（今河北献县）人。清代著名学者、文学家。官至礼部尚书、协办大学士，曾任《四库全书》总纂修官，撰写了《四库全书总目提要》。他还主持纂修了《大清会典》《清高宗实录》等。其《阅微草堂笔记》是继《聊斋志异》之后文坛上又一影响较大的文言短篇小说集。其诗文被后人编为《纪文达公遗集》。

14. 姚鼐（1731 年—1815 年），字姬传，一字梦谷，室名惜抱轩，世称惜抱先生、姚惜抱。安徽桐城人。清代著名散文家，清代桐城派创始人。与方苞、刘大櫆并称为“桐城三祖”。曾任四库全书纂修官等，著有《惜抱轩全集》等，代表作有《登泰山记》。

15. 李汝珍（约 1763 年—约 1830 年），字松石，号松石道人。直隶大兴（今属北京市）人，所以人称北平子。清代著名小说家。博学多才，精通文学、音韵等，现存最著名的作品是《镜花缘》。

（七）中国近现代文学

1. 曾朴（1872 年—1935 年），家谱载名为朴华，初字太朴，改字孟朴，又字小木、籀斋，号铭珊，笔名东亚病夫。中国清末民初小说家、出版家。江苏常熟人，出身于官僚地主家庭。主要著作是长篇小说《孽海花》。《孽海花》在近代小说中无论思想还是艺术成就都是比较高的一部小说，是晚清“四大谴责小说”之一。

2. 龚自珍（1792 年—1841 年），字璱人，号定庵。汉族。浙江仁和（今浙江杭州）人。清代思想家、诗人、文学家和改良主义的先驱者。龚自珍具有比较进步的政治思想和主张，善于以诗歌为武器，大胆揭露封建社会的黑暗和危机，发出强烈的要求改革的呼声，被柳亚子誉为“三百年来第一流”。著有《定庵文集》，今人辑为《龚自珍全集》，代表作有《己亥杂诗》《病梅馆记》。“我劝天公重抖擞，不拘一格降人才”是《己亥杂诗》中的名句。

3. 李宝嘉（1867 年—1906 年），又名宝凯，字伯元，别号南亭亭长，笔名游戏主人、讴歌变俗人等。汉族。江苏常州人。晚清多产而卓有成就的小说家。作品有《官场现形记》

《文明小史》《中国现在记》《活地狱》《海天鸿雪记》以及《庚子国变弹词》等。《官场现形记》是李宝嘉的代表作，作品以官场为对象，集中暴露晚清官场的污浊、吏治的败坏、统治集团的腐朽，被誉为晚清"四大谴责小说"之一。

4. 康有为(1858年—1927年)，又名祖诒、字广厦、号长素，又号明夷、更甡、西樵山人、游存叟，晚年别署天游化人，广东省广州府南海县人，人称"康南海"。近代著名政治家、思想家、社会改革家、书法家和学者。清光绪年间进士，官授工部主事，信奉孔子儒家学说，并致力于将儒家学说改造为可以适应现代社会的国教，曾担任孔教会会长。1895年甲午战争爆发后，曾在北京联合一千三百多名举人上书，要求拒绝和谈，抗战到底，变法图强，史称"公车上书"。著有《康子篇》《孔子改制考》《新学伪经考》《日本变政考》《大同书》等。

5. 梁启超(1873年—1929年)，字卓如，一字任甫，号任公，又号饮冰室主人、饮冰子、哀时客、中国之新民、自由斋主人。汉族。广东新会人，清光绪举人。中国近代思想家、政治家、教育家、史学家、文学家。青年时期和其师康有为一起，倡导变法维新，并称"康梁"；是戊戌变法(百日维新)领袖之一，中国近代维新派代表人物。曾倡导文体改良的"诗界革命"和"小说界革命"。其作品有《新史学》《清代学术概论》《屈原研究》《中国近三百年学术史》《中国文化史》等。其著作合编为《饮冰室合集》。

6. 谭嗣同(1865年—1898年)，字复生，号壮飞。湖南浏阳人。中国近代资产阶级著名的政治家、思想家、维新志士。他主张中国要强盛，只有发展民族工商业，学习西方资产阶级的政治制度；公开提出"废科举、兴学校、开矿藏、修铁路、办工厂、改官制"等变法维新的主张；写文章抨击清政府的卖国投降政策。1898年谭嗣同参加领导戊戌变法，失败后被杀，年仅三十四岁，与杨锐、刘光第、林旭、杨深秀和康广仁并称为"戊戌六君子"。代表作品有《仁学》《狱中题壁》《寥天一阁文》《莽苍苍斋诗》《远遗堂集外文》等。

7. 严复(1854年—1921年)，原名严宗光，字又陵，后改名复，字几道。汉族。福建侯官(今福州市)人。他是清末很有影响的资产阶级启蒙思想家、翻译家和教育家，是中国近代史上向西方国家寻找真理的"先进的中国人"之一。严复系统地将西方的社会学、政治学、政治经济学、哲学和自然科学介绍到中国，他的译著是中国20世纪最重要的启蒙译著，其中最为著名的是《天演论》，以"物竞天择，适者生存"的生物进化理论提出了"救亡图存"的观点。著作有《严几道诗文钞》等，译著编为《侯官严氏丛刊》《严译名著丛刊》。

8. 王国维(1877年—1927年)，字静安，又字伯隅，号观堂、静观。浙江嘉兴海宁人。国学大师，与梁启超、陈寅恪和赵元任号称清华国学研究院的"四大导师"。中国新学术的开拓者，在文学、美学、史学、哲学、金石学、甲骨文、考古学等领域成就卓著。"甲骨四堂"之一。王国维精通英文、德文、日文，使其在研究宋元戏曲史时独树一帜，成为用西方文学原理批评中国旧文学的第一人。代表作有《海宁王静安先生遗书》《红楼梦评论》《宋元戏曲考》《人间词话》等。

9. 徐志摩(1897年—1931年)，原名徐章垿，字槱森，留学英国时改名为志摩。中国著名新月派现代诗人、散文家、新月诗社成员。徐志摩是一位曾经在中国文坛上活跃一时并产生很大影响的作家，他倡导新诗格律，对中国新诗的发展作出了重要的贡献。著有诗集《志摩的诗》《猛虎集》《云游》，散文集《巴黎的鳞爪》《秋》等。其最为著名的诗是《再别康桥》。

10. 鲁迅(1881年—1936年)，原名周樟寿，字豫山，后改名周树人，字豫才、豫亭。浙江绍兴人。中国现代伟大的文学家、思想家、革命家。鲁迅以笔作戈，战斗一生，被誉为“民族魂”“文豪”。毛泽东评价鲁迅为伟大的无产阶级文学家、思想家和革命家，是中国文化革命的主将、中华民族精神的发扬人。1918年以“鲁迅”为笔名，发表中国文学史上第一篇白话小说《狂人日记》，影响颇大。他的著作以小说和杂文为主，小说中《阿Q正传》《狂人日记》《祝福》等较为知名。著有小说集《呐喊》《彷徨》、散文集《朝花夕拾》、散文诗集《野草》、杂文集《华盖集》《且介亭杂文》等。其作品被整理为《鲁迅全集》。

11. 郁达夫(1896年—1945年)，原名郁文，字达夫，幼名阿凤。浙江富阳人。中国现代著名小说家、散文家、诗人。代表作有短篇小说集《沉沦》、小说《迟桂花》《春风沉醉的晚上》等。

12. 闻一多(1899年—1946年)，本名闻家骅，字友三。生于湖北黄冈浠水。著名诗人、文史学者、爱国民主战士。1920年4月，发表第一篇白话文《旅客式的学生》。1946年夏在昆明被国民党特务暗杀。著有诗集《红烛》《死水》和古典文学论著《唐诗杂论》《楚辞校补》等。1948年8月，闻一多的遗著《闻一多全集》出版，由朱自清主编。

13. 朱自清(1898年—1948年)，原名朱自华，字佩弦，号秋实。原籍浙江绍兴，生于江苏东海，后随祖父、父亲定居江苏扬州，故称“我是扬州人”。北京大学毕业，曾任清华大学中文系教授、系主任。中国现代诗人、散文作家。文笔清新，所著合编为《朱自清全集》。主要作品有《雪朝》《踪迹》《背影》《春》《欧游杂记》《你我》《精读指导举隅》《略读指导举隅》《国文教学》《诗言志辨》《新诗杂谈》《标准与尺度》《论雅俗共赏》等。

14. 郭沫若(1892年—1978年)，出生于四川省乐山县铜河沙湾。现代文学家、历史学家、新诗奠基人之一。毕业于日本九州帝国大学。1921年，发表第一本新诗集《女神》，奠定了其在中国新诗史上的地位。1930年，撰写了《中国古代社会研究》。其创作了大量话剧剧本，包括《屈原》《虎符》《棠棣之花》《南冠草》《孔雀胆》《高渐离》六出历史悲剧作品，其中以《屈原》最受欢迎。曾主编《中国史稿》和《甲骨文合集》，全部作品编成《郭沫若全集》38卷。

15. 艾青(1910年—1996年)，生于浙江金华。现代文学家、诗人。1933年第一次用笔名艾青发表长诗《大堰河——我的保姆》。1932年在上海加入中国左翼美术家联盟，从事革命文艺活动。1935年，出版了第一本诗集《大堰河》。代表作品有《大堰河——我的保姆》《北方》《向太阳》《我爱这土地》等。有《艾青诗选》《艾青全集》《艾青抒情诗选》《归来的歌》和《雪莲》等多部诗集。

16. 冰心(1900年—1999年)，原名谢婉莹，笔名冰心取自“一片冰心在玉壶”。福建长乐人。中国诗人、现代作家、翻译家、儿童文学作家、社会活动家、散文家。代表作品有《超人》《闲情》《小橘灯》《寄小读者》《归来以后》《关于女人》等。其中《寄小读者》是通讯散文，成为中国儿童文学的奠基之作。有小说集《超人》、诗集《繁星·春水》《冰心全集》等。

17. 田汉(1898年—1968年)，汉族。湖南省长沙市长沙县人。中国现代剧作家、戏曲作家、电影编剧、小说家、词作家、诗人、文艺批评家、文艺活动家，中国现代戏三大奠基人之一。中华人民共和国国歌《义勇军进行曲》的词作者。田汉早年留学日本时曾自署为

"中国未来的易卜生"。他的代表作品有《名优之死》《南归》。抗战以后他对中国传统戏剧进行改造，改编或创作了《新雁门关》《新儿女英雄传》《江汉渔歌》《风云儿女》《武则天》《武松》等剧作。

18. 曹禺(1910年—1996年)，原名万家宝，字小石。汉族。祖籍湖北潜江，出生在天津一个没落的封建官僚家庭里。中国现代话剧史上成就最高的剧作家。其作品《雷雨》《日出》《原野》《北京人》的出现标志着中国现代话剧艺术的成熟。其被称誉"中国的莎士比亚"。

19. 茅盾(1896年—1981年)，原名沈德鸿，笔名茅盾，字雁冰。浙江省桐乡市人。新文化运动的先驱者、中国革命文艺的奠基人，也是中国现代著名作家、文学评论家、文化活动家以及社会活动家。代表作有小说《子夜》《春蚕》《白杨礼赞》和文学评论《夜读偶记》。1981年3月14日，茅盾自知病将不起，将稿费25万元人民币捐出设立茅盾文学奖，以鼓励当代优秀长篇小说的创作。

20. 巴金(1904年—2005年)，原名李尧棠，字芾甘。汉族。四川成都人，祖籍浙江嘉兴。中国作家、翻译家、社会活动家、无党派爱国民主人士。巴金是一位多产的作家，他的"激流三部曲"《家》《春》《秋》曾深远地影响过一代青年。其代表作品还有《寒夜》《随想录》《爱情三部曲》《抗战三部曲》等。

21. 老舍(1899年—1966年)，原名舒庆春，字舍予。北京满族正红旗人。中国现代小说家、著名作家、杰出的语言大师、人民艺术家，新中国第一位获得"人民艺术家"称号的作家。代表作有《骆驼祥子》《四世同堂》、剧本《茶馆》等。

22. 钱钟书(1910年—1998年)，原名钱仰先，字哲良，后改名钟书。出生于江苏无锡。中国现代作家、文学研究家。其代表作品有长篇小说《围城》、散文《写在人生边上》，学术著作有《谈艺录》《管锥编》《宋诗选注》等。

23. 叶圣陶(1894年—1988年)，原名叶绍钧，字秉臣、圣陶。出生于江苏苏州。现代作家、教育家、文学出版家和社会活动家，有"优秀的语言艺术家"之称。其代表作品有小说集《隔膜》、长篇小说《倪焕之》、小说《线下》《稻草人》等。

24. 丁玲(1904年—1986年)，原名蒋伟，字冰之，笔名彬芷、从喧等。湖南临澧人。现代女作家、散文家。代表作品有《太阳照在桑干河上》《莎菲女士的日记》等，其中《太阳照在桑干河上》于1951年获得斯大林文学奖二等奖。

25. 沈从文(1902年—1988年)，原名沈岳焕，字崇文。湖南凤凰县人。中国著名作家、历史文物研究家。代表作有《长河》《边城》等小说，中华人民共和国成立后在中国历史博物馆和中国社会科学院历史研究所工作，主要从事中国古代历史的研究，先后发表《龙凤艺术》《中国古代服饰研究》等专著。

二、外国文学常识

1. 荷马(约公元前9世纪—公元前8世纪)，古希腊盲诗人。他的杰作《荷马史诗》代表了古希腊文学的最高成就。《荷马史诗》分为《伊利亚特》和《奥德赛》，是他在民间口头文学基础上创作的两部古代希腊伟大的史诗。

2. 柏拉图(约公元前427年—公元前347年),古希腊伟大的哲学家,也是全部西方哲学乃至整个西方文化最伟大的哲学家和思想家之一。他和老师苏格拉底、学生亚里士多德并称为“希腊三贤”。柏拉图的主要作品为对话录,代表作有《理想国》。

3. 埃斯库罗斯(公元前525年—公元前456年),古希腊悲剧诗人,与索福克勒斯和欧里庇得斯一起被称为古希腊最伟大的悲剧作家,有“悲剧之父”“有强烈倾向的诗人”的美誉。代表作有《被缚的普罗米修斯》《被释的普罗米修斯》《带火的普罗米修斯》三部曲、《阿伽门农》和《善好者》(或称《复仇女神》)等。

4. 阿里斯托芬(约公元前446年—公元前385年),古希腊早期喜剧代表作家,雅典公民。相传写有四十四部喜剧,现存《阿卡奈人》《骑士》《和平》《鸟》《蛙》等十一部。有“喜剧之父”之称。

5. 但丁(1265年—1321年),意大利诗人,欧洲文艺复兴时代的开拓人物之一。以长诗《神曲》留名后世。恩格斯评价说:“他是中世纪的最后一位诗人,同时又是新时代的最初一位诗人。”《神曲》分为《地狱》《炼狱》《天堂》三部,所表达的是对当时社会丑恶现象的憎恶及对光明的向往。

6. 薄伽丘(1313年—1375年),意大利文艺复兴运动的杰出代表、人文主义杰出作家。与诗人但丁、彼特拉克并称为意大利人文主义“三杰”。其代表作《十日谈》是欧洲文学史上第一部现实主义作品,它批判宗教守旧思想,主张“幸福在人间”,被视为文艺复兴的宣言。

7. 彼特拉克(1304年—1374年),意大利学者、诗人,文艺复兴第一个人文主义者,被誉为“文艺复兴之父”。他的抒情名作《歌集》,以“十四行诗”形式著称于世,为欧洲抒情诗的发展开辟了道路,后世人尊他为“诗圣”。他与但丁、薄伽丘齐名,文学史上称他们为“三颗巨星”。

8. 杰弗雷·乔叟(1343年—1400年),英国文学之父,被公认为中世纪最伟大的英国诗人。其代表作是《坎特伯雷故事集》。小说以一群从伦敦去坎特伯雷朝圣的香客在路上为解闷而轮流讲故事的方式,写了24个短篇故事,真实地反映出了14世纪英国的社会现实。

9. 埃德蒙·斯宾塞(1552年—1599年),英国文艺复兴时期的伟大诗人。其代表作有长篇史诗《仙后》、田园诗集《牧人月历》、组诗《情诗小唱十四行诗集》《婚前曲》《祝婚曲》等。其中《仙后》描写了仙后格罗利亚娜派遣12位骑士去解除灾难的冒险事迹。

10. 莎士比亚(1564年—1616年),欧洲文艺复兴时期英国最杰出的戏剧家和诗人。其创作了大量脍炙人口的文学作品,在欧洲文学史上占有特殊的地位,马克思称其为“人类最伟大的戏剧天才”。其跟古希腊三大悲剧家(埃斯库罗斯、索福克勒斯、欧里庇得斯)合称为戏剧史上四大悲剧家。主要作品有《罗密欧与朱丽叶》、四大悲剧(《哈姆雷特》《奥赛罗》《李尔王》《麦克白》)和四大喜剧(《仲夏夜之梦》《威尼斯商人》《皆大欢喜》《第十二夜》)等。

11. 塞万提斯(1547年—1616年),西班牙小说家、剧作家、诗人,被誉为是西班牙文学世界里最伟大的作家。其作品《堂吉诃德》达到了西班牙古典艺术的高峰,评论家们称此著作是文学史上的第一部现代小说。

12. 孟德斯鸠(1689年—1755年),法国启蒙思想家、社会学家,西方国家学说和法学理论的奠基人,一位百科全书式的学者。主要文学作品是书信体讽刺小说,代表作有《波斯人信札》;《论法的精神》是他最重要的也是影响最大的综合性政治学著作。

13. 伏尔泰(1694年—1778年),法国启蒙思想家、文学家、哲学家、史学家。伏尔泰是18世纪法国资产阶级启蒙运动的旗手,被誉为"法兰西思想之王"。他在文学、史学、哲学、自然科学和政治等方面写了大量著作,一生热爱戏剧创作,剧本达50多部。他对世界文学最重要的贡献是开创了哲理小说这种新的写作体裁。代表作有《哲学通信》《形而上学论》《路易十四时代》《老实人》等。

14. 卢梭(1712年—1778年),法国18世纪伟大的启蒙思想家、哲学家、教育家、文学家,18世纪法国大革命的思想先驱,杰出的民主政论家和浪漫主义文学流派的开创者,启蒙运动最卓越的代表人物之一。主要著作有《论人类不平等的起源和基础》《社会契约论》《爱弥儿》《忏悔录》《新爱洛漪丝》《植物学通信》等。

15. 歌德(1749年—1832年),德国著名思想家、作家、科学家。青年时期发表的小说《少年维特之烦恼》,使他名声大噪。诗剧《浮士德》是歌德以毕生心血完成的一部杰出代表作,它与《荷马史诗》《神曲》等齐名,被文学史家认为是史诗性的巨著。

16. 席勒(1759年—1805年),通常称为弗里德里希·席勒。德国18世纪著名诗人、作家、哲学家、历史学家和剧作家,德国启蒙文学的代表人物之一。代表作品有《阴谋与爱情》《奥尔良的姑娘》《欢乐颂》《威廉·退尔》、诗剧《唐·卡洛斯》等。

17. 拜伦(1788年—1824年),是英国19世纪初期伟大的浪漫主义诗人。代表作品有长篇叙事诗《恰尔德·哈洛尔德游记》、诗体小说《唐璜》等。拜伦在他的诗歌里塑造了一批"拜伦式英雄"。拜伦不仅是一位伟大的诗人,而且还是一个为理想战斗一生的勇士;他积极而勇敢地投身革命,参加了希腊民族解放运动,并成为领导人之一。

18. 雪莱(1792年—1822年),英国著名浪漫主义诗人,被认为是历史上最出色的英语诗人之一。代表作品有叙事长诗《麦布女王》《解放了的普罗米修斯》和《倩契》,以及不朽的名作《西风颂》等。名句"冬天已经来临,春天还会远吗"为大家所熟悉。

19. 雨果(1802年—1885年),法国作家、19世纪前期积极浪漫主义文学的代表作家、人道主义的代表人物、法国文学史上卓越的资产阶级民主作家,被人们称为"法兰西的莎士比亚"。一生写过多部诗歌、小说、剧本、各种散文和文艺评论及政论文章,在法国及世界有着广泛的影响力。其代表作有长篇小说《巴黎圣母院》《九三年》和《悲惨世界》等、短篇小说《"诺曼底"号遇难记》等。

20. 大仲马(1802年—1870年),法国浪漫主义作家。以小说和剧作为主。大仲马小说大都以真实的历史作背景,情节曲折生动,往往出人意料,有"历史惊险小说"之称。结构清晰明朗、语言生动有力、对话灵活机智等构成了大仲马小说的特色。大仲马也因而被后人美誉为"通俗小说之王"。代表作有剧本《亨利第三及其宫廷》、长篇小说《基督山伯爵》《三个火枪手》等。

21. 小仲马(1824年—1895年),法国著名小说家。大仲马的儿子。小仲马的作品大都以妇女、婚姻、家庭为题材，真实地反映了社会生活的一个侧面。其代表作《茶花女》，通过妓女玛格丽特同阿尔芒的爱情悲剧，揭露了虚伪的社会道德和门第观念。其主要作品还有《私生子》《金钱问题》《半上流社会》《放荡的父亲》《克洛德的妻子》《福朗西雍》等。

22. 普希金(1799 年—1837 年)，是俄国著名的文学家、诗人，现代俄国文学的奠基人，19 世纪俄国浪漫主义文学主要代表，被誉为"俄国小说之父"。代表作有诗歌《自由颂》《致大海》《致恰达耶夫》《假如生活欺骗了你》等、诗体小说《叶甫盖尼·奥涅金》、小说《上尉的女儿》《黑桃皇后》等。

23. 裴多菲(1823 年—1849 年)，匈牙利的爱国诗人和英雄、伟大的革命诗人、匈牙利民族文学的奠基人、革命民主主义者。他不仅以诗歌为武器，而且亲身投入革命战争，为民族解放献出了年轻的生命。其主要作品有长篇叙事诗《使徒》《自由与爱情》，其中《自由与爱情》中的"生命诚可贵，爱情价更高。若为自由故，二者皆可抛"成为人们传诵的名句。

24. 普罗斯佩·梅里美(1803 年—1870 年)，法国现实主义作家、中短篇小说大师、剧作家、历史学家。他是著名歌剧《卡门》的作者。《卡门》主要讲述了一个生性无拘无束的吉普赛女郎卡门从事走私的冒险经历。

25. 居斯塔夫·福楼拜(1821 年—1880 年)，19 世纪中期法国伟大的批判现实主义小说家。他对 19 世纪末至 20 世纪文学，尤其是现代主义文学的发展有着极其深远的影响，被誉为"自然主义文学的鼻祖""西方现代小说的奠基者"。著名作品包含《包法利夫人》《情感教育》《三故事》《布瓦尔和佩库歇》等，其中代表作品《包法利夫人》描写了一个在贵族资产阶级社会的腐蚀和逼迫下堕落毁灭的妇女艾玛的形象。

26. 司汤达(1783 年—1842 年)，19 世纪法国杰出的批判现实主义作家。代表作品《红与黑》，形象地展示了法国波旁王朝复辟时期广阔的社会生活和错综的阶级矛盾，深刻地揭露和批判了封建贵族、教会的黑暗和罪恶，辛辣地嘲讽了资产阶级唯利是图的本质，表现了强烈的政治倾向。

27. 巴尔扎克(1799 年—1850 年)，法国 19 世纪批判现实主义文学的伟大代表，又被称为现代法国小说之父。他创作的《人间喜剧》《高老头》《欧也妮·葛朗台》等作品，深刻地揭露了金钱的罪恶，批判了资本主义社会中人与人之间赤裸裸的金钱关系。

28. 狄更斯(1812 年—1870 年)，英国著名的批判现实主义作家。他一生创作了 14 部长篇小说和许多中短篇小说。狄更斯特别注意描写生活在英国社会底层的"小人物"的生活遭遇，深刻地反映了当时英国复杂的社会现实，为英国批判现实主义文学的开拓和发展作出了卓越的贡献。主要作品有《大卫·科波菲尔》《雾都孤儿》《老古玩店》《艰难时世》《我们共同的朋友》《双城记》等。其中《大卫·科波菲尔》是自传体小说。

29. 萨克雷(1811 年—1863 年)，英国作家。其代表作品《名利场》以辛辣讽刺的手法，真实描绘了英国上流社会没落贵族和资产阶级暴发户等各色人物的丑恶嘴脸和弱肉强食、尔虞我诈的人际关系。还著有《班迪尼斯》《弗吉尼亚人》等作品。

30. 夏洛蒂·勃朗特(1816 年—1855 年)，19 世纪英国女作家。其代表作《简·爱》，描写了一个谦虚、坚强而有独立精神女性简·爱的形象，在英国文学妇女画廊中独树一帜。其作品还有《维莱特》和《教师》等。

31. 艾米莉·勃朗特(1818 年—1848 年),19 世纪英国作家与诗人。她与《简·爱》的作者夏洛蒂·勃朗特和她的小妹妹安妮·勃朗特号称"勃朗特三姐妹"。世界文学名著《呼啸山庄》的作者。这部作品是艾米莉·勃朗特一生中唯一的一部小说,奠定了她在英国文学史以及世界文学史上的地位。此外,她还创作了 193 首诗,被认为是英国一位天才型的女作家。

32. 果戈理(1809 年—1852 年),是俄国批判主义作家、俄国现实主义文学的奠基人,还是俄国现实主义戏剧的奠基人之一。善于描绘生活,将现实和幻想结合,具有讽刺性的幽默,其最著名的作品是《死魂灵》和《钦差大臣》。《死魂灵》是批判现实主义的典范作品,通过对封建贵族农奴主形象的描写揭示了专制农奴不可避免的崩溃的趋势。《钦差大臣》揭露了贵族阶级的冷酷,对"小人物"的遭遇表示了同情。

33. 陀思妥耶夫斯基(1821 年—1881 年),俄国作家。19 世纪群星灿烂的俄国文坛上一颗耀眼的明星,与列夫·托尔斯泰、屠格涅夫等人齐名,是俄国文学的卓越代表。其主要作品有《罪与罚》《白痴》《卡拉马佐夫兄弟》。《罪与罚》是作者一生创作的总结,突出反映了作者对人类存在的哲理思考,标志着作者创作的高峰。

34. 契诃夫(1860 年—1904 年),俄国世界级短篇小说巨匠,俄国 19 世纪末期最后一位批判现实主义艺术大师,与莫泊桑和欧·亨利并称为"世界三大短篇小说家"。契诃夫是一个有强烈幽默感的作家,其小说紧凑精炼,言简意赅,给读者以独立思考的余地。其代表作品有《套中人》《小公务员之死》《变色龙》《草原》《胜利者的胜利》《凡卡》等。

35. 列夫·托尔斯泰(1828 年—1910 年),19 世纪中期俄国批判现实主义作家、文学家、思想家、哲学家。他在俄国文坛上活动了近 60 年,创作了大量的文学作品。其代表作品有《战争与和平》《安娜·卡列尼娜》《复活》等。

36. 马克·吐温(1835 年—1910 年),美国批判现实主义最杰出的代表,是一位享誉世界的美国作家。他的作品揭穿了美国资本主义社会民主自由的虚伪面目,暴露了美国拜金主义、种族歧视和侵略扩张的实质。他在文学史上以幽默讽刺而闻名。其主要代表作品有《竞选州长》《百万英镑》《哈克贝利·费恩历险记》《汤姆·索亚历险记》等。

37. 斯托夫人(1811 年—1896 年),美国作家。代表作品为《汤姆叔叔的小屋》。这是一部影响美国历史的小说,反映了美国蓄奴制度时期的社会生活。小说通过黑奴汤姆的悲惨遭遇控诉了蓄奴制度的罪恶。

38. 欧·亨利(1862 年—1910 年),20 世纪初美国著名短篇小说家、美国现代短篇小说创始人。与法国的莫泊桑、俄国的契诃夫并称为"世界三大短篇小说巨匠"。一生著有 300 多篇小说。他的作品常以轻松幽默的笔调描写大都市里小人物的悲欢和"相濡以沫"的友谊,揭露了资本主义社会虚伪无耻、尔虞我诈的社会风气。其作品《麦琪的礼物》《警察与赞美诗》《最后一片藤叶》《没有完的故事》《黄雀在后》等,都是世界优秀短篇小说。

39. 欧仁·鲍狄埃(1816 年—1887 年),法国的革命家、全世界无产阶级的伟大诗人。巴黎公社的主要领导人之一,《国际歌》的词作者。14 岁起开始诗创作,先后创作了《自由万岁》《该拆毁的老房子》《自由吧,巴黎》《铁匠的梦》《起义者》等大量歌颂无产阶级反对资产阶级斗争的诗歌。巴黎公社失败后,他写下了被载入史册的《国际歌》,成为全世界"无产阶级联合起来”的战斗诗篇。

40. 玛克西姆·高尔基(1868年—1936年)，俄国伟大的无产阶级作家，被无产阶级革命导师列宁称之为“无产阶级艺术的最杰出代表”。1892年用笔名“玛克西姆·高尔基”发表处女作短篇小说《马卡尔·楚德拉》，从此专心从事写作。先后出版了《童年》《在人间》《我的大学》，在这些作品中，高尔基根据自己童年的生活经历，真实描写了19世纪70年代至90年代俄国社会的面貌，具有深刻的现实意义。长篇小说《母亲》是高尔基最重要的作品。在《母亲》中，无产阶级的革命斗争构成了作品的主要情节，无产阶级革命战士成了作品的主人公，这是世界文学史上的大事。《母亲》的创作实践为后来的社会主义、现实主义作品奠定了基础。

41. 奥斯特洛夫斯基(1904年—1936年)，苏联作家、坚强的布尔什维克战士、著名的无产阶级作家，一个在革命战争中成长起来的作家，一个以自己残缺的身躯写作的作家，他把自己的生命融进了作品，代表作为《钢铁是怎样炼成的》。小说主人公保尔是作家自己的影子。其他作品还有《暴风雨所诞生的》等。

42. 马雅可夫斯基(1893年—1930年)，著名的俄国诗人。代表作长诗《列宁》从正面描写列宁的光辉一生，描写群众对列宁的深厚感情。他的喜剧讽刺了小市民并揭露了官僚主义，在戏剧艺术上有创新。其作品还有《穿裤子的云》《宗教滑稽剧》等。

43. 法捷耶夫(1901年—1956年)，苏联社会主义文学的杰出代表之一。其代表作品有《青年近卫军》《毁灭》等。

44. 米哈依尔·肖洛霍夫(1905年—1984年)，20世纪苏联文学的杰出代表，苏联著名作家。其作品《静静的顿河》于1965年获得了诺贝尔文学奖。其代表作品还有《一个人的遭遇》等。

45. 劳伦斯(1885年—1930年)，20世纪初英国著名的小说家和诗人。一生写有10部长篇小说、40余篇中短篇小说、近千首诗和4部剧本。其作品大都从两性关系入手，描写了资本主义工业文明对人性的压抑和摧残，深刻揭示了现代人悲剧的生活状况，表达了对充满自然精神的理想社会的向往。

46. 毛姆(1874年—1965年)，英国著名小说家、戏剧家。其长篇小说《人生枷锁》，通过年轻医生菲利普的生活与爱情经历，指斥虚伪的宗教与世俗观念乃是人生的枷锁，表明了对资本主义的批判态度。

47. 罗曼·罗兰(1866年—1944年)，法国思想家、文学家、批判现实主义作家、音乐评论家、社会活动家。1915年诺贝尔文学奖得主。一生为争取人类自由、民主与光明进行不屈的斗争，是20世纪上半叶法国著名的人道主义作家。其小说特点被人们归纳为“用音乐写小说”。代表作品有《约翰·克利斯朵夫》《名人传》。

48. 雷马克(1898年—1970年)，德国著名作家。其对帝国主义和法西斯主义的祸害有着惨痛的切身感受，作品大都描写德国人民在两次战争中经历的厄运。1929年发表的早期小说《西线无战事》是有世界影响的优秀的反战小说。

49. 斯蒂芬·茨威格(1881年—1942年)，奥地利著名作家。擅长写小说、人物传记，也写诗歌戏剧、散文特写和翻译作品。以描摹人性化的内心冲动著称。其代表作品有中篇小说《象棋的故事》、短篇小说《一个陌生女人的来信》等。

50. 西奥多·德莱塞(1871年—1945年),美国现代小说的先驱、现实主义作家之一。其作品贴近广大人民的生活,诚实、大胆、充满了生活的激情。他的代表作《嘉莉妹妹》真实地再现了当时的美国社会,而《美国悲剧》则是德莱塞成就最高的作品,该小说使人们清晰地看到了美国社会的真实情况。其作品还有《珍妮姑娘》、"欲望三部曲"(《金融家》《巨人》《斯多葛》)和《美国的悲剧》等。

51. 海明威(1899年—1961年),美国作家和记者,被认为是20世纪最著名的小说家之一。海明威作为"迷惘的一代"的代表,其作品反映了强烈的反战倾向和对未来的迷惘。1954年,海明威凭中篇小说《老人与海》夺得诺贝尔文学奖。2001年,海明威的《太阳照常升起》与《永别了,武器》两部作品被美国现代图书馆列入"20世纪中的100部最佳英文小说"中。海明威还被称为是美国文坛的硬汉。

52. 瓦莱里(1871年—1945年),法国象征派大师,法兰西学院院士。他的诗耽于哲理,倾向于内心真实,追求形式的完美。作品有《旧诗稿》《年轻的命运女神》《幻美集》等。

53. 卡夫卡(1883年—1924年),生活于奥匈帝国统治下的捷克小说家。出生于犹太商人家庭。1904年开始写作,主要作品有《审判》《变形记》《城堡》等。其作品大多用变形荒诞的形象和象征直觉的手法,表现被充满敌意的社会环境所包围的孤立、绝望的个人。

54. 詹姆斯·乔伊斯(1882年—1941年),爱尔兰作家、诗人,20世纪最伟大的作家之一,后现代文学的奠基者之一。其作品及"意识流"思想对世界文坛影响巨大。主要作品是短篇小说集《都柏林人》、自传体小说《青年艺术家的自画像》。最具代表的是长篇小说《尤利西斯》,表现了现代社会中的人的孤独与悲观。

55. 马塞尔·普鲁斯特(1871年—1922年),20世纪法国最伟大的小说家之一,意识流文学的先驱与大师,也是20世纪世界文学史上最伟大的小说家之一。代表作品有《追忆似水年华》。

56. 弗吉尼亚·伍尔芙(1882年—1941年),英国女作家、文学批评家和文学理论家,意识流文学代表人物,被誉为20世纪现代主义与女性主义的先锋。两次世界大战期间,她是伦敦文学界的核心人物。最知名的小说包括《墙上的斑点》《达洛维夫人》《到灯塔去》《雅各的房间》。

57. 萨特(1905年—1980年),法国20世纪最重要的哲学家之一,优秀的文学家、戏剧家、评论家和社会活动家。一生中拒绝接受任何奖项,包括1964年的诺贝尔文学奖。代表作品有《存在与虚无》。

58. 梅勒(1923年—2007年),美国著名作家,被称为"海明威第二"。上过前线,当过导演,参加过纽约市长的竞选。1948年即以《裸者与死者》出名。1968年和1979年凭借《夜幕下的大军》和《刽子手之歌》两度获得普利策奖。被誉为20世纪最伟大的美国作家之一。

59. 威廉·福克纳(1897年—1962年),美国文学史上最具影响力的作家之一,意识流文学在美国的代表人物。1949年诺贝尔文学奖得主。最有代表性的作品是《喧哗与骚动》。

60. 约瑟夫·海勒(1923 年—1999 年),美国小说家。被认为是“黑色幽默”的一面旗帜。1961 年发表成名作《第二十二条军规》,以荒诞的形式,多角度、多层次地展示了一个充满自私、贪婪、虚伪、欺骗、专横、残忍、淫乱和疯狂的现实生活。1974 年出版第二部长篇小说《出了毛病》后,成为专业作家。

61. 马尔克斯(1927 年—2014 年),哥伦比亚作家、记者和社会活动家,拉丁美洲魔幻现实主义文学的代表人物,20 世纪最有影响力的作家之一,1982 年诺贝尔文学奖得主。作为一个天才的、赢得广泛赞誉的小说家,马尔克斯将现实主义与幻想结合起来,创造了一部风云变幻的哥伦比亚和整个南美大陆的神话般的历史。代表作有《百年孤独》《霍乱时期的爱情》。

拓展阅读

一、中国文学之最

我国最早的一部诗歌总集是《诗经》。

我国最早的富有神话传说的一部地理志是《山海经》。

我国最早的笔记体文言志人小说集是南北朝时期刘义庆组织一批文人编写的《世说新语》。

我国最早的哲理散文总集是秦国丞相吕不韦集合门客们编撰的《吕氏春秋》。

我国最早的一部诗论专著是南北朝时期的钟嵘撰写的《诗品》。

我国第一部志怪小说是东晋史学家干宝撰写的《搜神记》。

我国第一部字典是东汉文学家许慎撰写的《说文解字》。

我国第一部词典是《尔雅》。

我国第一部国别体史书是春秋鲁国左丘明撰写的《国语》。

我国第一部记录谋臣、策士、门客言行的专集是《战国策》。

我国第一部纪传体通史是西汉司马迁撰写的《史记》。

我国第一部编年体史书是北宋司马光主编的《资治通鉴》。

我国第一部军事著作是春秋吴国孙武撰写的《孙子兵法》。

我国第一部目录学著作是西汉刘向撰写的《别录》。

我国第一部语录体散文集是孔子的弟子及再传弟子编纂的《论语》。

我国第一部纪传体断代史是东汉历史学家班固编纂的《汉书》。

我国最早的一部文学理论专著是南朝文学理论家刘勰撰写的《文心雕龙》。

我国第一部科普作品是北宋科学家沈括撰写的《梦溪笔谈》。

我国第一部水文地理专著是北魏地理学家郦道元的《水经注》。

我国第一部农业百科全书是北魏农学家贾思勰的《齐民要术》。

我国第一部农业生产技术专著是明朝科学家宋应星的《天工开物》。

我国第一部综合农学专著是明朝科学家徐光启的《农政全书》。

我国第一部教育史专著是西汉戴圣编撰的《学记》。

我国第一部医药书是《黄帝内经》。

我国第一部大百科全书是明朝解缙总编的《永乐大典》。

我国第一部图书总目录是西汉目录学家刘歆编撰的《七略》。

我国第一首优秀的长篇叙事诗是《孔雀东南飞》。

我国最早的浪漫主义爱国诗人是战国时期楚国诗人屈原。

我国最早的田园诗人是东晋的陶渊明。

我国古代最伟大的浪漫主义诗人是唐代的李白。

我国古代最伟大的现实主义诗人是唐代的杜甫。

我国最早的也是最杰出的边塞诗人是盛唐的高适和岑参。

我国古代最杰出的豪放派词人是北宋的苏轼。

我国古代最杰出的婉约派词人是北宋的柳永。

我国古代最杰出的女词人是南宋的李清照。

我国古代写诗最多的爱国诗人是南宋的陆游。

我国第一部著名的戏曲作品是元代戏剧家关汉卿的《窦娥冤》。

我国古代最著名的长篇神话小说是明代吴承恩的《西游记》。

我国古代最著名的长篇历史小说是明初罗贯中的《三国演义》。

我国古代最早写农民起义的长篇小说是元末明初施耐庵的《水浒传》。

我国古代最伟大的现实主义长篇小说是清代曹雪芹的《红楼梦》。

我国第一部长篇讽刺小说是吴敬梓的《儒林外史》。

我国第一部个人创作的文言短篇小说集是蒲松龄的《聊斋志异》。

我国第一部谴责小说是李宝嘉的《官场现形记》。

我国第一部白话短篇小说是鲁迅的《狂人日记》。

我国第一部白话短篇小说集是鲁迅的《呐喊》。

二、文化常识

1. 岁寒三友：松、竹、梅。

2. 花中四君子：梅、兰、竹、菊。

3. 文人四友：琴、棋、书、画。

4. 文房四宝：笔、墨、纸、砚。

5. 四库全书：经、史、子、集。

6.《诗经》“六义”指：风、雅、颂、赋、比、兴。

7. 我国古代文学艺术宝库中四颗明珠：唐诗、宋词、元曲、明清小说。

8. 表示“第一”的说法：桂冠、鳌头、榜首、问鼎、夺魁。

9. 三纲五常：“三纲”：父为子纲、君为臣纲、夫为妻纲；“五常”：仁、义、礼、智、信。

10. “四书”“五经”是儒家的主要经典：“四书”即《论语》《孟子》《中庸》《大学》；“五经”指《诗经》《尚书》《礼记》《易经》《春秋》。

11. 三皇：天皇、地皇、人皇或伏羲、女娲、神农；五帝：黄帝、颛顼、帝喾、唐尧、虞舜。

12. 五金：金、银、铜、铁、锡。

13. 五味：酸、甜、苦、辣、咸。

14. 五行：金、木、水、火、土。

15. “永字八法”是说“永”字具有：点、横、竖、撇、捺、折、钩、提八种笔画。

16. 古代的学校：庠、序、太学；明清时最高学府为国子监。

17. 三教九流：“三教”：儒教、佛教、道教；“九流”：儒家、道家、阴阳家、法家、名家、墨家、纵横家、杂家、农家。

18. 百姓的称谓：布衣、黎民、庶民、苍生、氓、白丁、黔首等。

19. 伯(孟)仲叔季：兄弟行辈中长幼排行的次序。伯(孟)是老大，仲是老二，叔是老三，季是老四。

20. 不同的朋友关系之间的称谓：

贫贱之交：贱而地位低下的时候结交的朋友。

金兰之交：情谊契合、亲如兄弟的朋友。

刎颈之交：同生死、共患难的朋友。

忘年之交：辈分不同、年龄相差较大的朋友。

竹马之交：从小一块长大的异性好朋友。

布衣之交：以平民的身份相交往的朋友。

患难之交：在遇到磨难时结成的朋友。

21. 年龄的称谓：

垂髫：三四岁—七八岁。

总角：八九岁—十三四岁。

豆蔻：女子十三四岁(常称女子十三四岁为“豆蔻年华”)。

弱冠：男子二十岁。

而立：男子三十岁。

不惑：男子四十岁。

知天命：男子五十岁。

花甲：六十岁。

古稀：七十岁。

耄耋：八九十岁。

期颐：一百岁。

22. 地理知识：

阴：山北水南；阳：山南水北。

左：西为左；右：东为右。

河：黄河；江：长江。

五岳：泰山(东岳)、衡山(南岳)、华山(西岳)、恒山(北岳)、嵩山(中岳)。

四大佛教名山：山西五台山、安徽九华山、四川峨眉山、浙江普陀山。

六合：天、地、东、南、西、北六个方位。

八荒：东、东南、南、西南、西、西北、北、东北八个方向。

中国的古称：九州、神州、赤县、华夏、九土、中华。

23. 重要城镇名，古今对照：

苏州：姑苏。

成都：锦官城。

南京：金陵、建业、建康、丹阳、江宁、白下、石头城。

扬州：维扬、扬城、淮上、江都、广陵。

北京：大都、燕京、神京。

开封：大梁、汴梁、东京。

镇江：京口。

杭州：临安、武林、钱塘。

24. 我国部分城市别称：

昆明——春城。　苏州——水城。

重庆——山城、雾城。　拉萨——日光城。

广州——花城、羊城、五羊城。　徐州——彭城。

长江上的“三个火炉”：重庆、武汉、南京。

25. 常见借代词语：

桑梓：家乡。　桃李：学生。

社稷、轩辕：国家。　南冠：囚犯。

同窗：同学。　烽烟：战争。

汗青：史册。　庙堂：朝廷。

伉俪：夫妻。　白丁、布衣：百姓。

伛偻、黄发：老人。　桑麻：农事。

提携、垂髫：小孩。　三尺：法律。

膝下：父母。　华盖：运气。

函、简、笺、鸿雁、札：书信。

思考练习

1. 下列作品中，不属于高尔基《自传三部曲》的是(　　)。

A.《母亲》　B.《童年》　C.《在人间》　D.《我的大学》

2. 古诗“松下问童子，言师采药去。只在此山中，云深不知处”的作者是(　　)。

A. 白居易　B. 贾岛　C. 欧阳修　D. 袁枚

3. 文言文“融，四岁，能让梨”的“融”是(　　)。

A. 孔融　B. 马融　C. 苻融　D. 祝融

4. 下列人物中，曾整理过《论语》，并删减过《春秋》的人是（ ）。

A. 孔子 B. 老子 C. 孟子 D. 荀子

5. 下列不属于明朝章回体小说的是（ ）。

A.《水浒传》 B.《西游记》 C.《金瓶梅》 D.《红楼梦》

6. 下面的对联所描述的历史人物是（ ）。

“两表受三顾，一对足千秋”

A. 辛弃疾 B. 诸葛亮 C. 李白 D. 陶潜

7. 下列关于韩愈、柳宗元的表述，不正确的是（ ）。

A. 韩愈、柳宗元都是唐代文学家。

B. 他们倡导了著名的“古文运动”。

C. 他们力倡内容充实、形式严整的散文。

D. 他们都是“唐宋八大家”的重要成员。

8. 杜甫《饮中八仙歌》中诗句“脱帽露顶王公前，挥毫落纸如云烟”所描写的书法家是（ ）。

A. 张旭 B. 怀素 C. 颜真卿 D. 柳公权

9. 下列古典小说中人物与故事对应不正确的是（ ）。

A. 贾宝玉——怒摔通灵宝 B. 诸葛亮——巧设空城计

C. 鲁智深——醉打蒋门神 D. 孙悟空——三借芭蕉扇

10. 下列关于《离骚》的表述，不正确的是（ ）。

A. 战国时诗人屈原的代表作。 B. 我国古代最长的爱情诗。

C. 运用了“香草美人”的比兴手法。 D. 具有积极的浪漫主义精神。

11. “鸿雁传书”这一典故源自（ ）。

A. 文姬归汉 B. 霸王别姬 C. 苏武牧羊 D. 楚汉相争

12. 下列人物中，既是诗人也是画家的是（ ）。

A. 李白 B. 王维 C. 白居易 D. 李商隐

13. 下列选项中，不属于东晋文学家陶渊明的作品的是（ ）。

A.《岳阳楼记》 B.《桃花源记》 C.《归去来兮辞》 D.《归园田居》

14. 鲁迅的第一篇白话文小说是（ ）。

A.《祝福》 B.《阿Q正传》 C.《故乡》 D.《狂人日记》

15. 下列选项中，作家和作品的对应正确的是（ ）。

A. 罗贯中——《西游记》 B. 施耐庵——《三国演义》

C. 蒲松龄——《水浒传》 D. 曹雪芹——《红楼梦》

16. 下列关于《诗经》的表述，不正确的是（ ）。

A. 我国古代第一部诗歌总集。 B. 作品在当时可以配乐歌唱。

C. 表现爱情的诗占绝大多数。 D. 主要艺术手法有赋、比、兴。

17. 下列选项中，不是出自《伊索寓言》的是（ ）。

A.《蚊子和狮子》 B.《龟兔赛跑》 C.《农夫和蛇》 D.《伊利亚特》

18. 在我国文学史上，被称为“诗仙”“诗圣”“诗鬼”的唐代诗人分别是（　　）。

A. 杜甫、李白、贾岛　　B. 李白、杜甫、李贺

C. 李白、杜甫、白居易　　D. 杜甫、李白、李商隐

19. 下列有关文学常识的表述，不正确的是（　　）。

A. 普希金是俄国积极浪漫主义文学的开创者；惠特曼也是一位浪漫主义诗人，他的《草叶集》创立了自由诗体，开一代诗风。

B. 小说《暴风骤雨》《林海雪原》《悲惨世界》的主人公分别是郭全海、少剑波、冉阿让。

C. 莎士比亚是文艺复兴时期英国伟大的戏剧家和诗人。一生共创作了三十七部戏剧和两篇叙事长诗。他早期创作了著名正剧《罗密欧与朱丽叶》；中期又创作了“四大悲剧”。

D. 现代作家叶圣陶、朱自清、丁玲、柳青的代表作，依次为长篇小说《倪焕之》、小说《背影》、短篇小说《暴风骤雨》、长篇小说《创业史》。

20. 下列有关文学常识的表述，错误的一项是（　　）。

A. 老舍是现代杰出的小说家、戏剧家，小说有《骆驼祥子》《四世同堂》等，剧本有《龙须沟》《茶馆》等。

B. 郭沫若是我国现代著名作家，代表作有诗集《女神》，历史剧有《屈原》《孔雀胆》等。

C. 《阿Q正传》《祝福》《包身工》《暴风骤雨》等小说，都反映了半殖民地旧中国劳动人民遭受重重压迫和剥削的痛苦生活。

D. 五十年代出现了以孙犁为代表的河北作家群，其作品以淡雅疏朗的诗情画意与朴素清新的泥土气息的完美统一为其艺术风格，对当代文坛产生了极大的影响，被誉为“荷花淀派”。

21. “豆蔻年华”是指（　　）。

A. 十七八岁的少年　　B. 十三四岁的少年

C. 十七八岁的少女　　D. 十三四岁的少女

22. 下列不属于清末四大谴责小说的是（　　）。

A. 《孽海花》　　B. 《警世通言》　　C. 《老残游记》　　D. 《官场现形记》

23. 下列儿童文学作品不属于英国的是（　　）。

A. 《格列弗游记》　　B. 《绿野仙踪》

C. 《爱丽丝漫游奇境记》　　D. 《水孩子》

24. 下列儿童文学作品不是出自《格林童话》的是（　　）。

A. 《白雪公主》　　B. 《青蛙王子》　　C. 《灰姑娘》　　D. 《木偶奇遇记》

25. 下列选项中，不属于鲁迅作品中创作的人物形象的是（　　）。

A. 闰土　　B. 阿Q　　C. 涓生　　D. 四凤

26. 下列文学作品中不属于“楚辞”这种诗歌体裁的是（　　）。

A. 《离骚》　　B. 《九歌》　　C. 《天问》　　D. 《饮酒》

27. 下列成语典故不是发生在秦朝的是(　　)。

A. 背水一战　　B. 焚书坑儒　　C. 凿壁偷光　　D. 破釜沉舟

28. 下列诗人与称号对应不符的是(　　)。

A. 李白——“诗仙”　　B. 李贺——“诗鬼”

C. 白居易——“诗魔”　　D. 刘禹锡——“诗圣”

29. 美国梦工厂制作的动画电影《怪物史莱克》中融合出现了许多经典童话中的角色，其中有一只深受观众喜爱的猫，这个角色来自经典童话(　　)。

A.《皇帝的新装》　　B.《穿鞋子的猫》

C.《睡美人》　　D.《海的女儿》

30. 下列文学作品属于浪漫主义风格的是(　　)。

A.《茅屋为秋风所破歌》　　B.《望庐山瀑布》

C.《石壕吏》　　D.《新婚别》

31. 讲述了一个小女孩在梦中追逐一只兔子而掉进了兔子洞里，随后遇到了扑克牌王后、国王等神奇的人物，从而开始了一段漫长惊险旅行的儿童文学作品是(　　)。

A.《尼尔斯骑鹅旅行记》　　B.《格列佛游记》

C.《爱丽丝漫游奇境记》　　D.《夏洛的网》

32. 莎士比亚被马克思称为“人类最伟大的戏剧天才”，下列戏剧作品不属于他创作的四大悲剧的是(　　)。

A.《麦克白》　　B.《奥赛罗》　　C.《威尼斯商人》　　D.《李尔王》

33. 我国第一部编年体史书是(　　)。

A.《史记》　　B.《春秋》　　C.《资治通鉴》　　D.《论语》

34. 首位获得诺贝尔文学奖的亚洲作家是(　　)。

A. 黎巴嫩的纪伯伦　　B. 印度的泰戈尔

C. 日本的川端康成　　D. 日本的紫式部

35. “兼听则明，偏信则暗”这句古代格言出自(　　)。

A.《资治通鉴》　　B.《论语》　　C.《荀子》　　D.《史记》

36. 茅盾的《农村三部曲》是(　　)。

A.《春蚕》《秋收》《残冬》　　B.《幻灭》《动摇》《追求》

C.《家》《春》《秋》　　D.《女神之再生》《湘果》《棠棣之花》

37. 雨果是法国浪漫主义作家、人道主义的代表人物，被人们称为“法兰西的莎士比亚”。(　　)被公认为是雨果最为重要、意义最为重大的作品。

A.《双城记》　　B.《悲惨世界》　　C.《寒灰集》　　D.《亲爱的丈夫》

38.《四书》是封建社会科举取士的初级标准书，这四本书是(　　)。

A.《史记》《春秋》《汉书》《诗经》　　B.《大学》《中庸》《论语》《孟子》

C.《史记》《论语》《诗经》《汉书》　　D.《论语》《春秋》《诗经》《中庸》

39. 被誉为中国古典小说顶峰之作的长篇小说是(　　)。

A.《西游记》　　B.《红楼梦》　　C.《三国演义》　　D.《水浒传》

40. 下列不属于鲁迅写的三部短篇小说集的是(　　)。

A.《呐喊》　B.《孔乙己》　C.《彷徨》　D.《故事新编》

41. 下列文学常识中有误的一项是(　　)。

A. 第一部专记个人言行的历史散文:《晏子春秋》。

B. 第一位伟大的爱国诗人:陆游。

C. 第一首长篇叙事诗:《孔雀东南飞》。

D. 第一部文学批评专著:《典论·论文》。

42. 下列作品是茅盾的散文代表作的是(　　)。

A.《李有才板话》　B.《白杨礼赞》　C.《偷生》　D.《灭亡》

43. 中国历史上最大的一部百科全书是(　　)。

A.《资治通鉴》　B.《永乐大典》

C.《古今图书集成》　D.《四库全书》

44. 使少年儿童"一面翻书,一面狂笑"的西班牙作家塞万提斯的杰作是(　　)。

A.《天路历程》　B.《小癞子》　C.《堂吉诃德》　D.《一千零一夜》

45. 下列有关文学常识的表述,错误的一项是(　　)。

A. 我国第一部诗歌总集是《诗经》,原名《诗》或《诗三百》,直到汉代以后,儒家把它奉为经典,才称为《诗经》,它的现实主义精神成为我国诗歌现实主义优良传统的源头。

B.《楚辞》是我国继《诗经》之后的又一部诗歌总集,是我国浪漫主义诗歌创作的源头。它是东汉刘向搜集屈原及其弟子宋玉等作家的作品编辑而成。

C. 被称为"著述罕闻,古今卓绝"的《左传》是我国第一部叙事详备的编年史,也是一部杰出的历史散文著作。

D.《战国策》是刘向编订的一部国别体史书,它以其独特的语言风格、雄辩的论说、铺张的叙事、尖刻的讽刺、耐人寻味的幽默,标志着我国古代历史散文发展到了一个新的高度。

46. 在中国浩瀚的史学著作中,有两本史书被誉为"史学双璧",它们分别是(　　)。

A.《汉书》《史记》　B.《后汉书》《资治通鉴》

C.《史记》《资治通鉴》　D.《汉书》《后汉书》

47. 下列作品、作家、时代(国别)及体裁对应都正确的一项是(　　)。

A.《牡丹亭》——汤显祖——明代——小说

《堂·吉诃德》——塞万提斯——葡萄牙——小说

B.《上尉的女儿》——普希金——俄国——小说

《四世同堂》——老舍——现代——小说

C.《蜀道难》——杜甫——唐代——诗歌

《威尼斯商人》——莎士比亚——英国——诗歌

D.《红楼梦》——曹雪芹——清代——小说

《警察和赞美诗》——惠特曼——美国——小说

48. 我国首位获得“诺贝尔文学奖”的作家是(　　)。
A. 林语堂　B. 老舍　C. 王蒙　D. 莫言

49. 2016 年,我国著名的儿童作家(　　)获得“国际安徒生奖”。
A. 曹文轩　B. 郑渊洁　C. 冰心　D. 陈伯吹

50. 2016 年,凭借《北京折叠》获得“雨果奖”的中国作家是(　　)。
A. 刘慈欣　B. 郝景芳　C. 韩寒　D. 郑文光

参考答案

1. A　2. B　3. A　4. A　5. D　6. B　7. C　8. A　9. C　10. B　11. C　12. B　13. A　14. D　15. D　16. C　17. D　18. B　19. D　20. C　21. D　22. B　23. B　24. D　25. D　26. D　27. C　28. D　29. B　30. B　31. C　32. C　33. B　34. B　35. A　36. A　37. B　38. B　39. B　40. B　41. B　42. B　43. B　44. C　45. B　46. C　47. B　48. D　49. A　50. B

第三节　科学常识

一、中国古代科技主要成就

(一) 四大发明

1. 造纸术：西汉前期已经有了纸,甘肃天水放马滩出土的绘有地图的纸,是目前世界上所知最早的纸。东汉宦官蔡伦改进了造纸术,人称“蔡侯纸”。4 世纪造纸术传到朝鲜,后到越南、日本,8 世纪传到中亚,后经阿拉伯人传到欧洲和非洲。魏晋南北朝时,纸成为主要书写的材料,北方的洛阳和长安、南方的建业和扬州都是有名的造纸中心。中国古代成语“洛阳纸贵”,就是原指西晋都城洛阳之纸,因大家争相传抄左思的作品,以致一时供不应求,货缺而贵。《晋书・左思传》:“于是豪贵之家竞相传写,洛阳为之纸贵。”

2. 印刷术：中国的印刷术经过雕版印刷和活字印刷两个阶段的发展。隋唐时期的《金刚经》是最早的雕版印刷品。北宋平民毕昇发明了活字印刷术。中国的印刷术为知识的广泛传播、交流创造了条件。印刷术先后传到朝鲜、日本、中亚、西亚和欧洲地区。活字印刷术的发明是印刷史上一次伟大的技术革命。

3. 火药：火药是古代炼丹家在炼制丹药过程中发明的。最早的记载见于唐初孙思邈的书中。唐中期的书籍里,有了制成火药的配方。唐末,火药用于军事。火箭是最早的火药武器。火药和火药武器在 13 世纪传入阿拉伯,后由阿拉伯人传入欧洲。

4. 指南针：战国时,人们利用磁石指示南北的特性发明了司南。北宋时发明了使用人工磁体的指南针。两宋时期,指南针大量用于航海。13 世纪指南针传到欧洲,为欧洲航海家发现美洲和环球航行提供了重要的条件。

（二）天文历法

1.《春秋》记载：公元前 613 年，“秋七月，有星孛入于北斗。”这是世界上第一次关于哈雷彗星的确切记录，比欧洲早 600 年。

2. 战国时，出现了世界上最早的天文学著作《甘石星经》。

3. 汉武帝时，制定出中国古代第一部比较完整的历法《太初历》。

4. 西汉关于太阳黑子的记录，是世界公认的最早的有关太阳黑子的记录。

5. 东汉张衡发明了候风地动仪和浑天仪，比欧洲早 1700 多年。

6. 唐朝僧一行制定了《大衍历》，并用科学方法第一次实测地球子午线的长度。

7. 北宋科学家沈括发明的《十二气历》，参照节气定月，将一年分为 12 个月，每年的第一天定为立春，这样有利于农业活动的安排。

8. 元朝科学家郭守敬主持编订的《授时历》，与现行公历基本相同，它比现行公历早了 300 年。

（三）数学

1. 汉代最重要的数学著作是约成书于东汉的《九章算术》，它分九章介绍了许多算术命题及其解法，是当时世界上最先进的应用数学。它的出现标志着中国数学形成了完整的体系。

2. 魏晋时的数学家刘徽，提出“割圆术”，运用极限理论提出了计算圆周率的正确方法。

3. 南朝数学家祖冲之精确地算出圆周率在 3.1415926—3.1415927 之间，比西方早了近 1000 年。他还著有数学著作《缀术》。

（四）医学

1. 战国时期的名医扁鹊，被举为“脉学之宗”，他发明的望、闻、问、切“四诊法”，成为中医传统的诊病法。

2. 西汉编定的《黄帝内经》，是我国现存最早的医学典籍。

3. 东汉的《神农本草经》，是我国第一部完整的药物学著作。

4. 东汉末年华佗被誉为“神医”，擅长外科手术，他发明的麻醉剂名为“麻沸散”，比西方早了 1600 年。他编制的“五禽戏”，是最早的体育保健体操。

5. 东汉张仲景的《伤寒杂病论》，是后世中医的重要经典，他被称为“医圣”。

6. 唐朝的医药学家孙思邈著有《千金方》，系统地总结了唐代以前的医药学成就，被后世称为“药王”。

7. 唐高宗时修订的《唐本草》，是世界上最早的由国家发行的药典。

8. 明朝医学家李时珍的《本草纲目》，全面总结了 16 世纪以前的中国医药学，被誉为“东方医药巨典”。

（五）建筑

1. 战国时期鲁国的公输班，人称鲁班，被后世木匠尊奉为祖师爷。

2. 长城始建于周朝，“周幽王烽火戏诸侯”是最早的关于长城的典故。秦始皇时期把战国时秦、赵、燕三国的长城连接起来，形成了西起临洮、东至辽东万余华里的长城，万里长城由此出现。明朝时进行了多次重修，形成了东起鸭绿江、西至嘉峪关、蜿蜒六千公里的雄伟建筑，创造了世界建筑史上的奇迹。

3. 隋朝著名建筑师宇文恺主持修建了大兴城，唐朝在此基础上建成了长安城。它包括宫城、皇城和外郭城三部分，是当时世界上规模最大的城市。

4. 隋朝工匠李春设计建造的赵州桥，是世界上现存最古老的石拱桥。

5. 辽代建成的河北蓟县独乐寺、山西应县木塔，是我国著名的古代木结构建筑。

6. 明成祖朱棣在元大都的基础上从公元1406年至公元1421年，用了15年的时间兴建了北京城，他把都城从南京迁到北京，清朝沿用。包括了宫城、皇城、内城和外城四部分。

(六) 水利工程

1. 都江堰：位于四川省成都市都江堰市城西，是战国时期秦国蜀郡太守李冰父子组织修建的大型水利工程，由分水鱼嘴、飞沙堰、宝瓶口等部分组成，两千多年来一直发挥着防洪灌溉的作用，使成都平原成为水旱从人、沃野千里的“天府之国”，是全世界迄今为止，年代最久、唯一留存、仍在一直使用的以无坝引水为特征的宏大水利工程，凝聚着中国古代汉族劳动人民勤劳、勇敢、智慧的结晶。

2. 灵渠：开挖于秦朝，秦始皇伐南越时，由史禄负责兴修，沟通了湘水和漓水，联通了长江水系和珠江水系。

3. 京杭大运河：隋炀帝时开凿。开挖于公元605年，分为永济渠、通济渠、邗沟和江南河四段，全长四五千里，以东都洛阳为中心，东北通到涿郡，东南到余杭，成为南北交通的大动脉。

4. 元朝时开凿了从山东东平到临清的会通河，后来又开凿了从通州到大都的通惠河，这就使原有的运河连接了起来。

(七) 地理

1. 西晋时期裴秀撰写的《禹贡地域图》提出了绘制地图的原则。

2. 北魏郦道元的《水经注》，是中国古代最全面、最系统的综合性地理著作。《水经注》不仅是一部具有重大科学价值的地理巨著，而且也是一部颇具特色的山水游记。

3. 唐朝僧人玄奘自公元629年至公元645年，游学印度16年，他将西行旅途见闻撰写成《大唐西域记》一书，记述了西域、印度138个国家和地区的情况，成为研究中世纪中亚、南亚各国历史、地理、宗教、文化艺术以及中西交通的极为重要的资料。

4. 明代徐霞客的《徐霞客游记》，是一则以日记体为主的地理著作，是中国最早的一部详细记录所经地理环境的游记，也是世界上最早记述岩溶(喀斯特)地貌并详细考证其成因的书籍。

(八) 农业、手工业、科技史论著

1. 北魏贾思勰，是中国古代著名农学家，所著《齐民要术》系统地总结了6世纪以前黄河中下游地区农牧业生产经验，是中国第一部完整的农业科学著作。

2. 北宋科学家沈括，其名作《梦溪笔谈》，内容丰富，集前代科学成就之大成，在世界文化史上有着重要的地位。书中曾详细记述毕昇发明活字印刷术的过程。

3.《农桑辑要》,元代初年司农司编纂的综合性农书,是我国现存最早的官修农书。

4. 明代科学家徐光启的《农政全书》,基本上囊括了中国古代汉族农业生产和人民生活的各个方面。他还和意大利传教士利玛窦一起翻译了古希腊数学家欧几里得的《几何原本》前6卷,他是中西文化交流的先驱者之一。

5. 明朝科学家宋应星的《天工开物》,是世界上第一部关于农业和手工业生产的综合性著作,是中国古代一部综合性的科学技术著作,有人也称它是一部百科全书式的著作,外国学者称它为"中国十七世纪的工艺百科全书"。

二、中国近代科技主要成就

(一) 从鸦片战争到五四运动

1. 魏源和《海国图志》:《海国图志》是魏源在林则徐的《四洲志》的基础上编著而成的一部世界地理历史知识的综合性图书。全书详细叙述了世界舆地和各国历史政制、风土人情,主张学习西方的科学技术,提出"师夷长技以制夷"的中心思想,是一部具有划时代意义的巨著。

2. 李善兰:近代数学家,著有《方圆阐幽》等数学著作,提出了有名的"李善兰恒等式"。他和英国人合作翻译了《几何原本》后9卷,至此,中国人才看到这部希腊古典名著的全貌。他翻译的《重学》,系统地介绍了力学知识,其中有牛顿力学三大定律。

3. 华蘅芳:近代数学家,曾与徐寿一起在安庆军械所制造出中国第一艘轮船"黄鹄"号,后协助徐寿筹建江南制造局,翻译了大量数学书籍,所著《算学笔谈》一书,是学习近代数学极好的启蒙读物。

4. 徐寿:近代化学家,初为安庆军械所工程技术人员,和华蘅芳制造出中国第一艘轮船"黄鹄"号。他和英国人傅兰雅在上海创办格致书院,进行化学实验的演示,晚年有大量化学译著。他给化学元素定名是取用外文第一音节来造新字的办法,定钾、钙、钠、锌、镁、镍等译名,为后世所采用。他对我国近代化学知识的传播以及近代化学的发展作出了巨大贡献。

5. 詹天佑:铁路工程师,12岁作为清政府派遣首批幼童留学美国,毕业于耶鲁大学土木工程系铁路工程专业。他在1905年—1909年主持修建中国自主设计并建造的第一条铁路——京张铁路,他设计修筑了著名的"人"字形线路,是铁路史上的一大创举。有"中国铁路之父""中国近代工程之父"之称。

6. 冯如:中国第一位飞机设计师和飞行家。1908年在美国制成第一架飞机。1910年,参加国际飞行大赛荣获第一名。1911年,他带着两架自制飞机回国,1912年在飞行表演中不幸失事牺牲。

(二) 五四运动到中华人民共和国成立前

1. 数学方面:陈建功对富利埃级数的研究,苏步青对微分几何学的研究,华罗庚对解析数论的研究,都作出了贡献。

2. 地质学方面:李四光的《东亚的几个特别构造型》一文,提出了地质力学的原理和方法。

3. 物理学方面：钱三强对铀原子核的研究，钱学森对稀薄气体动力学理论的研究都作出了贡献。

4. 在地球物理学方面：竺可桢的《中国气流之运动》，研究了中国四季气候变化的规律，他是中国近代地理学和气象学的奠基者。

5. 古人类学和古生物学方面：1929年裴文中在周口店发现北京猿人头骨和大量古生物化石，轰动了世界。

6. 考古学方面：1928、1929年历史语言研究所开始在河南安阳小屯发掘殷墟。这是中国人用现代科学方法进行的第一次大规模地下考古发掘，发现了大量青铜器和甲骨。这是世界和中国考古学史上的一件大事。

7. 工业化学方面：侯德榜发明了新的制碱方法，这种方法被称为“侯氏制碱法”。他写出《制碱》一书。这是中国人对工业化学的具有国际声誉的贡献。

8. 桥梁工程方面：茅以升主持修建了钱塘江大桥。这是我国自行设计的第一座双层公路、铁路两用桥。这座桥迄今为止已安全使用七十多年。

三、中国现代科技主要成就

1. 1964年10月16日，中国第一颗原子弹爆炸成功。

2. 1965年9月，人工合成牛胰岛素结晶成功，这是世界上第一个人工合成的蛋白质，为人类认识生命、揭开生命奥秘迈出了重要的一步。

3. 1967年6月17日，成功爆炸了第一颗氢弹。从原子弹到氢弹，中国只用了2年零8个月，同世界上其他国家相比，速度是最快的。

4. 1970年4月24日，我国成功发射了第一颗人造地球卫星“东方红一号”。

5. 1973年12月，袁隆平在世界上首先育成强优势的杂交水稻——籼型杂交水稻。他一生致力于杂交水稻的研究，被誉为“杂交水稻之父”。

6. 1973年，陈景润在《中国科学》上发表了“1＋2”的详细证明，立即在国际数学界引起了轰动，被公认为是对哥德巴赫猜想研究的重大贡献，是筛法理论的光辉顶点。他的成果被国际数学界称为“陈氏定理”。

7. 1983年，我国科学家用国产材料、自行设计研制成第一台速度为一亿次的“银河一号”巨型计算机，标志着中国研制巨型机达到世界先进水平。

8. 1986年3月3日，王大珩、王淦昌、杨嘉墀、陈芳允四位科学家向国家提出要跟踪世界先进水平，发展中国高技术的建议。经过邓小平批示，国务院批准了《高技术研究发展计划纲要》。这就是“863”计划。

9. 20世纪90年代，秦山、大亚湾核电站建成。秦山核电站是我国自行设计建造的第一座实用型核电站。大亚湾核电站是中国第二座核电站，也是第一座利用国外技术和资金建成的商用核电站。

10. 1988年建成的葛洲坝水利枢纽，是长江干流上第一座大型水电站。2009年竣工的三峡工程是迄今世界上综合效益最大的水利枢纽。

11. 2003年，神舟五号把航天员杨利伟送入太空，这是中国首次发射的载人航天飞行器。标志着中国成为俄罗斯和美国之后的第三个有能力自行将人送上太空的国家。此后，神舟系列飞船陆续载人升空。2013 年 6 月 11 日，神舟十号升空，搭载三名宇航员聂海胜、张晓光和女航天员王亚平，他们首次开展了太空授课，在轨飞行 15 天后返回地面，成功完成科研任务。中国在走向太空的路上不断前行。

12. 杨振宁，著名华裔科学家。1956 年与李政道合作，提出"弱相互作用中宇称不守恒理论"，共同获得 1957 年诺贝尔物理学奖。

四、西方著名科学家及其成就

1. 亚里士多德：古代希腊哲学的集大成者，百科全书式的科学家。

2. 欧几里得：古希腊数学家。他的著作《几何原本》是欧洲数学的基础，他被称为"几何之父"。

3. 阿基米德：古希腊科学家。发现了浮力定律和杠杆定律，被誉为"力学之父"。他有句名言："给我一个支点，我就能撬起整个地球。"

4. 哥白尼：波兰天文学家。他总结前人研究成果写成《天体运行论》，提出了"日心说"，否定了教会支持的托勒密的"地球中心说"，开创了现代天文学。

5. 布鲁诺：意大利著名的哲学家和天文学家。他支持哥白尼的"日心说"，还提出了宇宙的新理论，彻底否定了教会的宇宙观，遭到罗马教廷的迫害，被烧死在火刑场上。

6. 伽利略：意大利物理学家和天文学家。从实验（比萨斜塔实验）中总结出自由落体、惯性定律，是近代实验科学的奠基人。他还坚持哥白尼的学说，制造了第一架天文望远镜。他的名著《星空使者》问世，人们称赞："哥伦布发现了新大陆，伽利略发现了新宇宙。"

7. 开普勒：杰出的德国天文学家。主要著作《新天文学》。他发现了行星运动的三大定律，太阳系的空间位形终于澄清，这是他的最伟大贡献。

8. 笛卡尔：法国哲学家和数学家。他留下了名言"我思故我在"。黑格尔称他为"现代哲学之父"。他出版了《几何学》，创立解析几何，被认为是"解析几何之父"。

9. 哈维：英国医生。他发现了人体的血液循环系统。恩格斯说："哈维由于发现了血液循环而把生理学确立为科学。"

10. 培根：英国思想家。提出"归纳法"，是现代实验科学的奠基者。他的名言是"知识就是力量"。

11. 牛顿：英国著名物理学家、天文学家和经典力学的创始人。他发现了力学三大运动定律和"万有引力"定律。

12. 门捷列夫：俄国著名科学家。他经过多年研究发表了化学元素周期表。

13. 达尔文：英国科学家。他发表了《物种起源》，是近代生物科学中进化学说的集大成者。恩格斯把他的进化论和同时代的细胞学说以及能量守恒和转化定律称为 19 世纪自然科学的三大发现。

14. 法拉第：英国科学家。他发现了电磁感应现象。

15. 爱迪生：美国发明家。他设计出真空灼热碳丝灯。电灯是 19 世纪最重要的发明之一。

16. 贝尔：美国发明家。他发明了电话。

17. 诺贝尔：瑞典化学家。炸药的发明者。在他逝世的前一年，立嘱将其遗产的大部分(约 920 万美元)作为基金，将每年所得利息分为 5 份，设立物理、化学、生理或医学、文学及和平 5 种奖金，授予世界各国在这些领域对人类作出重大贡献的人，这就是诺贝尔奖。(1969 年瑞典国家银行增设经济学奖金)

18. 富兰克林：美国政治家、科学家。他参与起草了美国《独立宣言》，发明了避雷针。

19. 居里夫人：法国著名波兰裔科学家。1903 年，居里夫妇由于对放射性的研究而获得诺贝尔物理学奖；1911 年，因发现元素钋和镭获得诺贝尔化学奖；居里夫人成为历史上第一个两次获得诺贝尔奖的人。居里夫人的成就包括开创了放射性理论、发明分离放射性同位素技术、发现两种新元素钋和镭。

20. 巴甫洛夫：俄国生理学家、心理学家、医师，高级神经活动生理学的奠基人，条件反射理论的建构者。曾荣获诺贝尔生理学奖。

21. 弗洛伊德：奥地利心理学家、精神分析学派创始人。代表作《梦的解析》。

22. 哈勃：美国天文学家，观测宇宙学的开创者。他发现了哈勃定律，是星系天文学奠基人。1990 年，美国国家航空航天局发射空间望远镜，为纪念哈勃的丰功伟绩，将其命名为“哈勃空间望远镜”。

23. 爱因斯坦：出生在德国的犹太裔美国科学家。他提出了“相对论”，是 20 世纪最伟大的科学家。因成功解释了光电效应，获得 1921 年诺贝尔物理学奖。

思考练习

1. 下列关于我国古代科学技术的说法，正确的是(　　)。
   A. 毕昇发明了造纸术
   B.《神农本草经》是我国现存最早的医书
   C. 隋唐时期的《金刚经》是最早的雕版印刷品
   D. 三国时期，祖冲之精确计算出圆周率在 3.1415926 至 3.1415927 之间

2. 中国传统医学的经典著作——《伤寒杂病论》的作者是“医圣”(　　)。
   A. 张仲景　　B. 孙思邈
   C. 扁鹊　　D. 华佗

3. 张衡是我国东汉时期伟大的天文学家、数学家、发明家、地理学家、文学家。他发明的地动仪的用途是(　　)。
   A. 演示天体运动　　B. 测量验算历法
   C. 检测地震的方向　　D. 辅助进行数学验算

4. 元朝科学家郭守敬主持编订的(　　)，与现行公历基本相同，它比现行公历早了 300 年。
   A.《太初历》　　B.《十二气历》
   C.《大衍历》　　D.《授时历》

5. 中医传统的诊病法“四诊法”的发明者是（　　）。

A. 张仲景　　B. 孙思邈

C. 扁鹊　　D. 华佗

6. 被誉为“东方药学巨典”的是（　　）。

A.《黄帝内经》　　B.《伤寒杂病论》

C.《千金方》　　D.《本草纲目》

7. 都江堰是秦朝时修建的大型水利工程，它的建造者是（　　）。

A. 李冰父子　　B. 史禄

C. 王景　　D. 潘季驯

8. 世界上最早记述岩溶（喀斯特）地貌并详细考证其成因的书是（　　）。

A.《禹贡地域图》　　B.《水经注》

C.《大唐西域记》　　D.《徐霞客游记》

9. 被外国学者称为“中国十七世纪的工艺百科全书”的是（　　）。

A.《齐民要术》　　B.《梦溪笔谈》

C.《农政全书》　　D.《天工开物》

10. 提出“师夷长技以制夷”思想的是（　　）。

A. 魏源的《海国图志》　　B. 林则徐的《四洲志》

C. 林则徐的《海国图志》　　D. 魏源的《四洲志》

11. 设计并主持修建了京张铁路，创造性地修建了“人”字形线路的人是（　　）。

A. 李善兰　　B. 徐寿

C. 华蘅芳　　D. 詹天佑

12. 对下列人物表述错误的是（　　）。

A. 李四光是地质学家　　B. 竺可桢是气象学家

C. 侯德榜是音乐家　　D. 茅以升是桥梁专家

13. 2003 年，把航天员杨利伟送入太空的是（　　），这是中国首次发射的载人航天飞行器。

A. 神舟五号　　B. 神舟六号

C. 神舟七号　　D. 神舟八号

14. 发现了浮力定律和杠杆定律，被誉为“力学之父”的科学家是（　　）。

A. 亚里士多德　　B. 阿基米德

C. 欧几里得　　D. 牛顿

15. 化学元素周期表的发明者是（　　）。

A. 门捷列夫　　B. 爱迪生

C. 巴甫洛夫　　D. 达尔文

16. 科学史上第一位在不同学科两次获得诺贝尔奖的人是（　　）。

A. 诺贝尔　　B. 爱因斯坦

C. 居里夫人　　D. 巴甫洛夫

17. 被称为“近代自然科学之父”的是(　　)。

A. 诺贝尔　　B. 爱因斯坦

C. 牛顿　　D. 伽利略

18. 在哥德巴赫猜想研究上作出重大贡献的数学家是(　　)。

A. 陈建功　　B. 苏步青

C. 华罗庚　　D. 陈景润

19. 我国著名药学家屠呦呦获得诺贝尔医学奖，这是源于她在新型抗疟疾药(　　)研究中的突出贡献。

A. 青蒿素　　B. 青霉素

C. 红霉素　　D. 链霉素

20. 一生致力于杂交水稻研究，被誉为“杂交水稻之父”的人是(　　)。

A. 李四光　　B. 袁隆平

C. 屠呦呦　　D. 陈景润

参考答案

1. C　2. A　3. C　4. D　5. C　6. D　7. A　8. D　9. D　10. A　11. D　12. C　13. A　14. B　15. A　16. C　17. D　18. D　19. A　20. B

第四节　艺术常识

一、音乐常识

1. 亨德尔(1685 年—1759 年)，出生于德国，成名后长期定居英国。是欧洲音乐史上巴洛克时期重要的作曲家之一。代表作有清唱剧《弥赛亚》，管弦乐曲《水上音乐》《焰火音乐》。其作品风格为德意志的强劲、意大利的明朗和英国的优雅气质。

2. 巴赫(1685 年—1750 年)，出生于德国。是优秀的作曲家、管风琴演奏家、指挥家，被誉为“近代音乐之父”。他是一位多产的作曲家，创作涉及除歌剧外的任何体裁，作品达到了巴洛克音乐的顶峰。他的代表作有《平均律钢琴曲集》《英国组曲》《法国组曲》《勃兰登堡协奏曲》《b 小调弥撒曲》《教堂清唱剧》《宗教改革康塔塔》。其音乐特色为质朴、坚实、宏大。

3. 海顿(1732 年—1809 年)，出生于奥地利。人称“交响曲之父”和“弦乐四重奏之父”，是维也纳古典主义乐派三巨人之一。他的作品多到目前没有确切的统计，其中最主要的有交响曲 104 部，重要的有《告别》《牛津》《惊愕》《军队》《时钟》《鼓声》、钢琴三重奏 26 首、弦乐协奏曲 20 首、弦乐四重奏 79 首、钢琴奏鸣曲 54 首及其他器乐曲。他还创作了声乐作品，包括 16 部歌剧、3 部清唱剧(其中《四季》《创世纪》影响较大)、13 首弥撒曲。他为人平和宽厚、幽默机智,他的音乐犹如其人,光明灿烂而又清晰简要。

4. 莫扎特(1756 年—1791 年),出生于奥地利。维也纳古典主义乐派三巨人之一,人称“音乐神童”,是历史上罕见的音乐天才。他的音乐使欧洲音乐文化达到了一个高峰。他的创作涉及了音乐各个领域,例如:交响曲、钢琴协奏曲、小提琴协奏曲、弦乐四重奏、小夜曲、嬉游曲、小提琴奏鸣曲、钢琴奏鸣曲、弥撒曲、歌剧。其代表作有歌剧《后宫诱逃》《费加罗的婚礼》《唐·璜》《魔笛》;交响曲《D 大调第三十八交响曲》《降 E 大调第三十九交响曲》《g 小调第四十交响曲》《C 大调第四十一交响曲》等。他的作品风格明朗乐观、积极欢快。

5. 贝多芬(1770 年—1827 年),出生于德国。维也纳古典主义乐派三巨人之一,人称“乐圣”。他的作品以九部交响曲震撼着全世界。其中《第三交响曲》(英雄)、《第五交响曲》(命运)、《第六交响曲》(田园)、《第九交响曲》(合唱或欢乐颂)和钢琴奏鸣曲《悲怆》《月光》《黎明》《热情》《告别》《献给爱丽丝》为世人所熟知。他的音乐风格鲜明、独特,是形式和内容并重,以自由战胜传统而创造新的权威。人们公认贝多芬是集古典主义之大成,开浪漫主义之先河,从古典主义音乐过渡到浪漫主义音乐最伟大的音乐家。

6. 舒伯特(1797 年—1828 年),出生于奥地利。他是浪漫主义交响曲和艺术歌曲的奠基人。他以 600 多首杰出的艺术歌曲,被人们誉为“艺术歌曲之王”,他也是浪漫主义的音乐诗人和维也纳古典乐器的继承者。主要作品有声乐套曲《美丽的磨坊少女》《冬之旅》、艺术歌曲《野玫瑰》《致音乐》《听,听,云雀》《鳟鱼》。他的作品除了有丰富的旋律和乐感外,还有新鲜而浪漫的和声。

7. 门德尔松(1809 年—1847 年),出生于德国。他是浪漫主义前期的著名音乐家,也是一位多产的作曲家,交响曲以《苏格兰》《意大利》最为著名,序曲以《仲夏夜之梦》《芬格尔山洞》最为著名。他是欧洲音乐史上的幸运儿,一生过着幸福而安定的生活。创作风格素以精美、幽雅、温柔、抒情而著称,被音乐界誉为“浪漫派作曲家中的抒情风景画大师”。

8. 肖邦(1810 年—1949 年),出生于波兰。他是欧洲音乐史上最著名的钢琴作曲家和钢琴演奏家,被誉为“伟大的钢琴抒情诗人”。他与韦伯、柏辽兹、舒伯特、门德尔松、舒曼同被列为前期浪漫主义最具代表性的音乐大师。他有非凡的音乐天赋,并且受到了自由发展的教导。作品有《革命练习曲》《“雨滴”前奏曲》。

9. 施特劳斯(1825 年—1899 年),出生于奥地利。是享誉世界的轻音乐作曲家和小提琴演奏家,有“维也纳圆舞曲之王”的称誉。他创作了大量脍炙人口的圆舞曲、波尔卡舞曲、进行曲和轻歌剧,同时担任自己乐团的指挥。他的父亲老约翰·施特劳斯的代表作是《拉德斯基进行曲》。代表作有《蓝色多瑙河》《艺术家的生涯》《维也纳森林的故事》《春之声》。优雅和轻松的旋律创作使得他的作品雅俗共赏。

10. 柴可夫斯基(1840 年—1893 年),出生于俄罗斯。他是世界公认的近代音乐史上最伟大的俄罗斯作曲家。师从彼得堡音乐学院院长安东·鲁宾斯坦学习作曲,任教于莫斯科音乐学院。他的主要作品有幻想序曲《哈姆雷特》《罗密欧与朱丽叶》《意大利随想曲》;歌剧《叶甫盖尼·奥涅金》《黑桃皇后》;旷世杰作芭蕾舞曲《天鹅湖》《睡美人》《胡桃夹子》;钢琴套曲《四季》;弦乐四重奏《如歌的行板》;最后一部交响曲《悲怆》(第六交响曲)。他的作品既有明朗、欢快,也有悲怆、忧愤,呈现出集大成的综合性;有古典主义的宏伟和严谨,有浪漫主义的诗意和激情,有俄罗斯民族乐派的质朴和亲切。

11. 歌剧《茶花女》:意大利歌剧作曲家威尔第于1853年创作,剧中的《饮酒歌》尤为著名。剧情描写美貌的巴黎名妓维奥列塔与贵族子弟一见钟情,受到世俗阻挠后用生命捍卫爱情的故事。歌剧《茶花女》《弄臣》《游吟诗人》是威尔第的三大传世之作。

12. 管弦乐组曲《动物狂欢节》:法国作曲家圣·桑斯的代表作。1886年,圣·桑斯在奥地利参加狂欢节时应朋友请求而作。该曲由14首独立的曲子组成,曲中的大提琴独奏曲《天鹅》,至今仍是广大音乐爱好者十分喜爱的一首乐曲。圣·桑斯首先在法国创作了交响诗体裁。

13. 歌剧《卡门》:法国最具才华的歌剧作曲家比才花费了两年时间(1873年—1874年)倾力创作。剧本根据梅里美的小说改编而成,描写的是一位美丽的吉普赛女郎的爱情悲剧。情调属于西班牙风格。《卡门》序曲是一首热烈欢腾的管弦乐曲,常作为交响音乐会的开场曲目,乐曲的中心段落是著名的《斗牛士之歌》,音乐威武雄壮,潇洒豪放。

14. 交响童话《彼得与狼》:苏联作曲家、钢琴家普罗科菲耶夫应一所儿童中心剧院的邀请在1936年写成,从朗诵词到音乐都由他自己构想,是专为少年儿童创作的。它通过朗诵和乐器的演奏描述了少先队员彼得以勇敢和机智战胜了凶恶的狼的童话故事,这首作品用小型交响乐队演奏,通过解说为孩子们上了一堂简单的"乐器学"课,力求实现艺术教育的目的。

15. 李叔同(1880年—1942年),天津人。1918年皈依佛门出家为僧,人称弘一大师。他是我国近现代音乐教育的先驱者,是多才多艺的启蒙音乐家,是一位以创作"学堂乐歌"而著称的音乐家。他在戏剧、美术、诗词、书法、篆刻等方面也有较深的造诣,特别是在我国近现代美术和话剧等方面,有着开创性的贡献。主要作品有三声部合唱《春游》,堪称校园歌曲典范;歌曲《送别》,感人至深,至今仍广为传唱,被电影《早春二月》《城南旧事》分别选作插曲和主题歌,久唱不衰。

16. 黎锦晖(1891年—1967年),湖南湘潭人。他自幼喜爱民族民间音乐,在近现代音乐的启蒙教育方面做了不少探索工作,开创了近现代儿童歌舞表演曲和儿童歌舞剧的崭新体裁。代表作品有儿童歌舞剧《可怜的秋香》《麻雀与小孩》《小羊救母》《葡萄仙子》《小小画家》。儿童歌舞剧是集音乐、诗歌、舞蹈和游戏于一体的儿童音乐体裁。这种短小精悍、情节简单、载歌载舞的艺术形式,至今仍是儿童音乐教育倍加推崇的音乐形式之一,符合儿童活泼好动的特点及审美情趣。

17. 赵元任(1892年—1982年),江苏武进人。是享誉世界的语言学家,也是开创我国近现代音乐新纪元的作曲家。1918年获得哲学博士学位并在美国任教。1914年开始音乐创作。作品有《劳动歌》《卖布谣》,以及大量的抗日歌曲。1926年其为刘半农的诗《教我如何不想她》谱曲,这首歌成为我国音乐宝库中一首经典的艺术歌曲,也是专业音乐院校的优秀声乐教材,这首歌首创了汉字"她"。赵元任的歌曲音乐形象鲜明、风格新颖、旋律优美流畅,富于抒情性。

18. 阿炳(1893年—1950年),原名华彦钧。江苏无锡人。幼年贫困坎坷,对音乐有浓厚的兴趣,因为他的勤奋努力和天赋,成为功底扎实的乐器演奏家,尤以琵琶、二胡见长,不幸的是他在三十二岁左右罹患眼疾，双目先后失明。他的主要作品有琵琶曲《龙船》《大浪淘沙》《昭君出塞》；二胡曲《二泉映月》《听松》《寒春风曲》。其中二胡曲《二泉映月》旋律委婉流畅、跌宕起伏、感人肺腑，每一个音符都充溢着作者心灵深处的真实情感和诉求。这首乐曲不仅是我国民乐的经典，在神州大地深受人们的喜爱，而且已跨越国界，成为全世界华人音乐的经典，成为世界名曲。

19. 冼星海(1905年—1945年)，广东番禺人。自幼专业学习音乐，1930年赴法国巴黎开始了为期五年异常艰辛的作曲理论学习。回国后积极投身于我国的抗日救亡歌咏运动的创作中，主要作品有《救国军歌》《生产大合唱》《在太行山上》《到敌人后方去》《黄河大合唱》等革命歌曲。其中《黄河大合唱》是大合唱创作成功的典范，用音乐表现了中华民族的苦难、挣扎和奋斗，以及对自由幸福的追求和取得胜利的信心。在抗日战争时期，他的音乐大大激发了中国人民抗敌御侮的士气和斗志，为夺取抗战胜利发挥了重要作用。他的音乐至今仍有着旺盛的生命力，不愧“伟大的人民音乐家”的称号。

20. 聂耳(1912年—1935年)，原名守信，字子义。云南玉溪人。聂耳是伟大的人民音乐家，中国革命新兴音乐的旗帜。他自幼对音乐有浓厚的兴趣和多方面的音乐才能，学习过多种乐器演奏和作曲理论，不幸于1935年在日本溺亡。他在短暂的一生中创作了大量的革命歌曲。他的主要作品有歌曲《码头工人歌》《毕业歌》《大路歌》《梅娘曲》《义勇军进行曲》；民乐合奏《金蛇狂舞》。其中《义勇军进行曲》创作于1934年，起初是一部以“抗日救亡”为主题的电影《风云儿女》的主题歌，后来于1949年被定为中华人民共和国代国歌，后经几度沧桑起伏，国歌《义勇军进行曲》于2004年被写进宪法正式赋予宪法地位。

21. 马思聪(1912年—1987年)，广东海丰人。自幼对音乐有浓厚的兴趣，先后两次赴法国学习音乐。1949年开始担任中央音乐学院院长。他是我国小提琴音乐的一座里程碑，为中国小提琴音乐的演奏和创作开辟了一条健康发展的道路，是中国小提琴音乐的“代名词”。主要作品有《思乡曲》《塞外舞曲》《西藏音诗》等。小提琴独奏曲《思乡曲》不仅是他的重要代表作，是他的作品中流传最广的，而且也是闻名中外的中国小提琴音乐经典之作。作品反映了在抗战时期国土大片沦丧、人民流离失所的背景下，广大人民思念故土的强烈情感。马思聪不愧是一位永远值得中华民族自豪的小提琴演奏家、作曲家、音乐教育家。

22. 小提琴协奏曲《梁山伯与祝英台》：上海音乐学院的陈刚、何占豪于1959年创作。作品取材于江沪一带的民间传说《梁山伯与祝英台》的故事，运用浙江越剧的音调，采用了小提琴特殊的民族化演奏手法，如泣如诉地表现了一个家喻户晓的悲剧性的爱情故事。

23. 打击乐合奏《鸭子拌嘴》：陕西安志顺作于1982年，是清锣鼓乐。取材于西安的开场锣鼓和民间流行音乐。作品构思新颖，充分运用音色、音量、力度等方面的对比变化，运用“滑、点、扣、刮、滚、闷”等各种打击技巧，通过配器显示其音色、织体的丰富变化，生动地描绘了“鸭子拌嘴”的情景。

24. 童话故事音乐《龟兔赛跑》：上海儿童艺术剧院史真荣创作，是管弦乐作品。取材于童话《龟兔赛跑》的故事情节，采用模拟和描述性的手法作了音乐的叙述，以管弦乐特有的音色和表现力，塑造了小兔子和乌龟的形象以及它们各自的动态。管弦乐队丰富的表现力，生动地描绘了大森林的清晨龟兔赛跑的热闹场面以及森林舞会的欢快场景。

二、美术常识

1. 顾恺之：西晋画家。善画人物。代表作有《洛神赋图卷》，该画是顾恺之根据曹植的《洛神赋》的内容画成的。

2. 展子虔：隋代画家。代表作有《游春图》，这是目前能见到的最早的山水画作品。

3. 阎立本：唐朝画家。代表作有《历代帝王图》和《步辇图》。《步辇图》描绘了唐太宗乘步辇接见藏族来使的情景，形象地记录了汉、藏两族友好交往的历史。

4. 吴道子：唐代画家中影响最大的人，被后人尊为“画圣”。其一生主要从事壁画创作。代表作有《送子天王图》，该画描绘的是释迦牟尼降生后其父母抱着他去朝圣的故事。

5. 张择端：北宋著名画家。代表作有《清明上河图》，画面描绘了当年汴京近郊在清明时节社会各阶层的生活景象。此画的第一位收藏人是宋徽宗，他用瘦金体亲笔在画上题写了“清明上河图”五个字。

6. 赵孟頫：元代画家。在人物、花鸟乃至书法等方面都有极大的成就，其中山水画成绩最高。代表作有《鹊华秋色图》《水村图》《洞庭东山图卷》。

7. 黄公望：元朝画家。善画山水。其代表作是《富春山居图》，现分为两段，分别藏于浙江博物馆和台湾故宫博物院。2011 年两段合璧在台湾展出，成为两岸文化交流的一大盛事。

8. 郑燮：号板桥。清朝画家。绘画题材一般局限于兰、竹、石、松、菊，尤其擅长墨竹。代表作有《墨竹图》等。

9. 吴昌硕：近代画家。擅长写意花卉。代表作有《松梅图》。

10. 齐白石：近代画家。善画虾。代表作有《虾》。

11. 徐悲鸿：近代画家。善画马。代表作有《群马》和《田横五百士》。

12. 刘海粟：现代杰出画家、美术教育家。擅长油画、国画。代表作有《黄山云海奇观》等。

13. 李可染：中国近代杰出画家、诗人，画家齐白石的弟子。擅长画山水、人物，尤其擅长画牛。代表作有《万山红遍》等。

14. 李苦禅：现在书画家、美术教育家。善画花鸟和鹰。代表作有《盛荷》《群鹰图》等。

15. 文艺复兴三杰：他们是达·芬奇、米开朗基罗、拉斐尔。达·芬奇的代表作是《最后的晚餐》和《蒙娜丽莎》。米开朗基罗的代表作有《大卫》《摩西》等雕像。拉斐尔有“画圣”的美称，一生绘制了多幅优美的圣母像，代表作有《西斯廷圣母》《雅典学院》等。

16. 莫奈：印象派最具代表性的画家。被誉为“印象派之父”。代表作有《干草垛》《睡莲》等。

17. 后期印象派画家：主要代表人物有塞尚、梵高、高更。塞尚被称为“现代绘画之父”，代表作有《圣维克图瓦山》等。梵高的代表作有《向日葵》和《自画像》等。高更的代表作有《手捧果盘的女郎》等。

18. 毕加索：立体派影响最大的画家。毕加索第一张立体派名作是画于 1907 年的《亚威农少女》；他最为著名的一幅作品是《格尔尼卡》。

思｜考｜练｜习

1. 音乐是(　　)的艺术。

   A. 空间、视觉　　B. 时间、听觉

   C. 空间、听觉　　D. 时间、视觉

2. 声乐演唱方法与风格有(　　)三类。

   A. 男高音、男中音、男低音　　B. 女高音、女中音、女低音

   C. 独唱、重唱、合唱　　D. 美声、民族、通俗

3. 《高山流水》属于我国的(　　)。

   A. 古代民歌　　B. 古代器乐曲

   C. 近代民歌　　D. 近代器乐曲

4. 下面不属于民歌体裁的是(　　)。

   A. 号子　　B. 山歌

   C. 信天游　　D. 小调

5. 《看天下劳苦人民都解放》是歌剧(　　)中的唱段之一。

   A. 《白毛女》　　B. 《江姐》

   C. 《洪湖赤卫队》　　D. 《刘胡兰》

6. 《欢乐颂》出自贝多芬的(　　)交响曲。

   A. 《命运》　　B. 《田园》

   C. 《英雄》　　D. 《合唱》

7. 歌曲《我的祖国》是著名影片(　　)的插曲。

   A. 《海外赤子》　　B. 《上甘岭》

   C. 《英雄儿女》　　D. 《闪闪的红星》

8. 在20世纪60年代初,英国有个四人摇滚组合"甲壳虫"名噪一时,他们的代表作是(　　)。

   A. 《奔放的旋律》　　B. 《至高无上的爱》

   C. 《昨天》　　D. 《我心永恒》

9. 欧洲音乐的发展历程,你认为正确的顺序是(　　)。

   A. 浪漫主义、印象主义、古典主义

   B. 印象主义、浪漫主义、古典主义

   C. 古典主义、浪漫主义、印象主义

   D. 古典主义、印象主义、浪漫主义

10. 流传广、影响久远的一首乐歌《送别》的作者是(　　)。

   A. 肖友梅　　B. 赵元任

   C. 冼星海　　D. 李叔同

11. 二胡曲《二泉映月》描述的是(　　)的风景。

   A. 苏州　　B. 杭州

C．无锡　　D．济南

12. 冼星海是我国伟大的人民音乐家，他的作品有(　　)。
A.《救国军歌》《黄河大合唱》《义勇军进行曲》
B.《救国军歌》《到敌人后方去》《黄河大合唱》
C.《到敌人后方去》《救国军歌》《义勇军进行曲》
D.《夜半歌声》《义勇军进行曲》《我们走在大路上》

13.《中华人民共和国国歌》又名《义勇军进行曲》，作者是(　　)。
A．赵元任词　冼星海曲　　B．田汉词　聂耳曲
C．赵元任词　聂耳曲　　D．田汉词　冼星海曲

14.《梁山伯与祝英台》是一首描写爱情故事的(　　)。
A．二胡协奏曲　　B．钢琴协奏曲
C．大提琴协奏曲　　D．小提琴协奏曲

15. 琵琶独奏曲《十面埋伏》是我国十大古曲之一，描写的是(　　)的场景。
A．楚汉垓下战争　　B．赤壁之战
C．淝水之战　　D．巨鹿之战

16.《金蛇狂舞》是一首民族管弦乐曲，它是由伟大的人民音乐家(　　)整理改编的。
A．冼星海　　B．聂耳
C．李焕之　　D．刘天华

17. 德国音乐家贝多芬被称为“乐圣”，下列选项中(　　)交响曲不是他的作品。
A.《命运》　　B.《英雄》
C.《惊愕》　　D.《田园》

18. 最伟大的俄罗斯作曲家柴可夫斯基在音乐史上的重要地位不可动摇，以下芭蕾舞剧音乐(　　)不是他的作品。
A.《天鹅湖》　　B.《胡桃夹子》
C.《睡美人》　　D.《鱼美人》

19. 现代爵士乐起源于 19 世纪末 20 世纪初(　　)的新奥尔良，通常是指即兴演奏和演唱，以切分节奏为主，后逐渐发展出各种风格流派。
A．英国　　B．奥地利
C．法国　　D．美国

20. 芭蕾舞起源于欧洲文艺复兴时期的意大利。(　　)是我国的经典芭蕾舞剧作品，深得国内外广大观众喜爱。
A.《红色娘子军》　　B.《梁山伯与祝英台》
C.《洪湖赤卫队》　　D.《兄妹开荒》

21. 被称作“画圣”的唐朝画家是(　　)。
A．顾恺之　　B．阎立本
C．吴道子　　D．张择端

22. 他是《清明上河图》的第一位收藏人，曾用瘦金体亲笔在画上题写了“清明上河图”

五个字，这个人是(　　)。

A. 唐太宗　　B. 宋徽宗

C. 宋高宗　　D. 明太祖

23. 元朝画家黄公望的一幅作品，现分为两段，分别藏于浙江博物馆和台湾故宫博物院。2011 年两段合璧在台湾展出，成为两岸文化交流的一大盛事。这幅画是(　　)。

A.《清明上河图》　　B.《历代帝王图》

C.《黄山云海奇观》　　D.《富春山居图》

24. 近代画家徐悲鸿最擅长画的是(　　)。

A. 马　　B. 牛

C. 虾　　D. 墨竹

25. 现代杰出画家刘海粟最擅长油画、国画，其代表作有(　　)。

A.《田横五百士》　　B.《万山红遍》

C.《黄山云海奇观》　　D.《富春山居图》

26. 下列作品和作者对应错误的是(　　)。

A. 阎立本《步辇图》　　B. 吴道子《送子天王图》

C. 郑板桥《墨竹图》　　D. 宋徽宗《清明上河图》

27. 文艺复兴时期的艺术三杰是(　　)。

A. 大卫、拉斐尔、毕加索　　B. 达·芬奇、米开朗基罗、拉斐尔

C. 梵高、米勒、达·芬奇　　D. 大卫、米勒、拉斐尔

28. 印象派最具代表性的画家，被誉为“印象派之父”的是(　　)。

A. 莫奈　　B. 梵高

C. 高更　　D. 毕加索

29.《向日葵》是(　　)的代表作。

A. 莫奈　　B. 梵高

C. 高更　　D. 毕加索

30. 毕加索是 20 世纪影响最大的画家之一，下列画作中(　　)不是他的画作。

A.《亚威农少女》　　B.《格尔尼卡》

C.《和平鸽》　　D.《自画像》

参考答案

1. B　2. D　3. B　4. C　5. C　6. D　7. B　8. C　9. C　10. D　11. C
12. B　13. B　14. D　15. A　16. B　17. C　18. D　19. D　20. A　21. C
22. B　23. D　24. A　25. C　26. D　27. B　28. A　29. B　30. D

第四章

教师基本能力

命题分析

该模块知识考查考生从事幼儿园保教工作必备的综合能力。计算机基础、信息处理、逻辑基础知识常以单项选择题形式出现;阅读理解主要考查考生对材料中重要概念、重要句子、重要内容、作者观点或态度的分析、归纳和理解;写作所占分值较高(50 分),考生需具备相应的写作能力。

第一节　阅读理解能力

一、理解阅读材料中重要概念的含义

所谓“重要概念”,是指与整体文意密切相关或是文章重点论述的一个“概念性”词语。

理解重要概念的含义可以从以下几方面着手:

(一) 浏览文段、把握主旨是解题的前提。

(二) 借助语境来推断词语的含义。

(三) 结合文体特点、修辞方法来理解词语。

(四) 代词理解的“就近原则”。

二、理解阅读材料中重要句子的含义

所谓“重要句子”,是指在文中起重要作用的关键性语句。

理解重要句子的方法多种多样,主要有以下几种:

(一) 从句子中的重要词语入手。

(二) 从分析句子的结构入手。

(三) 从分析句子在文中的位置入手。

(四) 从分析上下文的语境入手。

三、筛选并整合阅读材料中的主要信息及重要细节

所谓“筛选”，就是按照考题设定的阅读目的对材料进行分析，准确、快速、有效地辨别并获取命题所要求的信息。所谓“整合”，就是对筛选所得的信息作出正确的认知，把握各信息材料之间的关系，并能按照命题要求进行分类集中、重新整合、粗略概括。

（一）筛选信息的途径

第一，从文章的基本概念中筛选信息；第二，从重要的句子中筛选信息；第三，从运用的材料中筛选信息。

（二）整合信息的方法

在答题中，首先，要把文中相关的材料、语句提取出来，然后加以分析、归纳，即进行整合。其次，要根据题目的要求进行作答，表达的内容应围绕题目中提示的“陈述的内容”。最后，在整合信息时，要注意加工清晰准确的语言表达结构。

四、分析文章结构，把握文章思路

文章结构是指对材料的组织和安排的方法，它是思路外在形式的表现。

分析文章结构可以从形式和内容两方面入手：

第一，从形式方面分析：抓住材料中的关键性词语；抓住文体特征；分析段内表达方式。

第二，从内容方面分析：根据句意归类；把握体现思路的重要语句。

五、归纳内容要点，概括中心意思

所谓“归纳”就是把具体的内容加以抽象、提炼；所谓“要点”就是事情涉及的重要方面。“内容要点”就是指材料的主要内容，或者说是材料内容的精要之处。

归纳内容要点，概括中心意思，具体可以从以下几个方面入手：

（一）抓住关键词语；（二）抓住关键句子；（三）分析相关文字的层次。

六、分析概括作者在文中的观点态度

观点态度指的是作者在文中对客观存在的人、事、物、现象、表现、做法等所持有的主张和看法。作者的观点态度，在不同类型的文章中有不同的表现形态。有的是直接表述出来的，有的则是分散在多处，需要经过辨别、筛选后才能掌握。具体的方法有：

（一）从关键词入手；（二）从概括性强的句子入手；（三）从文中运用的材料入手；（四）从作者的评述入手。

七、根据上下文合理推断阅读材料中的隐含信息，即推测断定

要求根据已知信息对事物的发展趋势进行预测，或者是对可能产生的结果进行判断。从思维类型看属于逻辑思维，具有抽象性、严密性和理性的色彩。主要有以下几种做法：

（一）理解文章的整体内容；（二）抓住隐含信息；（三）注意语言标志；（四）掌握必要的

推断方法。

真｜题｜汇｜总

材料分析 1(2013 年上半年·综合素质)

有人说,沉默是金,因为祸从口出,许多麻烦往往因为自己的多嘴,而且沉默还可以表示深沉,表示有城府;有人说,慷慨是金,因为在当今社会里,只要你能大方地给,必定能得到丰厚的回报;有人说智慈是金……也许都不错,但我认为,热情、主动才是真正的金,才是自己拥有的金,才是别人无法抢夺的金。主动,就是从时间上超前一步,是九点钟要赶到的,你不妨八点五十分赶到,这样你就不用担心搭不上急驶而来的时代列车。主动,就要从范围上扩大一些,要你了解衬衫,你不妨顺便了解一下西装、领带以及鞋子和帽子,这样你的视野就会更加开阔,你的回旋余地也就可能更大。主动,就是从程度上再加深一层,为什么在键盘上这么简单地敲击几下,文字就输入了?别的输入方法是不是会更简单?主动,从动作和态度上力求积极一点儿,敏锐一点儿,当别人尚未意识到时,你已经强烈地意识到了;当别人刚刚起步时,你已经走在途中了;当别人正想找你时,你已敲门进去了……人生不能被动,生活需要主动。只有主动,才能不断地获得上进的机遇;只有主动,才能超越别人;只有主动,才能牢牢地把握胜券。

(摘编自朱华贤《主动是金》)

问题:

1. 文章从哪些方面阐述了"主动",请简单概括。
2. 文章为什么说"主动是金"?请结合全文说说你的理解。

材料分析 2(2013 年下半年·综合素质)

我刚才说,一切事物都有几种看法。你说一件事物是美的或是丑的,这也只是一种看法;换一个看法,你说它是真的或是假的;再换一种看法,你说它是善的或是恶的。同是一件事物,看法有多种,所看出来的现象也就有多种。

比如园里那一棵古松,无论是你是我或是任何人一看到它,都说它是古松,但是你从正面看,我从侧面看,你以幼年人的心境去看,我以中年人的心境去看,这些情境和性格的差异都能影响到所看到的古松的面目。古松虽只是一件事物,你所看到的和我所看到的古松却是两件事。假如你和我各把所得的古松的印象画成一幅画或是写成一首诗,我们俩艺术手腕尽管不分上下,你的诗和画与我的诗和画相比较,却有许多重要的异点。这是什么缘故呢?这是由于知觉不完全是客观的,各人所见到的物的形象都带有几分主观的色彩。

假如你是一位木商,我是一位植物学家,另外一位朋友是画家,三人同时来看这棵古松。我们三人可以说同时都"知觉"到这一棵树,可是三人所"知觉"到的却是三种不同的东西。你脱离不了你的木商的心习,你所知觉到的只是一棵做某事用值几多钱的木料。我也脱离不了我的植物学家的心习，我所知觉到的只是一棵叶为针状、果为球状、四季常青的显花植物。我们的画家朋友什么事都不管，只管审美，他所知觉到的只是一棵苍翠劲拔的古树。我们三人的反应态度也不一致。你心里盘算它是宜于架屋或是制器，思量怎样去买它、砍它、运它。我把它归类到某某科里去，注意它和其他松树的异点，思量它何以活得这样老。我们的朋友却不这样东想西想，他只在聚精会神地观赏它的苍翠的颜色，它的盘屈如龙蛇的线纹以及它的昂然高举、不受屈挠的气概。

从此可知这棵古松并不是一件固定的东西，它的形象随观者的性格和情趣而变化。各人所见到的古松的形象都是各人自己性格和情趣的返照。古松的形象一半是天生的，一半也是人为的。极平常的知觉都带有几分创造性；极客观的东西之中都有几分主观成分。

（摘自朱光潜《谈美》）

问题：

1. 作者为什么说园里“这棵古松并不是一件固定的东西”？

2. 请另举一例，谈谈你对文中画线句子“极客观的东西之中都有几分主观成分”的理解。

材料分析 3（2014 年上半年·综合素质）

“苦难是人生的一笔财富。”这是人们常说的一句激励人奋进的话，可是，苦难不是幸事，也不是每个人都能从中获益的，学会正确对待苦难更有现实的意义。

在一次聚会上，那些堪称成功的实业家、明星谈笑风生，其中就有著名的汽车商约翰·艾顿。艾顿向他的朋友、后来成国英国首相的丘吉尔回忆起他的过去——他出生在一个偏远小镇，父母早逝，是姐姐帮人洗衣服、干家务，辛苦挣钱将他抚育成人。但姐姐出嫁后，姐夫将他撵到了舅舅家，舅妈更是刻薄，在他读书时，规定每天只能吃一顿饭，还得收拾马厩和剪草坪。刚工作当学徒时，他根本租不起房子，有将近一年多时间是躲在郊外一处废旧的仓库里睡觉……

丘吉尔惊讶地问：“以前怎么没有听你说过这些？”

艾顿笑道：“有什么好说的呢？正在受苦或正在摆脱受苦的人是没有权利诉苦的。”这位曾经在生活中失意、痛苦了很久的汽车商又说：“苦难变成财富是有条件的，这个条件就是，你战胜了苦难，不再受苦。这时，别人听着你的苦难时，也不觉得你是在念苦经，只会觉得你意志坚强，值得敬重。只有在这里，苦难才是你值得骄傲的一笔人生财富。但如果你还在苦难之中或没有摆脱苦难的纠缠，你说什么呢？在别人听来，无异于就是请求廉价的怜悯甚至乞讨……这个时候你能说你正在享受苦难，在苦难中锻炼了品质、学会了坚韧？别人只会觉得你是在玩精神胜利、自我麻醉吧。”

艾顿的一席话，使丘吉尔重新修订他“热爱苦难”的信条。他在自传中这样写道——苦难，是财富还是屈辱？当你战胜了苦难时，它就是你的财富；可当苦难战胜了你时，它就是你的屈辱。

（摘编自《课外阅读》2007年9月）

问题：

1. 让苦难不再成为屈辱的前提是什么？请结合文本，谈谈你的看法。

2. 每个人都有表达、申诉的权利，可是艾顿却说“正在受苦或正在摆脱受苦的人是没有权利诉苦的”，谈谈你的理解。

材料分析4（2014年下半年·综合素质）

冯友兰先生有一个提法：“照着讲”和“接着讲”。冯先生说，哲学史家是“照着讲”。例如康德是怎样讲的，朱熹是怎样讲的，你就照着讲，把康德、朱熹介绍给大家。但是哲学家不同，哲学家不能仅限于“照着讲”，他要反映新的时代精神，要有所发展，有所创新，冯先生叫做“接着讲”。例如，康德讲到哪里，后面的人要接下去讲；朱熹讲到哪里，后面的人要接下去讲。

人文学科的新的创造必须尊重古今中外思想文化的经典创造和学术积累，必须从经典思想家“接着讲”。

“接着讲”，从最近的继承关系来说，就是要站在21世纪文化发展的高度，吸取20世纪中国学术积累的成果，吸收蔡元培、朱光潜、宗白华、冯友兰、熊十力等前辈学者的学术成果。对中国美学来说，尤其是从朱光潜“接着讲”。之所以特别强调朱先生，主要是因为他更加重视基础性的理论工作，重视美学与人生的联系。朱先生突出了对“意象”的研究。这些对把握未来中国美学的宏观方向都很有意义。宗白华先生同样重视“意象”的研究，重视心灵的创造作用。他从文化比较的高度阐释中国传统美学的精髓，帮助我们捕捉中国美学思想的核心和亮点。他的许多深刻的思想可以源源不断地启发今后的美学史、美学理论的研究。

学术研究的目的不能仅仅限于搜集和考证资料，而是要从中提炼出具有强大包容性的核心概念、命题，思考最基本、最前沿的理论问题。从朱光潜“接着讲”也不是专注于研究朱光潜本人的思想，而是沿着他们开创的学术道路，在新的时代条件、时代课题面前做出新的探索。每一个时代都有自己的学术焦点，这形成了每一个时代在学术研究当中的烙印。“接着讲”的目的是要回应我们时代的要求，反映新的时代精神，这必然推动我们对朱光潜、宗白华、冯友兰等前辈学者的工作有所超越。

（摘编自叶朗《意象照亮人生》）

问题：

1. 请简述文中“照着讲”的意思。

2. 简要分析当代中国的人文学科应该怎样“接着讲”。

材料分析5（2015年上半年·综合素质）

每年夏天，被冰层覆盖的格陵兰岛大部分地区几乎整日被阳光照射。在很多冰盖上，特别是那些低海拔地区，融冰沿着冰盖表层流动，并聚集成深蓝色的地滩或湖泊，不同于我们能够畅游其中的湖泊，这些水体能够在眨眼之间就消失不见，例如一个比全球最大室内体育场——新奥尔良超级穹顶体育场大上十几倍的湖泊，能够仅仅在90分钟内就从冰缝中排干所有的水。

研究者们已经分散到格陵兰岛各地，从细节上调查这些湖泊会怎么影响冰盖及未来海面。伍兹霍尔海洋研究所的地球物理学家萨拉·达斯说，最近的实地考察研究表明，研究者已经知道，当湖泊突然排空时，融冰会被送往基岩，暂时性地对冰盖迁移起着润滑作用。科学家们担心，如果这个区域的气候持续发展，那么湖泊突然排空的现象可能经常发生，并在更大范围的冰盖上出现，那样可能会加速冰盖的崩解，从而导致海平面上升。

纽约城市大学的冰川学家马德·德思科认为，冰盖上的湖泊也会加速冰盖融化；湖泊下的冰融化速度比湖泊周围暴露在地面的冰快两倍。今年夏天，德思科使用一艘远程遥控船只，通过实际测量来揭示湖泊的颜色深浅是否与它的深度有关——这些数据可以帮助研究人员更好地估计卫星图像中地表湖泊的深度，以便更好地预计冰盖的融化速度。加利福尼亚大学洛杉矶分校的地理学家劳伦斯·C·史密斯正在将冰盖表面的融化速度同由融冰积聚而成的河流的流动速度进行比较，如果两者相差甚大，那么这种差距就表示一部分融冰积聚在了冰盖下，这将提升冰流向大海的速度。

（摘编自希德·珀金斯《冰盖上的湖泊》）

问题：

1. 冰盖上的湖泊与普通湖泊的差别是什么？

2. 请根据文段中的描述，简要分析冰盖上的湖泊会产生的影响。

材料分析6（2015年下半年·综合素质）

在艺术创作中，往往有一个重复和变化的问题：只有重复而无变化，作品就必然单调枯燥；只有变化而无重复，作品就容易陷于散漫零乱。

重复与变化的统一，在建筑形象的艺术效果上，起着极其重要的作用，古往今来的无数建筑，除却极少数例外，几乎都以重复利用各种构建或其他构成部分作为取得艺术效果的重要手段之一。

历史上最杰出的一个例子是北京的明清故宫。从天安门到端门、午门又是一间间重复的“千篇一律”的朝房。再进去，太和门和太和殿、中和殿、保和殿成为一组前三殿，与乾清门和乾清宫、交泰殿、坤宁宫成为一组的“后三殿”的大同小异的重复，就更像乐曲中的主体和“交奏”；每一座的本身也是许多构建和构成部分（成句，乐段的重复）；而东西两侧的廊、庑、楼、门又是比较低微的，以重复为主，但亦有相当变化的伴奏。然而整个故宫，它的每一个组群，每一个殿、阁、廊、门却全部都是按照明清两朝工部的“工程做法”的统一规格、统一样式建造的，连彩画、雕饰也尽如此，都是无尽的重复。我们完全可以说它们“千篇一律”。

但是，谁能不感到，从天安门一步步走进去，就如同置身于一幅大“手卷”里漫步，在时间持续的同时，空间也连续着“流动”。那些殿堂、楼门、廊庑虽然制作方法千篇一律，然而每走几步，前瞻后顾、左睇右盼，那整个景色的轮廓、光影，却都在不断地改变着，一个接着一个新的画面出现在周围，千变万化。空间与时间，重复与变化的辩证统一在北京故宫中达到了最高的成就。

翻开一部世界建筑史，凡是较优秀的个体建筑或者组群，一条街道或者一个广场，往往都以建筑物形象重复与变化的统一而取胜。说是千篇一律，却又千变万化。每一条街都是一轴“手卷”、一首“乐曲”。千篇一律和千变万化的统一在城市面貌上起着重要作用。

（摘编自梁思成《千篇一律与千变万化》）

问题：

1. 请简要概述重复与变化的辩证统一关系。
2. 简要分析北京故宫的建筑在千篇一律和千变万化组合中取得的艺术效果。

材料分析 7（2016 年上半年·综合素质）

一个真正的文学批评家，应该坚守自己独立的批评品格，远离世俗的主流风尚，对文学进行精神与灵魂的审视，而不是庸常的絮语。然而，中国当下文学的主流批评恰恰存在着一定的灵魂缺失与精神萎缩。文学批评渐渐被市场与媒体所左右，总是在大而无当的赞歌与恣肆恶意的攻击之间进退维谷，作家和读者很难听到真正的批评的声音。大多数文学批评家将自己的批评视角与笔墨投向了文学的热闹喧嚣之地，而对一些处于边缘地位因种种缘故未能进入主流文坛的作家作品，却少有注意。事实上，在一些边缘作家的作品里，我们往往能够读到异于所谓主流的特别内容。譬如王小波，他在世的时候，并没有多少批评家的目光注意到他，关于其作品的译介自然也是其身后的事情了。而王小波的出现无疑显示了文学的另一种可能，他的作品在精神上和鲁迅式的焦灼与反抗，可谓有着异曲同工之妙：对人间猥琐的嘲弄，对现实生活的焦虑，对芸芸众生的哀怜，以及回到生活的深处与内心的深处，“将人的狂放、朗然之气弥散在作品中”“在嘲弄社会的同时，也冷视了自我”。显然，王小波之死唤醒了一种新的文学批评的诞生，即充满学术良知、生存尊严与批评真理的文学批评。不过，这种文学批评并非当前文坛的大多数，恰恰相反，它只在少数批评家那里存在着，热闹的文坛依然那么热闹，热闹过后，一片虚无。文学批评的光芒，倘若日益被甚嚣尘上的商业化炒作完全掩盖，文学批评的末路或许也就为期不远了，我们的文学批评必须对此有所警觉。

（摘编自陈劲松《文学批评的姿态》）

问题：

1. 材料最后一句“我们的文学批评必须对此有所警觉”的“此”指代的内容是什么？
2. 结合文本，请简要分析当下文学批评存在的弊端。

材料分析 8（2016 年下半年·综合素质）

记得是在读小学三年级的时候，有一天，我在母亲的书架上发现了一本装帧精致的小书，翻开来，便不由自主地沉了进去。一小段一小段的文字不带韵脚，却诗意盈盈。字里行间似有一种不可测的魔力。用书中的语言来形容，恰“好像那傍晚的宽宏大量的和平，覆盖着日间的骚乱一样”。当时是什么日子？岁月刚入七十年代，外面正闹文化大革命呢。我于是记下了这么一个题目：《新月集》，以及这么一个外国人的名字：泰戈尔。八年后我进京读书，随身行囊中就有这本美丽的小书。大学毕业时，我将行李打包邮寄回家，其中有一件不慎遗失，心爱的小书却恰巧在那只纸箱中。后来，我试着翻阅过其他版本，却再难寻到那怦然心动的感觉，我这才咀嚼回忆起另外一个名字——郑振铎，并深深地怀念着了。

几十年过去了，直到不久前我终于又欣喜地发现了一本郑译“泰戈尔诗选”。重新捧读之下，曾经令十岁孩童着迷的文字让如今已知天命的我仍然沉醉不已。合上书本，我忍不住细细叩问自己，这份历久弥新的魅力究竟自何而来？

郑振铎先生翻译所依据蓝本是英文版，其实那已经是翻译本了。泰戈尔的诗篇多用孟加拉语写成，其风格深受古印度宗教哲学影响，又创造性地融入了孟加拉乡间民歌之旋律。尽管如此，在翻译过程中，郑先生对这部诗集的英文本始终恪守“忠实”信条。这一点，从文中多处做定语的“的”字便可看出。“天空里突然升起了一个男孩子的尖锐的歌声，他穿过看不见的黑暗，留下他的歌声的辙痕跨过黄昏的静谧”（“家庭”）。从译文中我们几乎可以不费力地还原出英文来。换了我或大多数人，恐怕会轻易采用“他的歌声碾过黄昏的静谧”这样熟稔的译法。然而如此一来，读者们便不再能体会到原文中“track”一词的存在了。（He traverssd the dark unseen, leaving the track of his song across the hush of the evening.）

从根儿上讲，“译”与“诱”、“媒”的意义一脉相通。翻译家如同媒人，挑起人们的好奇心，引诱他们对原作的无限向往。而一旦能够欣赏货真价实的原作以后，一般人常常薄情地抛弃了翻译家辛勤制造的代用品。不过我以为郑振铎先生的译文却属于另外一种境界，它纯净得犹如清新空气，人们透过它得以通畅无碍地欣赏原文，却几乎忘记了这个媒介本身的存在。或许这才是真正的翻译家该有的角色——尽量隐匿在原作者的身影里。毕竟与天马行空式翻译的自由发挥比较起来，忠实原文要艰难得多；而既忠实又优雅则是戴着脚镣的舞蹈了。大约这正是郑译永葆青春活力的秘诀所在。

（摘编自飞雾《那一弯新月》）

问题：

1. 郑振铎翻译的《新月集》“忠实”的特点体现在哪里？请根据文本，简要概述。
2. 文章认为翻译外文作品一般有几种“境界”？请结合文本，简要分析。

参考答案

（略）

第二节　逻辑思维能力

一、概念

概念就是反映事物的本质属性的思维形式。

概念具有内涵和外延两个性质。其中内涵是概念所具有的特征，外延是概念所指的对象。内涵与外延具有反变关系。外延与概念之间具有全同、属种、种属、交叉、全异5种关系。

全同关系：全同关系是两个概念的外延完全重合的关系。

属种关系：属种关系是一个概念的部分外延与另一个概念的全部外延相重合的关系。

种属关系：种属关系是一个概念的全部外延和另一个概念的部分外延相重合的关系。

交叉关系：交叉关系是一个概念的部分外延和另一个概念的部分外延相重合的关系。

全异关系：全异关系是两个概念在外延上没有任何部分相重合的关系。

二、直言命题

命题也叫判断，是对事物情况有所判定的一种思维形式。直言命题是主谓式命题，是断定思维对象具有或不具有某种性质的简单判断。由主项、谓项、量项和联项四部分组成。

（一）直言命题的类型

根据所含联项和量项的不同，可以把直言命题分为六种类型：

1. 全称肯定命题：所有S都是P，记为SAP，缩写为A。
2. 全称否定命题：所有S都不是P，记为SEP，缩写为E。
3. 特称肯定命题：有的S是P，记为SIP，缩写为I。
4. 特称否定命题：有的S不是P，记为SOP，缩写为O。
5. 单称肯定命题：a（或某个S）是P。
6. 单称否定命题：a（或某个S）不是P。

（二）直言命题之间的对当关系

直言命题之间的对当关系是指有相同素材（即有相同主项和谓项）的直言命题间的真假关系。如果没有相同的主谓项，则无法比较它们的真假。可以把A、E、I、O之间的真假关系概括为四类，即反对关系、差等关系、矛盾关系和下反对关系。

三、三段论

所谓三段论，就是由一个共同词项把两个作为前提的直言命题联结起来，得出一个新的直言命题作为结论的推理。三段论由三个直言命题构成，其中两个是前提，一个是结论。

要想使一个三段论有效，就必须遵守一般规则。三段论的一般规则有如下几条：

（一）在一个三段论中，有且只能有三个不同的项。

（二）两个前提不能都是特称命题，且只要前提有一个为特称，则结论为特称。

（三）两个前提不能都是否定命题，且只要前提有一个为否定，则结论为否定。

四、模态判断

在逻辑中，“必然”“可能”“不可能”“一定”等叫做“模态词”，包含模态词的命题叫做“模态命题”。

四种模态命题之间的对当关系为：

（一）矛盾关系：必然 P 与可能非 P；必然非 P 与可能 P。

（二）反对关系：必然 P 和必然非 P。

（三）下反对关系：可能 P 和可能非 P。

（四）从属关系：必然 P 和可能 P；必然非 P 和可能非 P。

五、复合判断

复合命题是指由简单命题用联结词联结而成的命题。根据其逻辑含义，可以将这些逻辑联结词分为四大类，这四大类构成了四种不同逻辑含义的复合判断：联言判断、选言判断、假言判断和负判断。其中，假言判断在逻辑判断试题中涉及最多。

六、归纳推理

归纳推理是指从个别性知识推出一般性结论的推理。

根据前提所考查对象范围的不同，把归纳推理分为完全归纳推理和不完全归纳推理。

（一）完全归纳推理

完全归纳推理是根据某类事物中的每一个对象具有（或不具有）某种属性，从而推出该类事物具有（或不具有）某种属性。

（二）不完全归纳推理

不完全归纳推理是根据一类事物中部分个体对象具有（或不具有）某种属性，从而推出该类事物具有（或不具有）某种属性。不完全归纳推理可以分为简单枚举归纳推理和科学归纳推理。

七、类比推理

类比推理是根据两个（或两类）对象在一系列属性上是相同或相似，从而推出它们在其他属性上也有相同或相似的推理。

类比推理的结论具有或然性，既可能是真的，也可能是假的。因此，可以从以下两个方面来提高类比推理的可靠性：

第一，前提中确认的相同属性越多，那么结论的可靠程度也就越大；

第二，前提中确认的相同属性越是本质的，相同属性与要推出的属性之间越是相关的，那么结论的可靠程度也就越大。

八、逻辑基本规律

（一）矛盾律

矛盾律是指两个互相矛盾或互相反对的命题不能同真，必有一假。在两个互相矛盾或互相反对的命题中必须否定其中一个，不能两个都肯定。否则，就会犯"自相矛盾"的逻辑错误。

（二）排中律

两个互相矛盾的命题不能同假，必有一真，这就是排中律。对两个互相矛盾的命题不能都否定。必须肯定其中一个，否则会犯"两不可"的错误。

（三）同一律

在同一思维过程中思维必须与自身保持同一，这就是同一律。在同一思维过程中，必须保持概念自身的同一，否则就会犯"混淆概念"或"偷换概念"的错误；在同一思维过程中，必须保持论题自身的同一，否则就会犯"转移论题"或"偷换论题"的错误。

九、论证推理

论证推理考查的主要是批判性思维，其关注的重点是如何识别、构造、评价实际思维过程中各种推理和论证的能力。

论证推理的解题原则：

（一）答案不需充分

在加强支持型和削弱质疑型题目中，只要求考生能够在所提供的选项中选取能最大限度支持或削弱题干论证过程的一个选项，而不用去考虑这个选项能否必然使论证完全正确。

（二）收敛思维

在解题过程中，一方面要保证选项的信息尽量来自题干材料；另一方面，在答案选取中，尤其是在排除干扰项时，要严格依据选项的字面意思，而不能过度引申。

（三）相对最优

考生在区别干扰项和正确答案时要注重选项对题干论证所起作用的程度上的区分。考生只需要在所给出的四个选项中作出选择，而不必对选项和题干的设置产生怀疑，考生只需要在限定范围内选出相对最优的选项即可。

真｜题｜汇｜总

1. (2013 年上半年・综合素质）下列和"曹操和曹丕是父子"判断类型相同的是（　　）。

A．崔健和田震是歌手　　B．王静和李霞是团员

C．徐超和周楠是战友　　D．樊铃和李捷是医生

2. (2013 年上半年・综合素质）下列选项中，对"这种商品并非既物美又价廉"的理解，正确的一项是（　　）。

A．这种商品物美，或者这种商品价廉

B．这种商品物不美，或者这种商品价不廉

C．这种商品物不美，但这种商品价廉

D．这种商品物美，而且这种商品价廉

3．（2013 年下半年·综合素质）“我要是谈了我朋友的隐私，他准会大发脾气；我朋友没有大发脾气。”由此可以推出的结论是（　　）。

A．我谈了我朋友的隐私　　B．我朋友是个温和的人

C．我没有谈我朋友的隐私　　D．我朋友为人倒是挺不错

4．（2013 年下半年·综合素质）“数学家希尔伯特、华罗庚都是教育家。”由此可以推出的结论是（　　）。

A．数学家都是教育家　　B．有的数学家是教育家

C．教育家都是数学家　　D．教育家都不是数学家

5．（2014 年上半年·综合素质）下列句子中，对“不夸己能，不扬人恶，自然能化敌为友”理解正确的是（　　）。

A．要想化敌为友，就要不夸己能且不扬人恶

B．不想化敌为友，就可以既夸己能又扬人恶

C．没能化敌为友，则没能不夸己能或不扬人恶

D．能够化敌为友，则能够不夸己能或不扬人恶

6．（2014 年上半年·综合素质）某单位要评选一名优秀员工，群众评议推选出候选人赵、钱、孙、李。

赵说：小李业绩突出，当之无愧。

钱说：我个人意见，老孙是不二人选。

孙说：选小钱或者老赵我都赞成。

李说：各位做得更好，不能选我。

如果赵、钱、孙、李只有一个人的话与结果相符，则优秀员工是（　　）。

A．赵　　B．钱　　C．孙　　D．李

7．（2014 年下半年·综合素质）下列选项中与“砚台—端砚”逻辑关系一致的是（　　）。

A．北京—故宫　　B．拉萨—西藏

C．苹果—水果　　D．文具—钢笔

8．（2014 年下半年·综合素质）花坛中种了牡丹、海棠、月季和芍药各一排花。已知，牡丹花在中间的两排中，芍药花和海棠花不相邻，海棠花不在第一排。下列关于四种花由前到后的排序正确的是（　　）。

A．芍药、月季、海棠、牡丹　　B．月季、牡丹、海棠、芍药

C．芍药、月季、牡丹、海棠　　D．海棠、牡丹、月季、芍药

9．（2015 年上半年·综合素质）下列选项中，与“青岛—珠海”逻辑关系相同的是（　　）。

A．新疆—边疆　　B．大象—老鼠

C．植物—水仙　　D．西瓜—水果

10．（2015 年上半年·综合素质）小王、小赵和小李的艺术专长分别为小提琴、二胡和古筝。已知：小王比小赵年龄大，小李比弹古筝的年龄小，拉小提琴的年龄最大。

根据上述条件，可以确定的是(　　)。

A. 小王拉小提琴，小赵弹古筝，小李拉二胡

B. 小王拉二胡，小赵拉小提琴，小李弹古筝

C. 小王拉小提琴，小赵拉二胡，小李弹古筝

D. 小王弹古筝，小赵拉小提琴，小李拉二胡

11. (2015年下半年·综合素质)下列和"书法家—画家"逻辑关系一致的是(　　)。

A. 童星—明星　　B. 党员—老师

C. 军人—军官　　D. 幼儿—青年

12. (2015年下半年·综合素质)四个杯子上各写着一句话。第一个杯子：每个杯子都是酸性溶液；第二个杯子：本杯中是矿泉水；第三个杯子：本杯中不是蒸馏水；第四个杯子：有的杯子中不是酸性溶液。如果4句话只能够有一句真实，则可以确定的是(　　)。

A. 所有的杯子中都是酸性溶液　　B. 第二个杯子中是矿泉水

C. 所有杯子中都不是酸性溶液　　D. 第三个杯中是蒸馏水

13. (2016年上半年·综合素质)下列选项中与"三角形—几何图形"逻辑相同的是(　　)。

A. 矩形—椭圆形　　B. 菱形—六边形

C. 圆形—三角形　　D. 梯形—四边形

14. (2016年上半年·综合素质)找规律填数字是一个很有趣的活动，特别锻炼观察力和思考力。下列选项中填入数列"1、2、4、10、42、(　　)"空缺处的数字，正确的是(　　)。

A. 422　　B. 523

C. 624　　D. 725

15. (2016年下半年·综合素质)找规律填数字：2,4,9,16,(　　),47,空缺的数字是(　　)。

A. 28　　B. 29

C. 30　　D. 31

16. (2016年下半年·综合素质)下列选项所表述的内容包括在"只有想不到，没有做不到"中的是(　　)。

A. 如果想不到，一定做不到　　B. 只要想得到，就能做得到

C. 既然做到了，肯定想到了　　D. 既有想不到，也有做不到

参考答案

1. C　2. B　3. C　4. B　5. C　6. D　7. D　8. B　9. C　10. A　11. B　12. D　13. D　14. A　15. A　16. B

第三节　信息处理能力

信息处理能力是指根据职业活动的需要，运用各种方式和技术，收集、开发和展示信息资源的能力。

一、工具书

所谓工具书，是指根据一定的查阅需要，系统汇集有关的知识资料或文献信息，按便于检索的方法编排的图书文献。

（一）工具书的种类：字典和辞典、书目、索引、年鉴、手册、年表、图录、政书、类书、百科全书。

（二）工具书的结构：序跋、凡例、正文和附录。

（三）工具书的主要排检法：

主要排检法	概念	分类
字顺法	根据汉字的形体结构和声韵规律排检单字或复词的方法	音序法
		形序法
		号码法
类序法	按学科体系、事物性质及主题内容等分类排列的方法	分类法
		主题法
自然顺序法	根据事物发生发展的时间或者事物产生所处的地理位置编排工具书的方法	时序法
		地序法

二、文献检索

（一）文献检索的步骤：

1. 分析研究课题；2. 选择检索工具；3. 确定检索途径；4. 选择检索方法；5. 查找文献线索；6. 索取原始文献。

（二）文献检索的方法：

文献检索方法	概　念
直接法	直接利用检索系统（工具）检索文献信息的方法，分为顺查法、倒查法和抽查法三类
追溯法	利用文献后面所列的参考文献，逐一追查原文（被引用文献），然后再从这些原文后所列的参考文献目录逐一扩大文献信息范围，一环扣一环地追查下去的方法
循环法	又称分段法或综合法。它是分期分段地交替使用直接法和追溯法，以期取长补短、相互配合，获得更好的检索结果

三、网络信息检索(略)

四、信息处理(略)

五、多媒体课件的设计与开发(略)

真|题|汇|总

1. (2013年上半年·综合素质)要将Word文档中所选文本移动到剪贴板上,这样的功能按钮是( )。

A. 格式刷　　B. 复制　　C. 删除　　D. 剪切

2. (2013年上半年·综合素质)下列选项中,关于Excel的表述中,正确的一项是( )。

A. 可将工作簿中的每一工作表分别作为一个文件保存

B. 工作表名称应由文件名决定

C. 允许工作簿中包含多个工作表

D. 图表必须与生成图表的数据存储于同一张工作表中

3. (2013年下半年·综合素质)下列选项中,属于专用的图形图像加工处理软件的是( )。

A. CalEdit　　B. PhotoShop　　C. PowerPoint　　D. Mind Manager

4. (2013年下半年·综合素质)使用PowerPoint制作演示文稿时,如果要插入图片,下列不能完成该项操作的是( )。

A. 在PowerPoint菜单栏中选择插入—图片—来自文件—选择路径和文件,点击插入

B. 复制图片,在PowerPoint编辑页面单击鼠标右键,选择粘贴

C. 复制图片,在PowerPoint菜单栏中选择编辑—粘贴

D. 在PowerPoint菜单栏中选择插入—图片—自选图形,选择图片文件

5. (2014年上半年·综合素质)不能把书本上的内容采集为数字图像存储到计算机中的设备是( )。

A. 数码相机　　B. 扫描仪　　C. 打印机　　D. 手机

6. (2014年上半年·综合素质)编辑Word文档时,工具栏上用以绘制表格的按钮是( )。

A.

B.

C.

D.

7. (2014年下半年·综合素质)下列Word功能按钮中,可实现“绘图”操作的是( )。

A.

B.

C.

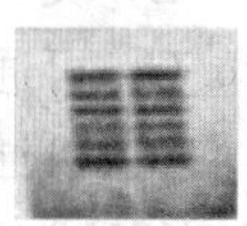
D.

8. (2014 年下半年 · 综合素质)下列 PowerPoint 功能选项中,可将幻灯片放映的换页效果设为"垂直百叶窗"的是(　　)。

A. 自定义动画　　B. 动画方案

C. 幻灯片切换　　D. 动作设置

9. (2015 年上半年 · 综合素质)右图是 Word 所制作文档的一部分,其中剪贴画是"青蛙"的文字环绕方式是(　　)。

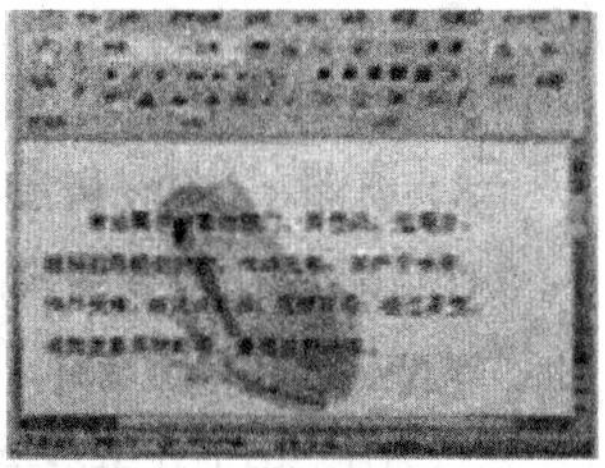

A. 四周型环绕

B. 浮于文字上方

C. 紧密型环绕

D. 衬于文字下方

10. (2015 年上半年 · 综合素质)在 PowerPoint 的空白幻灯片中,不可以直接插入的是(　　)。

A. 艺术字　　B. 声音

C. 字符　　D. 文本框

11. (2015 年下半年 · 综合素质)在 Word 中,下列不能实现的操作是(　　)。

A. 在页眉不能插入页码　　B. 奇偶页页眉不同

C. 在页眉插入分页符　　D. 在页眉插入剪贴画

12. (2015 年下半年 · 综合素质)在 PowerPoint 中,新建一个演示文档时第一张幻灯片的默认格式,其内容是(　　)。

A. 项目清单　　B. 两栏文本

C. 标题幻灯片　　D. 空白

13. (2016 年上半年 · 综合素质)关于 Word 的多文档窗口操作,下列叙述不正确的是(　　)。

A. 文档窗口可以拆分为两个文档窗口

B. 分别显示文档的不同部分

C. 允许同时打开多个文档进行编辑,且每个文档有一个文档窗口

D. 多个文档窗口之间的内容,可以进行剪切、复制和粘贴等操作

14. (2016 年上半年 · 综合素质)在空白幻灯片中,不能直接插入的是(　　)。

A. 艺术字　　B. 剪贴画　　C. 文字　　D. 图表

15. (2016 年下半年 · 综合素质)下列选项中,关于文档"页码"功能的表达中,不正确的是(　　)。

A. 文档中的页眉页脚区域可以插入页码

B. 文档中左右边距不可以插入页码

C. 可通过设置"首页显示页码"实现首页不是页码

D. 可通过设置"奇偶页"不同,实现奇数页和偶数页页码位置不同

16. (2016 年下半年 · 综合素质)在 PowerPoint 中,对幻灯片中某对象建立超链接时

需要添加的是（ ）。

A. 文本框和超链接点　B. 文本和图片

C. 文本框和动作按钮　D. 超链接点和动作按钮

17. （2017年上半年·综合素质）下列选项中，关于Word中“项目符号”的说法不正确的是（ ）。

A. 项目符号可以改变　B. 项目符号只能是阿拉伯数字

C. 项目符号可增强文档可读性　D. ＄和@都可定义为项目符号

18. （2017年上半年·综合素质）在PowerPoint中，演示文稿基本组成单元是（ ）。

A. 文本　B. 图形

C. 工作表　C. 幻灯片

参考答案

1. D 2. C 3. B 4. D 5. C 6. A 7. C 8. C 9. D 10. C 11. C 12. C 13. B 14. C 15. C 16. D 17. B 18. D

第四节　写作能力

一、写作的概念

写作是运用语言文字符号反映客观事物、表达思想感情、传递知识信息的创造性脑力劳动过程。

二、文章的分类

文章是写作的表达形式。一般情况下，按照不同的标准，可以将文章分为不同的种类。目前比较常见的是将文章分为文学类作品和非文学类作品两大类。

其中，文学类作品包括小说、散文、诗歌、戏剧等。非文学类作品包括应用类文体、新闻类文体、理论类文体和史传类文体等。

三、文章的构成要素

（一）材料

所谓材料，简单地说，凡是用以提炼、表现主题的事实与观念，都可称为材料。

（二）主题

主题是作者在文章中通过全部材料和表现形式所表达的中心思想和主要观点。

（三）结构

结构就是文章内部的组织构造，是文章的部分与部分、部分与整体间的内在联系及展开序列，是作者组织安排文章内容的具体方式。

（四）语言

语言是制作文章的工具，它是表达思想、构成文章的物质手段；语言是文章的思想内容，两者之间是形式与内容的关系。

（五）表达方式

表达方式主要包括叙述、描写、议论、说明和抒情五类。

四、写作过程

（一）审题，确定体裁

审题的具体任务，就是通过对作文题目的思考和分析，了解命题者的意图，弄清写作对象、范围和重点，明确立意，并确定文章的体裁。

（二）立意

文章的灵魂在于立意，立意的深浅往往决定了文章的成败。好的立意应该力求做到以下几点：方向正确、情感鲜明、思考深刻、思维创新。

（三）构思，安排框架

文章的构思，就是思考如何根据中心有机地组织文章的结构框架。

（四）选材

材料对写作而言是至关重要的。在写作中，选材包括四个方面：占有材料、鉴别材料、选择材料和使用材料。

（五）组材

组材，即组织和安排材料。组材要正确反映客观事物的内在联系和客观规律；组材要根据表达主题的需要进行；组材要适应文体的特点；组材要富于变化。

（六）进行创作

段落和层次、衔接和过渡、详写和略写、开头和结尾。

真题汇总

阅读下面材料，根据要求写作：

1.（2013年上半年·综合素质）

成长是美丽的，它一路走着，一路抛撒着缤纷的花朵；成长是神奇的，它引领着我们去创造一个又一个生命的奇迹；成长是忧郁的，它意味着一次次告别的仪式，和亲人，和自己……

请以“成长”为话题，写一篇不少于800字的文章，自定立意。

2.（2013年下半年·综合素质）

“学高为师，身正为范”是著名教育家陶行知对教师的期望，也是他师范教育实践的指导思想。有人说：“教师要给学生知识，培养学生能力。所以，‘学高’太重要了。”也有人说：“教师以育人为天职，是人类灵魂的工程师，所以，‘身正’最重要。”那么，你的看法呢?

请联系实际,写一篇议论文。要求观点明确,分析具体,条理清楚,语言流畅。题目自拟,立意自定,不少于1000字。

3.(2014年上半年·综合素质)

博览群书总还是要的,读书人喜欢说"腹有诗书气自华",但仔细想想,在人身上真正起作用的,一定是真正读懂、读通、读化了的那几部书。

要求:用规范的现代汉语写作。自定立意,自拟题目,自选文本,不少于800字。

4.(2014年下半年·综合素质)

一位主持人问一位立志做飞行员的小朋友:"假如有一天,你驾驶着飞机到太平洋上空时,熄火了,你会怎么办?"小朋友想了想说:"我会先让大家系好安全带,然后我乘着降落伞跳出去。"有观众问他:"你为什么一个人逃生,丢下大家不管?"小孩满含眼泪,显得很委屈。主持人又问:"为什么你要这么做?"小孩急切地说:"我要去找燃料,我还要回来。"

要求:用规范的现代汉语写作,自定立意,自拟题目,自选文体,字数在800—1000之间。

5.(2015年上半年·综合素质)

当下,流行着这样一种观点:能力很重要,但有一样东西比能力更重要,那就是人品。人品,是一个人真正的最高学历。

要求:请用规范的现代汉语写作。自定立意,自拟题目,自选目标,自选文体,不少于800字。

6.(2015年下半年·综合素质)

著名教育家张伯苓十分注意对学生进行文明礼貌教育,并且身体力行,为人师表。一次他发现有个学生手指被香烟熏黄了,便严肃地劝告那个学生:"烟对身体有害,要戒掉它。"没想到那个学生有点儿不服气,俏皮地说:"那您吸烟就对身体没有害处吗?"张伯苓面对学生的责难,歉意地笑了笑,立即叫工友将自己所有的烟取来,当众销毁,还打断了自己用了多年的心爱的烟袋杆,诚恳地说:"从此以后,我与这位同学共同戒烟。"果然,打那以后,他再也不吸烟了。

要求:请用规范的现代汉语写作。自定立意,自拟题目,自选文体。不少于800字。

7.(2016年上半年·综合素质)

常言道:"上山容易,下山难。"这句话是说,上山虽然费力,但不容易发生危险;下山虽然省力,但却容易失足跌下山。其实,这简单的话语蕴含着丰富的人生哲理。

要求:用规范的现代汉语写作。自定立意,自拟题目。自选文体,不少于800字。

8.(2016年下半年·综合素质)

妈妈问女儿:"棉被放在床上一直是冰冷的,可是人一躺进去就变得暖和了。你说是棉被把人暖和了,还是人把棉被暖和了?"

女儿一听,笑了:"妈妈你真糊涂啊,棉被怎么可能把人暖和了?当然是人把棉被暖和了。"

妈妈说道:“既然棉被给不了我们温暖,反而要靠我们去暖和它,那么我们还盖着棉被干什么?”

女儿想了想,说道:“虽然棉被给不了我们温暖,可是厚厚的棉被可以保存我们的温暖,让我们在被窝里睡得好舒服啊!”

写作要求:(1)选准角度,自定立意;(2)自拟题目;(3)除诗歌外,文体不限;(4)不少于800字。

参考答案

(略)

2016 年下半年幼儿园教师资格考试真题

综合素质

注意事项：

1. 考试时间为 120 分钟，满分为 150 分。

2. 请按规定在答题卡上填涂、作答，在试卷上作答无效，不予评分。

一、单项选择题（本大题共 29 小题，每小题 2 分，共 58 分）

在每小题列出的四个备选项中只有一个是符合题目要求的，请用 2B 铅笔把答题卡上对应题目的答案字母按要求涂黑。错选、多选或未选均无分。

1. 王老师在给孩子们讲故事时，讲到“大象用鼻子把球卷起来”时，用手做出“卷”的动作。说道：“大象把球扔到河里去了。”又用手做出“扔”的动作，孩子们跟着做动作，脸上洋溢着笑容。这体现出教师的什么特点（　　）。

A. 复杂性　　B. 示范性　　C. 长期性　　D. 创造性

2. 下表表明，儿童发展具有（　　）。

年龄（月）	细致动作
4	能抓住玩具，大拇指参与握物
8	用拇指和食指平夹取物
15	能几页几页翻书
18	能叠 2—3 块积木
24	会叠 6—7 块方木，能一页一页翻书
36	能叠 9—10 块方木

A. 连续性　　B. 个体差异性　　C. 整体性　　D. 不均衡性

3. 有家长对孩子说：“我们与别人交同样多的钱，分水果时不要拿小的。”针对这种现象，胡老师讲“孔融让梨”的故事教育儿童。胡老师的做法（　　）。

A. 错误，违背了一致性原则　　B. 错误

C. 正确，遵循了公平性原则　　D. 正确，遵循了适时性原则

4. 午餐时，有些幼儿边吃边玩。为了让幼儿专心就餐，李老师正确说法是（　　）。

A. 没吃完的不许睡觉　　B. 比比谁吃得最快

C. 我看看谁吃得最香　　D. 看看谁还在那磨叽

5. 某些幼儿园班中把班里每个孩子的体检结果公布在教室门口，结果不但包含身高、体重等项目，还包括血型检查等内容。该幼儿园的做法(　　)。

A. 正确，方便家长了解孩子身体情况

B. 正确，体现了幼儿园重视幼儿身体健康的理念

C. 不正确，侵犯了幼儿的隐私权

D. 不正确，侵犯了幼儿的人格尊严

6. 在幼儿园开展的户外活动中，小明和小刚一起玩滑梯，玩的过程中，小明推了小刚一下，小刚摔倒在地面，老师马上从教室里跑出来扶起了小刚。对小刚受伤应当承担赔偿责任的是(　　)。

A. 幼儿园　　B. 小明监护人

C. 小刚监护人　　D. 小明监护人和幼儿园

7. 良好的社会环境对未成年人的健康成长有重要作用，下列选项中属于社会保护的是(　　)。

A. 洋洋在幼儿园生病，园方及时通知家长并及时救护洋洋

B. 父母以健康的思想、良好的品行和适当的方法教育影响未成年人

C. 国家鼓励研究开发有利于未成年人健康成长的网络产品

D. 对违法犯罪的未成年人实行教育、感化、挽救的方针

8. 依据《中华人民共和国教育法》，教育是社会主义现代化建设的基础，国家保障教育事业(　　)。

A. 优先发展　　B. 持续发展　　C. 重点发展　　D. 均衡发展

9. 观察右图，下列选项中说法正确的是(　　)。

A. 母亲的做法履行了对孩子的监护职责

B. 母亲的监护人身份应依法被撤销

C. 母亲的做法侵犯了孩子的人格尊严

D. 母亲没有为孩子提供健康的成长环境

10. 教师张某因为醉驾被人民法院判处有期徒刑。张某(　　)。

A. 永远丧失教师资格

B. 教师资格不受影响

C. 未来五年内不得从事教师职业

D. 只能在私立学校从事教师职业

11. 某幼儿园教师钱某实名举报丁园长的违法乱纪行为，园长知晓后，招来社会人员殴打钱某，导致钱某受伤。对园长的行为应依法(　　)。

A. 给予行政处罚　　B. 追究刑事责任

C. 给予其行政处分　　D. 追求其治安责任

12.《国家中长期教育改革和发展规划纲要(2010—2020年)》提出，教育改革发展的战略主题是(　　)。

A. 坚持立德树人,创新培养人才的体制

B. 坚持以人为本,全面实施素质教育

C. 坚持教育公平,合理配置教育资源

D. 坚持内涵发展,全面提高教育质量

13. 东东经常欺负别的同学,有一天他又让琪琪哭了。张老师很生气,对东东说:"如果你是我的儿子,我恨不得打死你。"张老师的行为(　　)。

A. 可以理解,因为有些孩子的行为确实令人生气

B. 可以理解,因为批评也是一种教育

C. 不恰当,应该先了解孩子问题发生的原因

D. 不恰当,因为东东毕竟不是他的儿子

14. 豆豆在幼儿园经常尿床,老师恰当的做法是(　　)。

A. 了解豆豆尿床的原因,和家长共同商量办法

B. 提醒其他小朋友,不要像豆豆一样

C. 适当批评豆豆,帮助她养成好习惯

D. 要求家长带豆豆去治疗,治好了再回幼儿园

15. 李老师是一名幼儿园的骨干教师,教育局要求她去省城参加培训学习,她应该(　　)。

A. 拒绝,又辛苦又浪费时间　　B. 拒绝,骨干教师不需要再培训

C. 参加,有利于身心休闲　　D. 参加,有利于提高教学水平

16. "六一"儿童节到了,幼儿园老师给孩子分剩的礼物应该(　　)。

A. 卖掉,当作班级经费　　B. 上交给幼儿园统一处理

C. 带回家　　D. 分给同事

17. 公元前一千多年,以海上贸易著称的是(　　)。

A. 巴比伦人　　B. 古罗马人　　C. 腓尼斯人　　D. 古希腊人

18. 编写《中国科学技术史》的英国科技史家是(　　)。

A. 莫塞莱　　B. 布拉格　　C. 腓尼基人　　D. 李约瑟

19. 电影拍摄和放映速度不同,商业电影通常放映速度是每秒(　　)帧。

A. 20　　B. 24　　C. 28　　D. 30

20. 在进化的过程中,鸟嘴形成了不同的形状。下图是鹦鹉、鹭鹭、老鹰、金丝雀头部的画像,从嘴型看,金丝雀应当是(　　)。

A.

B.

C.

D.

21. 没有发动机的过山车从高处冲下来,冲上另一个斜坡。使其保持运动状态的是(　　)。

A. 势能　　B. 惯性　　C. 加速度　　D. 视速度

22. 下列音乐术语中，表示“两个以上不同的音按一定法则同时发声构成的音响组合”的是(　　)。

A. 和声　　B. 合类　　C. 合唱　　D. 齐奏

23. 钟乳石产生于石灰岩溶洞中，其中悬挂在洞顶，向下生长的倒锥状积物是(　　)。

A. 石　　B. 石柱　　C. 钟乳　　D. 石灰乳

24. 世界各国动画片中常常以儿童为主角。右面图中是(　　)。

A. 哪吒　　B. 阿童木

C. 一休　　D. 葫芦娃

25. 不属于明朝章回体小说的是(　　)。

A.《水浒传》　　B.《西游记》

C.《金瓶梅》　　D.《红楼梦》

26. 下列选项中，关于文档“页码”功能的表达中，不正确的是(　　)。

A. 文档中的页眉页脚区域可以插入页码

B. 文档中左右边距不可以插入页码

C. 可通过设置“首页显示页码”实现首页不是页码

D. 可通过设置“奇偶页”不同，实现奇数页和偶数页页码位置不同

27. 在 PowerPoint 中，对幻灯片中某对象简历超链接时需要添加的是(　　)。

A. 文本框和超链接点　　B. 文本和图片

C. 文本框和动作按钮　　D. 超链接点和动作按钮

28. 找规律填数字，2，4，9，16，(　　)，47，空缺的数字是(　　)。

A. 28　　B. 29　　C. 30　　D. 31

29. 下列选项所表述的内容包括在“只有想不到，没有做不到”中的是(　　)。

A. 如果想不到，一定做不到　　B. 只要想得到，就能做得到

C. 既然做到了，肯定想到了　　D. 既有想不到，也有做不到

二、材料分析题(本大题共 3 个小题，每小题 14 分，共 42 分)

阅读材料并回答问题。

30. 材料：

白老师班上的小楷是农民工的孩子，小楷担心自己说话有口音，不愿意开口说话，性格非常腼腆。白老师对小楷耐心细致地关怀，夸赞他说话的声音好听，逐步引导小楷说话。慢慢地小楷愿意多说话了。白老师还找到小楷的家长，建议家长多鼓励小楷说话，让小楷多和同龄人玩耍。小楷越来越愿意和他人交流，性格开朗多了。

问题：从教育观的角度，评价白老师的行为。

31. 材料：

星星幼儿园开设了托儿园，班上的孩子年龄偏小，多数不到 2 岁。钟老师承担了托儿

园的保教工作。孩子们经常哭闹不止，钟老师哄这个，哄那个，累得直不起腰，但总有几个孩子哭个不停。经过摸索，钟老师发现只有心平气和才能更好地安抚孩子。渐渐地，孩子们欢笑多了。钟老师怕孩子碰伤和摔伤，时刻注意他们的安全。家长们对钟老师非常感谢。教师节，家长们送了购物卡和礼品卡给钟老师，钟老师欣然接受了。

问题：从教师职业道德角度，评价钟老师的教育行为。

32. 材料：

记得是在读小学三年级的时候，有一天，我在母亲的书架上发现了一本装帧精致的小书，翻开来，便不由自主地沉了进去。一小段一小段的文字不带韵脚，却诗意盈盈。字里行间似有一种不可测的魔力。用书中的语言来形容，恰“好像那傍晚的宽宏大量的和平，覆盖着日间的骚乱一样”。当时是什么日子？岁月刚入七十年代，外面正闹文化大革命呢。我于是记下了这么一个题目：《新月集》，以及这么一个外国人的名字：泰戈尔。八年后我进京读书，随身行囊中就有这本美丽的小书。大学毕业时，我将行李打包邮寄回家，其中有一件不慎遗失，心爱的小书却恰巧在那只纸箱中。后来，我试着翻阅过其他版本，却再难寻到那怦然心动的感觉，我这才咀嚼回忆起另外一个名字——郑振铎，并深深地怀念着了。

几十年过去了，直到不久前我终于又欣喜地发现了一本郑译的“泰戈尔诗选”。重新捧读之下，曾经令十岁孩童着迷的文字让如今已知天命的我仍然沉醉不已。合上书本，我忍不住细细扣问自己，这份历久弥新的魅力究竟自何而来？

郑振铎先生翻译所依据蓝本是英文版，其实那已经是翻译本了。泰戈尔的诗篇多用孟加拉语写成，其风格深受印度宗教哲学的影响，又创造性地融入了孟加拉乡间的民歌之旋律。尽管如此，在翻译过程中，郑先生对这部诗集的英文版始终恪守“忠实”信条。这一点，从文中多处做定语的“的”字便可看出。“从天空中突然升起了一个男孩子的尖锐的歌声，他穿过看不见的黑暗，留下他的歌声的痕迹跨过黄昏的静谧”（“家庭”）。从译文中我们几乎可以不费力地还原出英文来。换了我或大多数人，恐怕会轻易采用“他的歌声碾过黄昏的静谧”这样熟稔的译法。而如此一来，读者们便不再能体会到原文中“track”一词的存在了(He traverssd the dark unseen, leaving the track of his song across the hush of the evening)。

从根儿上讲，“译”与“诱”、“媒”的意义一脉相通。翻译家如同媒人，挑动起人们的好奇心，引诱他们对原作无限向往。而一旦能够欣赏货真价实的原作以后，一般人常常薄情地抛弃了翻译家辛勤制造的代用品。（参看《林纾的翻译》——钱钟书）不过我以为郑振铎先生的译文却属于另外一种境界，它纯净得犹如清新空气，人们透过它得以通畅无碍地欣赏原文，却几乎忘记了这个媒介本身的存在。或许这才是真正的翻译家该有的角色——尽量隐匿在原作者的身影里。毕竟与天马行空式翻译的自由发挥比较起来，忠实原文要艰难得多；而既忠实又优雅则是戴着脚镣的舞蹈了。大约这正是郑译永葆青春活力的秘诀所在。

（摘编自飞雾《那一弯新月》）

问题：

(1) 郑振铎翻译的《新月集》“忠实”的特点体现在哪里？请简要概括。

(2) 文章认为翻译外文作品一般有几种意境？请结合文本，简要概括。

三、作文题(50分)

妈妈问女儿：“棉被放在床上一直是冰冷的，可是人一躺进去就变得暖和了。你说是棉被把人暖和了，还是人把棉被暖和了？”

女儿一听，笑了：“妈妈你真糊涂啊，棉被怎么可能把人暖和了？当然是人把棉被暖和了。”

妈妈说道：“既然棉被给不了我们温暖，反而要靠我们去暖和它，那么我们还盖着棉被干什么？”

女儿想了想，说道：“虽然棉被给不了我们温暖，可是厚厚的棉被可以保存我们的温暖，让我们在被窝里睡得好舒服啊！”

写作要求：(1)选准角度，自定立意；(2)自拟题目；(3)除诗歌外，文体不限；(4)不少于800字。

参考答案

一、单项选择题

1. B 2. A 3. D 4. C 5. C 6. D 7. C 8. A 9. D 10. A 11. B 12. B 13. C 14. A 15. D 16. B 17. C 18. D 19. B 20. A 21. B 22. A 23. C 24. A 25. D 26. C 27. D 28. A 29. B

二、材料分析题

30. 素质教育要求教育要面向全体、注重幼儿的全面发展、个性发展，尤其是创新精神和实践能力的培养，并且着眼于幼儿的终身可持续发展。白老师的教育行为体现了素质教育的理念，具体表现为：

(1) 素质教育要求面向全体幼儿，促进每一位幼儿的发展。材料中，白老师没有因为小楷不爱说话就忽视对他的培养，而是积极关注小楷的成长，并夸赞小楷说话的声音很好听，关注班级内每一位学生的成长。

(2) 素质教育观是尊重个性和促进个性发展的教育。教育要承认幼儿之间的差异，材料中，老师针对小楷的性格特点，采用“关怀、夸赞、引导、鼓励”的方式，使腼腆的小楷越来越愿意和他人交流，性格也变得开朗多了。

(3) 再次，素质教育是促进幼儿全面发展的教育。性格和语言交流能力直接影响幼儿的社会性发展和交往能力的发展。材料中，老师“逐步引导小楷说话”“让小楷多和同龄人玩耍”，可以看出，白老师关注到小楷各个方面的发展。

(4) 素质教育要求着眼于幼儿的终身可持续发展。幼儿在生活实践中所获得的各种能力，将为其今后发展奠定良好的基础。材料中小楷的改变和进步对其将来的发展具有重要的意义。

白老师的行为符合素质教育的基本要求，是值得幼儿教师学习和借鉴的。

31.《中小学教师职业道德规范》要求教师应具备基本的道德规范：爱国守法；爱岗敬业；关爱学生；教书育人；为人师表；终身学习。材料中钟老师的行为遵循了上述一些要求，同时也违背了上述的一些要求。具体表现为：

(1)“关爱学生”是师德的灵魂。钟老师面对幼儿啼哭不止，能够心平气和，细心安抚幼儿，时刻注意幼儿的安全，体现了“关爱学生”的意识。

(2)“爱岗敬业”是教师职业的本质要求，教师应该热爱教育事业，对工作高度负责，勤恳敬业。材料中钟老师承担了托儿园的保教工作，工作中尽职尽责，遇到困难积极寻找方法解决，得到家长的肯定，符合“爱岗敬业”的要求。

(3)“为人师表”是教师职业的内在要求。职业的特殊性决定了教师在各个方面须率先垂范，作风正派，严于律己，廉洁从教，不利用职务之便谋取私利。材料中钟老师收受家长赠送的购物卡和礼品的行为，违背了“为人师表”的要求。

材料中钟老师的行为有值得肯定之处，“关爱幼儿”“爱岗敬业”这是值得我们学习的。但其收受家长礼品的行为是错误的，我们要引以为戒。作为合格的幼儿教师，要率先遵守教师职业道德规范，自觉抵制不良行为和不正之风，不断提高个人思想政治素质和业务素质。

32. (1) ① 契合了儿童语气的秀嫩天真，且不至于看不懂。《新月集》以儿童口吻诉说，必须要忠实孩子的视觉和语言特点。

② 恪守“忠实”信条，可以不费力地还原出英文来。《新月集》是印度文学，忠实古印度宗教哲学、孟加拉乡间民歌旋律，忠实原文以及英译文的特点。

(2) ① 天马行空式自由发挥的翻译境界，翻译家的翻译像辛勤制造的代用品；

② 忠于原文的翻译；

③“纯净得犹如清新空气、透过它得以通畅无碍地欣赏原文”“忠实又优雅”的翻译。

三、作文题

(略)

附录一

教师资格考试简介

一、教师资格制度

教师资格是国家对专门从事教育教学工作人员的基本要求,是公民获得教师职位、从事教师工作的前提条件。教师资格制度是国家实行的一种特定的教师职业许可制度。世界上许多国家对教师的资格标准都有严格的规定,不少国家建立了教师许可证制度或教师资格证书制度。我国在《中华人民共和国教育法》和《教师法》中明确规定,凡在各级各类学校和其他教育机构中从事教育教学工作的教师,必须具备相应教师资格,没有相应教师资格的人员不能聘为教师。1995 年 12 月 12 日,我国颁布并实施了《教师资格条例》。

二、教师资格考试

2011 年 10 月,教育部制定并颁布了《中小学和幼儿园教师资格考试标准(试行)》,标准规定了教师资格考试科目、标准及大纲要求。2011 年,浙江、湖北两省作为第一批试点,参加国家教师资格考试。2013 年 8 月,教育部发布了《中小学教师资格考试暂行办法》和《中小学教师资格定期注册暂行办法》,标志着教师资格新政策的确立,教师资格考试由之前的省考逐步推广为国考。

三、幼儿园教师资格考试科目与考试方式

考试科目	考试内容	考试方式
笔试	《保教知识与能力》	机考/纸笔
	《综合素质》	机考/纸笔
面试	1. 规定问题;2. 模拟试讲——弹唱、画、跳、故事、游戏、手工制作,不分科目;3. 答辩	结构化面试和展示相结合

四、幼儿园教师资格考试程序

(一) 笔试

1. 报名,登录"中小学教师资格考试网"。
2. 认证,到当地教育局指定地点。
3. 缴费,登录"中小学教师资格考试网"。
4. 考试,到当地教育局指定考点。
5. 成绩查询,登录"中小学教师资格考试网"。

(二) 面试。笔试合格方可参加面试。

登录"中小学教师资格考试网",报名、认证、缴费、指定地点面试、查询成绩。

(三) 考试合格证明。笔试面试都合格,发"考试合格证明",这是申领教师资格证的关键材料。

附录二

幼儿园教师资格考试标准（试行）

为加强中小学和幼儿园教师队伍建设，提高教师队伍整体素质，完善教师资格制度，严把教师入口关，促进教师专业化，根据《中华人民共和国教师法》《教师资格条例》和《〈教师资格条例〉实施办法》，制定中小学和幼儿园教师资格考试标准。中小学和幼儿园教师资格考试标准是教师职业准入的国家标准，是从事中小学和幼儿园教师职业的最基本要求，是进行中小学和幼儿园教师资格考试的基本依据。

一、考试目标

中小学和幼儿园教师资格考试主要考查申请教师资格人员从事教师职业所必需的职业道德、专业知识与基本能力。

（一）具有先进的教育理念；良好的法律意识和职业道德；具有从事教师职业所必备的科学文化素养和阅读理解、语言表达、逻辑推理和信息处理等基本能力。

（二）掌握教育教学、学生指导（幼儿保育）和班级管理的基本原理和基本知识，并能正确解决教育教学中的实际问题。

（三）具备学科教学能力，掌握拟任教学科或专业领域的基本知识，掌握教学设计、教学实施和教学评价的基本原理和方法，并能在教学实践中正确运用。

二、考试内容

一级指标	二级指标	三级指标
1 职业道德与基本素养	1.1 职业理念	1.1.1　关爱幼儿，尊重每个幼儿的人格尊严与基本权利。 1.1.2　理解幼儿教育在人一生发展中的重要性，能认识到幼儿教育必须以每一个幼儿的全面发展为本。 1.1.3　理解教师职业的光荣与责任，具有从事幼儿教育工作的热情。 1.1.4　了解幼儿教师专业发展的要求，具有终身学习与自主发展的意识。
	1.2 职业规范	1.2.1　了解国家主要的教育法律法规，了解《儿童权利公约》。 1.2.2　熟悉教师职业道德规范，能评析保育教育实践中的道德规范问题。 1.2.3　了解幼儿园教师的职业特点与职业行为规范，能自觉地约束自己的职业行为。 1.2.4　有爱心、耐心、责任心。
	1.3 基本素养	1.3.1　了解自然和人文社会科学的一般知识，熟悉常见的幼儿科普读物和文学作品，具有较好的文化修养。 1.3.2　具有较好的艺术修养和审美能力。 1.3.3　具有较好的人际交往与沟通能力。 1.3.4　具有一定的阅读理解能力、语言与文字表达能力、信息获得与处理能力。

续 表

一级指标	二级指标	三级指标
2 教育知识与应用	2.1 学前儿童发展	2.1.1 了解婴幼儿发展的基本原理。 2.1.2 了解婴幼儿生理与心理发展的基本规律,熟悉幼儿身体发育、动作发展和认知、情绪情感、个性、社会性发展的特点。 2.1.3 了解幼儿发展中的个体差异及其形成原因,能运用相关知识分析教育中的有关问题。 2.1.4 了解研究幼儿的基本方法,并能据此初步了解幼儿的发展状况和教育需求。 2.1.5 了解幼儿发展中易出现的问题或障碍。
	2.2 学前教育原理	2.2.1 掌握教育的基本理论,并能据此分析教育现象与问题。 2.2.2 掌握学前教育的基本理论,并能据此分析学前教育中的现象与问题。 2.2.3 了解幼教发展简史和著名教育家的儿童教育思想,并能结合幼教的现实问题进行分析。 2.2.4 掌握幼儿教育的基本原则和不同于中小学教育的基本特点,并能据此评析幼教实践中的问题。 2.2.5 理解幼儿游戏的意义与作用。 2.2.6 理解幼儿园环境创设、班级管理的目的和意义。 2.2.7 熟悉《幼儿园教育指导纲要(试行)》,了解幼教改革动态。
3 保教知识与能力	3.1 生活指导	3.1.1 熟悉幼儿园一日生活的主要环节,具有将教育融入一日生活的意识。 3.1.2 了解幼儿生活常规教育的内容和要求以及培养幼儿良好生活、卫生习惯的方法。 3.1.3 了解幼儿保健、安全方面的基本知识和处理常见问题与突发事件的基本方法。
	3.2 环境创设	3.2.1 熟悉幼儿园环境创设的原则与基本方法。 3.2.2 理解教师的态度、言行对幼儿园心理环境形成的重要性,并能进行自我调控。 3.2.3 了解幼儿园常见活动区的功能,能根据幼儿的需要创设相应的活动区。 3.2.4 理解协调家庭、社区等各种教育力量的重要性,了解与家长沟通与交流的基本方法。
	3.3 游戏活动的指导	3.3.1 熟悉幼儿游戏的类型及各类游戏的特点和主要功能。 3.3.2 了解各年龄阶段幼儿的游戏特点,能根据需要提供支持与指导。
	3.4 教育活动的组织与实施	3.4.1 能根据教育目标和幼儿的兴趣需要和年龄特点选择教育内容,确定活动目标,设计教育活动方案。 3.4.2 掌握幼儿健康、语言、社会、科学、艺术等领域教育的基本知识和相应的教育方法。 3.4.3 理解各领域之间的联系和开展综合教育活动的意义与方法。 3.4.4 活动过程中关注幼儿的表现和反应,并能据此进行调整。 3.4.5 关注个体差异,能根据幼儿的个体需要给予指导。
	3.5 教育评价	3.5.1 了解幼儿园教育评价的目的与方法,能对保教工作进行评价与反思。 3.5.2 能正确运用评价结果改进保教工作,促进幼儿发展。

附录三

幼儿园教师资格《综合素质》考试大纲

一、考试目标

主要考查申请教师资格人员的下列知识、能力和素养：

1. 具有先进的教育理念。

2. 具有良好的法律意识和职业道德。

3. 具有一定的文化素养。

4. 具有阅读理解、语言表达、逻辑推理、信息处理等基本能力。

二、考试内容模块与要求

(一) 职业理念

1. 教育观

理解国家实施素质教育的基本要求。

掌握在幼儿教育中实施素质教育的途径和方法。

理解幼儿教育作为人生发展的奠基教育的重要性及其特点，能够以正确的教育价值观分析和评判教育现象。

2. 儿童观

理解“人的全面发展”的思想。

理解“育人为本”的含义，爱幼儿，尊重幼儿，相信每一个幼儿都具有发展潜力，维护每一个幼儿的人格与权利。

运用“育人为本”的幼儿观，在保教实践中公正地对待每一个幼儿，不因性别、民族、地域、经济状况、家庭背景和身心缺陷等歧视幼儿。

设计或选择丰富多样、适当的保教活动方式，因材施教，以促进幼儿的个性发展。

3. 教师观

了解教师专业发展的要求。

具备终身学习的意识。

理解教师职业的责任与价值，具有从事幼儿教育工作的热情与决心。

(二) 教育法律法规

1. 有关教育的法律法规

了解国家主要的教育法律法规，如《中华人民共和国教育法》《中华人民共和国义务教育法》《中华人民共和国教师法》《中华人民共和国未成年人保护法》《幼儿园工作规程》等。

了解《国家中长期教育改革和发展规划纲要(2010—2020年)》的相关内容。

了解联合国《儿童权利公约》的相关内容。

2. 教师权利和义务

熟悉教师的权利和义务，熟悉国家有关教育法律法规所规范的教师教育行为，依法从教。

依据国家教育法律法规，分析评价幼儿教学实践中的实际问题。

3. 幼儿保护

熟悉幼儿权利保护的相关教育法规，保护幼儿的合法权利。

依据国家教育法律法规，分析评价幼儿教育工作中幼儿权利保护等实际问题。

（三）教师职业道德规范

1. 教师职业道德

了解《中小学教师职业道德规范》（2008 年修订），掌握教师职业道德规范的主要内容。

理解《中小学班主任工作条例》的精神。

分析评价保教实践中教师的道德规范问题。

2. 教师职业行为

熟悉教师职业行为规范的要求，熟悉幼儿园教师的职业特点。

理解教师职业行为规范的主要内容，在教育活动中运用行为规范恰当地处理与幼儿、幼儿家长、同事以及教育管理者的关系。

在保教活动中，依据教师职业行为规范，爱国守法、爱岗敬业、关爱学生、教书育人、为人师表。

（四）文化素养

具有一定的文化常识。

了解中外科技发展史上的代表人物及其主要成就，熟悉常见的幼儿科普读物。

了解中外文学史上重要的作家作品，尤其是常见的儿童文学作品。

（五）基本能力

1. 阅读理解能力

理解阅读材料中重要概念的含义。

理解阅读材料中重要句子的含义。

具有筛选并整合图画、文字、视频等阅读材料信息，并运用于保教工作的能力。

归纳内容要点，概括中心意思。

分析概括作者在文中的观点态度。

2. 逻辑思维能力

了解一定的逻辑知识，熟悉分析、综合、概括的一般方法。

掌握比较、演绎、归纳的基本方法，准确判断、分析各种事物之间的关系。

准确而有条理地进行推理、论证。

3. 信息处理能力

具有运用工具书检索信息、资料的能力。

具有运用网络检索、交流信息的能力。

具有对信息进行筛选、分类、存储和应用的能力。

具有根据保教工作的需要，设计、制作课件的能力。

4. 写作能力

掌握文体知识，能根据需要按照选定的文体写作。

能够根据文章中心组织、剪裁材料。

具有布局谋篇，有效安排文章结构的能力。

语言表达准确、鲜明、生动，能够运用多种修辞手法增强表达效果。

三、试卷结构

模块	比例	题型
职业理念	13%	单项选择题;材料分析题
教育法律法规	13%	
教师职业道德规范	13%	
文化素养	13%	
基本能力	48%	单项选择题;材料分析题;写作题
合计	100%	单项选择题：约 47%;非选择题：约 53%

图书在版编目(CIP)数据

综合素质/李慧梅主编. —上海:华东师范大学出版社,2017
国家幼儿园教师资格考试专用教材
ISBN 978-7-5675-6845-7

Ⅰ. ①综… Ⅱ. ①李… Ⅲ. ①教师素质-幼教人员-资格考试-教材 Ⅳ. ①G615

中国版本图书馆 CIP 数据核字(2017)第 208289 号

国家幼儿园教师资格考试专用教材
综合素质

主　　编　李慧梅
项目编辑　胡　越
审读编辑　何巧涓
责任校对　张　雪
封面设计　俞　越

出版发行　华东师范大学出版社
社　　址　上海市中山北路 3663 号　邮编 200062
网　　址　www.ecnupress.com.cn
电　　话　021-60821666　行政传真 021-62572105
客服电话　021-62865537　门市(邮购)电话 021-62869887
地　　址　上海市中山北路 3663 号华东师范大学校内先锋路口
网　　店　http://hdsdcbs.tmall.com

印 刷 者　常熟高专印刷有限公司
开　　本　787×1092　16 开
印　　张　17
字　　数　382 千字
版　　次　2017 年 10 月第 1 版
印　　次　2017 年 10 月第 1 次
书　　号　ISBN 978-7-5675-6845-7/G·10586
定　　价　48.00 元

出 版 人　王　焰